주역과 과학

역학총서 9

주역과 과학
Zhōuyi and Science

지은이   신정원
펴낸이   오정혜
펴낸곳   예문서원

편 집   김병훈
인 쇄   ㈜상지사 P&B
제 책   ㈜상지사 P&B

초판 1쇄   2019년 2월 25일

주   소   서울시 성북구 안암로 9길 13 4층
출판등록   1993년 1월 7일 (제307-2010-51호)
전화번호   925-5913~4 / 팩시밀리 929-2285
Homepage http://www.yemoon.com
E-mail   yemoonsw@empas.com

ISBN 978-89-7646-392-0   93150

YEMOONSEOWON 13, Anam-ro 9-gil, Seongbuk-Gu Seoul KOREA 136-074
Tel) 02-925-5913~4, Fax) 02-929-2285

값 30,000원

역학총서 9

주역과 과학

신정원 지음

예문서원

지은이의 말

　내가 이 글을 쓰기 시작하였을 때, '주역과 과학이라니!', 이것이 대부분의 사람들이 의심과 우려 섞인 시선으로 보인 반응이다. 동양 최고最古의 경전인『주역』에 서양의 근대 및 현대 과학을 접목한 것도, 3경의 우두머리로 유교의 철학 경전으로 여겨지는『주역』에 그와 상반된 사유체계인 과학을 비교한 것도 모두 의외라는 생각이었을 것이다. 물론『주역』에 대한 전통적 해석은 지금까지 사회적·정치적·도덕적 측면에 치우쳐 있어 그것의 과학적 측면에 관한 연구는 상대적으로 매우 적다.

　『주역』 자체가 이미 신비로운데 그에 더하여 그것의 과학적 함의를 연구하려 하였으니, 나의 시도는 과거 아니 원시고대와 현재를 아울러야만 했고, 동과 서를 넘나들고 과학과 철학, 마음과 물질을 비교해야만 했다. 이 책에서 말하는 과학은 원시과학뿐 아니라 근대와 현대의 과학까지 포함한다. 나는『주역』에 나타난 원시 자연관찰과 그 과학적 방법론,『주역』의 부호체계와 문자체계에 나타난 자연인식론 그리고 주역의 괘효구조에 나타난 현대 시스템이론 등에 대한 연구를 통해『주역』과 과학을 연결하여 나갔다. 이러한 연구는 더 많은 분야로 무한대 확장 및 발전이 가능하겠으나, 다만 시간이 흐르면서 지력과 체력의 한계에 부딪혀 더 깊은 연구가 이루어지지 못한 것이 아쉬울 따름이다. 이제 짐을 좀 내려놓고 이 분야의 수많은 훌륭한 학자들에게 그 기대를 돌려야 할 것 같다. 책이 출간되는 것을 바라보면서 다시 한 번 지난 수 년의 감회가 새롭게 다가온다.

    나는 학교에서 사회학을 공부하고 졸업 후 20여 년 대부분의 사회생활을 외국계 회사에서 글로벌소싱이라는 일을 하면서 보냈다. 전 세계의 저임금 국가를 찾아다니며 그 나라에서 어떤 물건을 생산하면 합당할 것인가를 조사하였고, 미국의 대규모 백화점 구매팀과 연계하여 발주부터 생산, 납품까지 관리하는 것이 나의 업무였다. 본사와 거래처 사무실을 방문하는 것을 제외하면 나의 주된 활동지는 문명의 이기가 아직 도입되지 않은 곳이었으니, 외지 사람들의 발걸음이 비교적 덜 미치는 저개발 국가였고 자연 그대로의 모습이 많이 남아 있는 곳이었다. 혹은 사건과 사고가 끊이지 않고 치안도 좋지 않은 곳을 돌아다녀야 했기에 안전이나 목숨에 대해서는 신경 쓸 겨를이 없었다. 시간적 여유도 없었지만, 개인적으로는 특별히 뒤얽히고 엉클어진 경험을 많이 해 보지 않았다. 운명을 생각하는 것은 감정적 사치의 한 자락이었던 것 같다.
    다양한 문화와 다른 색깔의 사람들, 손을 대지 않은 자연환경과 그들이 처한 상황, 그리고 그에 대응하는 방식 등에 나는 관심이 많았다. 마야문명과 같은 고대 원시문화와 아직도 내전에서 벗어나지 못한 국가체제들, 혹은 질병이나 불안한 사회적 기반 등도 내가 눈여겨볼 수밖에 없는 요소들이었다. 무엇보다 사람들의 있는 그대로의 모습에 더해 환경과 어우러진 그들의 자연스러운 생활은 내가 가장 애정을 가지고 바라본 것이다.

나의 인생에도 변화가 찾아왔고, 운명에 대해 심각하게 감지하기 시작하면서 나는 그 원고적 뿌리인 『주역』을 탐구하기 시작하였다. 자연의 변함없는 모습과 이치에 매료되었겠지만, 또한 위협적이기도 했던 그 변화 앞에 원시인들은 점을 치는 행위를 통해 운명을 고민하였으리라. 다만 그 방법에 있어 자연을 관찰하고, 관찰한 대상을 분류하고, 체득한 경험을 글로 적어 해석한 것이 점서에서 시작한 『주역』이 철학서가 되어 간 과정이다. 나는 이러한 점에서 인간의 주체성과 이성적 사유가 발전되는 경로를 읽었다. 즉 『주역』에는 점에 의해 인간이 통제력을 상실한 것이 아니라 반대로 주체성이 발전된 과정이 나타나는 것이다. 그것을 철학적으로 풀어 정리하고 학문적 고리에 연결하려 시도한 것이 이 책 속에 조금이라도 투영되었으면 하는 바람이다.

이 책이 나오는 데는 여러 사람의 도움과 이해가 있었다. 무엇보다 나의 늦은 공부를 응원하고 박사학위 논문을 지도해 주신 동국대 유흔우 교수님께 존경의 마음을 담아 감사드린다. 나의 노모는 치매로 인생의 많은 부분을 망각하였다. 고통스럽고 괴로운 기억마저 지워진 것을 지켜보면서 인간의 운명에는 겉으로 드러난 것만으로 판단할 수 없는 이면이 있다는 것을 생각해 본다. 글을 읽고 논문을 쓰고 책을 내면서 여유 없이 보내온 긴 시간 동안 어머니를 곁에서 모시지 못하는 죄스러움에서 하루도 편안하게 벗어난 적이 없다. 어머니는 그것조차 기억하지 못하시지만 그래도 기억 외에 다른 것은 건강하신 데 감사하다. 나를 무한히 신뢰하고 든든히 지탱해 준 가족에게 내 사랑을 담은 감사를 전한다.

제1장 들어가는 말

1.

이 책은 『주역周易』의 과학적 함의를 연구한 것이다. 중국에서 '과학역科學
易'에 대한 연구는 1980년대의 문화열文化熱 논쟁기에 본격적으로 일어나서
1990년대에 중요한 성과들이 대량으로 등장했다. 특히 1990년대 이후는
문화열을 대신하여 주역열周易熱 즉 『주역』 연구 열기'의 시대라고 불릴
정도로 역학易學 관련 연구가 많았다. 1972년 장사長沙 마왕퇴馬王堆 한묘漢墓
에서 발굴된 백서본帛書本 『주역』의 경문經文과 전문傳文에 대한 해석이
1990년대 초부터 속속 발표되었고, 1993년 곽점초간郭店楚簡이 출토되면서
상해박물관에 보관되고 있던 죽간竹簡 중의 『주역』 등도 재조명되었다.
1992년에 출판된 서도일徐道一의 『주역과학관周易科學觀』은 중국 내외의 과학
역 관련 연구 성과를 참고문헌에 기재하고 있는데, 무려 230종에 달한다.
　요명춘廖名春 등은 『주역철학사』에서 현대의 역학으로 과학역을 소개하
고 있다.[1] 이 책은 과학역의 개창자로 설학잠薛學潛(1894~1969)을 들고, 그의

---

1) 廖名春·康學偉·梁韋弦, 심경호 역, 『주역철학사』(서울: 예문서원, 1994), 763~771쪽.

『역과 물질파 양자역학』(易與物質派量子力學; 1937), 『역경과학강의: 상대론을 넘어서』(易經科學講: 超相對論; 1946), 『역경수리과학신해易經數理科學新解』(1964) 등의 주요 내용을 소개하고 있다. 『주역철학사』에서는 또한 심중도沈仲濤(1892~1980)의 『역경의 부호』(易經之符號; 1934)를 『주역』을 빌려서 서양과학을 연구한 최초의 성과라고 말한다. 이 책은 영어로도 번역되었는데, 원서명은 *The Symbols of Yi King* 혹은 *The symbols of the chinese logic of Changes*이다. 한편 심중도는 제임스 레게(James Legge)의 번역을 바탕으로 『주역』을 영역하였는데, 원서명은 *The Text of Yi King and its appendixes*이다. 이 영문 저서들은 서양의 독자들에게 큰 영향을 주었다. 이들 책의 주요 특징은 자연과학의 입장에서 『주역』을 해석하는 데 있다. 17세기 이후 서양의 중국학자들 대부분이 종교와 철학의 시각에서 『주역』을 소개하고 해석한 것과 달리, 이러한 시도들은 『주역』 속의 현대과학적 의의를 밝힌 것이었다. 심중도의 저서는 중국 독자들에게는 역학에 과학을 대입하는 영역을 제시하였고, 서양의 독자들에게는 물리학, 논리학, 천문학에서의 『주역』 괘卦의 응용과, 괘가 포함하고 있는 우주변화의 원리 등을 천명해 주었다는 평가를 받고 있다.

『주역철학사』에서는 그 밖에도 정초오丁超五, 왕필경王弼卿, 왕한생王寒生, 강공정江公正, 황한종黃寒宗, 여개선黎凱選, 심의갑沈宜甲, 동광벽董光壁 등의 과학역 저서와 그 밖의 주요 논문들을 소개하고 있다. 요명춘 등의 이 책은 1991년에 출판된 것으로, 중국 학자들을 중심으로 간략하게 소개한 것이다.

『주역』 해석이나 연구, 즉 역학의 유파에 대한 일반적인 분류는 상수象數와 의리義理로 나뉜다. 주지하듯이 이것은 『사고전서총목제요四庫全書總目提要』의 편찬자들이 시도한 '두 학파 및 여섯 분파'(兩派六宗)로의 분류에 따른 것이었다. '두 학파'(兩派)는 상수파와 의리파를 가리키고, '여섯 분파'(六宗)는 상수파의 점서역占筮易·기상역機祥易·도서역圖書易과 의리파의 도가역道家

易·유가역儒家易·사사역史事易을 가리킨다. 그러나 굴만리屈萬里(1907~1979)
는 이 구분에 반대하고 의리義理·상수象數·도서圖書의 세 학파로 분류할
것을 제안한 바 있다.

역대의『주역』학은 수차례의 변화를 거쳤다.『주역』의 상하 경문은 처음에 점서占筮에
지나지 않았다.『십익』이후 철학적인 이치를 밝히기 시작하였다. 서한 중엽에
이르러 맹희孟喜가 재이災異의 술수를 익혀 상수象數로써『주역』을 해설하는 것을
좋아했는데, 동한의 역학가들이 그 해설을 부연하고 확대하였으며 삼국시대에
이르러 더욱 성행하였다. 이에 왕필王弼이 떨쳐 일어나 상수의 천착을 싹 쓸어버리고
『십익』의 평실함을 회복하였고, 육조六祖와 수隋·당唐을 거치면서 일존一尊이 되었
다. 북송에 이르러「하도」·「낙서」와 선천先天·후천後天의 설이 일어나니, 역학이
다시 변하여 명말에까지 이르게 되었다. 청나라에 이르러 고증학이 크게 성행하여
「하도」·「낙서」·선천·후천 이론의 오류를 다시 배척하고 한인漢人들의 상수학을
반대하였는데, 지금에 이르러서도 그 여풍이 아직 모두 사라지지 않고 남아 있다.
역례易例의 변화가 비록 많으나, 종합하여 크게 구별하면 상수象數·의리義理·도서圖
書의 세 가지에 지나지 않는다.[2]

이들 분류에 의하면 '과학역'은 상수 혹은 도서에 속하게 된다. 하지만
이러한 분류는 현대 역학을 충분히 포괄하지 못하는 한계를 가지고 있다.
현대의 역학 유파 분류는 관련 학자들의 주요 관심사 가운데 하나인데,
요명춘 등은『주역철학사』에서 '네 차례의 열띤 시기'(四次熱潮)로 구분하였다.
제1차 열기는 1920년대 말에서 1930년대 초로서,『주역』의 작자와 성립
연대에 관한 신사학新史學의 고사변파古史辨派 학자들의 문제제기로 비롯되
었다. 제2차 역학 열기는 1960년대 초의 대륙학술계에서 출현한 것으로서
다시 두 단계로 구분되어, 제1기는 1960년 말에서 1962년까지의 시기에

---

2) 屈萬里,『先秦漢魏易例述評』(臺北: 學生書局, 1969),「自序」, 1~2쪽.

『주역』형성 연대와 성질, 철학 사상 등을 토론한 것이고, 제2기는 1962년과 1963년 초까지 있었던, 『주역』의 경經과 전傳을 구분할 수 없다고 주장한 이경춘李景春에 대한 비판으로 이루어진다. 제3차 열기는 1970년대 이후이고, 제4차 열기는 1980년대 이후이다. 작자들은 특히 4차 열기의 주요 성과로 "중괘重卦가 문왕으로부터 시작된 것이 아니라는 것을 밝힌 점", "음효와 양효는 점서占筮 시대의 홀수와 짝수 부호를 대표한다는 것을 밝힌 점" 등을 들고 있다. 이 책의 저술 시기가 1992년이기 때문에 최근의 연구 성과는 반영되어 있지 않다.3) 한편, 양경중楊慶中은 1949년을 경계로 2기로 구분하고 있으며,4) 그 밖에 고명高明의 「최근 50년의 역학」(五十年來之易學; 1961), 서근연徐芹廷의 『최근 60년의 국학』(六十年來之國學; 1972), 황패영黃沛榮의 「최근 10여 년의 중국·대만 역학 연구 비교」(近十餘年來海峽兩岸易學研究的比較; 1989) 등등에서 이 문제를 토론하고 있다. 정길웅鄭吉雄은 이들 연구 성과를 종합하여 현대 역학의 발전 단계를 세 시기로 구분한다. 제1시기(1900~1930)는 두 가지 경향을 갖는데, 하나는 '과학' 경향이고, 다른 하나는 '역사' 경향이다. 제2시기(1931~1973)는 전통적인 역학 방법을 근거로 하는 학자들과, 중국 고유의 학술문화의 입장에서 연구하는 학자들, 그리고 고사변시기 학자들의 업적을 계승하는 학자들의 연구 단계이다. 이 시기의 '과학' 경향의 주요 성과들은 황패영의 연구에 자세히 소개되어 있다. 제3시기(1974~2000)는 마왕퇴 한묘 백서 『주역』의 연구 열기를 특징으로 한다. 이 시기 '과학' 경향의 학자들 대부분은 수학과 물리학을 위주로 『주역』을 연구하는 특징을 지닌다.5) 정길웅은 제3시기의 주요 과학역 저작으로 이신李申의 『해설, 주역이라는 강』(周易之河說解; 北京: 知識出版社, 1992)을 들고 있는데, 이신의 이

---

3) 廖名春·康學偉·梁韋弦, 심경호 역, 『주역철학사』, 709~726쪽.

4) 楊慶中, 『二十世紀中國易學史』(北京: 北京人民出版社, 2000).

5) 鄭吉雄, 『易圖象與易詮釋』(臺北: 臺灣大學出版中心, 2004), 34~44쪽.

책은 본서의 주요 참고자료 가운데 하나이다.

『주역』과 과학의 관계에 대해 칼 융(Carl Gustav Jung)은 유명한 『주역』에 관한 영문 서문 「역易과 중국정신」에서, 『역경』은 인과관계의 법칙으로 이해되는 서양의 과학과는 완전히 다른 사유체계임을 말하면서 그것을 자연법칙의 '통계적 진실', '우연성', '무의식' 등을 통해 설명한다. 그것은 궁극적으로 그의 '동시성'의 원칙과 관련지어진다. 『주역』이 과연 과학인가에 관해서는 여전히 논쟁 중이다. 사실 『주역』의 성질에 관해서도 학자들 간의 견해는 일치하지 않는다. '역과학'과 '과학역'을 구분하는 최근의 견해는 이 문제에 많은 시사를 할 수 있다.

동광벽董光璧은 『역학과학사강易學科學史綱』(武漢: 武漢出版社, 1993)에서 과학역은 '과학으로 역학을 연구하는 것'이고, 역과학은 '역학으로 과학을 연구하는 것'이라고 구분한다. 전자는 역학가의 작업에 속하고 후자는 과학가의 작업에 속한다.[6] 강국량江國樑은 「과학역과 역과학」(科學易與易科學; 2015)에서, 『주역』의 형성은 중국 고대인들의 장기적인 노동활동 중에서 체득하고 창조한 것을 토대로 한다고 하면서, 『주역』은 고대인들의 사회활동, 과학실천, 자연에 대한 인식의 전 과정은 물론이고 인식할 수 없는 것들에 대한 부분까지를 포괄하는 가운데 특히 감지할 수 있고 인식할 수 있는 것을 '상象'과 '수數'로 나타내었으며 바로 이러한 상수를 연구하는 것이 '과학역'이라고 한다. '상수'가 바로 서양에서 말하는 과학으로, 상과 수를 귀납하여 승화한 것이 『주역』 중의 상수이며 이 상수는 이미 수리철학의 의미를 가지고 있기 때문에 '과학역'이라고 부를 수 있다는 것이다. 그는 '역과학'에 대해서는 과학역을 기초로 음양 부호 및 팔괘와 64괘의 상수·괘위卦位의 상징 및 괘효사의 의미를 밝히는 것을 말한다고 한다. 강국량의 구분은

---

6) 董光璧, 『易學科學史綱』(武漢: 武漢出版社, 1993), 8~10쪽.

사실 동광벽의 '과학역'을 다시 과학역과 역과학으로 구분한 것과 유사하다. 특히 강국량의 견해는 『주역』을 과학서의 일종으로 생각하는 것으로서, 이러한 견해는 자칫 '『주역』이 과학인가?'라는 논쟁에 빠질 위험을 가지고 있다. 필자는 대체로 동광벽의 구분법에 따랐는데, 이러한 구분법은 『주역』이 과연 과학인가 하는 논쟁에 빠지지 않고 '과학역'과 '역과학'을 역학의 두 종류로 볼 수 있게 하는 장점을 가지고 있다.

국내 학자들의 관련 연구 성과를 분석해 보면, 국내 인문학자들의 『주역』 연구는 대체로 전통적인 역학방법론을 위주로 하고 있다. 과학역 관련 연구는 주로 한의학자들에 의해 이루어졌는데, '정체관整體觀(시스템관)7)'에 관한 연구가 주류를 이룬다. 『주역』과 과학을 연계시킨 논저들은 주역점과 관련한 것이 가장 많고, 그 밖에 『주역』의 개념들을 현대과학의 수학, 물리, 화학, 생명과학 등 다양한 영역의 개념들과 비교해서 동양과 서양, 철학과 과학의 융합을 시도한 것들도 보인다. 그러나 과학역 혹은 역과학에 관한 전문 연구는 거의 없다고 해도 과언이 아니다. 대부분 소개 단계에 머물고 있는데, 그 양적 측면에서 말해도 중국이나 일본, 서양 등과 같은 해외 학자들의 연구에 비해 극히 적은 편이다. 과학역(역과학)이 현대 역학의 주요 유파 가운데 하나라는 점에서 국내의 이러한 실정은 뚜렷한 한계를 갖는다고 할 수 있다.

---

7) 整體觀이라는 용어는 영어로는 wholeness 혹은 wholism으로, 우리말로는 '전체관'이나 '전체관점' 등으로 옮겨진다. 한의학계를 포함한 한국의 일부 논저에서는 '정체관'으로 그대로 쓰이기도 하는데, 원래의 중국어 참고논저에서의 의미를 그대로 전달하기 위해 이 책에서도 정체관이라 쓰기로 한다.
정체관의 주요 개념은 개체보다는 전체의 유기적 관계를 중시하는 것으로, 총체적인 시각으로 어떤 사물이나 사건, 그리고 현상을 바라보는 태도이다. 따라서 분석보다는 종합과 통섭을 하고자 하고, 그 방법론에서는 물질 개체를 분류하기보다는 그들 전체 혹은 그들이 외부와 유기적으로 연관되어 있다는 것을 전제하여 그들 사이의 정보의 교류를 강조한다. 결과적으로 개체의 관계에 나타난 의미에 관심을 가지고 그 전체에 나타난 조화와 모순, 갈등을 통한 통일적 연계를 찾아나서는 것이다.

2.

이 책은『주역』즉『역경易經』과『역전易傳』에 포함되어 있는 자연과학적 요소나 사상을 분석하는 것을 목적으로 하고 있다.『역경』은 부호체계와 문자체계로 되어 있는데, 부호체계는 괘효상卦爻象을 가리키고, 문자체계는 괘의 명칭, 괘사卦辭와 효사爻辭를 가리킨다. 부호체계는 수數(수학)를 포함하고 있으며, 기수奇數와 우수偶數를 주요 내용으로 한다. 괘상은 천지인 삼재의 중국 전통 우주관을 반영하고 있다. 이 책에서는『역경』의 부호체계에 포함되어 있는 과학적 함의를 분석하고자 한다. 이러한 분석 작업에서 『역전』을 참고하는 것은 필수적이다.『역전』은 또『역경』의 부호체계와 문자체계를 해석하는 것 이외에도 자체의 과학적 함의를 대량 포함하고 있는데, 이것도 주요 분석 대상이다.

『역경』의 부호시스템을 분석하는 데서 주목한 것은「설괘說卦」에서 말한 '삼재지도三才之道'이다. '삼재'와 '삼재지도'는 구분된다는 관점에 입각하여 분석하였는데, '삼재지도'에 의해 6효 시스템이 하나의 중층적인 원권圓圈을 이루고 다시 6효 64괘가 거대한 통일적 원권을 구성하는 것을 밝혔으며, 여기서 찾을 수 있는 과학적 함의가 무엇인지를 논술하고자 하였다. 이 책에서는 중층적, 통일적 원권이 함축하고 있는 의미를 찾기 위해 이를 환도관圜道觀 또는 정체관整體觀으로 개념화하였다. 주로 채택한 개념은 정체관인데, 이것은 현대과학의 하나인 '시스템이론'(system theory)과 접목하기 위해서이다.

『주역』의 '과학적 함의'를 분석하는 데서 주목한 것은 이상에서 말한 『주역』의 환도관 또는 정체관이 포괄하고 있는, 생성원리 · 순환원리 · 감응론感應論의 '우주질서원리'와, 부호화원칙 · 숫자화원칙 · 이론화원칙의 '방법론원칙', 그리고 과학의 대상이 되는 과학관이다. 여기서는 주로『역전』을 분석 대상으로 하였다.

주백곤朱伯崑은『역학철학사』에서『주역』에 대한 해석서인『역전』이 고대의 점치는 책을 "근거 없이 날조한 것이 아니라 전국 이래 사회의 정치·문화 사상 발전으로 이루어진 역사적 산물"[8]이라 하였다. 그리고 그 서문에서는『주역』에는 중국인이 세계를 사유하는 방식이 나타나 있음을 말하고 있다.

> 그것이 포괄하고 있는 사유방식은 매우 풍부하다. 예컨대 연역적 사유, 유추적 사유, 형식화의 사유 등과 같은 형식논리적 사유가 있고, 정체整體적 사유, 변역變易적 사유, 음양의 상호보완적 사유, 화해와 균형의 사유 등과 같은 변증적 사유가 있으며, 모방사유, 기능사유와 같은 직관적 사유가 있으며, 의상합일意象合一, 상수합일象數合一 등과 같은 형상사유形象思惟도 있다. 이 가운데 가장 두드러지게 드러나는 것은 세계를 관찰하는 변증적 사유이다.[9]

주백곤은『주역』이 중국 역사상 가장 강한 영향을 끼친 이유가 그것의 점술이나 표현방식에 있는 것이 아니고 이론사유에 있다고 밝히며 그 사유방식을 위와 같이 예시한다. 그 중 변증적 사유는 4대 유파, 즉,『주역』계통, 병가와『손자孫子』계통, 노장老莊철학 계통, 불학佛學 계통으로 귀결될 수 있으며 특히『주역』계통의 역사가 가장 풍부하고 오래되었다고 한다. 주백곤은 또『역전』에서 제기된 태극, 음양, 리기理氣, 형이상·하, 건곤, 도기道器, 상수, 언의言意와 같은 범주들이 이후 중국철학의 발전을 주도한 중요 술어들이라고 말한다.[10] 요명춘 등의『주역철학사』도 "『주역』은 중국 선진시대에 부호와 문자로 조직되었던 신비한 전적이다"로 시작하면서,

---

8) 朱伯崑, 김학권 외 역,『역학철학사 1』(서울: 소명출판, 2012), 145쪽.
9) 朱伯崑, 김학권 외 역,『역학철학사 1』, 19쪽.
10) 朱伯崑, 김학권 외 역,『역학철학사 1』, 21쪽.

따라서 이 책은 5경이며 '3현玄의 관冠'으로 존숭되어 '하늘, 땅, 인간의 일체 지식을 꿰고' 있는 '고대의 사회과학 및 자연과학의 집대성'이라고 하였다.[11]

이상을 참고할 때 『주역』의 과학적 함의를 살펴보기 위해서는 우선 『주역』이 반영하고 있는 세계양식을 살펴볼 필요가 있음을 알 수 있다. 이 책의 제2장에서 이를 토론할 것이다. 『역경』의 부호·문자 일체화 구조를 통하여 이 문제를 살펴보았는데, 삼재 관념이 포함하고 있는 과학적 함의를 밝히는 데 주력하였다. 또 『주역』에서의 천·지·인 개념을 살펴보고, 이로부터 『주역』의 자연과 인간의 관계론, 즉 천인관계론을 서술하였다. 그리고 왜 『주역』이 천인감응天人感應 혹은 천인합일天人合一 관념의 원천이 될 수 있는가를 밝히고자 하였고, 자연과 인간의 관계에 대한 서양철학에서의 관점을 간략하게 비교하였다.

이 책 제3장은 『주역』과 자연과학으로, 제2장에서의 논설을 바탕으로 중국 전통과학의 함의를 분석하고 서양의 자연과학과의 연관 고리를 찾아보고자 하였다. 여기에는 『주역』이 지닌 점서로서의 의의나 미신과 과학의 관계 문제에 대한 서술도 포함되어 있는데, 그 논의들은 모두 앞에서 제시한 『역전』의 과학원리와 원칙, 과학관 등을 중심으로 하여 전개된다.

제4장은 사실상 이 책의 본론에 해당한다. 이 글에서 특히 주목한 과학은 시스템론이다. 천지인의 관계와 구조에 나타난 시스템의 의미를 고찰하고 그것을 현대과학의 관점과 연결하는 것이다. 『주역』의 과학과 시스템적 사유에 대한 연구의 의의는 인간이 자연의 변화와 위험에 맞서 그것을 관찰하고 궁리하여 그 법칙을 밝히고 이를 통해 인간의 일을 설명하려고 했던 주체적 사유를 밝히는 데 있다.

---

11) 廖名春 외, 『주역철학사』, 43쪽.

『주역』의 시스템은 자신의 질서를 스스로 생성하고 변화해 가며 유지하는 특징을 가지고 있다. 여기서 논의되는 시스템은 서로 관계하는 요소들의 집합을 말하는데, 요소들 상호간의 관계에 나타나는 제약과 통일을 통한 전체적인 구조가 바로 시스템이다. 시스템은 요소간의 상호 제약의 관계로 통일적인 전체를 구성하고 있다. 따라서 시스템의 복잡성(요소 및 요소 간 관계의 다양성)은 환경에 비해 훨씬 축소되어 있다. 즉, 시스템 내부의 복잡성은 환경의 복잡성보다 덜하다. 그러나 한편으로 시스템이 복잡한 환경에 적응할 수 있기 위해서는 시스템 자체가 환경의 복잡성을 섬세하게 식별할 수 있을 정도의 높은 복잡성을 가지고 있어야 한다(최소다양도의 법칙). 따라서 시스템은 복잡성의 증대를 통하여 복잡성을 줄이게 된다. 일반 시스템이론은 다양한 영역에서 볼 수 있는 시스템을 이상과 같은 형식으로서의 동일성에 착안하여 설명하려는 이론이다. 시스템이론은 모든 존재를 다층구조로 파악하는데, 사물이나 상황에 대해 개체로 분리하지 않고 전체로 바라보며, 그들 간의 유기적 연관성을 중요하게 생각한다.12) 필자는 시스템 관점을 『주역』괘・효의 구조와 비교하고, 천지인 삼재지도와 태극, 음양, 사상, 팔괘, 오행 등『주역』의 주요 개념들을 통해『주역』의 과학적 함의를 밝히고자 한다. 이때『주역』의 주요 개념들과 관련하여 참고한 시스템론의 개념들은 총체성(wholeness; holistic entities), 개방성(openness)과 경계(boundary), 역동성(dynamics), 피드백(feedback), 상호연계성(interconnectivity), 동합목적성(equifinality) 등이며, 시스템 관점은 층차 관점, 기능 관점, 역동적 관점, 동형구조 등이다.

이 책에서 과학적 함의를 살펴보는 데 우선 참고한 것은 중국의 자연과학과 문명화를 해명한 조셉 니덤의『중국의 과학과 문명』이다. 특히 니덤이

---

12) L・貝塔蘭非(Karl Ludwig von Bertalanffy), 秋同・袁嘉新 譯, 『一般系統論』(北京: 社會科學文獻出版社, 1987), 135쪽.

말한 '상관적 사유'는 서양철학의 사유방식과 비교되는 『주역』의 주요 사유방식이다. 또 유장림劉長林의 『중국계통사유中國系統思維』는 『주역』의 과학적 함의, 특히 시스템관을 이해하는 데 주요 참고 자료이다. 주지하듯이 『주역』에는 과학과 미신이 함께 있다. 유장림은 이에 대해 "원시사회의 가장 오래된 샤머니즘 가운데 과학과 이성의 맹아가 포함되어 있다"라고 한다. 동물은 신호정보나 직관에 의지할 수밖에 없어서 곧 발생할 상황에 대해 앞당겨 조치를 취하고 예견하는 능력이 극히 제한적인 반면, 인간은 부호정보를 이용할 수 있고 도구의 사용이나 사유의 과정을 통해 무한하게 미래를 예측할 수 있다는 것이다. 유장림은 『주역』의 시스템관을 '환도관', '천인관계', '정체관', '평형', '전체구조', '상론象論' 등의 개념으로 설명하였는데, 이러한 용어들은 니덤의 '상관적 사유'나 '유기체', '관계', '감응' 등의 개념과 밀접한 관계를 가지고 있다. 니덤은 "이 체계(『주역』)의 64개의 부호가 한 조의 추상적 개념을 제공하여, 그것은 어떠한 연구에서도 자연계의 현상에서 찾아내지 않을 수 없는 수많은 사상과 과정을 포섭할 수 있었다"[13]라고도 한다. 이 책 제4장은 이들 시스템론과 『주역』 및 역학에서의 정체관을 비교하여 고찰한 것이다.

이 책의 집필에서 주로 참고한 것은 서도일徐道一, 이렴李廉, 동광벽董光璧, 임충군林忠軍, 온진우溫振宇 등의 저작들이다.[14] 사용한 『주역』 판본은 주희朱熹의 『주역본의周易本義』이고, 번역에 참고한 것은 왕필본王弼本의 번역과 김경방·여소강의 『주역전해周易全解』 번역본이다. 주희의 『주역본의』에 따라 편장을 표기하였으나 필요하지 않을 경우 생략하였다. 또 최근에 매우

---

13) 조셉 니덤, 이석호 외 역, 『중국의 과학과 문명 II』(서울: 을유문화사, 1986), 420쪽.
14) 歐陽維誠 著, 『周易的 數學原理』(湖北敎育出版社, 1994); 溫振宇 著, 『新易學』(華夏出版社, 1994); 林忠軍, 『易學心知』(華夏出版社, 1995); 徐道一, 『周易與當代自然科學』(廣東敎育出版社, 1995); 徐道一, 『周易科學觀』(地震出版社, 1992); 李廉, 『周易的思維與邏輯』(安徽人民出版社, 1994); 董光璧, 『易學科學史綱』(武漢出版社, 1993).

활발하게 연구되고 있는 백서본帛書本『주역』이나『역전』도 참고하였다.

『주역』의 천도관이나 자연관, 음양관, 변화관 등을 논하기 위해서는 도가사상과의 비교가 일부 필요하였다. 도가사상은『노자老子』와『장자莊子』를 읽었으며 특히 도가와『역전』의 연계성에 대한 강조는 진고응陳鼓應의 글을 참고하였다. 또한『여씨춘추呂氏春秋』를 통해 천지와 만물에 대한 고대의 포괄적 사유를 이해하였다. 천인관계의 연구에서는 천인감응설을 고찰하기 위해 그와 관련한 논문 및 동중서董仲舒의『춘추번로春秋繁露』를 참고하였다.

『주역』의 '시스템관'에 대한 현대적 이해를 위해서 서양철학에 나타난 대상인식과 그 변화를 알아보고 그것을『주역』의 대상인식과 비교하였다. 필자는 이에 대한 고찰을 서양철학사에서 데카르트와 로크로부터 시작한 계몽철학을 기점으로 하여 칸트를 중심으로 한 관념론의 발전을 통해 논의해 보았다. 현대적 논의들 중 니클라스 루만(Niklas Luhmann)의『사회체계이론』이나 일리야 프리고진(Illya Prigogine)의 '산일구조이론', 베노아 만델브로 (Benoit Mandelbrot)의 '프랙탈이론' 등은『주역』의 시스템이론을 설명하는 데 참조하였고, 고대의 자료로는『황제내경黃帝內經』을 참고하여『주역』과 중국의학과의 비교고찰도 진행하였다. 기타 미학 관련 서적들도 이 책을 써 나가는 데 많은 도움이 되었음을 밝힌다.

제2장 『주역』의 세계양식론

　여기서 말하는 '양식樣式'은 좁은 의미에서 말하는 것이다. 사람들은
세계를 하나의 양식으로 생각하는데, 우주의 기원과 구성, 발전 등을 상상하
는 가운데 점차 형성된 것이 중국 고대인들의 세계양식이었다. 여기서는
『주역』이 반영하고 있는 세계양식에 대해서만 고찰하기 때문에, 그것은
좁은 의미에서의 '세계양식'이라고 할 수 있다.

　사실 형태가 고정되어 있어야만 모형의 양식이라 할 수 있고 비로소
토론도 가능해질 터이지만, 중국에는 기독교에서와 같은 조물주에 의한
세계창조 이론은 등장하지 않는다. 중국철학은 기의 취산聚散으로 만물의
생성변화를 말한다. 그러나 이처럼 형태가 고정되어 있지 않더라도 이
또한 일종의 세계양식론이라고 할 수 있다. 그리고 이러한 세계양식 중에서
도 『주역』의 그것만을 대상으로 삼았기 때문에 협의의 양식이라고 말한
것이다.[1]

　서주西周시기 이전의 중국인들은 모두 신神의 존재를 믿었다. 그런데
신의 의지는 현실의 왕王·공公·대인大人의 의지에 비해 어떤 규칙을 갖는

---

1) 李申, 『周易之河說解』(北京: 知識出版社, 1992), 82쪽.

것이 아니었다. 춘추 말기의 노자는 중국철학 최초로 신의 의지가 아니라 '도道'의 작용으로 만물이 생성된다고 여겼는데, "도는 하나를 낳고, 하나는 둘을 낳으며, 둘은 셋을 낳고, 셋은 만물을 낳는다"[2]가 그것이다. 이것은 분명히 세계양식의 일종이고 중국철학에 매우 큰 영향을 미친 것이지만, 우주의 본원인 '도'는 볼 수도 없고 말할 수도 없는 것, 다시 말해 인간의 감각이나 이성으로 파악할 수 없는 것이고, 또 그가 말한 '2'와 '3'이 정확하게 무엇을 가리키는 것인지도 분명하지 않다. 따라서 세계양식을 토론하는 문제에서 일정한 한계를 갖는다고 할 수 있다.

통행본 『역전』의 「계사전繫辭傳」에는 『노자』와는 비교되는 세계양식론이 제시되어 있다.

> 역易에 태극太極이 있으니, 태극이 양의兩儀를 낳고 양의가 사상四象을 낳고 사상이 팔괘八卦를 낳으니, 팔괘가 길흉吉凶을 정하고 길흉이 큰 사업을 낳는다.[3]

이것은 괘의 생성과정을 말한 것으로 이해되어 왔는데, 중국 철학자들은 또한 이를 우주생성의 과정을 말한 것으로 이해하기도 했다. 예를 들어 공영달孔穎達(574~648)은, '태극'은 태초와 태일 등의 원기元氣이고 '양의兩儀'는 천지이며 '사상四象'은 금·목·수·화라 하고, '팔괘'는 진목震木·이화離火·태금兌金·감수坎水가 각각 일시 時를 주관하고 또 손巽이 진震의 목木을, 건乾이 태兌의 금金을 같이하며 여기에 곤坤·간艮의 토土를 더하여 팔괘가 된 것이라고 하였다.[4] 이것은 사상을 사시와 배합하고 팔괘를 오행설과

---

2) 『老子』, 제42장, "道生一, 一生二, 二生三, 三生萬物."
3) 「繫辭上」, 제11장, "是故易有太極, 是生兩儀, 兩儀生四象, 四象生八卦, 八卦定吉凶, 吉凶生大業."
4) 孔穎達, 『周易正義』, 「繫辭上」, '易有太極'章疏, "是故易有太極, 是生兩儀者, 太極謂天地未分之前, 元氣混而爲一, 卽是太初太一也. 故老子云道生一, 卽此太極是也. 又謂混元旣分, 卽有天地, 故曰太極生兩儀, 卽老子云一生二也. 不言天地而言兩儀者, 指其物體, 下與四象相對, 故曰

배합한 세계양식론으로서 동중서董仲舒의 『춘추번로春秋繁露』와 양한兩漢 상수역학가들의 영향을 크게 받은 것이다. 우리는 이와 유사한 세계양식론을 북송대 주돈이周敦頤(1017~1073)의 『태극도설太極圖說』에서도 찾아볼 수 있다. 이들은 모두 『역경』의 세계양식론을 발전시켜서 독자적인 이론체계를 만든 것이다.

이상에서와 같이 『주역』의 세계양식론은 『노자』의 그것과 비교할 때 상대적으로 고정되어 있고, 사람들이 이성적으로 인식할 수 있는 장점이 있다. 『주역』의 세계양식론에서, '태극'은 우주의 본원을 가리키고, '양의'는 천지 또는 음양을 가리키며, '사상'은 이들 두 대립 요소가 만들어 내는 세계의 각종 운동변화의 원리와 관계되고, '팔괘'는 여덟 가지 자연현상을 정태적으로 반영한 것이다. 여기서는 세계의 본원을 비롯하여 현실세계의 각종 운동변화도 사람이 인식할 수 있다고 본다. 전설에 의하면, 복희씨가 『역』을 만든 주요 목적이 사람들로 하여금 세계의 정태적 모습뿐만 아니라 그 동태적 모습도 파악하게 하려는 데 있었다. 바로 여기서 팔괘와 육십사괘는 점占이라는 행위를 통해 미래세계의 동태적 변화를 파악할 수 있는 일종의 탐측기가 된다. 당연히 거기에는 당시의 자연과학 수준이 반영되어 있다. 이런 점에서 말하면, 모든 역학은 각각 당시의 자연과학 수준을 반영한다고 말할 수 있다. 물론 점은 신비한 것이지만, 『역경』의 세계양식론에는 과학적 맹아가 포함되어 있다고 말해야 할 것이다. 이 장에서는 주로 이러한 측면을 살펴보고 그 의의를 천인관계론에서 찾아보고자 한다. 미리 말하자면, 중국철학에서의 천인관계론은 중국철학 시스템 관점의 핵심을 이루고 있다.

兩儀, 謂兩體容儀也. 兩儀生四象者, 謂金木水火, 稟天地而有, 故云兩儀生四象, 土則分王四季, 又地中之別, 故唯云四象也. 四象生八卦者, 若謂震木離火兌金坎水, 各主一時, 又巽同震木, 乾同兌金, 加以坤艮之土爲八卦也."

제1절 『역경』의 부호 · 문자 체계의 일체화 구조

1. 『역경』의 부호체계

『주역』은 경經(『역경』)과 전傳(『역전』)의 두 부분으로 구성되어 있는데, 좁은 의미에서 『주역』이라고 하면 그것은 『역경』을 가리키고, 『주역』을 넓은 의미로 사용하면 7종 10편의 십익十翼 즉 『역전』을 포괄하는 명칭이 된다. 경과 전을 통합체계로 편성한 것은 한대의 민간역학인 고문경학古文經學의 비직費直을 계승한 위진魏晉시기의 왕필(226~249)이다. 이것이 통행본 『주역』의 기본 판본임은 주지의 사실이다.

『역경』은 상·하 두 편으로 나누어져 있는데, 「상경」은 첫 번째 건괘乾卦에서 30번째 리괘離卦까지이고, 「하경」은 31번째 감괘咸卦에서 64번째 미제괘未濟卦까지이다. 『역경』은 크게 나누어 부호 계통의 괘효상卦爻象과 문자 계통의 괘명卦名·괘효사卦爻辭로 구성되어 있다. 괘상에는 3획으로 된 팔괘와 6획으로 된 64괘가 있고, 효는 주로 64괘의 양효(—) 또는 음효(--)를 가리킬 때 사용된다. '—'은 양 또는 홀수(奇數)를 나타내고 하늘(天)을 상징하며 '--'은 음 또는 짝수(偶數)를 나타내고 땅(地)을 상징하는데, 『역전』에서는 이들 두 부호를 양의兩儀라고 하였다. 양의의 두 부호를 합치면 네 가지 배열, 즉 태양太陽(⚌)·소음少陰(⚍)·소양少陽(⚎)·태음太陰(⚏)의 배열이 이루어지게 되는데, 이것을 사상이라고 한다. 이들 사상에 다시 양의가 더해지면 건乾(☰), 태兌(☱), 리離(☲), 진震(☳), 손巽(☴), 감坎(☵), 간艮(☶), 곤坤(☷)의 팔괘가 된다. 또 이를 중첩하면 건䷀과 같은 6획괘, 즉 6효로 된 64괘의 괘상이 이루어진다. 사상이라는 말에서도 '수數'와 '상象'을 발견할 수 있지만, 구체적으로 상으로 드러나는 것은 팔괘와 64괘이다. 따라서 일반적으로 '괘상'이라고 하면 팔괘상과 64괘상의 두 가지를 가리킨다. 팔괘는 세계의 정태적 모습을 반영하고, 64괘는 정태적·동태적 모습을 모두 반영한다. 따라서 우리가 팔괘를 통해 세계를 인식하는 것은 세계를 정태적으로 인식하는 것이고, 그 동태적 모습까지 인식하고 파악하기 위해서는 64괘를 통해야 한다. 『주역』이 64괘를 하고 있는 것은 바로 이 때문이다.

『역전』에서는 '상'과 '효'에 대해 "역은 상이다. 상은 형상(像)이다.…… 효는 천하의 운동(動)을 본받은 것이다"5)라고 하였고, 또 8괘의 중첩으로 64괘가 이루어진 데 대해서는 이렇게 말하였다.

『역』이라는 책은 광대하여 모두 구비해서, 천도가 있고 인도가 있고 지도가 있다. 삼재를 겸하여 두 번 한 까닭에 6효가 되었으니, 6효는 다름 아니라 삼재의 도이다.6)

옛날 성인이 『역』을 지음은 장차 성명의 이치를 순하게 하려고 해서였다. 이 때문에 하늘의 도를 세워 음양이라 하고, 땅의 도를 세워 강유라 하고, 사람의 도를 세워 인의라 하였다. 삼재를 겸하여 두 번 하였기 때문에 『역』이 여섯 번 그어짐에 괘가 이루어졌고, 음으로 나뉘고 양으로 나뉘며 유와 강을 차례로 쓰기 때문에 『역』이 여섯 자리에 문장을 이룬 것이다.7)

팔괘가 3획으로 된 이유는 천지인 삼재를 반영하기 위한 것이고, 6효로 이루어진 64괘가 된 것은 삼재 각각이 포함하고 있는 대립운동을 반영하기 위해서라는 말이다. 64괘는 세계의 총체적 상(總象)을 표시한 것으로, 곳곳에서 일어나는 개별적 상(別象)은 그러한 총상을 통해 충분히 인식될 수 있으므로 6획 이상의 괘는 필요치 않다는 말과 같다.

우리는 이상에서 『역경』 부호 시스템의 중요 요소가 효와 괘임을 알

---

5) 「繫辭下」, 제3장, "是故易者, 象也. 象也者, 像也.……爻也者, 效天下之動者也."
6) 「繫辭下」, 제10장, "易之爲書也, 廣大悉備, 有天道焉, 有人道焉, 有地道焉. 兼三才而兩之故六, 六者, 非他也, 三才之道也."
7) 「說卦」, 제2장, "昔者, 聖人之作易也, 將以順性命之理. 是以立天之道曰陰與陽, 立地之道曰柔與剛, 立人之道曰仁與義. 兼三才而兩之, 故易六畫而成卦, 分陰分陽, 迭用柔剛, 故易六位而成章."

수 있었다. 특히 효는 음양, 천지, 기우奇偶 등의 중요 관념을 함축하고 있고, 괘는 삼재를 기본으로 하는 고대 중국인들의 우주발생과 우주구조에 관한 주요 관념을 함축하고 있다. 이들 관념은 이 책 전체의 주요한 분석 대상이 된다.

괘는 팔괘를 기본으로 하므로, 먼저 이에 대해 간략히 논하고자 한다.

1) 팔괘의 기원과 상징

팔괘와 64괘의 제작에 대해, 『사기史記』 「삼황기三皇紀」는 복희伏羲가 처음 팔괘를 만들었다 하였고, 『경전석문經典釋文』 「서록序錄」에서는 복희가 8괘를 만들고 이어 괘를 2개씩 겹쳐서 64괘를 만들었다고 했으며, 「계사하」에서도 복희씨가 팔괘를 만들었다고 하였으나, 공영달, 양만리, 양계초, 곽말약 등은 문자기원설文字起源說을 주장하였다. 64괘의 제작에 대해서는, 공영달은 왕필의 복희중괘설伏羲重卦說, 정현의 신농神農중괘설, 손성의 우왕禹王중괘설, 사마천 등의 문왕文王중괘설 등 4가지 설을 언급하였다. 『역경』으로부터 『역전』에 이르기까지는 7, 8백 년의 시간이 걸렸고, 앞에서 말했듯이 『역』의 제적에는 여러 성인의 기여가 있었다. 『한서』 「예문지」(「六藝略」)에서는 이와 관련하여 "역의 도리는 심원하도다! 사람으로는 세 성인이 바뀌었고, 시대로는 상고上古·중고中古·하고下古를 거쳐 이루어졌다"(易道深矣, 人更三聖, 世歷三古)라고 적고 있다. 여기서 말하는 '세 성인'은 바로 『주역』의 작자를 일컫고, '삼고三古'는 하夏·은殷·주周를 말한다. 이를 '인경삼성人更三聖'·'세력삼고世歷三古'라 한다. 한편 『한서』 「율력지律曆志」에는 또 "복희가 8괘를 그렸고, …… 황제黃帝, 요堯·순舜에 이르러 크게 갖추어졌다"라는 말이 있다. 한편 동한東漢의 학자들은 '인경사성설人更四聖說'을 주장하였는데, 주공周公 단旦이 효사를 지었다는 데서 사성四聖이 되었다. 주희는 『주자어류朱子語類』

에서 "복희가 괘를 그렸고, 문왕이 괘사를 지었으며, 주공이 효사를 쓰고, 공자가 『십익』을 지었다"라고 말하여 인경사성을 뒷받침하였다.[8] 이에 대해서는 괘사와 효사를 설명하는 '『역경』의 문자체계' 항에서 다시 설명할 것이다. 아무튼 『주역』은 한 사람에 의해 한 때에 지어진 것이 아니라 오랜 세월을 거치면서 점진적으로 이루어졌다고 보는 것이 공통된 견해이다. 팔괘의 제작자에 대해 「계사하」 제2장은 다음과 같이 말하고 있다.

> 옛날 포희씨包犧氏가 천하의 왕이었을 때, 우러러 하늘의 상象을 관찰하고 굽어 땅의 법法을 관찰하며, 새와 짐승의 문文과 천지의 마땅함을 관찰하며, 가까이는 자신에게서 취하고 멀리는 사물에게서 취하여, 이에 비로소 팔괘八卦를 만들어 신명神明의 덕德을 통하고 만물의 실정을 분류하였다.[9]

여기서 포희씨는 복희씨伏羲氏를 가리킨다. 복희가 팔괘를 처음 그렸다는 데 대해서는 일찍부터 많은 논란이 있었지만 전통적으로는 복희제작설이 성행해 왔는데, 이에 대해 김경방은 앞서 인용한 '역유태극易有太極'장과의 모순을 들어 그 설의 문제점을 지적한 바 있다.[10] 사실 「계사전」의 '역유태극

---

8) 『朱子語類』 권66. "想當初伏羲畫卦之時, 只是陽爲吉, 陰爲凶. 無文字, 某不敢說, 竊意如此. 後文王見其不可曉, 故爲之作彖辭. 或占得爻不可爻, 故周公爲之作爻辭. 又不可曉, 故孔子爲之作十翼. 皆解當初之意."(복희가 괘를 그렸고, 문왕이 괘사를 지었으며, 주공이 효사를 쓰고 공자가 『십익』을 지었다.)

9) "古者包犧氏之王天下也, 仰則觀象於天, 俯則觀法於地, 觀鳥獸之文, 與地之宜, 近取諸身, 遠取諸物, 於是, 始作八卦, 以通神明之德, 以類萬物之情."

10) 김경방·여소강, 안유경 역, 『周易全解 上』(서울: 심산출판사, 2013), 27~29쪽 참조. 이 단락은 후대에 커다란 영향을 끼쳤다. 김경방도 『易通』을 저술할 때는 이를 믿었다고 말하나 곧이어 이 글이 「계사전」의 원문이 아니라 후대에 추가된 글이라고 밝힌다. 따라서 「계사전하」에서 이 글을 삭제한다. 서문에서 몇 가지 이유를 설명하고 있는데 대략은 다음과 같다. 무엇보다도 이 말은 "역에 태극이 있으니 이것이 양의를 낳고 양의가 사상을 낳고 사상이 팔괘를 낳는다"라는 설명과 일치하지 않는다. 두 번째 이유로는, "처음으로 팔괘를 만들었다면 어떻게 신명의 덕에 통하고 만물의 실정을 분류할 수 있었겠는가"(始作八卦, 以通神明之德, 以類萬物之情)라고 하였는데, 이것은

장에는 팔괘의 하도河圖기원설을 암시하는 구절도 있다.

팔괘와 육십사괘의 관계에 대해서도 일반적으로는 팔괘가 먼저 있고 육십사괘는 다음에 이루어진 것이라고 생각하지만, 이를 부정하는 견해도 많다. 그러나 요명춘은 "처음부터 8괘와 64괘가 동시에 나왔다고 주장하는 사람도 있으나, 복서의 사실이 복잡하게 됨에 따라서 8괘에서 64괘로 발전되었다고 보는 것이 옳을 듯하다"[11]라고 한다. 이것은 인간의 인식이 단순한 것에서 복잡한 것으로 나아간다는 관점을 토대로 한 것으로, 실제에 부합하는지는 확실하지 않다.

팔괘의 작자와 기원을 밝히는 문제는 역학의 주요 문제 가운데 하나이다. 그 핵심은 팔괘라는 부호가 어디서 생겨난 것인가와 그 원시적 의미는 무엇인가이다. 아래는 그 대략을 정리하였다.

① 복희관상설伏羲觀象說 : 성인관상제기설聖人觀象制器說로 불리기도 한다. 『역전』의 작자들이 제시한, 가장 영향이 큰 가설 가운데 하나로서 자연계를 관찰하여 팔괘를 제작하였다고 보는 견해이다. 앞에서도 인용한 「계사전」의 다음 구절이 이 견해를 잘 보여 주고 있다.

옛날 포희씨包犧氏가 천하의 왕이었을 때, 우러러 하늘의 상象을 관찰하고 굽어 땅의 법法을 관찰하며, 새와 짐승의 문文과 천지의 마땅함을 관찰하며, 가까이는 자신에게서 취하고 멀리는 물건에게서 취하여, 이에 비로소 팔괘八卦를 만들어 신명神明의 덕德을 통하고 만물의 실정을 분류하였다.[12]

8괘가 겹쳐서 64괘로 만들어져서 이미 역이 있을 때 즉 64괘가 건괘와 곤괘로부터 첫머리를 삼아 그 순서가 있고 나서의 일이기 때문이다. 세 번째로 사마천의 말, "백가들이 황제 때의 일을 말하였지만 그 문장이 우아하지 못하고 순리에도 맞지 않아 수많은 학식 있는 선비들이 이에 대해 말하기 어려웠다"를 빌려 "포희씨는 『장자』·『관자』·『회남자』에만 보일 뿐이고 공자의 책에는 보이지 않는다"라고 말한다.…… 마지막으로 "『易傳』에서 『易』을 지은 자를 말하면서 단지 성인이라고 불렀지 어떤 사람인지를 명확히 가리키지 않았다"라는 이유를 든다.

11) 廖名春 외, 『주역철학사』, 20쪽.

이 구절은 특히 원고시대 인류의 자연 인식에 나타난 특징으로 팔괘의 취상取象을 설명하고 있다. 우주에서 가장 큰 것은 하늘과 땅인데, 하늘에서 사람의 관심을 가장 끈 것은 해와 달(日月)이고 땅에서 사람의 주목을 받은 것은 산과 못(山澤)이다. 한편 사회에서 가장 필요한 것은 물과 불(水火)이고, 우레(雷)와 바람(風)은 하늘과 땅 사이에 있는 것들 가운데 가장 두드러진 것이다. 이 8가지가 원시시대에 사람들의 주목을 끌었던 것인데, 그 물질의 속성으로 보면, 하늘과 바람, 물과 연못, 땅과 산은 본질적 구별이 없고 다만 현상적 구별만 있다. 이는 팔괘 성립 당시의 사람들은 사물을 인식하는 데 있어 경험적·직관적인 것에 기초하였을 뿐, 본질적으로 개괄하지는 못하였다는 것을 말해 준다. 이러한 여덟 가지 기본적인 현상 이외에다 축축畜에 말(馬), 소(牛), 닭(鷄), 돼지(家), 개(狗) 등을 포함시킨 것도 경험적이고 직관적인 인식에 속한다. 이것은 복희씨가 괘를 그릴 때 관찰하고 귀납하여 유비추리 등의 사고활동을 통해 팔괘의 체계를 완성하였음을 말한다.

② 획전유역설畫前有易說 : 소옹과 주희 등이 지지한 이론으로, 수數와 리理에 대한 깨달음에서 팔괘가 생겨났다는 입장을 말한다. 역학가, 특히 상수역학가들에게는 "복희가 팔괘를 그리기 이전에 역의 세계가 있었다"(畫前有易)라는 것이 마치 화두처럼 성행하였다.

③ 문자기원설文字起源說 : 『역위건곤착도易緯乾坤鑿度』를 시작으로 송대의 양만리楊萬里, 황종염黃宗炎 등이 지지한 이론이다. 『역위』에서는 ☰은 고문古文의 '천天'자이고 ☷은 '지地', ☴은 '풍風', ☶은 '산山' 등이라고 한다. 상고上古시대의 결승結繩문자기원설이 여기에 속한다.

④ 은상복자작팔괘설殷商卜者作八卦說 : 팔괘의 창립 시기는 은상殷商 혹은

---

12) "古者包犧氏之王天下也, 仰則觀象於天, 俯則觀法於地, 觀鳥獸之文, 與地之宜, 近取諸身, 遠取諸物, 於是, 始作八卦, 以通神明之德, 以類萬物之情."

서주西周 시기이며 그 작자 또한 여럿의 복자卜者 혹은 서자筮者라는 주장이다. 현대 다수의 학자들이 지지하는 설로, 은허殷墟와 사반마四盤磨, 장가파張家坡, 와호渀鎬 유적지 등에서 출토된 갑골甲骨 및 상商・주周 시기의 금문金文・도문陶文 등에 나타난 숫자괘의 원형에 근거하고 있다. 한 사람의 손에 의한 것도 아니고 한 시기에 제작된 것도 아니지만 고대의 성현들이 참여하여 팔괘를 제작, 정리하는 데 중요한 역할을 했다고 보는 견해이다.

한편, 팔괘를 중괘重卦하여 64괘가 만들어진 과정에 대해서도 크게 나누어 4가지의 설명이 있다.

① 복희중괘설伏羲重卦說 : 왕필 등의 주장이다. 『회남자淮南子』 「요략要略」은 "복희가 그것을 64변으로 만들었다"13)라고 하였고, 「요략훈要略訓」 또한 "팔괘로 길흉을 알 수 있으니, 복희가 그것을 64괘로 만들었다"14)라고 하여 복희중괘설을 제시하고 있다.

② 신농중괘설神農重卦說 : 정현 등의 주장이다. 『위지魏志』 「고귀향공기高貴鄉公記」에서는 "포희(복희)가 수황燧皇의 그림에 근거하여 팔괘를 제작하고, 신농이 그것을 연역하여 64괘로 만들었다"15)라고 하였다.

③ 우왕중괘설禹王重卦說 : 청나라 손성孫盛의 주장으로, 하夏나라의 창건자인 우禹임금이 중괘하였다는 설이다.

④ 문왕중괘설 : 사마천司馬遷은 주周나라 창건자인 문왕文王이 중괘하였다는 설을 주장하였다. 『사기』 「주본기周本紀」는 문왕文王이 유리에 유배되었을 때 "역의 팔괘를 더하여 64괘를 만들었다"16)라고 말한다. 그러나 『주례』 「춘관・종백」은 하나라 역인 『연산』, 은나라 역인 『귀장』, 주나라 역인

---

13) "伏羲爲之六十四變."
14) "八卦可以識吉凶, 伏羲爲之六十四卦."
15) "包義因燧皇之圖而制八卦, 神農演之爲六十四卦."
16) "益易之八卦爲六十四卦."

『주역』모두 "그 경괘는 8개이고 그 별괘는 64개이다"라 하였으므로, 이미 하대夏代에 역괘 부호가 다 나타나 있었다고 할 수 있다. 다만 『주례』는 64괘 부호의 구체적인 형태에 대해서는 더 이상의 언급이 없고, 현존하는 유일한 책인 『주역』에만 그 완전한 형태가 전해진다.

<표 1> 8괘와 64괘

8괘	64괘
경괘經卦	별괘別卦
단괘單卦	중괘重卦
소성괘小成卦	대성괘大成卦
3획괘	6획괘

현재로서는 중괘로 연역한 사람이 누구인지 고증할 수 없다. 「계사상」은 이 문제와 관련하여 "팔괘는 작게 이루어짐이니, 이끌어 거듭 펴서 유類끼리 접촉하여 확장하면 천하의 능사能事를 다할 것이다"[17]라고 하였는데, 오히려 여기에 역사적 진실이 담겨 있다고 할 수 있다. 이 구절은 첫째, 팔괘의 창작(小成)으로부터 64괘의 연성演成(引而伸之)에 이르기까지 두 단계를 거쳤다는 것을 말해 주고, 둘째, 64괘 계통의 형성은 점서占筮의 필요에 의한 것이라는 점을 설명하고 있다. 그것의 목적은 천하의 일체 사물을 다 포괄하여 무소부지의 천의天意를 전달하는 데 있다.

이 글이 '팔괘의 기원과 상징'에서 주목하는 것은 『역전』에서 말하고 있는 다양한 팔괘의 배열순서와 상징에 관한 것이다. 「설괘전」에는 상호 모순되는 해석들이 혼재해 있는데, 특히 제3장과 제5장 부분에서의 모순은 많은 역학가들을 곤혹스럽게 만들었다.

---

17) "八卦而小成, 引而伸之, 觸類而長之, 天下之能事畢矣."

천天과 지地가 자리를 정하고 산山과 택澤이 기氣를 통하며 뇌雷와 풍風이 서로 부딪히고 수水와 화火가 서로 싫어하지 않으니, 팔괘가 서로 교착한다. 지나간 것을 셈하는 것을 순順이라 하고 앞으로 올 것을 아는 것을 역逆이라 하니, 『역易』은 앞으로 올 것을 셈하는 것이다.[18]

상제는 진震에서 나와서, 손巽에서 가지런하고, 리離에서 서로 만나며, 곤坤에서 부역하고, 태兌에서 기뻐하며, 건乾에서 싸우고, 감坎에서 수고하고, 간艮에서 완성하게 된다.[19]

앞으로는 전자를 "천지정위天地定位"장으로 표시하고 후자를 "제출호진帝出乎震"장으로 표시할 것이다. 이 두 문장은 모두 팔괘가 서로 교착되어 64괘가 이루어지는 것(八卦相錯)을 말한 것인데, 배열순서와 방위 배치 등에서 다른 관점이 제시되어 있기 때문에 많은 역학가들을 곤란하게 만들었다. 이것은 「설괘전」의 작자가 통행본 『주역』뿐만 아니라 당시에 성행하고 있었던 여러 판본들을 종합한 것에서 발생한 문제라고도 할 수 있는데, 어쨌든 소옹邵雍(1011~1077)이 전자를 '선천학先天學', 후자를 '후천학後天學'이라 일컬은 이후로 후대의 역학가들에게 절대적인 영향을 미쳤다.

「계사상」의 "역유태극易有太極, 시생양의是生兩儀, 양의생사상兩儀生四象, 사상생팔괘四象生八卦"를 근거로 태극에서 팔괘까지의 분화를 수리적으로 해석하면 '1(태극) → 2(양의) → 4(사상) → 8(팔괘)'이 된다. 이를 도표로 만들어 보면 <표 2>와 같다.

소옹이 말한 선천팔괘의 중요한 철학 내용은 '대대對待'와 '유행流行'이다. 팔괘 가운데 건乾과 곤坤이 대對가 되고, 태兌와 간艮이 대가 되며, 리離와 감坎이 대對가 되고, 진震과 손巽이 대對가 된다. 곤→진→리→태→건의 과정은

---

18) 「說卦」, 제3장, "逆天地定位, 山澤通氣, 雷風相薄, 水火不相射, 八卦相錯. 數往者順, 知來者逆, 是故易逆數也."
19) 「說卦」, 제5장, "帝出乎震, 齊乎巽, 相見乎離, 致役乎坤, 說言乎兌, 戰乎乾, 勞乎坎, 成言乎艮."

<表 2> 태극에서 팔괘까지 일분위법 도표

차례	1	2	3	4	5	6	7	8
팔괘(三變)	☰ 乾	☱ 兌	☲ 離	☳ 震	☴ 巽	☵ 坎	☶ 艮	☷ 坤
사상(二變)	⚌ 太陽(老陽)		⚍ 少陰		⚎ 少陽		⚏ 太陰(老陰)	
양의(一變)	― 陽				-- 陰			
태극	○ 太極							

양진음퇴陽進陰退를 설명하고 있고, 건→손→감→간→곤의 과정은 음진양퇴陰進陽退를 설명하고 있다. 이를 음양소장陰陽消長 또는 음양소식陰陽消息이라고 하는데, 바로 '순환반복'의 개념이며, 선천팔괘가 순환하고 반복하는 유행에는 '순順'과 '역逆'이라는 중국철학의 중요한 운동 관념이 포함되어 있다. 이러한 운동관은 당시 천문학적 지식을 반영하고 있기도 하다.

「설괘전」제10장의 부모생육자父母生六子를 제외한 「설괘」제7장에서 마지막 제11장까지는 다음과 같은 팔괘의 배열순서를 제시하고 있다.

<表 3> 後天八卦次序

乾	坤	震	巽	坎	離	艮	兌
☰	☷	☳	☴	☵	☲	☶	☱
1	2	3	4	5	6	7	8

이 배치는 홀수 자리에 양괘陽卦를 배치하고 짝수 자리에 음괘陰卦를 배치함으로써 양기음우陽奇陰偶의 관념을 나타내고 있다. 또 서로 붙어 있는 괘들을 한 조로 결합하면 대대관계를 이루고 있는데, 이는 모순대립을 운동변화의 기초로 생각하는 중국 고대인들의 운동변화관을 반영한 것이다. 역학에서는 이를 교역交易 또는 변역變易이라고 부른다. '교역'은 음양의 효가 서로 전환되는 것을 가리키는 말로서 주로 대대를 가리키고, '변역'은

대대의 실제적인 전환운동을 가리키는 말로서 '유행'이 강조되는 말이다. 대대와 유행은 『역경』의 괘효상이 가지고 있는 가장 중요한 운동 관념이라고 할 수 있다. 「설괘전」에는 각종의 팔괘 상징이나 방위 등이 나타나 있는데, 대표적인 것만 표시하면 다음과 같다.

<표 4> 先天八卦次序와 상징

괘상	☰	☱	☲	☳	☴	☵	☶	☷
괘명	건乾	태兌	리離	진震	손巽	감坎	간艮	곤坤
자연	하늘(天)	못(澤)	불(火)	우레(雷)	바람(風)	물(水)	산(山)	땅(地)
가족	부父	소녀少女	중녀中女	장남長男	장녀長女	중남中男	소남少男	모母
성질	강건함(健)	기쁨(說)	붙음(麗)	움직임(動)	들어감(入)	빠짐(陷)	그침(止)	유순함(順)
동물	말(馬)	양(羊)	꿩(雉)	용(龍)	닭(鷄)	돼지(豕)	개(狗)	소(牛)
신체	머리(首)	입(口)	눈(目)	발(足)	다리(股)	귀(耳)	손(手)	배(腹)
오행	양금陽金	음금陰金	화火	양목陽木	음목陰木	수水	양토陽土	음토陰土

방위에서는 선천과 후천이 서로 다르다. 여기서 자세하게 소개할 필요는 없지만, 대략 이상에서 제시한 표만으로도 『역경』의 세계양식, 즉 만물 인식의 시스템적 구조를 살펴볼 수 있다. 팔괘의 상징을 자연현상, 가족, 인체, 동물 등등에서 두루 선택하고 있다는 점에서도 역시 그러하다. 「설괘전」 제10장은 이들을 종합하여 말하고 있는데, 인용하기에는 너무 긴 내용이라 생략한다.

한편 괘를 구성하는 기본 부호, 즉 '━'와 '╌'를 효爻라고 한다. 『역전』에서는 '이어진 선'(━)을 양효陽爻라 하고 '끊어진 선'(╌)을 음효陰爻라고 하는데, 이러한 효는 『주역』에서 음과 양을 나타내는 최소단위의 부호이다. 결국 효는 괘를 그릴 때 또는 그렸을 때의 획劃 하나를 가리킨다. '━'를 말로써 가리킬 때는 '장삭長索' 즉 '이어진 선'이라 하고, '╌'는 '단삭短索' 즉 '끊어진

선'이라고 한다. 효의 기원과 관련해서도 다음과 같이 여러 이설들이 있다.

① 생식기설生殖器說 : 남녀의 생식기를 상징한다는 견해이다. 장태염章太炎, 곽말약郭沫若 등이 주장한 이론으로, 괘의 기본 부호인 '—'와 '--'가 남근여음男根女陰을 상징한다는 것이다. 이로부터 장태염은 음양 관념을 이끌어 내었고, 곽말약은 상고시대의 생식기숭배사상의 산물이라는 결론을 이끌어 내었다. 예를 들어 「계사상」 제6장의 "건乾은 그 고요함이 전일專—하고 그 동함이 곧기 때문에 큼이 생기고, 곤坤은 그 고요함이 흡하고 그 동함이 열리기 때문에 넓음이 생기니, 광대廣大는 천지天地에 배합한다. 변통變通은 사시四時에 배합하고, 음양의 뜻은 일월에 배합하며, 이간易簡의 선善은 지덕至德에 배합한다"[20]나 「계사하」 제6장의 "공자께서 말씀하였다. 건乾·곤坤은 『역』의 문門일 것이다. 건乾은 양물陽物이고 곤坤은 음물陰物이니, 음·양이 덕을 합하여 강·유가 체體가 있게 되었다. 이로써 천지의 일을 체행體行하며 신명神明의 덕을 통한다",[21] 「계사하」 제5장의 "천지가 쌓이고 합함에 만물이 화하여 두터워지고, 남녀가 정수를 얽음에 만물이 화하여 생한다"[22]라는 구절들은 모두 남녀의 성별과 관계에 천착하여 나온 결론이다. 그리고 「계사하」의 '앙관부찰설'에서 복희가 자연현상을 관찰하여 취했다는 "원취저물遠取諸物" 외에 또 "근취저신近取諸身"을 들고 있는 것도 남녀생식기설의 맹아로 볼 수 있을 것이다. 『역위건곤착도』에서도 괘상의 유래를 논하면서 모두 6개의 원천을 들고 있는데, 그 첫 번째 원천이 바로 "배신配身"으로, 예를 들어 "건은 머리가 되고 곤은 배가 된다"(乾爲頭首, 坤爲胃腹)라는 것이다. "근취저신"이나 "배신"은 모두 자신의 생리현상을

---

20) "夫乾, 其靜也專, 其動也直, 是以大生焉. 夫坤, 其靜也翕, 其動也闢, 是以廣生焉, 廣大, 配天地. 變通, 配四時, 陰陽之義, 配日月, 易簡之善, 配至德."

21) "子曰. 乾坤, 其易之門邪. 乾, 陽物也, 坤, 陰物也, 陰陽合德, 而剛柔有體. 以體天地之撰, 以通神明之德."

22) "天地絪縕, 萬物化醇, 男女構精, 萬物化生."

관찰한 것이다. 이것이 생식기숭배의 산물인지 그 여부는 알 수 없지만, 고대인들이 자신의 생리현상 또한 직접 감수할 수 있는 자연현상 가운데 하나로 인식했음은 분명하므로, 이런 점에서 생식기설은 가능한 이론 가운데 하나로 인정되고 있다.

② 점서설占筮說 : 음(--)과 양(—)은 고대의 점서占筮 시기에 사용했던 한 마디 또는 두 마디의 시초蓍草에서 기원했다는 견해이다. 주자청朱自淸은 『경전상담經典常談』에서 이렇게 말하고 있다.

> 팔괘에 관하여, 대략 서법筮法 이후에 있게 된 것인데 상 민족은 거북의 배 껍질이나 소의 견갑골을 사용하여 길흉을 점쳤다.…… 이것이 곧 복사卜辭인데, 복사 가운데는 음양 관념이 없고 또 팔괘의 흔적도 찾을 수 없다.…… 주대에 이르러 이 시기에 서법이 생겨나 복법의 보조가 되었다. 서筮의 시기에는 시초의 줄기를 사용했는데, 그 방법은 자세하게 알 수 없으나 대개는 수적數的인 것으로, 기수奇數 혹은 우수偶數임을 보고 길흉을 판정한 것으로 보인다.…… 팔괘의 기초는 1, 2, 3의 수목數目인바, '—'가 1, '--'가 2, 세 효를 중첩하여 괘를 이루는 것이 3이다. 이와 같이 해서 나온 것이 팔괘이다.…… 팔괘는 너무 간단하기 때문에 뒤에 가서는 이들 두 괘를 중첩하여 하나의 괘를 만들게 되었는데, 이렇게 하여 64괘가 이루어졌으니 이것이 바로 『주역』의 괘수卦數가 되었다. 시초의 응용은 민간에서도 있었지만, 팔괘의 제작이나 64괘로의 추연은 무관巫官이나 복관卜官에 의해 주로 각색된 것이라 할 수 있다.

이 견해는 고고학의 발전에 따라 점차 더 맞은 지지를 받고 있다. 실제로 '—'와 '--'는 고문의 숫자 일(一)과 육(八)이 간략화된 것이다.

③ 귀조설龜兆說 : 시초蓍草를 사용한 서점筮占 이전에는 거북이의 등껍질이나 소의 견갑골을 불에 태워 거기서 생긴 파열 무늬를 가지고 점을 쳤다고 한다. 팔괘의 문양은 이 무늬에서 기원한다는 견해이다.

④ 결승설結繩說 : '—'는 대결大結이고 '--'는 두 개의 소결小結이라고 한다.

⑤ 주판설籌板說 : 효가 고대의 주산에서 기원했다는 것이다.

⑥ 숫자설 : 은허殷墟나 서주시기의 유물 등을 보면, 현재와 비슷한 팔괘 무늬 대신 숫자 기호로써 괘를 표시한 예가 보인다. 그래서 많은 학자들은 양효 —는 고대의 홀수 '一'에서 나온 것이고 음효 --는 고대의 짝수 '六'에서 나온 것이라고 생각한다. 숫자 부호로 중요한 것은, 一(一), X(五), ∧(六), +(七), ∧(八)이다. 이러한 숫자를 '기자奇字'라고 하는데, 이것이 원시적인 역괘易卦라는 것이다.

『역경』의 양의·사상·팔괘의 시스템적 세계인식은 두 사물의 추상화와 고대 예술의 원형 그리고 원시철학적 사유의 시원과 많이 동떨어지지 않았다. 서양의 미학이 고대 그리스의 피타고라스에서 그 기원을 찾을 수 있다고 했을 때, 필자는 동양 미학의 기원을 『주역』에서 찾는 것에도 의미가 있다고 본다. 그리고 그 의의는 인간의 원시사유가 상상과 직관을 통해 우주만물을 모방하고 추상화하여 상징화하는 과정 속에서 그 본질을 파악하려고 하는 데 있고, 그것은 대상과의 일치—대상을 분리하려는 것이 아니라—를 통한 예술의 과정인 것이다.

선사시대 유물을 통해 당시의 예술적 양식을 살펴보면, 선과 같은 단순한 문양에서 시작하여 현실의 재현을 위해 다양한 수단을 동원하고 있다는 것을 알 수 있다. 아르놀트 하우저는 원시의 자연주의가 "처음에는 선을 중심으로 대상을 비교적 딱딱하고 어색하게밖에 그릴 줄 모르는 모사模寫에서 출발해, 드디어는 자유분방하고 재기 넘치며 거의 인상주의적이라 할 만한 수법에 이른다"[23]라고 하면서, 또 다음과 같이 말한다.

양식화는 두 가지 방향으로 진행된다. 그 하나는 분명하고 이해하기 쉬운 의사소통 방법을 찾아내는 것이고, 다른 하나는 단순하고 사람들의 마음에 드는 장식 형태를 만들어 내는 일이다. 그리하여 우리는 구석기시대 말기에 조형예술의 세 가지

---

23) 아르놀트 하우저, 백낙청 역, 『문학과 예술의 사회사』(파주: 창비, 2016), 20쪽.

근본 형식인 '모방'과 '사실전달' 및 '장식', 바꾸어 말하면 자연주의적 모사와 상형문자적 기호, 추상적 장식의 세 가지 모두가 이미 형성되어 있었음을 확인하게 된다.[24]

　　원시인들에게 있어 허구나 가상의 세계 그리고 예술의 시초가 된 단순 모방의 영역은 현실의 경험과 분리되어 있지 않았다. 구석기시대에서 신석기시대로 넘어가면서 인간은 대상을 실물에 충실하게 그려내는 단계를 넘어 기하학적 모양을 위주로 윤곽을 단순화하고 획일화시키는 과정으로 전환한다. 이것은 의사소통의 수단으로서 사실전달을 위해 상형문자와 같은 기호를 사용하게 되었음을 의미한다. 그러한 변화는 운명이 이 우주의 섭리나 어떤 의도를 가진 강력한 힘에 의해 지배된다는 사유와 함께 신비스러운 존재나 대단한 위력의 가진 초월적 존재에 대한 관념이 생겼다는 것과 맥락을 같이하고, 그것이 부호화하고 개념화하기 시작했다는 것을 설명한다.

　　서복관은 『중국예술정신』에서 인류문화의 3대 지주로 도덕·예술·과학을 들고, 그 중 중국문화는 인간적이고 현세적인 성격을 띠고 있다고 말한다.[25] 자연을 대상으로 한 과학적 지식의 축적보다는 자연을 정복하지도 이용하지도 않으려는 것이 중국문화의 특징이다. 중국의 예술적 생활과 예술상의 성취는 도가사상과 현학玄學을 통해 밝힐 수 있지만, 더욱 근원적으로 춘추시대의 추상주의 예술을 언급할 수도 있다. 이것은 서양의 미학사와 비교해 보았을 때 위대한 예술가와 예술창작이 하나로 합치되는 것을 특징으로 한다. 서복관은 예술가의 투시, 통찰, 상상이라는 것들이 사물의 본질을 파악해 내는 것으로 기여하는데, 공감을 통한 대상과의 일치가

---

24) 아르놀트 하우저, 백낙청 역, 『문학과 예술의 사회사』, 32~44쪽 참조.
25) 徐復觀, 권덕주 외 역, 『중국예술정신』(서울: 동문선문예신서, 1990), 3쪽. 이하 이어지는 글은 5~8쪽을 참조한다.

진정한 예술정신이라 말한다.[26] 자연과 우주만물은 살아있고 신묘한 기氣로 가득 차 있다. 인간은 신비스러운 뜻에 따라 우주의 형상을 취해 만들어졌고, 만물의 영장이라 여겨지면서 상위 포식자로 위치한다. 하지만 동시에 인간은 위대한 자연 앞에 진실하고 도덕적일 것을 요청받는다. 과거의 인간들은 오늘날처럼 생태계로부터 스스로를 분리시키기보다는 그 일부로서 자연과 상호작용하며 궁극적으로 자연과 인간이 하나라고 생각하면서 살아갔다. 『주역』의 가치는 옛사람들이 자연과 순응하며 체험하고 체득한 것에서 그 이치를 찾았다는 데 있다.

"우주만물은 신의 예술품이며 인간은 신이 만든 예술품 중에서 가장 우수한 최고의 회심작"이기에, "인간의 예술은 신의 예술을 모방할 수 있으며 신의 목적을 구현할 수 있다." "신의 목적은 바로 조화로서, 이 세상 모든 사물의 조화로운 발전이자 유기적인 연계"이므로, 그것이 곧 '미美'가 되는 것이다.[27] 여기에 고대 예술과 『주역』, 원시사유가 표현하는 자연과의 합일, 그리고 중국 문화에 나타나는 세계, 인간, 철학, 예술의 합치가 의의를 갖게 되는 근거가 있다.

2) 천·지·인 이중구조에 나타난 6효의 시스템

64괘는 동일한 괘를 겹쳐 놓거나 다른 괘를 겹쳐서 구성된다. 이때 위에 있는 단괘를 상괘上卦 또는 외괘外卦라 하고, 아래에 있는 단괘를

---

26) 徐復觀, 권덕주 외 역, 『중국예술정신』, 129쪽. 徐復觀은 장자의 예를 들어 다음과 같이 쓴다. "장자가 허정으로 본체를 삼는 인성의 자각을 통하여 진실로 천지만물을 자기 생명의 내부에 함유시킴으로써 천지만물과 직접적으로 마주하는 것임을 충분히 설명해 주는 것으로 이는 공감을 초월한 공감으로 공감이 이미 대상화 일치된 물화의 경지에 이르는 것이며, 상상을 초월한 상상으로 상상이 이미 '대상을 대상의 존재대로 인정하는 사람은 대상과 경계가 없게 되는' 그 상상의 힘을 쓸 필요가 없는 상상에 이르게 된다는 것이다."

27) 易中天(이중톈), 곽수경 역, 『이중톈 미학강의』(파주: 김영사, 2009), 82쪽.

하괘下卦 또는 내괘內卦라 한다. 『주역』에 나타난 사유로 눈여겨보아야 할 것은, 하늘과 땅을 우주의 거대한 대상으로 삼아 그로부터 태양과 달을 취하고 산과 호수를 택했으며 우주의 물질로부터 물과 불을 취하고 천지의 공간으로부터 우레와 바람을 택함으로써 8괘의 상을 얻었고, 다시 그것들을 더하여 64괘를 만들었다는 것이다. 이것이 괘卦, 괘사卦辭, 효사爻辭로 구성된 『주역』의 의의이다. 아래에서는 64괘에 나타난 정체관整體觀을 천지생인天地生人의 상호관계 방면의 내용을 통해 논증하고자 한다.

『주역』에서 천지인 삼재지도를 분명하게 제출하고 있는 곳은 「계사하」제10장의 "『역』이라는 책은 광대하여 모두 구비해서 천도가 있고 인도가 있고 지도가 있으니, 삼재를 겸하여 두 번 하였다. 그러므로 6효가 되니, 6효는 다름 아니라 삼재의 도이다"[28]와 앞서 인용한 「설괘전」 제2장의 "옛날 성인이 『역』을 지음은 장차 성명의 이치를 순하게 하려고 해서였다. 이 때문에 하늘의 도를 세워 음양이라 하고, 땅의 도를 세워 강유라 하고, 사람의 도를 세워 인의라 하였다. 삼재를 겸하여 두 번 하였기 때문에 『역』이 여섯 번 그음에 괘가 이루어졌고, 음으로 나뉘고 양으로 나뉘며 유와 강을 차례로 쓰기 때문에 『역』이 여섯 자리에 문장을 이룬 것이다"[29]의 두 곳에서이다. 천지인을 우주 시스템의 가장 중요한 3대 요소로 말한 것인데, 그들은 상호 독립적이면서도 상호 긴밀하게 연결되어 64괘에 나타나 있다. 6획괘의 구조에서 삼재를 말하면, 하층의 초효와 이효는 지층地層이고, 삼효와 사효는 인층人層, 오효와 상효는 천층天層을 이룬다. 6획괘는 이처럼 3층으로 이루어져 삼재를 나타내고, 양효 또는 음효가

---

28) "易之爲書也, 廣大悉備, 有天道焉, 有人道焉, 有地道焉, 兼三才而兩之. 故六, 六者, 非他也, 三才之道也."

29) "昔者, 聖人之作易也, 將以順性命之理. 是以立天之道曰陰與陽, 立地之道曰柔與剛, 立人之道曰仁與義. 兼三才而兩之, 故易六畫而成卦, 分陰分陽, 迭用柔剛, 故易六位而成章."

2효씩으로 이루어져 있는 각 층은 사상 중의 한 가지를 나타낸다. 이것이 "삼재를 겸하여 두 번하였다"라는 말의 의미이다.

'재才'의 기본적인 의미는 재材 즉 재료 혹은 요소의 뜻이다. 천지인 삼재는 우주의 세 가지 기본적인 구성요소를 가리키는 말인데, 이것이 64괘의 구조 안에서는 단순한 요소나 재료의 의미를 넘어 '도'의 의미를 갖게 된다. 천도·지도·인도가 바로 그것이다. '도'라는 말은 원칙과 작용을 모두 포함하는데, 이를 표현한 말이 곧 천도의 음양, 지도의 강유, 인도의 인의이다. 이러한 구조 자체가 이미 천지가 인간을 낳고(天地生人), 따라서 천인합일이라는 의미를 드러낸다. 발생 순서로 말하면 천→지→인이 되지만, 그 상하 구조로 말하면 천은 사람의 머리 위에 있고 지는 발아래에 있으며 인은 천지의 중간에 위치한다. 이것이 천인합일을 나타낸다.

64괘, 384효는 음양의 소장으로써 자연의 변화를 밝히는데, 동시에 그것은 인간의 모든 상황을 나타낸 것이기도 하다. 「계사전상」에 "여섯 효의 움직임은 천·지·인 삼재의 도"[30]라고 하였다. 따라서 『주역』을 공부하는 본질은 천지인 삼재의 도를 밝히는 데 있다. 위에 인용한 「설괘」의 글은『주역』에 나타난 삼재지도의 의의를 대표적으로 표현하는 말로서, 이를 통해『주역』의 육획이 둘씩 갖춤으로써 천도의 음과 양, 지도의 강과 유, 인도의 인과 의를 나타내고자 했다는 것을 알 수 있다.

천·지·인 사이에는 다양하고도 복잡한 상호관계가 존재한다. 그것은 자연을 벗어나지 않지만 고정되어 있지도 않다. 만물은 천에서 시작되어 지에서 형체를 얻기 때문에 자연에서 벗어날 수 없고, 반면 인간의 도덕수양은 자연의 필연적 법칙으로만 설명될 수 없는 인간 자유의 영역이기 때문에 고정되어 있지도 않다. 시간의 구조로 봤을 때 천에서 시작하여 지에서

---

30) "六爻之動, 三極之道也."

형성된 인간과 만물은, 공간적 구조에서는 천·지의 사이에 위치한다. 이러한 복합적인 중층의 구조가 잘 나타나 있는 것이 바로 6효의 시스템이다.

『역전』은 팔괘가 중첩되어 64괘를 이룬다고 생각하는데, 일반적인 64괘 취상가取象歌가 이를 나타내고 있다. 예를 들어 '천풍구天風姤'는 64괘도의 상괘가 3획 팔괘 중의 건乾이고 하괘가 손巽인 것을 가리킨다. 팔괘취상가에 의하면 건은 하늘(天)이고 손은 바람(風)이기 때문이다.

부호학의 입장에서 볼 때, 역괘부호학易卦符號學을 대표하는 것은 『주역』 계통과 『태현太玄』 계통, 소옹의 선천학 계통이다. 『주역』 계통의 괘부호 분류 원리에 대해 공영달은 자신의 『주역정의』에서 다음과 같이 밝히고 있다.

> 지금 64괘를 증험해 보니, 두 괘씩 짝을 짓는데 복覆이 아니면 곧 변變이다. 복覆은 안팎에서 보아서 두 괘를 이루는 것으로 둔屯·몽蒙, 수需·송訟, 사師·비比 등이 그것이다. 변變은 뒤집어도(反覆) 같은 괘가 되기에 변화시켜 반대관계로 짝을 짓는데, 건乾·곤坤, 감坎·리離, 이頤·대과大過, 중부中孚·소과小過 등이 이것이다.[31]

'복覆'은 또 복復이라고도 하는데, 곧 도치倒置로서 효서爻序가 전도되는 것을 말한다. '변變'은 괘효의 음양 성질이 바뀌는 것을 말하는데, 경방京房은 이를 '비복飛伏'이라고 하였다. 비복이란 두 괘의 효를 비교하여 음양을 서로 반대되게 하는 것으로, 건괘乾卦와 곤괘坤卦 같은 것이 비복 관계에 있다. 비복 원리란 괘를 연구할 때 이처럼 비복 관계에 있는 괘, 다시 말해 대칭괘를 한 조로 하여 연구하는 것을 말한다. 공영달의 '복변覆變' 원리는 이러한 비복을 독창적으로 개조한 것으로서 『주역』 계통 부호학

---

31) 孔穎達, 『周易正義』, 「周易序卦第十」, "今驗六十四卦, 二二相耦, 非覆卽變. 覆者, 表裏視之, 遂成兩卦, 屯蒙需訟師比之類是也. 變者, 反覆唯成一卦, 則變以對之, 乾坤坎離大過頤中孚小過之類是也."

연구의 기초가 된다. 64괘 중 서로 '변變'이 되는 것은 32조이고, '복覆'은 28조이다.

공영달의 '복변覆變' 원리는 후대에 끼친 영향이 매우 컸다. 음이 극성하여 양이 생겨나는 것을 변變이라 하고, 양이 극성하여 음이 생겨나는 것을 화化라 한다. 음의 극은 곤괘(䷁)이고 양의 극은 건괘(䷀)이다. 복괘(䷗)로 양의 시작을 알리고 구괘(䷫)로 음의 시작을 알린다. 이를 통괄하여 말하는 것이 '일음일양지위도一陰一陽之謂道'이다. 음양은 대립하면서 동시에 조화를 나타내는데, 대립이 있기 때문에 통일이 있을 수 있고, 상반되는 면이 있기에 변화가 생기고 서로 이룰 수 있는 관계가 될 수 있다. 이 모든 것이 의미하는 가치가 바로 그들의 총체성이고 개방성이며 동시에 역동성인 것이다. 이를 통해 『주역』의 정체관整體觀을 볼 수 있다.

『역전』이 주로 논하는 주제로 봤을 때 그 구조는 상경 즉 건乾·곤坤괘에서부터 감坎·리離괘까지는 천지의 이법을 주로 다루고, 하경 즉 함咸·항恒괘에서부터 기재旣濟·미재未濟괘까지는 인간의 문제를 주로 다룬다. 상경의 시작과 마무리를 이루는 건·곤괘와 감·리괘는 그 괘상이 천지와 수화이고, 하경의 시작인 함·항괘는 남녀의 감응과 그 결합에 따른 항구한 부부의 도리를 의미하며 기재·미재괘는 사물의 다함과 다하지 못함을 의미한다. 기재 다음에 미재를 둔 것은 '종즉유시終則有始'의 '항구불이恒久不已'를 상징한다.

> 천지가 있은 뒤에 만물이 있고, 만물이 있은 뒤에 남녀가 있고, 남녀가 있은 뒤에 부부가 있고, 부부가 있은 뒤에 부자가 있고, 부자가 있은 뒤에 군신이 있고, 군신이 있은 뒤에 상하가 있고, 상하가 있은 뒤에 예의를 둘 곳이 있다.[32]

---

32) 「序卦」, "有天地然後有萬物, 有萬物然後有男女, 有男女然後有夫婦, 有夫婦然後有父子, 有父子然後有君臣, 有君臣然後有上下, 有上下然後禮義有所錯."

上 經					
1. 중천건重天乾	2. 중지곤重地坤	3. 수뢰둔水雷屯	4. 산수몽山水蒙	5. 수천수水天需	6. 천수송天水訟
7. 지수사地水師	8. 수지비水地比	9. 풍천소축風天小畜	10. 천택리天澤履	11. 지천태地天泰	12. 천지비天地否
13. 천화동인天火同人	14. 화천대유火天大有	15. 지산겸地山謙	16. 뇌지예雷地豫	17. 택뢰수澤雷隨	18. 산풍고山風蠱
19. 지택림地澤臨	20. 풍지관風地觀	21. 화뢰서합火雷噬嗑	22. 산화비山火賁	23. 산지박山地剝	24. 지뢰복地雷復
25. 천뢰무망天雷无妄	26. 산천대축山天大畜	27. 산뢰이山雷頤	28. 택풍대과澤風大過	29. 중수감重水坎	30. 중화리重火離

下 經					
31. 택산함澤山咸	32. 뇌풍항雷風恒	33. 천산돈天山遯	34. 뇌천대장雷天大壯	35. 화지진火地晉	36. 지화명이地火明夷
37. 풍화가인風火家人	38. 화택규火澤睽	39. 수산건水山蹇	40. 뇌수해雷水解	41. 산택손山澤損	42. 풍뢰익風雷益
43. 택천쾌澤天夬	44. 천풍구天風姤	45. 택지취澤地萃	46. 지풍승地風升	47. 택수곤澤水困	48. 수풍정水風井
49. 택화혁澤火革	50. 화풍정火風鼎	51. 중뢰진重雷震	52. 중산간重山艮	53. 풍산점風山漸	54. 뇌택귀매雷澤歸妹
55. 뇌화풍雷火豐	56. 화산려火山旅	57. 중풍손重風損	58. 중택태重澤兌	59. 풍수환風水渙	60. 수택절水澤節
61. 풍택중부風澤重孚	62. 뇌산소과雷山小過	63. 수화기제水火旣濟	64. 화수미제火水未濟		

「서괘전」에 표현된 이 문장 역시 천지와 건곤의 이치를 통해 인간사회의
질서를 포함한 천지만물의 순서를 밝히는 말이다. 이것은 천지에서 만물이
탄생하고 그로 인해 인간사회가 형성되어 감을 뜻한다. 64괘 중 건괘와

곤괘가 그 시작을 말하고 리괘가 『주역』 상경의 마지막이며, 함괘가 『주역』 하경의 시작이다. 건괘와 곤괘는 『주역』의 온축(乾坤, 其易之縕邪)이면서 동시에 문(其易之門邪)이다. 리괘의 리離는 불을 의미하고, 그것은 다른 것에 붙어서 밝게 비춘다. "해와 달이 하늘에 붙어 있고 온갖 곡식과 초목이 땅에 붙어 있으니, 거듭된 밝음으로 바른 데 붙어서 천하를 교화하여 이룬다."[33] 하경의 첫 괘인 함괘는 감응을 의미하고, 그것은 부부의 도로서의 천지가 있은 후에 부부가 감응함으로써 그 도를 실현하는 것을 말한다.

"건곤은 『역』의 문"(「繫辭傳」)과 "천지가 있은 뒤에 만물이 있다"(「序卦傳」)가 말하는 바가 바로 『주역』 64괘의 구조와 의미로서, 천지의 도를 읽어서 그곳에 채워진 만물을 이해하고 인간의 도리를 밝히며 자연과 인간 사이의 관계를 통해 역사의 변화와 발전의 과정을 탐구하는 것이다.

「서괘전」에는 64괘가 배열된 순서의 이치가 밝혀져 있다. 팔괘로부터 64괘가 형성되면서 그에 따라 세상도 변하고 사회생활도 복잡해졌을 뿐더러 사람들의 추상과 개괄 능력도 향상되었고 괘의 취상 또한 풍부해졌다. 『주역』의 괘 시스템은 전체라는 구조 속에 각각이 차지하는 위치를 통해 안정성을 추구하는데, 그 안정은 동태적 변화에서 얻어지는 것이다. 그 다층의 구조관계에서 보이는 각 괘와 효의 속성이 바로 『주역』 정체관의 시스템적 기능인 것이다.

2. 『역경』의 문자체계

『역경』의 문자 시스템은 괘명卦名과 효명爻名, 그리고 괘사卦辭와 효사爻辭를 가리킨다. 괘명은 곧 역괘易卦의 명칭으로, 팔괘의 명칭과 64괘의 명칭이 있다. 동일한 팔괘를 중첩하여 이루어지는 6획괘를 순괘純卦라 하며, 팔순괘

---

33) 離卦 「象傳」, "離, 麗也. 日月麗乎天, 百穀草木麗乎土, 重明以麗乎正, 及化成天下."

八純卦는 명칭을 팔괘와 같이한다.「서괘전」에 의하면, 64괘 괘명은 괘효사를 높은 수준에서 개괄한 것으로서 괘 부호에 대한 일차적 해석이다. 괘사는 역괘의 의미를 설명한 문자이고, 효사는 역효의 의미를 설명한 문자이다. 괘사의 주요 내용은 자연현상의 변화, 역사적 인물이나 사건, 인사 행위의 득실, 길흉의 판단 등인데, 이경지李鏡池는 이를 상점지사象占之辭, 서사지사敍事之辭, 길조지사吉兆之辭 등으로 구분한다.[34] 효사의 주요 내용은 어떤 괘에서 차지하고 있는 효의 길흉을 괘상에 비추어 판단하는 것이다. 효명은 64괘 6효의 위치를 아래에서부터 위로 올라가는 순서에 따라 초初, 이二, 삼三, 사四, 오五, 상上이라 하는데, 양효일 경우는 '구九'라 하고 음효일 경우는 '육六'이라 한다. 구체적으로 말하면 초구·초육, 구이·육이, 구삼·육삼, 구사·육사, 구오·육오, 상구·상육이다.

괘효사의 작자에 대하여 사마천, 반고 등의 역사학자는 문왕이 괘효사를 지었다고 주장했으나, 이 견해는 고대로부터 반대가 많았다. 동한東漢의 경사經師들은「예문지」의 '인경삼성설'을 기초로 하여 주공周公 단旦이 효사를 지었다는 '인경사성설人更四聖說'을 주장하였고, 이 '인경사성설'을 이어받은 주희는 복희가 괘를 그리고 문왕이 괘사를 지었으며 주공이 효사를 쓰고 공자가『십익』을 지었다고 주장하였다.[35] 그러나 5·4운동 이후의 고사변학파 학자들은 괘효사에 언급된 역사 인물이나 사건 가운데 문왕·주공 이후의 것도 있다는 것을 근거로『역경』이 문왕이나 주공의 작품이 아니라고 보았다. 많은 학자들은『역경』이 서주 초기에 복서卜筮를 담당하였던 관리들에 의해 편집된 것이라고 여겼고, 진몽가陳夢家는 은殷의 유민들이

---

34) 李鏡池,『周易探源』(北京: 中華書局, 1978).
35)『朱子語類』, 권66, "想當初伏羲畫卦之時, 只是陽爲吉, 陰爲凶. 無文字, 某不敢說, 竊意如此. 後文王見其不可曉, 故爲之作彖辭. 或占得爻不可爻, 故周公爲之作爻辭. 又不可曉, 故孔子爲之作十翼. 皆解當初之意."

지은 것이라고 하였으며, 곽말약郭沫若은 초인楚人의 작품이라고 주장했고, 이경지李鏡池는 주周 왕실의 태복太卜·서인筮人이 지은 것이라고 했다.

　팔괘와 64괘의 상을 관찰하여 그 부호 계통에 계사繫辭한 문자 계통은 점사筮辭에서 왔다. '사辭'의 관념은 묻고자 하는 일의 길흉을 말로 표현한 것에서 나타난다. 「계사상」에서는 "성인이 괘를 만들어 상을 보고 말을 달아 길흉을 밝힌다"[36], "길흉을 판별하는 것은 괘사와 효사에 있다"[37], "'사'란 각기 그 향하는 바를 가리킨 것"[38], "역에 사상이 있는 것은 보여 주기 위한 것이요, 말을 달아 놓은 것은 알려주기 위한 것이요, 길흉을 정한 것은 판단하기 위한 것이다"[39]라고 하여 상象과 사辭의 관계를 밝히고 있다.

　괘사와 효사는 모두 '사辭'를 사용하여 괘효상을 해석하거나 설명한 것으로, 괘효상의 상징적 의미를 더욱 쉽게 풀어 설명함으로써 어떤 괘나 효가 가지고 있는 범위를 이해할 수 있게 하고 그 방향을 지정해 준다. 괘, 괘사, 효사의 구성을 건괘와 곤괘를 예로 들어 살펴보면 다음과 같다.

<표 6> 乾卦·坤卦의 괘·괘사·효사 구성

괘상	䷀ 乾上乾下	䷁ 坤上坤下
괘사	乾, 元亨利貞.(건은 크고 형통하고 이롭고 바르다.)	坤, 元亨利牝馬之貞. 君子有攸往, 先迷, 後得主利. 西南得朋, 東北喪朋, 安貞吉.(곤은 크고 형통하고 이롭고 암말의 바름이다. 군자가 가는 바가 있으니, 먼저 하면 주인을 잃고 뒤에 하면 주인을 얻는다. 서남에서 벗을 얻고 동북에서 벗을 잃는 것이 이로우니 편안하고 바르면 길하다.)
제1효 효사	初九, 潛龍勿用.(초구는 잠겨 있는 용이니 쓰지 말라.)	初六, 履霜, 堅冰至.(초육은 서리를 밟으면 얼음이 이를 것이다.)

---

36) 제2장, "聖人設卦, 觀象繫辭焉, 而明吉凶."
37) 제3장, "辨吉凶者, 存乎辭."
38) 제3장, "辭也者, 各指其所之."
39) 제11장, "易有四象, 所以示也, 繫辭焉, 所以告也, 定之以吉凶, 所以斷也."

제2효 효사	九二, 見龍在田, 利見大人.(구이는 나타난 용이 밭에 있으니 대인을 보는 것이 이롭다.)	六二, 直方大, 不習无不利.(육이는 바르고 방정하면 방대할 수 있고 실패하지 않을 수 있으며 이롭지 않음이 없을 수 있다.)
제3효 효사	九三, 君子終日乾乾, 夕惕若, 厲, 无咎.(구삼은 군자가 종일토록 힘쓰고 힘쓰다가 저녁이 되어 편안히 쉬면 위태로우나 허물이 없을 것이다.)	六三, 含章可貞, 或從王事, 无成有終.(육삼은 아름다움을 머금어서 바름을 지킬 수는 있으나, 혹 왕의 일에 종사하면 이룸은 없어도 마침은 있을 것이다.)
제4효 효사	九四, 或躍在淵, 无咎.(구사는 혹 뛰어오르거나 연못에 있으면 허물이 없을 것이다.)	六四, 括囊, 无咎无譽.(육사는 주머니를 묶으니 허물도 없고 명예도 없을 것이다.)
제5효 효사	九五, 飛龍在天, 利見大人.(구오는 나는 용이 하늘에 있으니 대인을 보면 이로울 것이다.)	六五, 黃裳, 元吉.(육오는 황색 치마이니 크게 길할 것이다.)
제6효 효사	上九, 亢龍有悔.(상구는 지나치게 높이 오른 용이니 후회가 있다.)	上六, 龍戰于野, 其血玄黃(상육은 용이 들에서 싸우니 그 피가 검고 누렇다.)
건·곤괘에만 있는 특별 효사	用九, 見群龍, 无首, 吉.(용구는 여러 용을 보되 머리가 없으면 길하다.)	用六, 利永貞.(용육은 영원히 바름을 지켜야 이롭다.)

3. 『역전』의 철학화

'경經'에 대한 해석을 '전傳'이라 한다. 즉『역전』은『역경』에 대한 해설이다. 『역』에 대한 '전'은 춘추시기에 시작하여 전국 후기 혹은 한나라 초기에 『역전』으로 형성된 것으로 보인다.『주역』을 춘추전국시대의 산물이라 부르는 이유가 여기에 있다. 당시는 혼란한 사회질서 속에서 불변의 원리와 진리를 찾고자 했던 시기였기에,『주역』은 변화하는 상황에서 절실히 요구되었던 불역不易에 대한 인식을 요체로 한다. 한대에는 이를『십익十翼』이라 불렀는데, 익翼은 돕는다는 뜻이니 새의 날개와 같이『주역』을 돕는 열개의 문헌이라는 의미를 가진다.『주역』경전에 대한 주석서들로는 한대의 『경씨역전京氏易傳』과『역위건착도易緯乾鑿度』, 위진시대 왕필의『주역주周易注』와 한강백의『계사주繫辭注』, 당나라 공영달의『주영정의周易正義』, 송나라 정이程頤의『정씨역전程氏易傳』및 장재張載의『역설易說』그리고 주희의『주역본의周易本義』, 명말청초 왕부지의『주역내전周易內傳』·『주역외전周易外傳』
등이 있다.

복희가 만든 8괘와 하·은대의 연산·귀장은 모두 복서卜筮를 위한 것이었
으며,『주역』또한 본래 목적은 복서에 있었다.『주역』이란 책 이름은
『좌전』장공莊公 22년조의 "주의 태사가『주역』을 가지고 진후陳候를 알현하
였는데, 진후가 점을 치게 하여 '관지비觀之否'(관괘가 비괘로 변함)의 괘를 얻었
다"[40]라는 기록에서 처음 나왔다. 그 외에도『논어』·『장자』·『순자』·『관
자』·『예기』·『사기』등에 '역'으로 언급된 곳이 여럿 있다. '역경'이란
명칭에 대하여 공영달은, 원래는 '경'이라 칭하지 않았으나 후대에 '경'으로
부를 만한 가치가 있다 해서 그렇게 칭하게 된 것이라고 하였다.

그런데『십익』으로 인하여『주역』에는 도덕적 요소가 추가되고 철학의
의미가 나타났다.『역전』에 있어『십익』이라는 명칭이 최초로 나타난 곳은
『역위건착도易緯乾鑿度』이다.『십익』은「단象」상·하,「상象」상·하,「문언文
言」,「계사繫辭」상·하,「설괘說卦」,「서괘序卦」,「잡괘雜卦」등 총 7종 10편으로
구성되어 있으며, 내용상 네 가지로 분류할 수 있다. 첫째,「단전」·「상전」은
경문을 축자적으로 해석한다. 두 번째로「문언전」은 건괘와 곤괘의 괘효상
과 괘효사을 해석한다. 세 번째로 「계사전」과 「설괘전」은『주역』의 성질과
서법筮法을 해석하고『주역』의 대의를 논하는데, 특히 계사는 문자 그대로
말씀辭을 매달아 둔繫 것이니 역경에 대한 공자의 해설을 가리킨다. 마지막
으로「서괘전」과「잡괘전」은 괘의 구조와 순서를 해석한다.

이상은 모두 현행본『역전』에 근거하여 정리한 내용이다. 현행본에서
나타나듯이 '전'을 '경'에 붙이는 방식은 사람들로 하여금 좀 더 쉽게 찾아보
고 쉽게 깨우치게 하기 위한 것으로서 한대 비직과 정현으로부터 시작되어

---

40) "周史有以周易見陳候者, 陳候使筮之遇觀之否."

왕필에게로 전해졌다. 현존하는 것은 금본『역전』밖에 없으나,『역전』외에도 다양한 역학서들이 있었다. 요명춘은 한선자가 본『역상』도『역』을 풀이한 저작물로 볼 수 있다고 하면서,『진서』「속석전」에 기록된 급총에서 나온『역요음양괘』2편,「설괘전」과 유사하면서도 다른『괘하역경卦下易經』1편, 공손단公孫段이 소척邵陟과 역을 논한『공손단公孫段』2편(두예는 별도로 『음양설』이 있다고 하였음),『좌전』의 여러 복서사卜筮事를 기록한『사춘師春』등을 예로 들었다.[41] 그러나 이러한 저작물들은 대부분 소실되거나『역전』에 흡수되고 말았다. 이에 비해『역전』의 7종 10편은 선진시기부터 한초에 이르면서 대부분 '경'의 지위를 차지하게 된다. 이로 보면 선진시대에는 현행본『역전』의 지위가 일반『역전』과는 아주 달랐음을 알 수 있다. 즉 다른 역서易書들이 '전'의 지위에 머물렀던 반면 금본『역전』은 선진시기에 이미 전에서 경으로 격상되었던 것이다. 이 점은 그 저작들의 성립시기 및 작자의 지위와도 연관이 있다.

이 책에서는『역경』을 해석한 역학서로『역전』을 주로 다루되 현대에 발굴된 마왕퇴 백서와, 곽점초간의『역』등에 대해서도 일부 참조할 것이다.

마왕퇴 백서는 1972년 발굴된 것으로 전한의 재상이었던 이창 일가의 무덤인 마왕퇴에서 나온 유물이다.『주역』은 양건兩件으로 발굴되었는데,『역경』의 부설附說인『이삼자문二三子問』이 상권에 있고,『계사』·『역지의易之義』·『요要』·『무회繆化』·『소력昭力』등은 하권에 포함된다. 요명춘은『주역 경전과 역학사 신론』에서 백서『역』은 여러 사람의 손에 의해 여러 시대에 걸쳐 저술된 것이라 하였다.[42] 백서「계사」를 통행본「계사전」과 비교하였을 때 같은 시기라고 보는 견해도 있고, 백서「계사」가 더 앞선다거

---

41) 廖名春 외 저,『주역철학사』, 99~100쪽.
42) 廖名春,『周易經傳與易學史新論』(濟南: 齊魯書社, 2001), 176~192쪽 참조.

나 오히려 통행본 「계사전」이 더 앞선다는 견해 등도 있다.

곽점 초간은 1993년 호북성 형문시 인근 곽점에서 발굴된 죽간을 일컫는다. 전국시대 중엽에 형성된 것으로 보이는데, 시기적으로『맹자』보다는 뒤이고『순자』보다는 앞인 것으로 추정된다. 도道가 성행하던 형문시(초나라의 수도)에서 자사子思의 글로 추정되는 유가의 자료들이 발굴되었다는 데서 의의가 있다.『노자』갑조(『五行』,『緇衣』등), 을조(『魯穆公問子思』), 병조(『太一生水』), 『궁달이시窮達以時』,『성자명출性自命出』등이 포함되어 있다.

역학은『주역』을 연구하여 전문적인 학문으로서 다양한 이론체계를 만들어 나가는 것이다. 역학은 춘추시기부터 시작되어 오늘날에 이르기까지 이천여 년의 역사를 가지고 있다. 요명춘 등은『주역철학사』에서 역학 연구는 무엇보다도『주역』의 경과 전의 의리에 충실하기 위해 주소注疏를 연구의 중심으로 삼아야 하고, 다음으로 의리와 상수의 관계를 변증법적으로 살펴야 하며, 마지막으로 역사주의 원칙을 따라야 한다고 말한다. 그것을 시기적으로 분류해 보면, 제1기는 주대를 포함한 선진시기의 역학인데 상수와 의리의 단초가 드러나며 역학의 기초가 다져진 시기이다. 이 시기는 공자의 역학으로 대표하는 의리역학시기로『역전』이 그 집대성이다. 제2기는 양한시기로, 이 시기의 역학을 상수학이라 칭한다. 당시 맹희孟喜와 경방京房과 같은 역학자들은 천문역법과 점성술, 천인감응설 등의 영향으로 주로 「설괘전」을 근거로 삼았고 괘기설과 같은 상수학 체계를 형성했다. 동한의 정현과 우번, 서한의 엄군평嚴君平와 양웅揚雄으로 대표된다. 제3기는 위진수당시기로 역학이 왕필을 주요 인물로 하여 현학으로 발전한 때이다. 당의 공영달이 지은『주역정의周易正義』가 그 대표작이다. 제4기는 송원대宋元代로, 역학과 리학理學이 융합한 시기이다. 제5기는 명청明淸시기로, 왕부지의 역학이 그 최고조이고 박학역樸學易으로 전향된 시기이다. 그리고 마지막으로 현대의 역학이다.[43]

역학에는 대표적 분류인 의리역과 상수역의 구분 외에도 다양한 분류가 있다. 점서역占筮易・기상역祈祥易・도서역圖書易 등을 상수역파에서 취하고 도가역道家易・유가역儒家易・사사역史事易 등을 의리역파에서 취한 것으로 분류하여 여섯 분파로도 설명될 수 있고, 또 시기별로 보아서 점복역占卜易・상수역象數易・기상역祈祥易・현학역玄學易(혹은 道家易)・도서역圖書易・유리역儒理易・사사역史事易으로 나누고 추가로 청대의 박학역樸學易과 현대역을 덧붙이기도 한다.

> 점복역은 『역』의 원시적 모습에 해당하는 것으로 주로 괘사와 효사에 한정된다.……
> 점의 도구는 은대에는 귀갑龜甲이었다가 주대부터는 시蓍의 서점筮占이었는데, 서점으로의 변화는 단지 도구가 바뀌었음만을 의미하지 않고 점복으로부터 점차 철학으로 바뀌어 가는 과정을 보여 준다.…… 귀갑龜甲이 우연적인 것을 기초로 하는 반면 서筮는 수數의 구조나 조작과 밀접한 관계를 가지고 있으므로 거기에 필연적으로 규칙과 방법이 있게 되었다. 이러한 변화는 철학의 관점에서 볼 때는 발전을 의미하지만, 점에서 볼 때는 점의 퇴조를 의미하게 된다.44)

『역전』의 체계적 특징이 괘와 효를 통한 점서의 해석으로 철학적 관점을 나타는 데 있다면, 그것의 주요 연구 대상은 괘효상과 괘효사를 어떻게 해석할 것인가이다. 『역전』의 등장으로 인해 취상설取象設과 취의설取義設이라는 두 가지 시각이 나타나게 된다. 취상설은 팔괘가 상징하는 물상을

---

43) 廖名春 외 저, 『주역철학사』, 43~53쪽 참조. 춘추시기부터 시작한 2,000여 년의 역학사에서 역학 관련 저작물은 3,000여 종에 달한다.

44) 유흔우, 「焦循 『易』 철학에 관한 연구」(동국대학교 박사학위논문, 1996), 10쪽. 저자가 쓴 '焦循의 『易』 철학'은 상수역학에 속하는데, 상수역과 의리역 모두 "이른바 완전한 인간의 형성을 위해 필요한 것이었으나 상의 변화와 수의 추구가 술과 배합된 상수역은 신기한 것을 좋아하는 사람들이 그것을 빌려 자신을 포장하는 경우가 종종 있었기 때문에 철학 역사상 정당한 자리를 차지하지 못하고 폄하되어 온 측면이 있다"고 쓰고 있다.(논문 1쪽)

통해 괘효상과 괘효사를 해석하는 것이고, 취의설은 팔괘와 64괘가 갖고 있는 괘명의 의미를 취하여 괘효상과 괘효사를 해석하는 것이다. 예를 들어 건·곤괘는, 취상설로 봤을 때 건은 하늘 혹은 양이고 곤은 땅 혹은 음이지만, 취의설에 의하면 건은 강건함이고 곤은 유순함이다. 『역전』에서는 이러한 두 가지 견해가 병존하여 서로 보완되는 형태로 나타나는데, 그로 인해 한대 이후 상수학파와 의리학파라는 대립적인 유파가 분리되어 논쟁을 이어 나가는 요인이 되었다. 한대의 역학은 상수학파가 많았고 위진시대의 현학파는 의리학파에 속한다. 송대에 가서는 소옹의 역학이 상수학파에 속하고 정이나 주희의 역학은 의리학파에 속한다. 그러나 그들 모두 『주역』 경전을 '성인의 책'(聖人之書)으로 받들고 그 내용을 '주공과 공자의 도'(周孔之道)로 여기며 『주역』 자체를 하나의 완전한 이론체계를 갖춘 완전무결하고 절대적인 진리로 여긴다는 점에서는 공통된다. 『주역』은 원래 그 자체의 모습이 있고, 다만 각 시대의 역학자들이 그것을 반영하여 해석하는 데 있어 시대 상황에 따라 차이가 발생하였던 것이다.

　『역전』에 근거한 『주역』의 철학화는, 그것이 비록 현재의 상황을 판단하고 미래의 변화를 예측할 수 있게 해 주기도 하지만 결국 운명의 길흉에 대한 판단은 인간 생활에 나타난 경험적 수양과 도덕적 행위가 결정한다는 생각에 기인한다. 예를 들어 사마천이 말한 공자의 '위편삼절章編三絕'[45])에 대한 해석을 보면, 공자가 만년에 얼마나 『역』 공부에 매진하였는지를 말하는 데 그 의미가 있는 것이 아니라 (『논어』의 「자로」편의) "남쪽 나라 사람들은 '사람이 항상된 마음이 없으면 무당이나 의원도 될 수 없다'라고 하는데 그 말은 좋은 말이다. 그 덕을 항상되게 하지 않으면 남에게 부끄러운

---

45) 『史記』, 「孔子世家」, "孔子晚而喜易, 序彖繫象說卦文言. 讀易, 韋編三絕." 이 말은 『역전』을 지은 자가 공자라는 것을 주장한 최초의 글로, 이 주장으로 인해 이후 천여 년간 공자가 『역전』의 저자로 알려지게 된다.

일을 당하게 된다. 이는 점칠 필요도 없이 분명한 일이다"⁴⁶⁾라는 말에 공자의 진정한 의도가 있다는 것이다. 또한 「술이述而」편의 "나에게 몇 년을 더해 준다면(더 살게 해 준다면) 오십에 『역』을 공부하여 큰 과오를 없게 할 수 있을 것이다"⁴⁷⁾라는 말은 『주역』을 통한 도덕교육의 중요성을 설명한 것이다.

이와 같은 『주역』의 이해는 서법의 책으로서의 『주역』보다는 괘효사를 통한 교훈적 의미를 가진 책으로서의 『주역』의 의의를 중시한 유가의 해석에 가깝다. 이러한 초기 역학의 방향설정은 후대 역학사에서 중요한 길잡이가 되었다. 유가의 해석은 공자로 대표되고, 이후 순자의 "현명한 이로써 어리석은 자를 대신한다면 점의 결과를 기다리지 않고도 길흉을 알게 되고, 다스림으로써 어지러운 상황을 정리한다면 전쟁하지 않고도 이기는 법을 알게 된다", "『역』을 참으로 잘 안다면 점을 치지 않는다"⁴⁸⁾라는 말이 그 뜻을 설명한다. 공자와 『역』의 관계에 대하여 이의를 제기하는 학자들이 있으나 자세한 논의는 생략하도록 한다.

제2절 『주역』의 정체관整體觀(전체관)과 삼재지도

『주역』은 우주와 인생의 기본 도리를 탐색하는 이론성이 매우 강한 저작으로서 천지인 삼재지도三才之道의 명제를 강하게 부각시키고 있다. 천·지·인은 『주역』 중의 세 가지 중요 개념이다. 『주역』의 모든 사상은 거의 전부가 이 세 개념과 관계가 있다. 『주역』의 철학사상은 이 세 개념이

---

46) "子曰, 南人有言曰, 人而無恒, 不可以作巫醫, 善夫. 不恒其德, 或承之羞. 子曰, 不占而已矣."
47) "子曰, 加我數年, 五十以學易, 可以無大過矣."
48) 『荀子』, 「大略」, "以賢易不肖, 不待卜而後知吉, 以治伐亂, 不待戰而後知克"; "善爲易者不占."

구성하는 명제를 통하지 않는 것이 없다고 해도 과언이 아니다. 앞에서 인용한 「설괘」의 다음 문장도, 비록 6획괘 형성의 실제와 부합하지 않는 것이라고 하더라도, 『주역』 사유양식의 최대 특징, 즉 천지인 '삼재'가 구성하는 객관세계의 실제 내용을 반영한다고 할 수 있다. "옛날 성인이 『역』을 지음은 장차 성명의 이치를 순하게 하기 위해서였다. 이 때문에 하늘의 도를 세워 음양이라 하고, 땅의 도를 세워 강유라 하고, 사람의 도를 세워 인의라 하였다. 삼재를 겸하여 두 번 하였기 때문에 『역』이 여섯 번 그음에 괘가 이루어졌고, 음으로 나뉘고 양으로 나뉘며 유와 강을 차례로 쓰기 때문에 『역』이 여섯 자리에 문장을 이룬 것이다."
「설괘」는 또 다음과 같이 말한다.

> 옛날 성인이 『역』을 지을 적에 그윽이 신명神明을 도와 시초蓍草를 내었는데, 하늘을 셋으로, 땅을 둘로 하여 수를 의지하고, 음양의 변變을 보아 괘를 세웠으며, 강유에 발휘하여 효를 낳았으니, 도덕에 화순하여 의義에 맞게 하며 이치를 궁구하고 성性을 다하여 명命에 이르게 하였다.[49]

이것은 옛 성인이 『주역』을 제작한 이유가 시초를 채용하여 사물 발전의 형태를 드러내고 사물의 변화를 깊이 밝혀서, 즉 순기수純奇數를 취해 천을 표시하고 순우수純偶數를 취해 지를 표시하여 수에 의탁하고 음양의 변화를 관찰해서 괘명을 정의하고 양강음유陽剛陰柔를 발휘함으로써 효에 깃들어 있는 갖가지 의미를 드러내어, 이로써 사람들로 하여금 도덕에 협조하게 하고 인륜의 뜻을 강론하게 하며 물리 생성의 이치를 궁구케 하여 마침내 천명에 이르게 하는 데 있었음을 말한 것이다. 그래서 '천의 도를 확립하여

---

49) 제1장, "昔者聖人之作易也, 幽贊於神明而生蓍, 參天兩地而倚數, 以變於陰陽而立卦, 發揮於剛柔而生爻, 和順於道德而理於義, 窮理盡性以至於命."

음과 양이라 부르고, '지의 도'를 확립하여 유와 강으로 부르며, '인의
도'를 확립하여 인과 의라고 부른 것이다. 이것은 『주역』의 근본적인 우주관
을 제시한 것이다. '천'에서 말하면 음양의 학설이고, '지'에서 말하면 강유의
학설이며, '인'에서 말하면 인의의 학설이다. '유柔'와 '의義'는 음이 되고,
'강剛'과 '인仁'은 양이 된다. 천도는 근본이고, 지도와 인도는 천도로부터
파생된 것이다. 주희는 이에 대해 "천하의 이치를 궁구하고 인물의 성을
다하여 천도에 합하니, 이는 성인이 『역』을 지은 지극한 공이다"[50]라고
하였다.

『주역』의 삼재지도에 담긴 근본적 우주관은 『주역』의 시스템관을 단적으
로 드러내고 있으므로, 먼저 이를 고찰하고자 한다.

1. 환도관圜道觀과 정체관整體觀(전체관)

『주역』에 보이는 정체관은 천지인 삼재의 도에서 시작한다. 『주역』에
나타난 천·지·인은 각자의 구조와 원리를 가지고 있다. 그리고 그것은
『주역』 여섯 효의 구조에 나타나듯이 중층적 구조를 통해 새로운 변화와
생성의 변혁과정을 가진다. 천도와 지도의 객관적이고 필연적인 우주자연
은 자체의 변화원리와 규칙을 갖는데, 이것이 음·양과 강·유의 법칙이다.
이 법칙에 들어 있는 원리가 곧 교역交易과 변역變易이고 대대對待와 유행流行
이며, 대대하는 것은 상호 전환되지 않을 수 없다는 것을 '불역不易'이라고
한다. 한편 인의로 대표되는 인도의 도덕은 필연을 전제하지 않는다. 하지만
이러한 자유의 인도는 천도와 지도를 벗어날 수 없다. 이것은 천과 인
사이의 모순과 충돌을 전제한다. 『주역』에서 말하는 '천'의 기본적 함의는
'자연'이므로, 이러한 모순은 자연과 인간 사이의 모순을 의미한다.

---

50) 『周易本義』, "窮天下之理, 盡人物之性, 而合於天道, 此聖人作易之極功也."

그러나 『주역』의 삼재지도의 시스템 관점에서는 위에서 말한 상호 모순이 어떤 제약 작용을 하는 것이 아니라, 부단한 상호 발전과 상호 전환을 의미한다. 상호 대립하면서 상호 전환하며 소식변화하는 것이 이 체계 내에서의 가장 두드러진 특징인데, 이러한 특징은 『주역』의 도덕론에서 잘 나타난다.

동양과 서양의 문화와 그 체계를 설명할 때에는 하늘과 인간 혹은 자연과 인간의 관계를 어떻게 규명하는가가 중요한 기준이 된다. 그 두 가지를 분리시켜서 상호대립적인 것으로 보는가, 아니면 그 외의 다른 방식으로 보는가가 각 문화가 뿌리하고 지향해 온 바를 설명하는 중요한 논거가 되는 것이다. 모종삼은 중국철학의 특징을 설명하기 위해 서양의 문화전통과 비교하면서, 다음과 같이 말하고 있다.

중국의 옛사람들은 덕성이나 도덕에 대해서는 명확한 관념을 가지고 있었으나 지식에 대해서는 골치 아프게 여기었다. 지식은 원래 매우 어려운 것이다. 지식을 가지려고 하면 "반드시 외계와 접촉하여야 되고, 대상을 이해하여야 한다. 이것은 모두가 내 속에서 발휘되는 것도 아니고 또한 나에 의해 조종되는 것도 아니다.…… 세계에 대한 지식이 필요하다는 사실은 매우 번거로운 것으로, 이는 장기간의 사고를 거쳐야 한다.…… 중국인은 우선 생명을 중시하고, 그의 머리는 이쪽으로 돌리고 그의 두 눈은 바깥으로 향하지 않는다. 만약 자연을 대상으로 삼는다면 바깥으로 보아야만 한다.…… 중국인도 하늘(天)을 보았다. 그러나 하느님은 백성이 보는 것으로부터 보고(天視自我民視) 하느님은 백성이 듣는 것으로부터 듣는다(天聽自我民聽)고 생각하였다.…… 기독교는 영원히 바깥으로, 그리고 위로 눈을 돌리는 것이다. 과학도 영원히 바깥으로 눈을 돌리는데…… 서양철학도 밖을 향해 보는 데 습관되어져 있다."[51]

---

51) 모종삼, 정인재 외 공역, 『중국철학특강』(형설출판사, 1995), 25~26쪽.

중국철학에서는 지식에 대한 추구보다 도와 덕에 대한 이해가 우선이었다는 것이다. 지식은 외계와의 접촉을 통해 생겨나는 것이고, 그러려면 인간에게서 분리된 외계를 전제해야 한다. 그러나 중국인들은 결코 눈을 외부로 돌려 자연을 대상으로 삼으려 하지 않았다. 중국철학에서도 제帝와 천天의 개념은 있었지만, 서양의 기독교에서와 같은 종교로는 성립되지 않았다.

21세기에 접어든 지금의 현실에서 『주역』의 천지인 삼재의 도는 어떠한 사상적 기여를 할 수 있을 것인가? 예를 들어, 윤사순은 '유학의 현대적 실용성'을 모색함에 있어 그 대표성으로 천인합일관을 들고 "그것의 핵심적 요체를 심층 차원에서 재해석하는 것이 좋겠다"라고 주장한다. 그는 천인합일의 경지를 유학의 궁극의 이상으로 삼고, 그것이 곧 유학을 집약적으로 드러낼 '근본적 특징'이라 말한다.[52]

그러나 『주역』의 사상을 천인합일의 구조로 말할 때 신중해야 할 것은 천도, 지도, 인도 간의 관련성뿐만 아니라 차이점까지도 분별하여 그 변화와 발전의 관계를 이해하는 것이다. 이 책에서는 『주역』에 나타난 천인관계에 대해 합일관을 넘어 생생관을 말하고자 한다. 『주역』의 천인관계는 합일과 생생변화를 동시에 포함하고 있으며, 그 생각의 뿌리에는 천인감응의 사상이 있다.

『주역』에 나타난 천지인 삼재의 도에 의하면 그 학문적 근거가 인간과 신, 인간과 타자, 인간과 자연과의 '관계'를 연구하는 데 있다는 것이다. 천인관계를 기저로 삼은 동양철학의 '관계'에 대한 관심은 근래 500여

---

52) 윤사순, 「유학의 '천인합일' 사상에 대한 현대적 해석」, 『유교문화연구』 제18집(2011), 41쪽, 각주 1). 유학에 있어 천인합일이 지고의 가치인 증거로 "『四書』의 내용을 비롯해 가까이는 한국의 뛰어난 성리학자인 權近(호 陽村, 1352~1409)의 『天人合一之圖』와 鄭之雲(호 秋巒, 1509~1561)의 『天命圖』 등 다수 헤아릴 수 없는 사례를 든다.

년의 과학기술의 발전기에서 서양과 같은 가파른 성과를 내는 데 기여하지 못하였다. 그러나 모종삼은 장자의 "천지의 아름다움을 갖추고 신명의 모습에 맞는 자는 드물다"(寡能備於天地之美, 稱神明之容)라는 말을 인용하여 "현대인은 우주의 아름다움에 대하여 이해하지 못하는데, 모두 과학화·기술화되었기 때문이다"라고 지적하면서, "사실상 '인간은 우주의 아름다움을 갖추고 신명의 모습에 걸맞은' 이 방향으로 돌아가야 비로소 진정한 행복을 누릴 수 있다"고 말한다.[53] 그 이유는 중국철학의 주요 과제가 '생명'이기 때문이다.

풍우란은 중국철학에서는 덕을 수립하고(立德) 공을 세운(立功) 다음에야 주장을 수립해야(立言) 함을 강조하였으며 이것이 내성외왕(內聖外王)의 도로 간주되었다고 하여, 지식은 추구의 대상이 아니었음을 지적한다. 그는 우리가 말하는 철학이라는 용어가 원래 서양에서 왔음을 먼저 밝히고, 그리스 철학자들에 의해 확립된 고대철학의 세 분야, 즉 물리학, 윤리학, 논리학이 플라톤 이후 우주론, 인간론, 인식론으로 삼분되어 오늘날까지 사용되고 있다고 쓰고 있다. 여기서 우주론은 '세계에 관한 이론'을 탐구하는 것이 그 목적인데, 이것은 다시 '존재'의 본체와 '실재'(眞實: reality)의 본질(要素: essence)을 탐구하는 '본체론'(Ontology)과 세계의 발생과 역정 및 그 귀착을 탐구하는 협의의 '우주론'(Cosmology)으로 나뉜다. 인간론 또한 심리학과 윤리학, 정치, 사회, 철학 등의 연구대상으로 나뉘며, 인식론은 다시 인식의 성격을 탐구하는 분야와 인식의 규범을 탐구하는 분야로 구분된다. 풍우란이 제시한 철학의 세 분야는 몬터규(1873~1953)의 삼분법을 참조한 것이다. 몬터규는 철학을 방법론, 형이상학, 가치론의 세 부분으로 나누었는데, "방법론은 상술한 인식론으로서 다시 둘로 나누었고, 형이상학은 우주론으

---

53) 모종삼, 정인재 외 공역, 『중국철학특강』, 17쪽.

로서 역시 둘로 나누었으며 모두 상술한 바와 같다. (몬터규는) 가치론도 두 부분으로 나누어, 첫째 윤리학은 선善의 성격과 어떻게 그것을 행위에 응용할 것인가를 연구하는 것이고 둘째 미학은 미의 성격과 어떻게 그것을 예술에 응용할 것인가를 연구하는 것이라고 했다."54) 풍우란은 이어서 그러한 서양철학의 삼분법이 중국 위진시대의 현학, 송명시대의 도학道學 그리고 청대의 의리지학義理之學과 그 연구대상이 일치함을 발견할 수 있는데, 천도天道를 연구한 분야는 위에서 말한 우주론과 상응하고, 성명性命을 연구한 분야는 위의 인간론과 상응한다고 하였다. 다만 세 번째 방법론 즉 인식론의 분야에 관해서는 '학문의 방법'에 대한 논의는 있었으나 이는 "지식을 구하는 방법이 아니라 수양하는 방법, 즉 진리가 아니라 선을 추구하는 방법이었다"라고 전한다. 이것이 중국철학에서 말하는 내성외왕의 의미이다. 그들에게 철학함은 '인간은 무엇이며 해야 할 바는 어떤 것인가'에 초점이 맞춰져 있었을 뿐 외부세계를 인식하여 지식을 축적하는 것이 아니었다. 따라서 인간과 우주의 분리는 불필요한 것이었다.

서양 근대사에서 가장 중요한 사건은 바로 '아我'(개인, 나)의 자각이었다. '아'가 일단 자각한 후에는 '아'의 세계가 둘로, 즉 '아'와 '비아非我'(나 아닌 것)로 분리된다. '아'는 주관적이며, '아' 이외의 객관적 세계는 모두 '비아'이다. '아'와 '비아'로 분리된 만큼 주관과 객관 사이에는 넘을 수 없는 한계가 존재하게 되었고, 이로부터 '아'가 어떻게 '비아'를 알(인식할) 수 있는가 라는 문제가 뒤따라 생겼으며, 마침내 인식론은 서양철학의 중요 부분의 하나가 되었다. 중국인의 사상 속에는 한번도 '아'에 대한 뚜렷한 자각이 없었기 때문에 역시 '아'와 '비아'가 뚜렷이 분리된 적도 없었고, 따라서 인식의 문제(협의의)는 중국철학에서 한번도 큰 문제가 되지 못했던 것이다.55)

---

54) 馮友蘭, 박성규 역, 『중국철학사 상』(서울: 까치, 2011), 4쪽, 본문 및 각주 1);『앎의 방법들』(The ways of Knowledge), 1쪽에서 재인용.
55) 馮友蘭, 박성규 역, 『중국철학사 상』, 11쪽.

풍우란이 말하는 '아我'와 '비아非我'는 인간과 타자, 인식주체로서의 인간과 인식대상으로서의 객관세계를 말한다. '아'와 '비아'를 분리했을 때 그 둘 사이에는 진영의 한계가 생겨나고, 그래서 '아'가 어떻게 '비아'를 인식하느냐가 숙제가 될 수 있는 것이다. 그러나 중국철학에서는 그 둘의 구분이 뚜렷하지 않았다. 풍우란의 동서철학 비교 또한 우주와 자연, 혹은 타자와 인간의 관계를 바라보는 양 진영의 관점의 차이를 강조하고 있다. 나아가 중국철학은 인간상에 대한 이해를 중시하였기에 우주론 연구 분야가 간략하게 진행되었다고 말한다.

이상은 천지인 삼재의 도에 근거하여 『주역』의 정체관을 고찰하고자 하는 의의를 밝힌 것이다. 천지인 삼재의 도는 중국철학에 나타나는 대부분의 계통을 대표하는 생각이다. 『주역』의 기본개념들인 태극, 음양, 팔괘, 64괘 및 이후에 형성된 오행 등은 예전 사람들이 만든 것으로, 서양철학의 개념들에 나타나는 엄격한 정의나 논리 추리와는 다르지만 중국 고대사상 중의 환도관이나 형상사유 등과 같은 정체관을 설명하는 주요 표현들이다. 먼저 '환도관'에서 말하는 '순환'은 바로 '천도'의 중요한 활동이었다. 유장림은 이를 '천지의 마음'이라고 말한다.

순환은 이미 객관법칙으로 간주되었고, 또한 "천지의 마음"(天地之心)이었다. 고대의 학자들은 자연히 환도관을 가장 중요한 위치에 놓으려고 했던 것이다. 사실 환도는 매우 일찍 중국 고대인의 견고한 사고습관이 되고 일종의 내재적 요인이 되어 정신문명의 각 방면에 스며들었고, 전체 중화문화와 함께 한꺼번에 주조되었다. 이러한 의미에서 환도관이 없이는 오늘날 우리가 볼 수 있는 이와 같은 중국 전통문화도 없다는 말이 충분히 근거가 있는 말이다. 중국 사유의 특징을 충분하게 표현하고 있는 음양·오행·팔괘·육효 등과 같이 영향이 깊은 학설들은 곧 환도 관념을 깊이 체현하고 있는데, 바로 순환과정에 대한 이론적 해석이었다. 당연히 중국 전통사유의 장점과 단점은 거의 모두 환도관과 일정한 관계가 있다고 말해야 한다.56)

여기서 말하는 '환도'는 순환의 도를 말한다. 그는 『주역』의 중요한 가치로 그것이 가지고 있는 중국 사유의 중요한 특징, 특히 전체적 사유와 그 원칙을 말한다. 우주만물이 주기를 따라 시작하고 순환하는 운동, 자연과 사회 현상의 시작과 진행, 쇠퇴의 과정 전반에 나타나는 순환주기운동 등이 환도관으로 설명될 수 있는 현상이다. 현존하는 전적 중 『주역』에 이르러 환도관은 처음으로 명확한 문자 형식과 괘상을 결합하여 설명된다. 유장림은 『주역』이라는 책 이름 자체에 이미 환도관이 나타나 있다고 말한다. 아래는 '주周'에 대한 설명이다.

> 『역경』의 환도관은 우선 그 책의 이름에서 나타난다. 『주역』이라는 책 이름의 의미는 해석에 차이가 있지만, 이 책에서는 '주역'이 일월음양이 영원하게 순환·주기운동하는 것을 가리키는 말이라고 본다. 역사서에 근거하면, 하夏나라에는 『연산連山』이 있었고, 은殷나라에는 『귀장歸藏』이 있었으며, 주周나라에는 『주역』이 있었다. 『연산』은 '간艮'(☶)괘가 처음이고 간은 뫼(山)이다. 『귀장』은 '곤坤'(☷)괘가 처음이고 곤은 땅이다. 동한東漢 정현鄭玄의 『역찬易贊』에는 "『연산』은 산에 구름이 나와서 연이어 끊이지 않는 것을 상징한다. 『귀장』은 만물이 그 가운데로 돌아가 숨지 않음이 없는 것이다"(連山者, 象山之出雲, 連連不絶. 歸藏者, 萬物莫不歸藏於其中)라고 하였다. 『연산』·『귀장』이라는 책 이름은 모두 각자 처음 괘의 의미를 밝힌 것인데,…… 내가 보기에 '주역'이라는 명칭 또한 그 처음 괘인 '건乾'(☰)괘에 대한 의미 해석이라고 해야 한다. 『소이아小爾雅』 「광언廣言」은 "주周는 두르는 것(둘레)이다"(周, 帀[匝]也)라 하였고, 『광아廣雅』 「석언상釋言上」은 "주周는 도는 것이다"(周, 旋也)라고 하였다.…… '주周'는 '돌고 도는'(還反行也), 즉 '돌고 다시 돎'(繞鄭環轉)으로 해석된다.…… (또한) '빙 둘러싼다'(周圈環繞)로 해석된다. 그러므로 『역전』 「계사하」에 말한 "변동하여 머물지 않아 여섯 빈자리에 두루 흐르고, 오르내림이 무상하고 강유가 서로 교역한다"(變動不居, 周流六虛, 上下無常, 剛柔相易)는 음효와 양효가 여섯 빈자리(즉 효위)에 돌고 도는 유행을 하여 끝나면 다시 시작하는 운동이 그치지 않는다는 것이다. 이상에서 선진과 양한에서는

---

56) 劉長林, 『中國系統思維』(北京: 中國社會科學出版社, 1990), 22~23쪽.

'주周'가 통상 '고리처럼 빙 둘러 운행을 반복함'(繞環運轉)의 뜻으로 사용되었음을 알 수 있다.[57]

여기서 말하고자 하는 것은, '주周'가 도는 것이요(旋) 둘러싸는 것이며(繞·環), 돌고 도는 것(還反行也, 繞圍環轉)이라는 것이다. 『주역』의 '주周'자에 대한 일반적인 이해는 다음과 같다. 첫째, 주대周代, 즉 주나라 시대를 의미한다. 이것은 '주'를 조대朝代의 명칭으로 보는 것이다. 둘째, 주지周地, 즉 주나라 지명을 가리킨다. 셋째, 주보周普, 즉 역도易道를 모두 갖추고 있는 책이라는 것이다. 넷째, 주기周期, 주환周環, 주선周旋 등의 의미이다. 그리고 이 의미들은 다시 크게 두 가지로 정리할 수 있다. 첫째는 한대의 정현鄭玄(127~200)이 주장한 것으로서 '두루', '널리'라는 의미이다. 역의 가르침의 원리는 우주 사이에 널리 미친다는 것이다. 정현은 「역론易論」에서 "주역이란 역의 도리가 두루 다 포괄하여 갖추지 못함이 없음을 말한 것이다"[58]라고 하였고, 당의 육덕명은 『경전석문經典釋文』에서 "주란 조대의 명칭이고 두루 다 이른다는 말이며 두루 다 갖춘다는 말이다. 지금 책이름으로 한 것은 그 의미를 두루 갖춘다는 뜻을 취한 것이다"[59]라고 하였다. 『연산』과 『귀장』은 선진시기에 이미 없어지고 『주역』만 남았으므로 『주역』이 모든 전통 역을 포괄한다는 의미에서도 '주周'자는 '두루'(골고루)의 뜻이라고 한다. 둘째는 주를 시대명으로 보는 것이다. 즉 주나라에서 사용하고 문왕과 주공이 괘효사를 붙였기 때문에 『주역』이라고 부른다는 것이다. 동한 정현의 『역비易贊』, 당 공영달의 『주역정의周易正義』, 남송 주희의 『주역본의』 등에서 이와 같이 주장하였다. 공영달은 『주역정의』에서 "연산과 귀장이

---

57) 劉長林, 『中國系統思維』, 14~15쪽.
58) "周易者言易道周普, 無所不備."
59) "周, 代名也, 周至也, 遍也, 備也. 今名書, 義取周普."

모두 조대의 명칭이므로, 주역의 '주'는 기양岐陽이라는 지명에서 취한 것이다"[60]라고 하여 주나라의 '기양'이라는 지명에서 유래한 것이라고 보고 있다.

한편 '역易'의 의미에 대해서는 크게 세 가지 설이 있다. 첫째는 석척설蜥蜴說로, 역을 도마뱀을 나타내는 상형문자로 보는 것이다. 중국 고대인들은 도마뱀이 매일 12번씩 색깔을 바꾼다고 믿었으며, 역은 바로 이와 같은 변화의 의미를 지시하는 것이라고 보았다. 이 설은 본래 『설문』에서 시작되어 후대에도 여러 학자들의 지지를 받았으나, 과연 도마뱀이 하루에 12번씩 색깔을 바꿀 수 있는가도 의문이고 또 '역易'이라는 글자가 상형문자인가도 문제이다. 설령 그러한 사실을 인정하더라도 역의 가르침이 단순히 변화의 이치만을 제시하는가가 문제이므로 설득력이 미흡하다. 이때의 역易은 '바꾼다', '바뀐다'의 뜻을 갖는다. 둘째는 일월설日月說로, 역을 일日과 월月의 복합문자(會意字)로 보는 것이다. 이 설 역시 『설문』에 근거한 것인데, 일은 양을, 월은 음을 표시한 것으로 보아 역을 음양소장에 관한 책으로 파악하는 것이다. '역易'자를 항구불변한 둥근 해와 소식영허하여 변화하는 달(초승달)의 결합으로 본 회의설會意說이다. 그러나 그 후의 연구 성과에 의해 일월의 복합자가 명明으로 밝혀짐으로써 제3의 설이 출현하게 되었다. 일日과 물勿의 회의자로 풀이하는 관측설이 그것이다.

'역易'을 도마뱀을 상형한 문자로 보든 일과 월의 합성어로 보든, 역이 변화를 핵심 요소로 한다는 점은 부인할 수 없다. 역의 의미에 대해 유장림은 다음과 같이 상술하고 있다.

'주역'의 '역'은, 『역전』 「계사」의 "역은 상이다"(易者, 象也), "하늘이 상을 드리워 길과

---

60) "連山, 歸藏幷是代名, 則周易稱周取岐陽地名."

흉을 드러낸다"(天垂象, 見吉凶), "하늘에서는 상을 이루고 땅에서는 형을 이룬다"(在天成象, 在地成形), "상을 달아 드러남은 일월보다 더 큰 것이 없다"(縣象著明莫大乎日月)를 근거로 하면 '역'이 '상'이 되고 그 가장 크고 가장 밝은 것이 일월의 운행임을 알 수 있다. 한대 사람들 또한 대부분 '역'을 일월로 해석하였는데, 예를 들면 허신許愼의 『설문해자說文解字』는 "비서에서 말하기를 '해와 달이 역이 되니 음양을 상징한다' 하였다"(秘書說曰, '日月爲易, 象陰陽也')라고 하였고, 『역위易緯 · 건곤착도乾坤鑿度』는 "역이라는 이름에 네 가지 뜻이 있으나 일월이 서로 머금음을 근본으로 한 것이다"(易名有四義, 本日月相銜)라고 하였으며……61)

인용문에서 말하는 것은 '역'의 여러 가지 의미들 가운데서도 특히 일월의 의미를 근본으로 하고 있다. 유장림은 환도관이야말로 『주역』이라는 저작의 가장 중요한 법칙 가운데 하나라고 말하는데, 바로 그것을 통해서 일월과 한서, 굴신, 사시, 주야, 생사 등 음양의 왕복순환운동을 비로소 실현할 수 있기 때문이라고 설명한다. 공자는 "천하가 무엇을 생각하며 무엇을 생각하겠는가"62)라고 하고, 또 "해가 가면 달이 오고 달이 가면 해가 와서, 해와 달이 서로 밀어내어 밝음이 생긴다. 추위가 가면 더위가 오고 더위가 가면 추위가 와서, 추위와 더위가 사로 밀어내어 한 해가 이루어진다"63)라고 하였다.

『주역』에서 문자 형식과 괘상의 결합을 통해 명확하게 설명된 환도관은 고대 과학자들로 하여금 우주만물의 주기적 변화에 관심을 가지고 그것을 세밀하게 관찰하고 탐색하도록 만들었다. 이것이 바로 중국 고대 역법이 선도적 지위를 차지하여 일찍이 기상학이 발달하고 시간 측정을 정확히 함으로써 농업이 발달하게 만든 계기가 된 것이다.

---

61) 劉長林, 『中國系統思維』, 15~16쪽.
62) 「繫辭下」, 제5장, "子曰, 天下何思何慮."
63) 「繫辭下」, 제5장, "日往則月來, 月往則日來, 日月相推而明生焉. 寒往則暑來, 暑往則寒來, 寒暑相推而歲成焉."

음양의 상호 전환의 연속적 과정은 순환이 없이는 불가능하다. 복괘(䷗)의 일양래복一陽來復은 자연의 음양소장하는 규율로서 음이 양을 깎아내는 것이 극에 이르면 다시 양이 생겨나는 것을 말한다. 이것이 환도이고 시간의 경과이며 음양의 순환인 것이다.

환도관은 중국 문화에서 정체관을 형성하고 강화하였으며 만물을 종합적으로 인식하도록 촉발하였다. 만물은 순환운동을 하되, 그것은 모두 자기 운동의 범위 안에서 일정한 순환권을 가진다. 그리하여 고대인들에게는 모든 사물이 '어떤 하나와 다른 사물이 경계를 가진' 전체로 인식되었던 것이다. 이러한 인식을 위해서는 사물 운행의 전체를 파악해야 하고, 반대로 해당 사물의 순환운동 과정을 개별 단계로 인식하거나 고리의 일부로만 탐색해서는 안 된다. 예를 들어, 8괘를 중괘하여 64괘를 얻는 과정도 천도의 운행과 사물의 변화가 순환하듯이 효위를 교환하고 환치換置하여 얻어진 것이고, 그것은 음과 양의 부호가 무한히 상호 교호交互하는 과정의 순환성에서 온 것이다. 또한 목·화·토·금·수 오행의 상생·상극하는 구조도 이러한 환도관의 순환동태모형 중 하나이다.

2. 『역전』의 삼재지도 정체관整體觀(전체관)

『주역』에서 말하는 '천天'은 자연천을 가리키는 것으로서 천신天神과 구분되고, '지地'는 자연의 지로서 지기地祇를 가리키지 않으며, '인人'은 사회의 인을 가리킬 뿐 추상적 인을 가리키지 않는다.[64]

중국에서 '천天'자가 가리키는 것은 매우 많은데, 천도를 음양으로 개괄한 것이 『주역』의 특징이다. 이러한 '천도' 개념의 발생을 전제로 해서만 '지도'의 강유와 '인도'의 인의를 말할 수 있다. 그러나 『주역』에서 천을 말하고

---

64) 呂紹綱, 『周易闡微』(吉林大學出版社, 1990), 113쪽.

지를 말하는 근본적인 귀결처는 인을 말하는 데 있다. 그리고 『주역』의 내용 대부분도 인을 말하는 것이다. 인은 인식의 주체인 동시에 인식의 중요 대상이다. 인은 천지 사이에서 매우 중요한 가치를 가지는데, 『주역』은 인의 가치를 충분히 긍정하는 전제에서 천과 지의 위대성을 말하고 있다. 『주역』에서는 천과 지의 관계를 말하고 천과 인의 관계를 말하며 지와 인의 관계를 말하지만, 그 가운데 가장 중요한 것은 천과 인의 관계이다. 주지하듯이 이를 천인관계론이라고 한다. 『주역』은 천인합일을 말하고 있으며, 북송의 정이程顥는 『역전』의 삼재사상을 계승하여 이를 '천인일본天人一本'[65]으로 말하였고, 남송의 역학가 양간楊簡은 '삼재일체三才一體'[66]로 말하였다.

여기서는 천지인 삼재 관념이 6획의 64괘 구조를 해석하는 『역전』에서 천도·지도·인도의 '삼재지도'로 나타난다는 점을 주목하고자 한다. 특히 천도와 지도는 '생성'의 작용을 하고, 인도는 이를 도덕화 즉 인문화하는 방법을 말한다.

주지하듯이 『주역』에서는 '천'을 건乾으로 표시하고 '지'를 곤坤으로 표시한다. 건괘와 곤괘의 「단象」에서는 각각 이렇게 말하고 있다.

위대하다, 건원乾元이여! 만물이 의뢰하여 시작하니, 이에 하늘을 통합하였도다. 구름이 가고 비가 내려 만물이 형체를 갖춘다. 시작과 끝을 크게 밝히면 육위六位가 때에 맞게 이루어지니, 때에 맞게 여섯 용을 타고서 하늘을 날아다닌다. 건도가 변화함에 각각 성명性命을 바르게 하니, 대화大和를 보합保合하여 이에 이롭고 정貞하다. 만물에서 으뜸으로 나오니 만국이 모두 편안하다.[67]

---

65) 『二程遺書』, 권11.
66) 『楊氏易傳』, 乾.
67) "象曰, 大哉, 乾元. 萬物資始, 乃統天. 雲行雨施, 品物流形. 大明終始, 六位時成, 時乘六龍, 以御天. 乾道變化, 各正性命, 保合大和, 乃利貞. 首出庶物, 萬國咸寧."

지극하다, 곤원坤元이여! 만물이 의뢰하여 생겨나니, 이에 순히 하늘을 받드니, 곤坤의 두터움이 사물을 실음은 덕德이 한이 없음에 합하며, 포용하고 너그러우며 빛나고 위대하여 만물이 다 형통하다.[68]

위의 말들은 본래 점사占辭였던 건乾·곤坤 각각의 원형이정元亨利貞을 우주 즉 천지의 생성작용을 예찬하는 말로 해석한 것이다. 이러한 생성작용의 결과는 생물을 포함하지만 인간은 거기서 주체적 작용을 한다는 것이 바로 '천지의 화육작용'에 대한 예찬이다. 이것은 『주역』의 정체관(시스템관)을 직접 표현하고 있는데, 이러한 시스템관은 '삼재지도'의 관념 하에서만 성립할 수 있다.

물론 삼재지도는 천·지·인 삼재 개념의 형성을 전제로 한다. 이 가운데 '천' 개념이 가장 중요한데, '천' 개념이 형성된 이후에야 『주역』의 출현이 비로소 가능했다고 말해도 무방하기 때문이다. '천' 개념이 언제 형성되었는가 하는 문제는 반드시 해결되어야 하는 문제이고, 이 문제를 해결한 다음에야 비로소 『주역』의 천인관계 문제를 토론할 수 있다.[69] 여기서는 이들 문제를 「설괘」 제2장을 따라서 토론하고자 한다.

1) 천도와 음양

(1) 천天

'삼재三才' 개념 가운데 '천天'의 함의가 가장 복잡하다. 이론적인 차원에서 말하면, 『주역』에서의 천은, 특히 삼재 중의 천 개념은 자연의 천(自然之天)이다. 이러한 자연천은 자연의 규율을 의미하는 '천도'라는 말과 쉽게 연결된다. 그런데 정치적인 의의에서 말하면, 『주역』의 천 개념은 또한 신神의 의미를

---

68) "至哉, 坤元. 萬物資生, 乃順承天, 坤厚載物, 德合无疆, 含弘光大, 品物咸亨."
69) 呂紹綱, 『周易闡微』, 114쪽.

갖는다. 하지만 이것은 '신'을 숭배하기 위해서가 아니라 '신도설교神道設教'의 목적에서 나온 것이라고 말해야 한다.

『주역』의 천 개념을 분석하기 위해서는 중국철학에서 말하는 천 개념을 먼저 살펴볼 필요가 있다. '천'이라는 글자는 갑골문에서도 나타나는데, 당시의 '천'은 일종의 인격신인 '상제上帝'를 가리키는 말이었다. '천' 개념의 변혁이 일어난 것은 서주 초기의 일이었다.

'천'은 중국철학사에서 그 의미가 너무도 다양하여 한두 가지로 간단히 범주화하기 힘들다. 풍우란은 '천'의 의미를 다섯 가지로 분류하는데, 첫째는 사물로서의 천(物質之天)으로 지地와 대립하는 천이고, 둘째는 주재의 천(主宰之天)으로 황천상제皇天上帝 즉 인격적인 하늘이며, 셋째는 운명의 천(運命之天)으로 인간이 어찌할 도리가 없는 대상을 지칭하고, 넷째는 자연의 천(自然之天)으로 우주만물 및 자연을 가리키며, 다섯째는 의리의 천(義理之天)이다.[70]

이상의 다섯 가지 '천' 개념을 역사발전의 세 시기로 구분하여 말할 수도 있다.[71] 첫 번째는 주대의 문헌에서 발견되는 '천' 개념이다. 두 번째는 춘추전국시대 유가와 도가에 의해 발전된 '천'의 개념이다. 세 번째가 한대 이후 개념화된 '천'이다.

그 중 첫 번째인 서주 시기의 '천'은 다섯 가지의 기능을 했다. 첫 번째로 전지전능한 통솔자로서의 '천'인데, 신격화된 '천'의 역할을 하였다. 두 번째로는 우주만물의 창조자로서의 '천'이다. 세 번째로는 우주만물의 존재를 지속시키는 영속자로서의 '천'이다. 왜냐하면 '천'은 만물을 창조한 뒤 바로 떠나지 않고 그것들이 삶을 영위할 수 있도록 조절하고 지지해 주는 역할을 계속하기 때문이다. 그러한 '천'의 업무는 끊임없는 사계절의

---

70) 馮友蘭, 박성규 역, 『중국철학사 상』, 61쪽.
71) Pei-Jung Fu, *Encyclopedia of Chinese Philosophy*(Routledge, 2012), pp.726~727. 본문에 이어지는 단락에서는 각 단계별 '天'개념의 상세한 내용을 다룬다.

변화와 같은 것에서 나타난다. 네 번째로는 '천'이 '천자天子'와 같은 지배자로만 있는 것이 아니라 계시자로서의 역할도 하였다는 것을 들 수 있다. 인간은 자주 점을 쳐서 '천'의 지혜를 물었고, '천'은 선함과 악함의 기준을 전달하는 등의 역할을 하여 응답하였다. 그리하여 인간은 '천'의 계시에 의해 도덕적 행동으로 이끌리고 옳지 않은 행동은 자제하도록 교육받았다. 계시자로서의 '천'의 역할은 또한 '천'의 다섯 번째 기능인 판단자로서의 역할과 관련된다.

'천'은 인간의 행위에 대해 다양한 방식으로 응답한다. 나라의 흥망이나 인간사의 성패, 자연에서의 상서로운 현상 혹은 재앙 같은 것들이 그 방식이다. 그리고 '천'의 다섯 가지 기능은 '천자'를 통해 현시된다. 따라서 '천자'는 그의 통치기간 동안 '천'의 의지에 상치하지 않도록 노력해야 하는데, 구체적으로는 인仁을 드러냄으로써 창조자와 영속자로서의 '천'을 본떠야 하고 의義를 실현함으로써 계시자와 판단자로서의 천을 본떠야 하는 것이다.

주대의 이러한 '천'의 개념은 춘추전국시대를 거치면서 심각한 도전을 받는다. 그것은 당시 사람들이 천자로서의 왕은 이미 그 신권을 상실하고 더 이상 인의를 실현할 수 없다는 생각을 갖게 된 것에 기인한다. 당시의 폭정과 그로 인한 무질서는 오히려 인문주의의 태동을 불러왔다. 이 시기에 이르러 인仁의 덕성을 가진 어진 존재로서의 '천'의 지위는 자연으로 강등되고, 의로움의 상징으로서의 '천'은 '운명'(命)을 예지하는 존재로 변질된다.

『논어』를 비롯한 유가 계통의 저서에는 주나라에 대한 그리움과 가치 지향이 남아 있다.[72] 난세를 구제하고자 했던 공자는 "옛것에 대한 연구와 복습을 통해 새로운 지식을 얻도록 하였다."[73] 공자에게서는 '천'을 여전히

---

72) 『論語』, "子曰, 周監於二代, 郁郁乎文哉 吾從周."

주재자로 보는 관념이 남아 있다. "하늘에 죄를 범하면 빌 곳이 없다"[74]거나 "만일 내가 잘못을 했다면 하늘이 벌할 것이다, 하늘이 벌할 것이다"[75]라는 등의 말이 그것을 나타낸다. 이것은 의지를 가진 하늘의 명령을 두려워하는 모습을 보여 준다. 하지만 공자에게서도 '천'은 창조자이면서 영속자로 인식되었음이 명백하다. "하늘이 무슨 말을 하더냐? 사시가 운행되고 만물이 나고 자라는데, 하늘이 어디 말을 하더냐?"[76]가 이를 잘 나타내고 있다.

공자는 '천'의 개념을 발전시켜 '명命'의 의미를 얻기에 이른다. 공자는 나이 쉰에 하늘의 명을 알게 되었다고 했는데, '천명'을 안다는 것은 하늘의 뜻에 순응하여 그것이 만물에 부여한 최선의 원리를 깨우치게 되었다는 의미이다. 이것은 바로 보편과 객관의 경지에 이른 성인의 단계에 들어서게 되었음을 의미한다. 이제 '천'이 정치적 신권으로서의 존재를 넘어 모든 인류에게로 확장되어 적용되는 개념으로 발전하였다는 것을 알 수 있다. 맹자도 "성공하는 것은 하늘에 달려 있습니다. 임금인들 그것을 어찌 하겠습니까? 힘써 선을 행할 따름입니다"[77]라고 하여, 인간이 어쩔 수 없이 맞이할 수밖에 없는 것이 하늘의 명이라고 말한다.

공자와 맹자 사상에서 나타나는 주재천(主宰之天)은 종교적 목적에서 '천'을 숭배하기 위한 것이 아니라 그들이 이상으로 삼았던 주나가의 도道나 문화를 회복하고 유지하는 데 주요 목적이 있었다. 따라서 이것은 종교신학에서의 주재천과 구분해야 한다. 한 가지 더 지적할 것은 공자와 맹자에게서의 '운명으로서의 천'(運命之天)의 관념이다. 여기서의 '운명'(天命)은, "운명은 정해져 있다"고 할 때의 운명이 아니라 인간 자신의 한계를 자각하는

---

73) "溫故而知新, 可以爲師矣."
74) "獲罪於天, 無所禱也."
75) "予所否者, 天厭之. 天厭之."
76) "天何言哉. 四時行焉, 百物生焉, 天何言哉."
77) 『孟子』, 「梁惠王下」, "若夫成功則天也. 君如彼何哉. 强爲善而已矣."

고리이자 외재의 객관적인 필연성을 의미하는 것이었다. 말하자면 일종의 '경계境界'를 나타내는 것이었다고 할 수 있다.

그러나 공맹의 천 관념이 완전하게 무신론적 입장을 견지했던 노장의 천 개념과 상대된다는 것은 분명하다. 우선 도가에서 말하는 '천과 지'는 자연세계에 국한된다. 그리고 도가에서는 '천'에 대해 초월적인 의미를 부여하지 않는다. '도'의 개념이 이전에 '천'이 가졌던 초월성을 대신한다.

노자에게 있어 천지자연은 만물이 생육하고 활동하는 곳일 뿐이다. 하늘과 땅 사이는 마치 텅 비어 있는 풀무나 피리와 같이 만물이 무궁무진 생겨나는 곳이기 때문이다. 노자가 말한 "하늘은 길고 땅은 오래간다"[78]는 하늘과 땅이 한계가 있는 것이기에 스스로 삶을 도모하지 않아서 영원히 사는 것이다. 이 말을 보면 자연으로서의 하늘과 땅을 직시하고 있음을 알 수 있다. "거센 바람도 한나절 계속 불지 못하고 소나기도 하루 종일 내리지 못한다. 이 모두는 천지가 하는 일인데, 천지도 오래하지 못하거늘 하물며 사람이겠는가?"[79]는, 자연 즉 천지가 하는 일은 스스로 그러함으로서 비록 하늘과 땅이 하는 일은 위대하지만 그마저도 오래가지 못하는데 사람이 억지로 하는 작위作爲가 무슨 의미가 있겠느냐는 말이다.

장자는 노자와는 다르지만 역시 '천'은 자연을 의미했다. 그 또한 무위로 행하는 것이다.[80] 『장자』에는 "천도는 고유한 법칙이 있고 해와 달은 고유한 밝음이 있으며 뭇 별들은 고유의 질서가 있고 금수는 고유한 무리가 있으며 나무는 고유의 특징이 있으니, 선생 역시 이러한 덕에 따라 가시면 이미 충분합니다"[81]라고 노담이 공자에게 말하는 부분이 있다. 이것은 곧 천지의

---

78) 『老子』, 제7장, "天長地久, 天地所以能長且久者, 以其不自生, 故能長生."
79) 『老子』, 제23장, "希言自然, 故飄風不終朝, 驟雨不終日. 孰爲此者, 天地, 天地尙不能久, 而況於人乎."
80) 『莊子』外篇, 「天地」, "無爲爲之之謂天."
81) 『莊子』, 「天道」, "則天地固有常矣, 日月固有明矣, 星辰固有列矣, 禽獸固有群矣, 樹木固有立矣,

자연적인 본래의 법칙에 따르는 것이 바로 사람이 덕에 따르고 그것을 행하는 것이라는 의미로, 바로 천지 즉 자연과 조화하는 것을 말한다. 진고응은 "장자는 '도'를 깨달은 진인眞人을 형상적으로 묘사하면서 인간과 우주와의 친밀감과 융화를 드러내고 있다"라고 하면서 장자는 "자연과 인간이 서로 대립하지 않는다는 것으로부터 자연과 인간은 일체라는 관념을 도출해 낸다"라고 하였다.[82] 이것이 장자가 '천'을 인식하는 것이고, 그 '천'은 자연을 나타내었으며, 장자는 궁극적으로 '천인합일'을 말하고자 하였다는 것이다. 「칙양則陽」에서 장자는 천지사방(四方之內)의 만물(六合之裏)이 어떻게 생겨나는 것인지에 대한 질문에 "음양이 서로 비추고 서로 해치고 다스리며, 사계절이 서로 교대하여 서로를 생기게 하고 없어지게 하여⋯⋯ 암수가 분합하게 되었다"[83]라고 대답한다.

마지막으로 한대 이후로, '천'은 천자에 의해 거행되는 제향祭享의식의 대상이었으며 사람들이 숭배해야 할 대상이었다. 한대 '천' 개념의 핵심적인 함의는 다음과 같이 요약될 수 있다. 첫째로 절대최고의 신으로서의 '천'이고, 둘째로 자연을 구성하고 규제하는 존재로서의 '천'이며, 셋째로 운명과 신비한 존재로서의 '천'이고, 넷째로 인간에게 내제된 도덕적 품성(性)으로서의 '천'이다. '천'은 이 네 가지 개념 중 하나의 의미로 사용되기도 하였지만, 두 가지 혹은 그 이상의 의미가 뒤섞여 있는 복합된 개념으로 인지되는 경우가 더 많았다. 이러한 이유로 '천'이라는 개념은 매우 익숙하면서도 불가해하고, 친근하면서도 가깝게 감지할 수 없는 관념으로 이해되었다. '천'에 대한 여러 다양한 용례 중에서도 가장 적절한 설명은, 중국인의 사유방식에서 근본이 될 만한 성향을 이해하는 데 있어서는 없어서는

夫子亦放德而行, 循道而趨, 已至矣."
82) 陳鼓應, 최진석 역, 『老莊新論』(고양: 소나무, 2013), 293쪽.
83) "陰陽相照, 相蓋相治, 四時相代, 相生相殺,⋯⋯雌雄片合."

안 될 개념이 '천'이라는 것이다. 이것은 동시에 왜 중국인들이 그렇게 '하늘을 신봉하는지'에 대한 해답을 제공해 주기도 한다.

『주역』의 효사에서 '천'이 언급된 곳은 다음의 일곱 군데이다.

① 건乾 구오: 나는 용이 하늘에 있다.(飛龍在天)
② 대유大有 구삼: 공이 천자께 형제亨祭를 올린다.(公用亨于天子)
③ 대유大有 상구: 하늘로부터 도움을 받는다.(自天祐之)
④ 명이明夷 상육: 처음에는 하늘에 오른다.(初登于天)
⑤ 규睽 육삼: 그 사람이 머리(天)를 깎이고 코가 베인다.(其人天且劓)
⑥ 구姤 구오: 하늘에서 떨어짐이 있다.(有隕自天)
⑦ 중부中孚 상구: 한음翰音이 하늘로 올라간다.(翰音登于天)

이 가운데 ①, ④, ⑥, ⑦의 '천天'자는 땅(地)과 상응하는 자연천(自然之天)을 의미하고, ⑤는 사람이 발형髮刑을 받음을 말하는 것으로 천의 본래 의미와는 상관이 없다. 따라서 이것들은 논의할 필요가 없다. 남아 있는 것은 ②와 ③에서의 '천天'자이다. ②는 사람이 하늘에 순응하는 것을 가리키고 ③은 하늘이 사람을 돕는 것을 가리키는데, 이들 '천'은 자연의 천(自然之天)이 아니라 인격적 신을 가리킨다. 이것은 주재천(主宰之天) 관념의 흔적이라고 할 수 있다. 『역전』에서는 이러한 주재천 관념이 거의 사라지고, 대신 '천'은 '천도'를 가리키게 된다. 따라서 우리는 『주역』 가운데 '천'은 기본적으로 자연적인 것이라고 말할 수 있다. 또 그러한 '천'은 유형의 물질과 자연현상으로 파악되는데, 여기서 천은 창천蒼天으로서 일월성신日月星辰과 관련된 각종의 자연현상을 포함한다. 각종의 자연현상이 가지고 있는 규율 또는 법칙이 곧 천도인 것이다.

비괘賁卦 「단전象傳」에는 "천문天文을 관찰하여 사시의 변화를 살핀다"[84] 라는 말이 있다. 일월성신日月星辰의 변화를 관찰하여 사계절의 변화를 이해한다는 것인데, 현대 자연과학에서 증명하듯이 계절의 변화는 지구의 자전과 공전 등의 천문 요소들과 밀접한 관계를 갖는다. 「계사하」 제2장에 "옛날 포희씨가 천하의 왕이었을 때, 우러러 하늘의 상을 관찰하고 ……"라고 하였는데, 여기서의 '천'은 확실히 자연천을 가리킨다.

(2) 음양

「설괘」는 천도를 음양으로 말하고 있다. 따라서 천도를 말하기 전에 음양을 먼저 살펴볼 필요가 있다. 음양은 고대인들이 자연을 연구하는 데서 가장 간단하고 가장 보편적이며 가장 기본적인 개념이었다. 그것은 철학 개념인 동시에 과학 개념이었다.

『역경』의 괘효사에서 '양陽'자는 한 번도 쓰이고 않았고, '음陰'자는 단 한 차례 중부괘中孚卦(䷼) 구이九二 효사의 "우는 학이 음지에 있으니, 그 새끼가 화답한다"[85]에서이다. 중부괘에서 득중得中한 구이九二는 비록 육삼六三과 육사六四 두 음효 아래에 처했으나 그 속이 실하고 지성스러워 동류의 소리를 듣고 감응한다는 뜻이다. 여기서 말한 음은 단지 어둡고 깊숙한 곳이라는 자연의 상황을 말한 것일 뿐 철학적 함의나 과학적 함의를 갖는 것은 아니다.

그러나 『역전』에서는 음양이 『주역』 전체를 관통하는 관건이 된다. 「계사상」 제5장에서는 "한 번 음하고 한 번 양하는 것을 도라고 한다"[86]라 하였고, 제6장에서는 "음양의 뜻은 일월日月에 배합한다"[87]라고 하였다. 지구에 가장 큰 영향을 미치는 것은 바로 해(日)와 달(月)이다. 『역전』은 이를 각각

---

84) "觀乎天文, 以察時變."
85) "鳴鶴在陰, 其子和之."
86) "一陰一陽之謂道."
87) "陰陽之義配日月."

양陽과 음陰에 비의하는 것이다. 자연으로서의 천뿐만 아니라 만물 모두 음과 양을 가지는데, 이것을 '일음일양一陰一陽'이라고 한 것이다. 음양의 상호작용이 만물의 변화와 운동을 이루는 근원이라는 말인데, 그래서 음양은 천도의 주요 표현이 된다. 이러한 관념은 『역전』에서뿐만 아니라 춘추전국시대의 일반적인 것이었다. 『관자管子』 「사시四時」에서는 "음양이란 천지의 큰 이치요 사시란 음양의 큰 법이며 형덕刑德이란 사시의 이름이다. 형덕이 사시에 합당하면 복을 낳고, 위배되면 재앙을 낳는다"[88]라고 하였다. 이는 음양오행학파 추연鄒衍의 저작에서 인용된 것으로 보인다. 전국시대 중후반 제나라 천문학자였던 추연은 음양이 소멸하고 자라나는 이치를 오행의 금·수, 목·화에 적용하고 토를 그 중간에 놓음으로써 천지의 변화와 사계절의 운행질서를 밝히고 인사의 재복·길흉을 말하였다.

진고응에 따르면, '음양'이라는 용어는 『국어國語』에 처음 등장하는데,[89] 이것은 유왕幽王 때 사주西周 삼천三川에서 지진이 발생하자 태사太史 백양보伯陽父가 지진의 원인을 음양의 두 대립된 세력이 조화를 상실했기 때문이라고 해석한 것이었다. 진고응은 춘추시대 정치가들에 의해 사용된 음양 개념을 다음과 같이 예시하고 있다.

『좌전』 희공 16년조의 기록을 보면, 송나라 상공에서 운석 다섯 개가 떨어지고 해오라기 비슷한 큰 새가 송나라 수도 상공을 거꾸로 날아갔는데, 이를 보고 주의 내사內史인 숙흥叔興이 "이것은 음양에 관한 일로서 인간사의 길흉과는 무관하다"라고 하였다. 월나라의 범려는 천시天時와 인시人時를 논하면서 자연법칙을 가지고 천도를 해석하면서, 음양은 서로 전화하는데 양이 끝까지 발전하고 나면 음으로 전화하고 음이 끝까지 발전하면 양으로 전화함(陽至而陰, 陰至而陽)을 지적하였다.[90]

---

88) "是故陰陽者, 天地之大理也, 四時者, 陰陽之大經也, 刑德者, 四時之名也. 刑德合于時則生福, 詭則生禍."

89) "陽伏而不能出, 陰迫而不能蒸, 於是有地震."

이어서 그는, 춘추말기에 이르러 노자가 음양을 만물발생의 원동력이자 속성으로 보았으며 장자가 이를 계승하였다고 한다.

『역전』의 철학적 공헌은 음양의 범주로 괘상과 괘효를 읽고 그것으로 사물의 성질을 설명하여 그 대립과 전화를 도라고 한 데 있다.

음양은 두 가지나 혹은 더 많은 것들 사이의 어떤 상반된 기운이나 관계를 말하는 개념으로, 그것으로써 천도를 논하여 절기의 변화를 설명하기도 하고 사물이 변하는 이치를 말하기도 하였다. 중국 고대철학의 우주론은 만물의 변화하는 성질에 관심을 가지고 그 과정에 나타나는 본성을 고찰하였기 때문에, 음양이라는 용어는 사물들이 그들의 동·정에 있어 어떻게 서로에게 역동적으로 의존하는지와 그 꾸준한 변화의 관계를 설명하는 중요한 개념이다. 그것은 자연적, 문화적, 사회적 관계와 환경을 망라하는데, 음양관계를 통하여 부부와 같은 인간관계를 논하고 그 관계의 형성과 변화에서 나타나는 다양한 현상을 설명하기도 하였다.

건괘乾卦 초구初九 「소상小象」의 "잠겨 있는 용이니 쓰지 말라는 것은 양이 아래에 있다는 것이다"[91]와 곤괘坤卦 초육初六 「소상」의 "서리를 밟는다는 것은 음이 응결하기 시작하는 것이다"[92]는 음양 두 글자가 처음으로 의미 있게 제기된 곳이다.

건괘 초구의 효사에 대해 주희는 "용은 양陽을 상징하는 사물이다"[93]라고 해석한다. 김경방은 용에서 효사의 상을 취한 것은 특이한데 「소상」에서는 사람들이 이해하지 못할까 걱정하여 '양이 아래에 있다'라고 부연하였다고 하면서, "효사에서 말한 용이 가리키는 것이 양기이고 양기가 아직 지면으로

90) 陳鼓應, 최진석 역, 『老莊新論』, 454쪽 참고.
91) "潛龍勿用, 陽在下也."
92) "履霜堅冰, 陰始凝也.
93) "龍, 陽物也."

올라오지 못하고 여전히 땅 아래에 잠겨 있음을 나타내었다"[94)라고 하였다.

곤괘 초육의 효사에서는 "서리를 밟으니 굳은 얼음이 이른다"[95)라고 하였는데, 이는 미세한 현상을 감지하고 조심하여 점차 그 세력이 커지는 것에 대비하라는 의미이다. 초육의 해석에서는 음양의 합덕을 강조하여 두 가지의 역할로 창조와 소장을 아우른다고 말하면서도, 다른 한편으로는 양과 음에 각각 삶과 죽음, 선과 악을 대비하여 '양을 높이고 음을 억제하는' 태도를 취하고 있다.

건괘 초구에서의 양와 곤괘 초육에서의 음에 대한 언급은 음과 양에 대한 철학적 의미가 분명히 언술되기 시작한 지점으로 보인다.

> 양은 선先이고 음은 후後이며, 양은 의義를 주장하고 음은 이利를 주장한다. 서남은 음방陰方이고 동북은 양방陽方이다.[96)

> 양은 크고 음은 작으며 양은 음을 겸하나 음은 양을 겸할 수 없는 까닭으로, 곤의 덕은 항상 건의 절반을 감減한다.[97)

곤괘 단사에 대한 주희의 해석이다. 건괘의 괘사가 "크게 형통하고 바르면 이로우리라"(元亨利貞)였다면, 곤괘는 "크게 형통하고 암말의 바름이 이롭다. 군자가 가는 바가 있으니 먼저 하면 주인을 잃고 뒤에 하면 주인을 얻는다. 이利를 주로 한다"[98)이다. 주희는 음양 개념을 통하여 선후를 설명했고, 또한 양이 의義를, 음이 이利를 주장한다 하여 두 가지를 대비시켰다.

공자는 먼저 원형이정으로 천도의 변화를 말하고 건괘의 강건한 성질을

---

94) 김경방·여소강, 『周易全解 上』, 75쪽.
95) "履霜, 堅冰至."
96) 『周易本義』, 坤, "陽先陰後, 陽主義陰主利. 西南陰方, 東北陽方."
97) 『周易本義』, 坤「象傳」, "陽大陰小, 陽得兼陰, 陰不得兼陽, 故坤之德, 常減於乾之半也."
98) "元亨利牝馬之貞. 君子有攸往, 先迷後得. 主利."

나타냈는데, 그것은 또한 사람과 만물의 사덕四德을 나타낸다. 그리고 곤괘에 대해서는, 원형이元亨利를 말한 데 이어 정貞 앞에 빈마牝馬를 넣어 건괘의 정貞과 구별하였다. 그는 또 「문언전」 등에서 순양과 순음의 괘인 건괘와 곤괘를 말하고 건하곤상의 태괘와 곤하건상의 비괘를 비교하여 음양을 대비시키고 선후를 말하였는데, 모두 음양의 그 자라남과 사라짐을 언표한 대표적인 설명으로 보인다.

건괘 단사의 "건도가 변화變化하여 각각 성명性命을 바르게 하고 태화太和의 기를 보합保合하니, 이내 '바르면 이롭다'는 것을 말한다"[99]에 대한 주희의 해석은 다음과 같다.

> 변變이란 화化로 나아감이요 화化란 변變의 완성이다. 물物이 받은 것이 성性이고 천天이 부여한 것이 명命이다. 태화太和는 음양이 모인 충화沖和의 기氣이고, 각각 바른다는 것(各正)은 생명이 탄생할 처음에 얻은 것이며, 보합保合이란 이미 생겨난 후에 보살피고 화합하는 것이다. 이 구절은 건도가 변화함에 이롭지 않음이 없어 만물이 각각 성명을 얻어 스스로 보존한다는 것으로써 이利·정貞의 뜻을 해석한 것이다.[100]

'건도변화乾道變化'에서의 변變이란 점진적인 과정을 말하고 화化란 변變이 완성된 것이라고 말하는데, 그것은 점진적인 변화에서 질적인 변화로 전환되는 것이다. 건원을 바탕으로 시작하여(元) 만물이 형체를 갖추고(亨), 이제 건도 변화의 과정을 거쳐서 만물이 각자의 성명을 바르게 하고(各正性命) 태화를 보살피고 화합하니(保合太和), 과연 이利·정貞이 실현되고 그 건도

---

99) "乾道變化, 各正性命, 保合太和, 乃利貞."
100) 『周易本義』, 乾 「象傳」, "變者化之漸, 化者變之成. 物所受爲性, 天所賦爲命. 太和, 陰陽會合中和之氣也, 各正者, 得於有生之初, 保合者, 全於已生之後. 此言乾道變化, 无所不利, 而萬物各得其性命以自全, 以釋利貞之義也."

변화의 과정이 완성되는 것이다. 여기서 태화太和를 음양이 모인 기氣라고 설명하고 있다.

건괘 「상전」에서 '천행건天行健'이라고 했다면 곤괘 「상전」은 '지세곤地勢坤'이라 하였다. 이 두 가지는 천지·건곤健坤·행세行勢등 상반된 개념을 대비한 구절이다. "행行은 바로 도道이니 명사이다. 천행은 바로 천도이다. 천도는 동태적이니 움직임의 특징은 무엇인가? 천의 움직이는 특징은 강건함이다. 곤괘에서는 지행地行이라고 하지 않고 지세地勢라고 하였다. 왜냐하면 지도는 정태적이기 때문에 세勢라고 한 것이다."101) 그래서 곤괘 「상전」에서는 "땅의 형세가 곤이니, 군자가 (곤괘를 본받아) 두터운 덕으로 만물을 실어 준다"102)라고 하였다. 다음의 곤괘 초육의 효사 "서리를 밟으면 굳은 얼음이 이른다"(履霜, 堅冰至)에 대한 주희의 해석이다.

> 대개 음양은 창조(造化)의 근본이니 서로 없을 수 없고, 소장의 법칙이 있으니 또한 사람들이 인위적으로 손익損益할 것이 아니다. 다만 양은 삶을 주관하고 음은 죽임을 주관하니 그 유에 좋음과 나쁨의 구분이 있다. 그러므로 성인이 『역』을 지을 때에는 음양이 서로 없을 수 없다는 것을 건순健順과 인의仁義에 소속시켜 밝혔으니 그 주가 되는 것이 치우친 바는 없지만, 그 소장消長의 때와 숙특淑慝의 구분에 이르러서는 일찍이 양을 북돋고 음을 억누르는(扶陽抑陰) 뜻을 다하지 않음이 없었다. 대개 화육을 도와 천지와 짝한다고 하니, 그 뜻이 심오하다.103)

음양으로 표현되는 건곤은 『역』의 근본이고 문이며 온축이다. 요명춘은

---

101) 김경방·여소강, 『周易全解 上』, 128~129쪽.
102) "地勢坤, 君子以厚德載物."
103) 『周易本義』, 坤卦, 「象傳」, "夫陰陽者, 造化之本, 不能相无, 而消長有常, 亦非人所能損益也. 然陽主生, 陰主殺, 則其類有淑慝之分焉. 故聖人作易, 於其不能相无者, 既以健順仁義之屬明之, 而无所偏主, 至其消長之際, 淑慝之分, 則未嘗不致其扶陽抑陰之意焉. 蓋所以贊化育而參天地者, 其旨深矣."

건곤이 바로 음양이요 그것은 곧 대립자라고 하면서 이것이 바로 "대립이 있으면 변화가 있으나 대립이 없으면 변화가 없고 변화가 없으면 대립도 존재하지 않게 된다는 뜻"이라고 말한 뒤, 이어서 "음양의 대립이 역 곧 변화가 있게 하는 바이므로 『역』의 문호라고 일컬었다.…… 음양이 서로 감응하고(相感) 서로 부비고(相摩) 서로 뒤흔듦(相蕩)에 따라서 대립자가 굴신·왕래·진퇴·소식·영허를 낳아 사물의 모순운동이 전개된다. 모순운동이 일정한 단계에 이르렀을 때 대립자의 상호 뒤바뀜(轉化)이 발생한다"[104]라고 하였다.

태괘(泰卦(䷊))의 「단전」에서는 "양이 안에 있고 음이 밖에 있으며, 강건함이 안에 있고 유순함이 밖에 있다"[105]라고 하였고, 비괘(否卦(䷋))의 「단전」에서는 "음이 안에 있고 양이 밖에 있으며, 유순함이 안에 있고 강건함이 밖에 있다"[106]라고 하였다. 이 말들은 각각, 태괘는 "군자가 안에 있고 소인이 밖에 있으니 군자의 도가 자라고 소인의 도가 사라진다"는 것으로, 비괘는 "소인이 안에 있고 군자가 밖에 있으니 소인의 도가 자라고 군자의 도가 사라진다"는 것으로 해석된다.

규괘(睽卦(䷥))의 규(睽)는 어긋남을 뜻한다. 규괘의 앞에는 가인괘(家人卦(䷤))가 있으니, 가인은 사회 구성 중 근본을 이루는 가정을 말한다. 육이와 구오가 제자리에서 정(正)을 얻었으니 남녀가 각각 바름을 얻은 상이다. 반면 규괘는 어긋나서 흩어짐이니, 불을 상징하는 리괘가 위에서 타오르고 못을 상징하는 태괘가 아래에 있어 두 개의 체가 만나지 못하는 상을 말한다. 가족관계로 보자면 리괘는 중녀(中女)이고 태괘는 소녀(少女)이니, 한 집안의 두 딸이 각각 다른 집으로 시집을 간 것이다. 「단전」에서는 "규(睽)는, 불은 움직여서 위로

---

104) 廖名春 외, 『주역철학사』, 155쪽.
105) "內陽而外陰, 內健而外順."
106) "內陰而外陽, 內柔而外剛."

올라가고 못은 움직여서 아래로 흐르니 두 여자가 함께 사나 그 뜻이 같지 않음이다"107)라고 하였다. 그런데 세상의 일에는 같은 면이 있으면 동시에 다른 면도 있다. 그 다른 일면이 분명히 심각하니 '규睽'라고 하였지만, 만사의 어긋남은 반드시 하나로 합함을 전제로 한다. 자연의 물상으로 보면 위에 자리한 리괘는 밝음이고 육오 또한 유효柔爻로서 '중'의 자리에 있으면서 강효剛爻인 구이와 정응正應에 있다. '중'을 얻은 유柔가 나아가 강剛에 응하니 작은 일에는 길하다.108) 태兌의 기뻐함과 리離의 밝음이 서로 어긋나지만, 다시 합쳐져서 유리하게 되는 것이다. 이러한 해석이 나타내는 것이 바로 음양의 대대사유이다.

"천지가 어긋나지만 그 하는 일은 같고, 남녀가 어긋나지만 그 뜻은 통하며, 만물이 어긋나지만 그 일은 비슷하다. 규의 때와 쓰임이 크다"109)는 규괘 「단전」의 마무리이다. 천지와 남녀, 만물의 어긋남과 합쳐짐의 상을 유비하여 말하였다. 우주의 가장 큰 사물은 천지이다. 하늘은 우주의 가장 높은 곳에 있고 땅은 가장 낮은 곳에 있다. 하늘이 움직여 사계절이 변화하고 만물이 발생한다. 하늘과 어긋난 곳에 있는 땅이 움직여 그 만물을 생육한다. 이 세상에서 분명한 어긋난 예는 또한 남녀이다. 남녀는 서로가 다르기 때문에 교감하여 자식을 번식한다. 그 외에 이 세상 모든 만물은 천차만별하다. 그들 사이에 분명히 어긋남이 있으므로 종류를 나누고, 그에 따라 합쳐진다. 규괘에 나타난 어긋남과 합쳐짐은 음양의 대대사유를 통해 만물이 대립하면서 서로 통일되고 변화하는 이치를 말한다.

박괘剝卦(䷖)의 '박剝'은 깎여서 떨어지는 것을 뜻한다. 박괘 앞에 있는 비괘賁卦(䷕)는 문식文飾 즉 꾸밈을 말한다. 만물이 발전하여 문식에 이르면

---

107) "睽, 火動而上, 澤動而下, 二女同居, 其志不同行."
108) "柔進而上行, 得中而應乎剛, 是以小事吉."
109) "天地睽而其事同也, 男女睽而其志通也, 萬物睽而其事類也. 睽之時用大矣哉."

형통하고, 그것은 다시 반대 방향으로 전환하려는 성향을 가진다. 따라서 '박'은 만물이 다시 쇠락하고 시드는 것을 의미한다. 이것은 유가 강을 변화시키는 것이니, 다섯 음이 하나의 양을 깎아 없애서 떨어질 지경에 처했기 때문이다. 「상전」에 보면 "산이 땅에 붙어 있는 것이 박剝이다. 윗사람이 이를 보고서 아래를 두텁게 하고 집을 편안하게 한다"[110]라고 하였다. 박괘는 높이 있는 산이 아래 땅에 의해 깎여 무너져 위태롭게 붙어 있는 상이다. 그것은 아래에서부터 시작하였으니, 아래가 깎이면 위도 위태롭다. 곤坤은 따르는 것이고 간艮은 그치는 것이니, 군자가 이러한 형세를 읽고 그쳐야 할 때를 알아서 그친다. 한 나라의 통치자는 백성들을 보살피고 집을 안전하게 하여 아래를 두텁게 해야 하는 것이다.

다음에 오는 복괘復卦(䷖)는 하나의 양효가 돌아와 다섯 음효의 아래에서 시작하는 형상이다. 「서괘전」에 "사물은 끝내 다할 수 없으니, 박괘가 위에서 다하면 아래로 돌아와 복괘로 받는다"[111]라고 하였다. 만물이 소장消長하는 것은 자연의 이치이다. 음이 양을 밀어붙여 다 깎아 내린 것 같지만 그것은 다시 아래에서 생겨난다. 그러하니 만물의 나타남과 사라짐은 잠시도 그침이 없는 것이다. 여기서 말하는 것이 음양의 소장변화이다.

음양 개념이 가장 많이 사용된 곳은 「계사전」이다.

천과 지는 음·양과 형形·기氣의 실체이고, 건과 곤은 『역』 가운데 순양純陽과 순음純陰의 괘명이다. 비卑와 고高는 천지만물의 높고 낮은 자리이고, 귀貴와 천賤은 『역』 가운데 괘효의 위·아래의 자리이다. 동動은 양의 떳떳함이요 정靜은 음의 떳떳함이며, 강剛과 유柔는 『역』 가운데 괘효의 음·양의 명칭이다. 방향은 사정事情의 향하는 바를 이르니 사물의 선·악이 각기 유類로써 나뉨을 말한 것이요, 길과

---

110) "山附于地, 剝. 上以厚下安宅."
111) "物不可以終盡剝, 窮上反下, 故受之以復."

흉은 『역』 가운데 괘효의 점을 쳐서 결단한 말이다. 상象은 일월성신日月星辰의 등속이고 형形은 산천동식山川動植의 등속이며, 변變과 화化는 『역』 가운데 시책蓍策과 괘효가 음이 변하여 양이 되고 양이 화하여 음이 되는 것이다. 이는 성인이 『역』을 지을 적에 음양의 실체로 인하여 괘효의 법法과 상象을 만듦을 말한 것이니, 장자의 이른바 "『역』으로써 음양을 말했다"는 것이 이것이다.112)

「계사상」의 제1장에 대한 주희의 해석이다. 전체의 요지를 개괄하는 부분이다. 천·지, 음·양, 건·곤 등 『주역』의 주요 대립하는 개념과 존·비, 형形·기氣, 귀·천, 동·정, 강·유, 선·악, 길·흉 그리고 변화, 형상 등을 대비하여 『주역』에서 말하고자 하는 천도, 지도, 인도를 제시하고 그 변화의 원리와 괘효의 상과 법을 설명하였다. 주희의 설명의 계속된다.

"건도乾道는 남자가 되고 곤도坤道는 여자가 되니, 건은 큰 시작을 주관하고 곤은 만물을 완성시킨다"는 것은, 건이 만물의 시작을 주관하고 곤이 사물을 만들어 완성함을 말한 것이다. 앞 문장의 남녀를 이어받아 건곤의 이치를 말하였으니, 대개 사물의 무리가 음양에 속함은 이와 같지 않음이 없다. 무릇 양은 먼저이고 음은 뒤이며, 양은 베풀고 음은 받으며, 양은 가볍고 맑고 나타나지 않으며 음은 무겁고 탁하고 자취를 남긴다.113)

한 번 음陰하고 한 번 양陽함을 도道라 이른다는 것은, 음양으로 나뉘어 번갈아 운행하는 것은 기氣이지만 그렇게 되는 이치는 곧 도道라는 것이다.114)

---

112) 『周易本義』, 「繫辭傳」, "天地者, 陰陽形氣之實體, 乾坤者, 易中純陰·純陽之卦名也. 卑高者, 天地萬物上下之位, 貴賤者, 易中卦爻上下之位也. 動者, 陽之常, 靜者, 陰之常, 剛柔者, 易中卦 爻陰陽之稱也. 方, 謂事情所向, 言事物善惡, 各以類分, 而吉凶者, 易中卦爻占決之辭也. 象者, 日月星辰之屬, 形者, 山川動植之屬, 變化者, 易中蓍策卦爻, 陰變爲陽, 陽化爲陰者也. 此言聖人 作易, 因陰陽之實體, 爲卦爻之法象, 莊周所謂, 易以道陰陽, 此之謂也."
113) 『周易本義』, 「繫辭傳」, "乾道成男, 坤道成女, 乾知大始, 坤作成物, 乾主始物, 而坤作成之. 承上文男女而言乾坤之理, 蓋凡物之屬乎陰陽者, 莫不如此. 大抵陽先陰後, 陽施陰受, 陽之輕 淸未形, 而陰之重濁有跡也."
114) 『周易本義』, 「繫辭傳」, "一陰一陽之謂道, 陰陽迭運者氣也, 其理則所謂道."

"그것(道)을 잇는 것이 선善이요, 그것을 완성하는 것이 성性이다" 하였으니, 도는 음에 갖추어져 있고 양에서 행해진다. 계繼는 그 발함을 말한 것이요 선善은 화육化育의 공을 이르니, 이는 양의 일이다. 성成은 갖추고 있음을 말한 것이요 성性은 사물이 받은 것을 이르니, 사물이 나면 성을 간직하고 있어 각기 이 도를 갖춤을 말한 것으로 이는 음陰의 일이다.[115]

「계사상」의 "일음일양지위도 陰一陽之謂道"는 음양의 기氣가 번갈아 서로 밀고 뒤섞이는 운행으로 변화함이 바로 도의 원리라는 뜻으로, 이것은 대립과 변화와 통일을 말하는 것이며 이것이 바로 도이다. 그리고 이러한 도를 계승하여 그것을 발하는 것이 바로 선이며, 이를 일컬어 음양의 대립이 통일에 이르렀다고 한다.

중국철학은 양단의 대대 개념을 '음양'으로 표시하였다는 데서 그 총체적 특징을 찾는 사람들이 있는데, 이것은 바로 위에서 말한 '일음일양 陰一陽'이 라는 말에서 연유하는 바가 크다. 일음일양은 ① 분음분양分陰分陽(음으로 나뉘고 양으로 나뉨), ② 음양의존陰陽依存(음과 양이 서로 의존함), ③ 음양교감陰陽交感 (음과 양이 서로 감응함), ④ 음양전화陰陽轉化(음은 양으로, 양은 음으로 바뀜)라는 네 가지 의미를 함축한다. 이처럼 '음양'이라는 개념은 우주만물의 양단 상태를 말하고 그 원리를 설명하며, 나아가 대립과 통일을 통해 변화하는 사물 발전의 원리를 말한다. 『주역』에 나타난 음양의 원리는 바로 모든 사물의 운동변화와 그 보편적인 연관관계를 설명하는 말이다.

『주역』은 세계의 운동과 변화를 영원한 원리로 보고 그에 따라 64괘를 설립하였고 그 순환 개념을 64괘에 체현시켰다. 그것은 『주역』의 음효와 양효가 영원한 왕복순환의 고리에 있다는 말이다. 음양과 관련한 『주역』

---

115) 『周易本義』, 「繫辭傳」, "繼之者善也, 成之者性也, 道具於陰而行乎陽. 繼, 言其發也, 善, 謂化育之功, 陽之事也. 成, 言其具也, 性, 謂物之所受, 言物生則有性, 而各具是道也, 陰之事也."

64괘의 순환 개념은 다음과 같이 요약할 수 있다. ① 음효와 양효가 상호 순환하여 전화한다. ② 56괘는 자신을 중점으로 하는 축심으로 순환운동을 하고 인접하는 괘와 반대가 되며, 나머지 8괘는 6효 음양의 속성이 모두 서로 반대되기 때문에 두 개씩 쌍이 된다. 이와 같이 64괘는 음양의 원리로 인하여 전체 대순환의 가운데에 처해 있다.[116]

> "낳고 낳음을 역易이라 이른다"라는 것은, 음은 양을 낳고 양은 음을 낳아 그 변화가 무궁함을 말한다. 이치와 『역』이 모두 그러하다.[117]

'역'의 일은 곧 음양이 서로의 영향으로 부단히 변화하는 것이라는 의미이다. 「계사하」에서 "천지의 큰 덕은 생하는 것"(天地之大德曰生)이라 하였는데, "역은 천지와 같다"(易與天地準) 하였으니 역의 이치 또한 생하는 것이다. 그 이치는 곧 음이 양을 생하고 양이 음을 생하는 부단한 변화의 과정에서 오는 것이다. 그것은 "역이란, 사물을 열고 일을 이루어 천하의 도를 포괄하니, 바로 이와 같을 뿐이다"[118]가 의미하는 바와 상통한다.

"일음일양지위도一陰一陽之謂道"는 『역전』의 중요한 철학적 명제이다. 그것은 음양을 통해 『주역』의 원리를 설명하고 만물의 본성과 생장변화의 법칙을 말한다. 음양이라는 범주로 괘효의 상을 설명하고 나아가 사물의 본성을 이해한 것이다. 주희는 『역전』에 나타난 음양 개념의 중요성을 "역은 다만 음양 두 글자로 다 포괄할 수 있다"(易只消道陰陽二字括盡)라고 언급한다. 이것은 『역』에 있어 음양 개념의 포괄성을 말하고 있다.

앞에서 살펴본 바와 같이, 음·양이라는 것은 상호 대립하는 동시에 상호 포함되어 있어서, 상호 전환하여 통일되고 소장변화하는 관계에

---

116) 劉長林, 『中國系統思維』, 16쪽.
117) 『周易本義』, 「繫辭傳」, "生生之謂易, 陰生陽, 陽生陰, 其變无窮. 理與書皆然也."
118) "夫易, 開物成務, 冒天下之道, 如斯而已者也."

있다. 건괘와 곤괘는 각각 양효와 음효로만 이루어진 괘로서 순수하고 서로 대응하며 각자의 특징을 가지고 있지만 어느 하나만으로 나누어 분리할 수 없는 두 괘이다. 양효의 건괘는 3획괘가 강건함이고 6획괘는 지극히 강건함이며, 음효의 곤괘는 3획괘가 유순함이고 6획괘는 지극히 유순함이다. 강건함은 유순함을 전제로 하고, 유순함은 강건함을 전제로 한다. 그것은 마치 천지의 쌍과 같고 인간에게는 남녀의 쌍과 같다. 여기에 『역전』 대대사유의 기본 생각이 있다.

『주역』의 정체관은 음양이 한편으로는 상호 대립하면서 통일되고 다른 한편으로 상호 소장하면서 변화하는 관계에 기인한다. 대립하는 속성은 『주역』의 기본 구성인 음효와 양효에서 시작한다. 그 둘은 서로 대립하여 반대되지만, 또한 서로 전화하여 통일된다. 양효는 9로 표시되어 그것이 극에 이르면 음으로 되돌아가고, 음효는 6으로 표시되어 또한 그것이 극에 이르면 양으로 되돌아간다. 이와 같이 『주역』에서 음과 양은 영원히 왕복순환하는 과정에 놓여 있다.

이상을 정리해서 말하면, 음양의 기본 특성은 ① 음양의 대대통일, ② 음양의 소장변화, ③ 음양의 상호포함의 세 가지이다.

『역전』에 나타난 건곤괘는 음양의 이해를 통해 해석될 수 있으며, 그것은 『주역』의 중심사상이 "음양의 대립으로 64괘의 형성을 설명하고 음양의 변화로 괘·효의 변화를 설명하며, 나아가 음양 대립과 변화의 법칙을 형이상의 도라고 부르는 것인데, 이것은 「단전」, 「상전」 가운데 있는 음양설의 발전이다."[119]

음양은 기본적으로 상호대립적(opposite)인 성격을 가지지만, 그 관계는 이원적(dualistic)이라기보다는 상관적(correlative)이며 상호의존적(interdependent)이

---

119) 朱伯崑, 김학권 외 역, 『역학철학사 1』, 195쪽.

다. 이러한 점이 바로 『역전』이 음양을 통해 말하고자 하는 '부단한 변화관'이다. 음양이 서로 잇따라 끊임없이 변화하고 상호전환(alternation)하는 것이 바로 도이다. 음양을 통해 드러나는 중국철학의 상관적 사유는 이 우주의 모든 사물이 서로 연관되어 있다는 것이다. 따라서 '대립'이라는 말은 서로의 관계를 상관적으로 바라봄으로써 이해된 개념이다. 서양의 이원론에서는 초월적이고 보편객관적인 원리를 상정하여 그것으로써 하나의 독립적인 세계를 창조하고 지탱한다. 변화하는 현실 위로 어떤 실체를 추정하고 있는 셈이다. 반면 중국 고전에는 이와 같은 '실체'와 '현상' 사이를 구분하는 개념이 존재하지 않는다. 음양 관계를 통한 세계사유는 '천인관계'에 잘 나타나 있다.

『주역』의 사유는 건곤의 대립과 통일의 원칙에 있다. 그것은 대대사유, 상관사유 등으로 표현될 수 있다. 사물이 끊임없이 변화하고 통일하는 과정의 원천은 그들 사이의 대립에 있다. 모든 사물의 대립하는 면은 변變을 일으키고, 그것이 궁극에 다다르면 화化하며, 그 이후에는 통通하며, 그리고 나서는 오래 지속된다. 이것이 바로 변화의 변증법이다. 대대사유는 『주역』 사유의 대표적인 것으로, 이것이 나타나는 중요한 지점중 하나는 괘의 배열에 있다. 「서괘전」은 64괘 순서의 이치를 설명하는데, 가장 먼저 건괘와 곤괘가 시작되고 연후에 만물이 생겨난다.[120] 건은 순양의 괘이고 곤은 순음의 괘이다. 건괘 다음에 곤괘가 배치되었다는 것은 모순과 통일의 변화와 발전으로 64괘가 구성되었음을 말한다. 나머지 64괘의 구성도 둘씩 짝을 이루어 서로 반反하고 대對한다. 건괘(䷀)와 곤괘(䷁)가 대對의 관계라면 다음에 이어지는 둔괘屯卦(䷂)와 몽괘蒙卦(䷃), 수괘需卦(䷄)와 송괘訟卦(䷅) 등은 반反의 관계이다.

---

120) "有天地, 然後萬物生焉."

음양을 나타내는 개념으로 사용된 천·지와 건·곤 등은 존·비, 형·기, 귀·천, 동·정, 강·유, 선·악, 길·흉의 대립을 통하여 그 본질이 파악되고, 이를 통해 천도, 지도, 인도가 설명되었다. 그것은 음양의 기가 일으키는 변화와 통일의 원리가 또한 도의 작용으로 해석되는 바이다. 주백곤은 양이 음으로 변하거나 혹은 음이 양으로 변하는 것이 '변變'으로, 이것은 「계사전」의 "한 번 닫히고 한 번 열림을 변變이라 한다"(一闔一闢謂之變)와 같은데, 여기서 닫힘은 곤坤의 덕이요 열림은 건乾의 덕이라 하였다. 『역전』이 중국철학사에 기여한 가장 중요한 관점은 "일음일양지위도一陰一陽之謂道"를 주요 명제로 삼아 사물의 본질 특히 그 운동과 변화 그리고 통일의 도를 설명한 것이었다.

(3) 천도

천도天道는 객관세계의 존재와 존재형식을 가리키는데, 실제에서는 자연현상의 기본 규율, 자연관, 연구방법 등을 가리킨다. 『주역』은 천도를 논술할 때 일월의 운행과 사시의 변화를 중시하여, 그것을 천도의 중요한 구성부분으로 생각한다.

예괘豫卦 「단전象傳」에서는 "천지가 순함으로 동하기 때문에 일월이 틀리지 않고 사시가 어그러지지 않는다"[121]라고 하였다. "천지가 순함으로 운동한다"는 것은 천과 지의 운동 모두가 일정한 순서, 즉 일정한 규율을 가지고 있음을 말한다. 관괘觀卦 「단전」의 "하늘의 신도神道를 봄에 사시가 틀리지 않는다"[122]도 같은 의미이다. 혁괘革卦 「단전」에서는 "천지가 변혁하여 사시가 이루어진다"[123]라고 하였다. '혁革'은 가죽의 털을 제거하는

---

121) "天地以順動, 故日月不過而四時不忒."
122) "觀天之神道, 而四時不忒."
123) "天地革, 而四時成."

것을 의미하는데, 이로부터 그 의미가 확장되어 개혁·변혁·변화·혁명의 뜻을 가지게 되었다. 천지의 변화로부터 네 계절이 이루어진다는 것이 혁괘 「단전」의 의미인데, 천지 두 방면의 변화로부터 춘하추동이 형성된다는 관점이 분명하게 나타나 있다. 「계사상」 제1장에서는 또 "해와 달이 운행하고, 한 번 춥고 한 번 덥다"[124], "하늘에서는 상象이 이루어지고 땅에서는 형체가 이루어지니 변變과 화化가 나타난다"[125]라 하였고, 제11장에서는 "법法과 상象은 천지보다 더 큼이 없고, 변變과 통通은 사시보다 더 큼이 없으며, 상象을 달아 드러남은 일월보다 더 큼이 없다"[126] 하였다.

이상에서 천도가 왜 음양인지를 알 수 있는데, 천도는 앞에서 말한 음양의 기본 특성 세 가지 모두를 함축하기 때문이다. 일월은 우선 음양의 대대對待통일을 대표한다. '대대'는 곧 대립으로서 유물변증법의 '모순' 개념과 유사하고, 모순은 대립의 통일이다. 일월은 음양의 소장변화를 직관적으로 파악할 수 있게 한다. 음양의 상호포함은 또 화해·평형·협조 및 상호침투 등과 같은 일련의 특성을 포함하는데, 이것도 천도의 주요 내용이다.

『주역』에서 천도의 유래는 천지의 변화에 대한 관측이다. 예를 들어 건乾은 천의 상象을 관측하여 그 성질을 강건으로 말한 것이다. 상象이라는 것은 사물과 관련하여 쓴다. 천은 만물이 어그러지지 않도록 보존하고 그 우두머리로서 만물을 거느린다. 그러니 강건하다. 천은 사물이 시작하고 마치는 도에 밝으므로, 육효에 나타난 각 자리는 천도에 의해 그 알맞은 때를 알아 올바른 자리에 위치한다. 그 자리의 오르내림은 고정된 것이 아니며, 그 변화는 때에 따른다. 몸을 숨길 때에는 잠룡潛龍을 타고, 나아갈

---

124) "日月運行, 一寒一暑."
125) "在天成象, 在地成形, 變化見矣."
126) "法象莫大乎天地, 變通莫大乎四時, 縣象著明莫大乎日月."

때에는 비룡飛龍을 탄다. 그래서 '적절한 시점'에 "육룡을 탄다"고 하였다.

곤괘「단전」의 "지극하다, 곤원이여!"는 "위대하다, 건원이여!"라는 건괘「단전」에 대한 상대어이다. 건은 위대하다고 하였고, 곤은 지극하다고 하였다. 곤은 하늘과 같이 크지 않고 유한하지만 지극하게 모든 것을 품고 있다. 또 건괘의 "만물자시萬物資始"에 대한 상대어로 곤괘는 "만물자생萬物資生"이라 하였다. 김경방은 "천지가 합덕하여 함께 만물을 낳고 낳는 문제에서 천지가 없어서는 안 된다"라고 하면서, 이것은 마치 사람이 부모에게서 태어날 때 "아버지가 생명의 기초를 마련해 주지만 형체는 어머니에게서 얻는 것"과 같다고 덧붙인다.[127] 건·곤 혹은 천·지가 어떻게 짝을 이루어 사람과 관련되는지는 「계사전」의 첫 구절에 잘 표현되어 있다.

> 하늘은 높고 땅은 낮으니 건곤이 정해진다. 낮은 것과 높은 것이 배열되니 귀천이 자리한다. 동과 정에 일정함이 있으니 강유가 결정된다. 사물은 종류끼리 모이고 사물은 무리로써 구분되니 길흉이 생겨난다. 하늘에서는 상을 이루고 땅에서는 형체를 이루니 변화가 나타난다. 이 때문에 강유가 서로 마찰하고 팔괘가 서로 뒤섞인다. 우레로써 고동시키고 바람과 비로써 적셔 주며 해와 달이 운행하고 한 번 추웠다 한 번 더웠다 한다. 건의 도는 남자가 되고 곤의 도는 여자가 된다. 건은 (만물 발생의) 큰 시작을 주관하고 곤은 만물을 이루어 완성시킨다.[128]

이 부분은 건과 곤, 천과 지가 서로 대립이 되면서도 변화와 통일을 이루는 바를 말하고 그것을 인사에 연결시킬 수 있는 근거를 설명한다. 하늘과 땅(天地 혹은 乾坤), 높음과 낮음(尊卑), 귀함과 천함(貴賤), 강건함과 유약함(剛柔) 등이 대립이고, 배열(陳)되고 자리(位)하며 동動하고 정靜하는 것은 변화이

---

127) 김경방·여소강, 『周易全解 上』, 124쪽.
128) 『繫辭傳上』, "天尊地卑, 乾坤定矣. 卑高以陳, 貴賤位矣. 動靜有常, 剛柔斷矣. 方以類聚, 物以群分, 吉凶生矣. 在天成象, 在地成形, 變化見矣. 是故剛柔相摩, 八卦相盪. 鼓之以雷霆, 潤之以風雨, 日月運行, 一寒一暑. 乾道成男, 坤道成女. 乾知大始, 坤作成物."

며, 항상(常)되고 결정됨은 통일이다. 하늘은 주主가 되고 땅은 종從이 되니, 이는 곧 64괘의 여섯 효의 자리가 배열되면 각 효의 위치에 따라 귀천이 정해진다는 뜻이며 인도人道에서의 사회규율을 의미한다.

김경방은 하늘의 상(在天成象)은 삼신三辰 즉 해·달·별이고 땅의 형(在地成形)은 오행(수·화·목·금·토)이며, 특히 하늘의 삼진 중에서는 태양의 빛과 열을 가리키고 땅의 오행 중에서는 토양과 수분을 가리킨다고 말한다.129)

『역전』에서 하늘과 땅, 인간 사이의 상호관계는 고정되고 엄중한 방식으로 표현되지 않는다. "천도는 아래로 그 영향력을 보내 빛을 내보내는 것이고, 지도는 낮은 곳에서 위를 본받는 것이다. 천도는 가득 차 있는 것을 비우고 지도는 가득 차 있는 것을 변화시켜 증가시킨다. 인도는 가득 참을 경계하고 겸손을 본받는다."130) 본받음과 차이를 통해 만물은 변화하고 새로운 것을 생성한다.

아래 인용은 건괘의 괘사 "원형이정"에 대한 주희의 해석이다.『역』이 건과 곤을 우선으로 하고 강조하는 것은, 그것이 64괘의 시작이고 『역』의 문이기 때문이다.

복희씨가 하늘을 우러러 살피고 땅을 굽어 살펴 음양에 기우奇耦의 수가 있는 것을 보았다. 그러므로 일기一奇(—)를 그려 양을 상징하고 일우一耦(--)를 그려 음을 상징했으며, 일음일양이 각각 일음일양을 낳는 상이 있는 것을 보고 아래에서부터 위로 두 배하고 세 배하여 팔괘를 이루었다. 양의 본성이 씩씩함(健)을 보고 그것이 형성한 것 가운데서 가장 큰 것을 하늘(天)로 삼았다. 그러므로 삼기의 괘를 건乾(☰)이라 하였으니 하늘을 본뜬 것이다.131)

---

129) 김경방·여소강, 『周易全解 下』, 408~409쪽.

130) Wilhelm, Hellmut, *Heaven, Earth, and Man in the Book of Changes*(Univ. of Washington Press, 1977), p.152.

131) 朱熹, 『周易本義』, "伏羲仰觀俯察, 見陰陽有奇偶之數. 故畫一奇以象陽, 畫一偶以象陰, 見一陰一陽有各生一陰一陽之象, 故自下而上, 再倍而三, 以成八卦. 見陽之性健, 而其成形之大者爲

양陽의 본성이 강건한 것을 보고 양을 상징하는 일기一奇(一)의 효가 형성한 괘 중에 가장 큰 것으로써 '천'을 본뜨고 그 의미를 나타내도록 하였다는 것이다. 여기서는 또한 건괘를 통하여 양효를 아래에서부터 배수하여 팔괘를 이루는 과정을 설명하고 있기도 하다. 그리고 주희는 역에서 건괘가 특히 강조되는 이유를 다음과 같이 밝혔다.

문왕은 건괘의 도는 크게 통하고 지극히 바르다고 여겼다. 이런 까닭에 점을 쳐서 이 괘를 얻으면 육효가 모두 변하지 않는데, 이것은 그 점이 마땅히 크게 통하여 반드시 이利가 바른 데 있는 연후에 그 좋은 결과(終)를 보존할 수 있기 때문이다. 이것이 성인이 이른바 역을 지으신 까닭이니, 사람들로 하여금 점을 치게 하는 의도가 개물성무開物成務(사물을 만들어 일을 성사시킴)에 있는 것이다. 다른 괘도 이와 비슷하다.[132]

『주역』이 건과 곤을 강조한 것은 천지의 도를 본받은 것으로, 당시의 우주관을 반영한 것이기도 하였다. 시공은 구체물질의 운동방식과 존재양식으로서 영원하며, 만물은 생생불이生生不已하기 때문에 시공과 통일된다. 불가역적인 시간과 가역적인 공간은 구체물질 안에서 서로 간섭하지 않고 함께 영원하다. "우주는 바로 창조과정에서 나타나는 시간작용과 공간작용이다. 시간과 공간은 원래 나눌 수 없지만, 언어방편의 차원에서 사람들은 상하사방의 공간을 우宇라 하고…… 시간을 주宙라 하였다.…… 건만 있고 곤이 없거나 곤만 있고 건이 없는 것은 모두 짝을 잃은 상이다. 그러므로 반드시 건곤상여乾坤相與하고 천지교태天地交泰(泰卦)하며 음양합덕

天. 故三奇之卦, 名之曰乾, 而擬之於天也."
132) 『周易本義』, "文王以爲乾道大通而至正. 故於筮得此卦, 而六爻皆不變者, 言其占當得大通, 而必利在正固, 然後可以保其終也. 此聖人所以作易, 教人卜筮, 而可以開物成務之精意. 餘卦放此."

陰陽合德(「계사하」)하고 강유유체剛柔有體(「계사하」)해야 한다."[133]

『주역』의 괘상과 효상은 천지와 만물을 본떠서 만들어졌고, 따라서 『주역』의 법칙은 천지의 법칙을 닮았다. 천지는 건괘와 곤괘를 통하여 그 관계를 드러내고, 『주역』의 서법은 천지사물의 모든 법칙을 포괄한다. 성인이 하늘을 우러러 천문 즉 해와 달과 별을 관찰하고 땅을 내려다보아 지리 즉 오행을 살펴서 그 아득히 숨겨진 바(幽)와 분명히 드러난 바(明)를 이해하여, 만물의 시작과 끝을 근거로 생사를 이해한 것이다. 여기에는 『노자』의 '유有와 무無' 개념이 녹아 있다. 『노자』에서 말하는 '유와 무'는 우주만물의 시원으로 그 근본과 나타남의 관계를 설명하고자 하는 개념이다. 본체로서의 무와 그것의 사물 현상으로서의 유는 『노자』 제1장의 "무는 천지의 시작이고 유는 만물의 근원이다"[134]와 제40장의 "천하의 만물은 유에서 생겨나고 유는 무에서 생겨난다"[135] 등이 말하는 바로 그 내용이다. 『노자』와 『역전』의 관계에 대한 언급은 반고班固(32~92)를 위시하여 소옹邵雍 등에 의해 지적된 바 있다. 진고응은 도가와 『역전』의 관계에 대한 확신을 가지고 말하고 있는데, 그 이유 중 주요하게 다루는 것이 『역전』에 영향을 준 도가의 우주관이다. 그는 "「단전」의 천도관은 도가사상이 중심이다"라고 하면서 『역전』과 도가사상의 연관성에 대해 논증한다.[136] 『역전』이 천도를 말하고 천도를 통해서 인도를 설명하는 사유방식의 근거에 도가의 우주관이 있다는 것은 전혀 근거 없는 말은 아니다.

---

133) 김경방·여소강, 『周易全解 上』, 109쪽.
134) "無名, 天地之始, 有名, 萬物之母."
135) "天下萬物生於有, 有生於無."
136) 陳鼓應, 최진석 역, 『老莊新論』, 441쪽, "선진 천도관의 주 맥락은 『易經』에서 노장을 거쳐 『易傳』에 이르는 과정이다.…… 두 책 사이는 약 7, 8백 년의 차이가 있는데 이 사이에 노자사상이 중간 고리 역할을 하고 있다.…… 『老子』의 자연관 형성은 위로는 『易經』까지 거슬러 올라가고 아래로는 『易傳』을 열었으며, 『易傳』 철학사상의 골간을 이루었다."

진고응은 앞에서 인용한 건괘 「단전」의 주요 개념이 『장자』에서 왔다고
하면서, 『장자』를 통해야만 「단전」을 이해할 수 있다고 말한다. 그 근거로
제시된 것이 『장자』 「천도天道」의 "해와 달이 비추고 네 계절이 운행되는
것이 마치 밤낮의 운행에 법칙이 있고 구름이 덮이고 비가 내리는 것과
같다"[137]와 「천지天地」의 "원기의 운동이 잠시 멈춰서 만물을 낳고, 사물이
이루어지면서 모양을 갖게 되는데, 이것을 형形이라 한다"[138] 등이다.

천도와 관련한 부분에서 유가의 영향이 적다고 말하는 이유로서 진고응
은 공자가 아주 드물게 천도를 말했다는 것罕言天道을 들었다.[139] 또 풍우란은
"『논어』에서 공자가 말하는 '천天'은 의지가 있는 상제이지만, 이런 주재지천
主宰之天은 『역전』의 「단象」이나 「상象」에서는 아무 지위도 없다.……『역전』
에 나오는 '천'은 의리지천義理之天의 의미이기 때문이다"[140]라고 하였다.
여기서 말하는 주재지천이나 의리지천은 풍우란이 "중국 문자 가운데
이른바 하늘(天)에는 다섯 의미가 있다"라고 했을 때의 그 다섯 하늘, 즉
물질지천物質之天, 주재지천主宰之天, 운명지천運命之天, 자연지천自然之天, 의
리지천義理之天 중의 두 가지이다. 의리지천은 『중용』에서 말한바 "하늘이
부여한 것이 성性이다"라고 할 때의 '천天'으로서, 우주의 최고원리를 지칭하
며 『역전』에 나오는 '천'과도 일맥상통한다. 반면 주재지천은 인격적인
하늘로서 『논어』에서 공자가 논한 바로 그 '천'이다.[141] 『역전』에 나타나는

---

137) "日月照而四時行, 若晝夜之有經, 雲行而雨施矣."
138) "由動而生物, 物成生理, 謂之形."
139) 『論語』, 「公冶長」, "子貢曰, 夫子之文章可得而聞也, 夫子之言性與天道不可得而聞也."
140) 陳鼓應, 최진석 역, 『老莊新論』, 444~445쪽.
141) 馮友蘭, 박성규 역, 『중국철학사 상』, 61~62쪽. 『易傳』에 끼친 도가사상의 영향에 대해서는
   풍우란의 초기 저작(『중국철학사』, 1930)과 이후 저술한 『중국철학사신편』(1980년대
   저술) 간에 상이한 견해가 존재한다. 초기에는 본문에 상술한 바와 같이 『易傳』의
   天觀이나 음양사상, 도, 태극 개념 등이 도가의 영향을 받았다고 쓰고 있으나 후기에는
   노자와 『易傳』은 상반된 의견을 보인다고 말한다. 그 이유는 '노자는 靜을 절대시하고
   『易傳』은 動을 절대시하며, 復사상도 노자는 정적인 본원으로 복귀하는 뜻인 반면에

'천'은 이러한 주재지천과 같은 절대존재라기보다는 자연의 이법을 가진 의리지천이며, 또한 '지地'와 상대되는 의미의 '천'이기도 하다. 이러한 개념의 대비는 천지뿐만 아니라 건곤으로도 표현되며, 존비, 귀천, 강유와 같은 의미로도 구별된다. 종래의 주재지천에서 의리지천으로의 변화는 원시종교의 '천'으로부터 이법적이고 철학적인 '천'으로의 변화를 의미하기도 한다.

진고응은 이 부분이 중국 고대철학에서의 2대 주요 사상적 전통인 '자연주의'와 '도덕주의'의 관계와 비교될 수도 있다고 말한다. 유가가 주로 후자의 전통을 이어서 윤리와 정치 문제를 논했다면 도가는 전자에 더욱 관심을 가지고 있었기 때문에 그는 『역전』의 자연관과 천도 방면은 도가와 그 전통을 같이한다고 말했던 것이다.[142]

2) 지도地道와 유강柔剛

(1) 순승천順承天

"땅의 도리를 세워서 유라 하고 강이라고 하였다"는 이 말은 3획의 8괘가 중첩되어 6획의 64괘가 이루어지는 원리를 지도地道의 관점에서 말한 것이다. 유와 강은 천도에서의 음·양과 마찬가지로 중첩적인 삼재구

주역의 復卦에서는 음양이 반복적으로 消長하는 반복의 의미'로 구별했다. 임채우, 「노자 음양론 문제-역전과의 비교를 중심으로」, 『동양철학』 제41집(2014), 291쪽. 인용을 참조했다.

142) 陳鼓應, 최진석 역, 『老莊新論』, 422쪽. 진고응은 도가를 '자연주의 전통'에 유가를 '덕치주의 전통'에 비교한다. "최소한 周初에서 시작된 중국사상에는 자연주의 전통과 덕치주의 전통이라는 두 가지 큰 전통이 있다. 이 두 전통은 춘추 말기에 와서 노자와 공자에 의해 각각 따로 체계화됨으로써 훗날 중국사상사에 큰 영향을 끼친 유가와 도가가 시작되었다. 유가는 주로 윤리와 정치 문제를 논하고 자연 천도 방면에는 관심을 기울이지 않았다. 도가는 太一이나 有無의 문제를 논함으로써 중국 역사상 최초로 체계적인 우주론을 건립하였고 이후 중국사상사의 우주론 전통은 도가에서 자양분을 얻지 않은 것이 하나도 없게 되었다."

조에서의 2효를 가리킨다.

『역경』에서 '지地'자는 명이괘明夷卦 상육의 효사인 "처음에는 하늘에 오르나 뒤에는 땅으로 들어간다"[143]에서 단 한 차례 등장한다. 이것은 은殷 주왕紂王의 고사故事를 들어서 점을 말한 것으로, 처음에는 천자였으나 나중에 자리를 잃게 된 것을 자연적인 천과 지의 위치에 비유한 것이다. 『예기禮記』「악기樂記」에서 "하늘은 높고 땅은 낮다"(天高地下)라고 말한 것과 같다. '지'의 원시적 의미가 신기神祇를 가리켰던 것과 비교해서 말하면, 『역경』의 이러한 '지'자 용법은 '천'과 마찬가지로 자연적인 '지'의 함의로 전환된 것이라고 할 수 있다.

여소강의 분석에 따르면 『역전』에서 '천지'를 연용한 45곳을 제외하고 '지地'자가 단독으로 쓰인 것은 49곳인데, 그는 이를 네 가지 종류로 구분하고 있다. 첫 번째는 "땅에 놓더라도 옳다"[144]에서와 같이 사람이 밟고 다니는 '땅'을 말한 것이고, 두 번째는 「설괘」에서 곤괘의 취상 중의 하나로써 '지'를 말한 경우이며, 세 번째는 자연수를 천지의 수로 구분하여 홀수를 천수天數라 하고 짝수를 지수地數라 한 예[145]이고, 네 번째는 "암말은 땅의 부류이니, 땅을 걸어감이 끝이 없다"[146], "음은 비록 아름다움이 있으나 이를 머금어 왕사王事에 종사하여 감히 이루지 말아야 하니, 이것이 땅의 도이다"[147], "하늘은 높고 땅은 낮다"[148], "하늘에서는 상이 이루어지고 땅에서는 형체가 이루어진다"[149] 등에서 같이 주로 '지도' 혹은 '지도의

---

143) "初登於天, 後入於地."
144) 「繫辭上」, 제8장, "苟錯諸地而可矣."
145) 「繫辭上」, 제9장.
146) 坤「彖」, "牝馬地類, 行地無疆."
147) 坤「文言」, "陰雖有美, 含之以從王事, 弗敢成也, 地道也."
148) 「繫辭上」, 제1장, "天尊地卑."
149) 「繫辭上」, 제1장, "在天成象, 在地成形."

속성'으로 말한 경우이다.150)

여소강의 분석에서 보듯이 『역전』에서의 '지'는 '천'과 상응하여 말하는
것이다. 그 가운데 '지'의 속성을 말한 것은 곧 '곤坤'의 속성을 말한 것인데,
'곤'의 대표적인 취상이 '지'이기 때문이다. '지' 즉 곤의 속성 혹은 성질을
대표하는 것은 '순順'이다. 여기서의 '순'은 "하늘의 아름다운 명命을 순종한
다"151), "천명에 순응한다"152) 등에서와 같은 '순천順天'을 의미하는데, 3획의
곤坤이 '순順'이므로 6획의 곤은 지순至順이 된다.153)

'지순至順'은 곧 "이에 순응하여 하늘을 받든다"154)인데, 순천順天과 승천承
天은 "하늘은 베풀고 땅은 낳는다"155)에서와 같이 하늘의 '베풂(施)'을 이어받
아 '생生'하는 작용을 가리킨다. 건괘乾卦 「단전」에서는 "만물자시萬物資始"라
하고 곤괘坤卦 「단전」에서는 "만물자생萬物資生"이라 하였으며, 곤괘 「문언」
에서는 "곤도坤道가 순하구나! 하늘을 받들어 때로 행한다"156)라고 하였다.
만물의 생성에서 천은 주동적으로 시작하고 地는 피동적으로 지순至順하여
완성한다는 것이 『역전』 우주발생론의 기본 관점이다.

"건은 강건함이고, 곤은 유순함이다"157)에서와 같이 '順'은 주로 곤괘와
함께 언급되어 순종의 도를 의미한다. 효위의 관계에 서 음효가 양효의
아래에 있는 것을 '승承'이라고 하는 것도 곤坤 즉 지의 지순의 의미에
따른 것인데, 여기서 주의해야 할 것은 '지순'이 '생'의 의미라는 점이다.

---

150) 呂紹綱, 『周易闡微』, 129~130쪽.
151) 大有 「象」, "順天休命."
152) 萃 「象」, "順天命也."
153) 乾은 천하의 지극히 굳셈이니 덕행이 항상 쉬움으로써 험함을 알고, 坤은 천하의 지극히
    순함이니 덕행이 항상 간략함으로써 막힘을 안다.(「繫辭下」, 제12장, "夫乾, 天下之至健也,
    德行恒易以知險, 夫坤, 天下之至順也, 德行恒簡以知阻.")
154) 坤 「象」, "乃順承天."
155) 益 「象」, "天施地生."
156) "坤道其順乎. 承天而時行."
157) 「說卦」, "乾, 健也, 坤, 順也."

만물은 오래 살고자 하고 죽음을 싫어하지 않는 것이 없으며, 이러한 마음을 깨달은 사람이 세 가지(天·地·生死萬物)를 모아서 『역易』을 지었으니, 조화가 지극하다. 그러므로 '건鍵'(乾)은…… 하늘의 도이다. '곤川'(坤)은 순종하여 위흉을 두려워할 줄 알며, 의의는 하늘과 관계하여 아래로 나아감이니 땅의 도이다.[158]

이것은 백서주역帛書周易의 『역지의易之義』에서 인용한 것인데, 건鍵은 바로 통행본 『주역』에서의 '건乾'을 가리킨다. 백서주역본에서는 또 곤坤을 곤川으로 써서 "곤川의 여섯 유柔는 서로 순종하니, 부드러움이 지극한 것이다",[159] "역에 곤川이라 이름한 것이 있으니 암컷의 도이다. 그러므로 암말의 바름이라 하였다"[160]라고 하여, '곤'이 순종의 도를 보이는 것을 하늘과 상응하여 말하고 있다.

주희는 곤원坤元의 '내순승천乃順承天'을 다음과 같이 해석한다.

이것은 지도地道로써 곤의 뜻을 밝힌 것으로, 처음에 원元을 말했다. '지至'는 지극함(極)의 뜻인데, (乾元의) '대大'자의 뜻에 비해 좀 느슨하다. '시始'란 기氣의 시작이고 '생生'이란 형形의 시작이다. 하늘의 베풂을 순하게 받는 것이 땅의 도(地道)이다.[161]

여기서도 건원乾元에 상응하여 곤원坤元을 해석하고 있음을 볼 수 있다. '내순승천乃順承天'이란 바로 곤이 건을 위주로 하여 따르고 받들어야 함을 말한다. 건과 곤이 함께하여 따르고 받드니 그 합덕의 작용으로 만물이 시작하고 형태가 이루어지는 것이다. 이것은 건과 곤이 짝을 이루되 곤이

---

158) 『易之義』(帛書周易), "萬物莫不欲長生而亞死, 會心(忘)者而台作易, 和之至也. 是故鍵……天之道也, 川順從而知危兇, 義沽下就, 地之道也."
159) 『易之義』, "川六柔相從順, 文之至也."
160) 『易之義』, "子曰, 易又名曰川, 雌道也. 故曰牝馬之貞."
161) 『周易本義』, 「坤·象」, "此以地道明坤之義, 而首言元也. 至, 極也, 比大義差緩. 始者, 氣之始, 生者, 形之始. 順承天施, 地之道也."

건을 위주로 하여 건의 행동을 따르니 그 행위가 비로소 조화로워진다는 의미이다.

한편 자연의 이법에 순종하는 이치로서 『역지의』에 언급된 부분은 아래와 같다.

> 천의 여섯 효는 서로 순종하니, 부드러움이 지극한 것이다.…… 『역』에 이르기를 "서리를 밟으면 굳은 얼음이 이른다" 하였는데, 공자는 이렇게 말하였다. "(자연의 이법에) 순종함을 말한 것이다. 한 해의 의의는 동북에서 시작하여 서남에서 이룬다. 군자는 시작을 보고 어기지 않으니, 신중히 어린 임금을 보호하고 기른다."162)

"서리를 밟으면 굳은 얼음이 이른다"(履霜, 堅冰至)는 곤괘坤卦 초육初六의 효사이다. 공자는 이에 대해 그것은 순차적인 일의 진행을 말한다고 해석하였다. 곤괘 「문언전」에서 "선을 쌓은 집안은 반드시 경사가 남고 불선을 쌓은 집안은 반드시 재앙이 남는다. 신하가 그 군주를 시해하고 자식이 그 아버지를 시해하는 것은 하루아침이나 하룻저녁의 연고가 아니라 그 따라 나온 것이 점차 이루어진 것이니, 분별할 것을 일찍이 분별하지 못하였기 때문이다"163)라고 하였다. 사람이 경미한 일이 생겼을 때 그 심각성을 알지 못하여(분별하지 못하여) 문제가 쌓이면 큰 화를 초래할 수 있다. "서리를 밟으면 굳은 얼음이 이른다"라는 말은 곤괘의 음의 도가 작게 시작하였다가 쌓여서 왕성한 도에 이름을 말한다. 이 말은 사안이 미세할 때 조심하여 조기에 방비하면 위험의 가능성을 제거할 수 있다는 가르침이다. 서리(霜)는 음기가 작게 맺힌 것이다. 그것이 성장하면 얼음이

---

162) 『帛書周易』, 「易之義」, "川六柔相從順, 文之至也.……易曰, 履霜堅冰至, 子曰. 遜從之胃也. 歲之義, 始於東北, 成於西南. 君子見始弗逆, 順而保毅."
163) "積善之家, 必有餘慶, 積不善之家, 必有餘殃. 臣弑其君, 子弑其父, 非一朝一夕之故, 其所由來者 漸矣, 由辯之不早辯也."

된다. 곤괘 초육은 음이 아래에서 처음 생겨나 아직 미세한 상태이나 장차 왕성한 세력으로 자라게 되리라는 것을 의미한다.

주희는 곤괘 초육에 대해 이렇게 설명하고 있다.

> 그 상상象이 '서리를 밟는'(履霜) 것과 같으니, 굳은 얼음이 장차 이를 것을 안다. 대개 음양은 창조(造化)의 근본이니 서로 없을 수 없고, 소장의 법칙이 있으니 또한 사람들이 인위적으로 손익損益할 것이 아니다. 다만 양은 삶을 주관하고 음은 죽임을 주관하니 그 유類에 좋음과 나쁨의 구분이 있다. 그러므로 성인이 『역』을 지을 때에는 음양이 서로 없을 수 없다는 것을 건순健順과 인의仁義에 소속시켜 밝혔으니 그 주가 되는 것이 치우친 바는 없지만, 그 소장消長의 때와 숙특淑慝의 구분에 이르러서는 일찍이 양을 북돋고 음을 억누르는(扶陽抑陰) 뜻을 다하지 않음이 없었다.[164]

『주역』에서는 음양의 합덕을 말하여 서로 없을 수 없음을 인정하고 있지만, 그 이면에서는 양이 선하고 음이 악하다는 것을 강조하여 양을 높이고 음을 억제하는 태도를 분명히 취하고 있다.

곤괘의 괘사에 "서남에서 벗을 얻고 동북에서 벗을 잃는다"(西南得朋, 東北喪朋), "바른 것에 편안하면 길하다"(安貞吉)라고 하였는데, 이에 대해 주희는 서남은 음의 방향이고 동북은 양의 방향이며 안安은 순하게 하는 것이고 정貞은 씩씩하게 하는 것이라고 하면서 다음과 같이 해석하였다.

> 그 점이 크게 형통하고 순건順健으로 바름을 삼으면 이로우니, 만약 갈 곳이 있으면 처음엔 헤매나 나중엔 얻고 이利를 주로 한다. 서남쪽으로 가면 친구를 얻고 동북쪽으로 가면 친구를 잃는데, 대개 바름에 편안하면 길하다.[165]

---

164) 『周易本義』, "故其象如履霜, 則知堅冰之將至也. 夫陰陽者, 造化之本, 不能相无, 而消長有常, 亦非人所能損益也. 然陽主生, 陰主殺, 則其類有淑慝之分焉. 故聖人作易, 於其不能相无者, 既以健順仁義之屬明之, 而无所偏主, 至其消長之際, 淑慝之分, 則未嘗不致其扶陽抑陰之意焉."

여기서 벗을 얻는다와 벗을 잃는다는 것은 그 전에 언급된 "먼저 하면 주인을 잃고 뒤에 하면 주인을 얻는다"와 대구를 이룬다. 곤의 목적은 건의 강건함을 얻어 주인으로 삼는 것인데, 그러하면 길하고 그러하지 못하면 흉하다. 곤은 순종함으로써 건을 주인으로 얻을 수 있다. 따라서 양의 방향인 동북에서는 벗을 잃음으로써 '충성하고 다른 마음을 품지 않도록' 해야 한다. 무리가 있으면 서로 모여 아부하는 마음이 생기기 때문이다. 반면 서남은 음의 방향으로 곤을 말함이니, 이 방향에서는 벗을 만나 온힘을 다하여야 한다. 김경방은 이에 대해 "벗을 잃고 벗을 얻는 것은 한 문제의 두 방면이다. 곤이 건에 대해 이미 순종해야 하고 건을 얻어 자기의 주인으로 삼아야 한다면, 한편으로는 사당私黨을 결성하지 않고 건에 충성을 다해야 하고 다른 한편으로는 대중의 힘을 연합하여 건에 충성을 다해야 한다"[166]라고 덧붙인다.

건과 곤은 "음양의 근본이면서 만물의 조상"[167]이다. 이것은 「서괘전」의 "천지가 있고 나서 만물이 있다"[168]라는 말과 통한다. 천지가 함께하여 음양 두 기운의 조화가 이루어져서 만물이 생겨났다는 것은 하늘과 땅을 모두 말하는 것으로, 여기에 『주역』의 체계가 건과 곤으로 시작하게 된 연원이 있다. 건과 곤을 또한 역의 문이자 온축이라고 말한 것도 바로 그런 이유이다.

괘서의 문제는 고대 우주·사회 인식관과도 관련지어 볼 수 있다. 주대

---

165) 『周易本義』, "遇此卦者, 其占爲大亨, 而利以順健爲正. 如有所往, 則先迷後得而主於利. 往西南則得朋, 往東北則喪朋, 大抵能安於正則吉也."

166) 김경방·여소강, 『周易全解 上』, 121쪽. 坤卦 괘사에 대해 『周易本義』에서는 "先迷後得, 主利. 西南得朋, 東北喪朋"로 보았고 김경방은 『周易全解』에서 "先迷後得主, 利西南得朋, 東北喪朋"로 보았다. 그러나 朱熹가 "西南, 陰方, 東北, 陽方"로 해석한 부분을 따른다.

167) 『易緯乾鑿度』, "陰陽之根本, 萬物只祖宗."

168) "有天地然後萬物生焉."

이전 고대 역의 체계를 보면, 하나라『연산』은 간괘艮卦로부터 시작하였으며 은나라『귀장』은 곤괘坤卦를 첫머리로 하여 건괘乾卦로 이어진다.『연산』이 간괘艮卦를 첫머리로 하였다는 것은 만물이 천지에서 생겨난다는 생각이 아직 움트지 않았다는 의미이고,『귀장』에서 곤이 건에 앞섰다는 것도 역시 아직은 천지가 만물을 낳는다는 의식이 없었다는 것을 뜻한다. 결국 건곤으로 시작하여 나머지 62괘를 만들어 나간『주역』에서부터 비로소 건乾과 곤坤을 '역의 문'이자 '온축'으로 바라보기 시작하였던 것이다. 팔괘의 정해진 위치는 건·곤에서 연유하고, 이로부터 '부모생육자父母生六子'를 말하게 된다.『신어新語』169),『여씨춘추呂氏春秋』170) 등에 의하면 고대에는 "어미는 알아도 아비를 모르는" 상태에 있다가 주나라 때부터 모계사회에서 부계사회로 이동하게 되는데, 이는 곧 복희의 팔괘가 건·곤을 우두머리로 삼아 인륜의 도덕을 시작한 덕분이었다.

곤이 하늘인 건의 강건함을 따른다는 '내순승천'은 자연의 이치에 따름을 의미하지만, 또한 사람의 본성과 운명에 순응한다는 의미도 있다.

> 옛날 성인이『역』을 지을 적에 그윽이 신명神明을 도와 시초蓍草를 내었는데, 하늘을 셋으로, 땅을 둘로 하여 수를 의지하고, 음양의 변變을 보아 괘를 세웠으며, 강유에 발휘하여 효를 낳았으니, 도덕에 화순하여 의義에 맞게 하며 이치를 궁구하고 성性을 다하여 명命에 이르게 하였다.171)

> 장차 성명의 이치를 순하게 하였으니, 그러므로 하늘의 도를 세워 음양이라 하고, 땅의 도를 세워 강유라 하고, 사람의 도를 세워 인의라 하였다. 삼재를 겸하여

---

169) 『新語』, 「道基篇」, "於是先聖乃仰觀天文, 俯察地理, 圖畫乾坤, 以定人道, 民始開悟, 知有父子之親, 君臣之義, 夫婦之道, 長幼之序. 於是百官立, 王道乃生."

170) 『呂氏春秋』, 「恃君篇」, "昔太古嘗無君矣, 其民聚生群處, 知母不知父."

171) 「說卦傳」, 제1장, "昔者聖人之作易也, 幽贊於神明而生占也, 參天兩地而義數也, 觀變於陰陽而立卦也, 發揮於剛柔而生爻也, 和順於道德而理於義也. 窮理盡性而至於命也."

두 번 하였기 때문에 『역』이 여섯 번 그어짐에 괘가 이루어졌고, 음으로 나뉘고 양으로 나뉘며 유와 강을 차례로 쓰기 때문에 『역』이 여섯 자리에 문장을 이룬 것이다.[172]

음양으로 괘의 변화를 설명하고 강유를 말하여 효를 만들었고, 이로써 도덕을 조화롭게 하고 일을 함에 그 조리條理를 얻게 하여 사람의 본성을 발휘하고 천명에 이르러 그와 합하게 하였으니, 이것이 바로 성인이 『역』을 지은 공훈이다. 이는 곧 성명性命의 이치에 따라 천도의 음양과 지도의 강유, 인도의 인의에 부합함이다. 『역』은 여섯 개의 획으로 하나의 괘를 이루니, 음양으로 나뉘고 강유를 번갈아 써서 그 육위로 문장을 이루었다. 주희는 이에 대해 "삼재를 겸해서 둘로 하여, 종합하여 육획이라 한다. 또 세분하면 음양의 자리가 섞여 문장을 이룬다"[173]라고 해석하였다.

주희는 「계사상」의 "건은 쉬움으로써 주관하고, 곤은 간략함으로써 능하다"[174]를 해석하여 "곤은 순하고 정하니 무릇 그 능한 바가 모두 양을 따를 뿐 스스로 만들지 않는다. 그러므로 간략함으로 사물을 이룸이 되는 것이다"[175]라고 하였다. 또 「계사상」 제12장의 "하늘로부터 돕는지라 길하여 이롭지 않음이 없다"[176]에 대해서는 "공자께서 말하였다. '우祐는 도움이다. 하늘이 돕는 것은 순順이요 사람이 돕는 것은 신信이니, 신信을 행하여 순順함을 생각하고 또 어진 이를 높인다"[177]라고 하였다. 곤은 천하의 지극히 순한 모양으로 그 행함이 번거롭지 않고 간략하며 일을 할 때

---

172) 「說卦傳」, 제2장, "將以順性命之理也, 是故位天之道曰陰與陽, 位地之道曰柔與剛, 位人之道曰仁與義. 兼三財兩之, 六畫而成卦, 分陰分陽, 迭用柔剛, 故易六畫而爲章也."
173) 『周易本義』, 「說卦傳」, "兼三才而兩之, 總言六畫. 又細分之, 則陰陽之位, 間雜而成文章也."
174) "乾以易知, 坤以簡能."
175) "坤順而靜, 凡其所能, 皆從乎陽而不自作. 故爲以簡而能成物."
176) "自天祐之, 吉, 无不利."
177) "子曰. 祐者, 助也. 天之所助者, 順也, 人之所助者, 信也, 履信思乎順, 又以尙賢也."

그 어려움을 알아 함부로 하지 않는다. 우환을 가지면 위에서 아래로 임할 때 그 위험을 알고 아래에서 위로 오를 때 그 막힘을 안다. 그리하여 일이 쉽더라도 위험이 닥칠 것을 알면 험함에 빠질 일이 없고, 간략히 하더라도 막힐 것을 알면 곤란함에 처하지 않는다.[178] 이것이 바로 '순승천順承天'이 말하는 바, 첫째로 '건乾 즉 천天'에 대한 순함이요, 둘째로 '자연의 이법'에 따름이요, 셋째로 '운명의 원리'에 순응함을 설명하는 것이다. 그것은 성인이 천하의 상을 관찰하고 땅의 법도를 내려다보아 만물의 모양을 살피고 천지의 마땅함으로써 팔괘를 지어 신명神明의 덕인 건健·순順·동動·지止에 통하려 했던바, 바로 『역』이 지어진 이유이다.

(2) 강·유가 서로 미루어 변화를 낳는다(剛柔相推而生變化)

'강유剛柔'라는 말은 6획 64괘에서 효를 지도의 측면에서 말한 것이다. 6획괘 6효를 천도의 측면에서는 음양이라고 하였다. 이것은 「계사상」 제1장 의 다음 말에서 분명해진다.

> 하늘은 높고 땅은 낮으니 건과 곤이 정해졌다. 낮고 높음으로써 베풀었으니 귀하고 천한 것이 자리했다. 움직임과 고요함이 떳떳함이 있고, 강하고 부드러운 것이 구분된다. 방소로써 종류를 모으고 사물로써 무리를 나누니 길하고 흉함이 생긴다. 하늘에 있어서는 상을 이루고 땅에 있어서는 형체를 이루니 변화가 나타났다. 이렇기 때문에 강하고 부드러운 것이 서로 마찰하며 팔괘가 서로 섞인다.[179]

---

178) 『周易本義』, 「繫辭傳」. 이 부분은 「繫辭」 제12장에 대한 朱熹의 해석을 인용하여 말하였다. "夫, 音扶. 行·易, 並去聲. 阻, 莊呂反. 至健則所行无難, 故易. 至順則所行不煩, 故簡, 然其於事, 皆有以知其難, 而不敢易以處之也. 是以其有憂患, 則健者如自高臨下而知其險, 順者如自下趨上而知其阻. 蓋雖易而能知險, 則不陷於險矣. 既簡而又知阻, 則不困於阻矣. 所以能危能懼, 而无易者之傾也."

179) 「繫辭上」, 제1장, "天尊地卑, 乾坤定矣. 卑高以陳, 貴賤位矣. 動靜有常, 剛柔斷矣. 方以類聚, 物以群分, 吉凶生矣. 在天成象, 在地成形, 變化見矣. 是故剛柔相摩, 八卦相盪."

여기서는 천을 동정으로 말하고 지를 강유로 말하고 있다. 효를 아래에서 부터 그려 나가는 것을 '비고이진卑高以陳'으로 말한 것인데, 강剛은 동動이고 유柔는 정靜이다.

『역전』에서는 괘상과 괘・효사에 대한 해석에서 음양을 나타내는 두 가지의 효, 즉 —(양효)와 --(음효)를 강과 유로 설명한다. 그것은 음양을 대신하는, 괘상과 효상에 대한 또 하나의 상대적인 호칭이다. 주백곤은 강유의 비교적 이른 용례를 병가兵家와 도가道家에서 찾고, 병법에서 강・유로 만물과 그 이치를 설명하는 바가 많았다고 설명한다.[180] 강유의 설로 인해 괘・효상의 해석이 더욱 추상화되었다고 볼 수 있는데, 이는 효위설을 통해 잘 이해될 수 있다.

효위설은 구체적으로 당위當位, 응위應位, 중위中位, 추시趨時, 승승乘承, 왕래往來 등의 개념을 통해 설명된다.[181]

당위는 양효가 양의 자리에 있거나 음효가 음의 자리에 있는 것을 말한다. 그러할 때 당위라 하고 그와 반대는 부당위라 한다.

응위는 여섯 효위에 있어 첫 번째와 네 번째, 두 번째와 다섯 번째, 세 번째와 여섯 번째 효가 각각 서로 응대하는 것을 말한다. 그때 양과 음이 응하는 것을 유응有應 즉 응함이 있다고 하고, 그 반대 즉 양효와 양효가 만나거나 음효와 음효가 만나는 것을 무응無應이라 한다.

중위는 상・하괘 각각의 중앙 즉 2효와 5효의 자리로, 이를 중이라 하고

---

180) 朱伯崑, 『역학철학사 1』, 148쪽, "굳셈(剛)・부드러움(柔)을 일종의 범주로 여기고 사물의 성질을 설명하고 있는 비교적 이른 예는 춘추시대 말기 범려가 병법을 논하는 데서 보인다. '병사를 운용하는 데는 불변의 법칙(藝)이란 있을 수 없어서 상황에 맞게 행동해야 하므로, 강한 방법과 부드러운 방법을 고루 사용해야 하며, 적의 굳세고 강한 기세(陽節)가 다하지 않았다면 전장에서 이겨낼 수 없다(『國語』,「越語下」, "用人無藝, 往從其所, 剛柔以禦, 陽節不盡, 不死其野")."

181) 朱伯崑, 『역학철학사 1』, 150~161쪽. 본문에 언급한 효위설에 대한 여섯 가지 개괄은 『역학철학사 1』에서 인용하였다.

길한 자리로 여겼다. 예를 들어 구오는 당위이면서 중위에 처하였으므로
천자天子의 지위라 불렸고, 때문에 건괘의 구오 효사는 "나는 용이 하늘에
있으니 대인을 보면 이롭다"182)이다.

추시는 처해 있는 상황에 따라 길흉이 달라질 수 있다는 것을 의미한다.
「계사하」 제1장의 "변變과 통通은 때에 따르는 것이다"183)라는 표현이 이를
잘 설명해 주고 있다.

승승은 서로 접하여 있는 두 효 사이의 관계를 말하는데, 아래 효는
위에 있는 효를 받들고(承) 위의 효는 아래 효를 타고 있다(乘)고 한다. 그때
하위 효가 음이고 상위 효가 양이면 음이 양을 받들고 양이 음을 타고
있으므로 형통한 관계가 된다.

왕래는 하나의 괘에서 각각의 효가 서로 왕래하는 것을 일컫는데, 상괘가
하괘로 내려오는 것을 래來라고 하고 하괘가 상괘로 올라가는 것을 왕往이라
한다. 왕래는 강유소장설로 설명될 수 있는데, 그것은 음효와 양효의 성장과
소멸의 관계로 괘사를 읽는 것이다.184) 태괘泰卦(䷊)는 "작은 것이 가고
큰 것이 오니 길하다"185)라고 하였고, 비괘否卦(䷋)는 "비否는 사람의 도가
아니니, 군자가 바름을 지키는 데 이롭지 않다. 큰 것이 가고 작은 것이
올 것이다"186)라고 하였다.

『주역』 상하경에서 위의 효위설들에 근거하여 '강유剛柔'의 개념이 언급
된 사례는 다음과 같다. 둔괘屯卦, 서합괘噬嗑卦, 항괘恒卦, 절괘節卦, 기제괘旣濟

182) "飛龍在天, 利見大人."
183) "變通者, 趣時者也."
184) 朱伯崑, 『역학철학사 1』, 157쪽, "長은 음효 혹은 양효가 안에서 밖으로 발전해 가는
     과정이며, 消는 음효 혹은 양효가 아래에서 위로 점차 교체되어가는 과정이다.……
     굳셈이 자라나서 양이 성하면 길하고 부드러움이 자라나 음이 성하면 흉하다."
185) "泰, 小往大來, 吉亨."
186) "否之匪人, 不利君子貞. 大往小來."

卦, 미제괘未濟卦의 「단전」과 몽괘蒙卦 九二, 감괘坎卦 六四, 해괘解卦 初六, 정괘鼎卦 上九의 「상전」 등이 그것이다.

먼저 수뢰둔괘水雷屯卦(☶)의 「단전」에서 "둔은 강유가 처음 사귀매 어려움 이 생기고 험난한 가운데 움직이니, 큰 것이 형통하고 바르다"[187]라고 하였다. 여기서 말하는 강剛은 5효와 초효에 위치한 양효를 말함이고, 유柔는 그 두 효의 위아래에 있는 네 개의 음효를 말한다. 강유가 처음 사귄다고 한 이유는 둔괘가 건괘와 곤괘 다음으로 오는 첫 번째 괘이기 때문이다. 험난한 가운데 움직인다고 말한 것은 초구가 두 개의 음효 아래 빠져 있기 때문이며, 구오 또한 두 개의 음효 사이에 있으니 험난하다. 그럼에도 불구하고 움직일 수 있으니 "큰 것이 형통하고 바르다"라고 하였다.

산수몽괘山水蒙卦(☶)의 구이 「상전」에서는 "자식이 집안을 잘 다스린다는 것은 강유가 만나기 때문이다"[188]라고 하였다. "강유가 만난다"는 것은 구이의 강剛과 육오의 유柔가 서로 응함을 말한 것이고, 자식인 구이의 강이 유의 자리에서 위아래의 음효를 조절할 수 있기 때문에 "집안을 잘 다스린다"고 하였다.

화뢰서합괘火雷噬嗑卦(☶) 「단전」에 "강유가 반반씩 나뉘어 움직이고 밝으 니, 우레와 번개가 합쳐서 빛난다. 유가 중을 얻어 위로 올라가니, 비록 자리가 마땅하지 않으나 옥사를 쓰는 것이 이롭다"[189]라고 하였다. "강유가 반반씩 나뉜다"라고 한 이유는 음효와 양효가 반반씩 서로 엇갈려 있기 때문이다. 김경방은 서합괘의 단사에 대해 '강유가 나뉘는 것'과 '우레와 번개가 합쳐지는 것'을 연결하여, 이것이 '씹어서 다물어 형통하는' 전

---

187) "屯, 剛柔始交而難生, 動乎險中, 大亨, 貞."
188) "子克家, 剛柔接也."
189) "剛柔分動而明, 雷電合而章. 柔得中而上行, 雖不當位, 利用獄也."

과정을 구성하고 있다고 해석한다. '강유가 나뉘는 것'은 정태적인 것으로서 아직 위턱과 아래턱이 움직이지 않은 상태인 반면 '우레와 번개가 합쳐지는 것'은 동태적인 것으로 이미 씹어서 다물어진 것이다. "유가 중을 얻어 위로 올라간다"는 것은 육오가 강의 자리에 있어 옳지 않으나 '중'을 얻어 중요해졌음을 말한다. 옥사를 쓰는 일은 너무 부드러우면 자칫 관대해지고 너무 강하면 포악해진다. 둘 다 잘못된 것이다. 육오가 유효로 강효의 자리에 있으나 '중'을 얻었으니, 옥사를 쓰는 것이 적당하다.

중수감괘重水坎卦(䷜)의 육사 「상전」에서 "한 동이의 술과 두 그릇의 밥은 강유가 교제하기 때문이다"[190]라고 하였다. 양강은 물을 의미하고 유음은 흙을 의미한다. 김경방은 "물의 강함과 흙의 유함이 점차 커지고 넓어지기 때문에 개미구멍이 둑을 무너뜨리는 것과 같다"라 해석하며, 그것은 마치 "사람들이 후한 선물을 쓰지 않고도 정감이 통할 수 있는 것과 같다"고 덧붙인다.[191]

뇌풍항괘雷風恒卦(䷟)의 「단전」에 "강이 위에 있고 유가 아래에 있다. 우레와 바람이 서로 함께하여 공손하고 움직이니, 강유가 모두 응하는 것이 항구함이다. '항은 형통하여 허물이 없으니 바름을 지키는 것이 이롭다'는 것은 그 도를 오래하는 것이다. 천지의 도는 항구하여 그치지 않는다"[192]라고 하였다. 진괘(☳)가 위에 있고 손괘(☴)가 아래 있으니 강유가 모두 응하여 우레와 바람이 서로 함께하여 공손히 움직인다. 항구한 것은 바로 천지만물의 실정이다.

뇌수해괘雷水解卦(䷧)의 초육 「상전」에서는 초육이 구사와 정응하여 강유

---

190) "樽酒簋貳, 剛柔際也."
191) 김경방·여소강, 『周易全解 上』, 516쪽.
192) "剛上而柔下. 雷風相與, 巽而動, 剛柔皆應, 恒. 恒, 亨, 无咎, 利貞, 久於其道也. 天地之道, 恒久而不已也."

가 교제한다고 하였고, 화풍정괘火風鼎卦(䷱)의 상구「상전」에서는 강양인 상구가 유를 밟고 있어 강유가 적절하다 하였다. 수택절괘水澤節卦(䷻)의 「단전」에서는 강효가 '중'을 얻고 강과 유가 균등하다 하였고, 수화기제괘水火旣濟卦(䷾)의 「단전」에서는 음효가 음의 자리에 있고 양효가 양의 자리에 있어 여섯 효의 강유가 모두 바르고 자리가 마땅하다고 했으며, 화수미제괘火水未濟卦(䷿)의 「단전」에서는 육오가 중을 얻어 형통하다고 하였다.

지금까지 살펴본 대로『주역』상하경에서 언급된 강유 개념은 모두 효위와 관련하여 그 나아가야 할 때와 조심하여야 할 때, 그리고 그 처한 상황의 당위성과 시의적절함을 가지고 설명되었다. 주백곤은 효위설에 나타난 사상을 세 가지로 설명하는데, 그 첫 번째는 존비 관념이다. 이것은 비천한 자는 존귀한 자에 순종하고, 존귀한 자를 넘으려 해서는 안 된다는 생각이다. 여섯 효를 사회적 지위로 구분하면, 초효는 서민계층(民), 2효는 관리(士), 3효는 지방장관(大夫), 4효는 재상이나 대신(公·卿), 5효는 천자天子, 상효는 상왕上王이나 국사國師의 계급으로 볼 수 있다. 두 번째 사상은 시중時中 관념으로, 「단전」과 「상전」이 말한 길흉의 요지는 '때에 맞춰서 행동하는가'에 달려 있다는 생각이다. 「계사하」에서는 "강과 유는 근본을 세우는 것이요, 변變과 통通은 때에 따르는 것이다"[193]라고 하였고, 이에 대해 주희는 "하나의 강과 하나의 유는 각각 정해진 자리가 있는데, 이것에서 저것으로 가는 데 있어 변하여 때에 따른다"[194]라고 해석하였다. 세 번째 사상은 영허소장盈虛消長의 변화관이다.[195]

「계사상」에서는 "강과 유가 서로 미루어 변화를 낳는다"[196], "변變·화化

---

193) "剛柔者, 立本者也, 變通者, 趣時者也."
194) "一剛一柔, 各有定位, 自此而彼, 變以從時."
195) 朱伯崑,『역학철학사 1』, 158~161쪽.
196) "剛柔相推, 而生變化."

는 나아감과 물러감의 상이요, 강剛·유柔는 낮과 밤의 상이요, 육효의
동함은 삼극三極의 도道이다"197)라고 하였는데, 이를 주희는 다음과 같이
해석하였다.

유柔가 변하여 강剛이 되는 것은 물러남이 지극하여 나아가는 것이요, 강이 화하여
유가 되는 것은 나아감이 지극하여 물러나는 것이니, 이미 변하여 강剛하면 낮으로서
양이 되고 이미 화하여 유柔하면 밤으로서 음이 되는 것이다. 육효는 초初와 이二가
지地가 되고 삼三과 사四가 인人이 되고 오五와 상上이 천天이 된다. 동動은 곧 변화이며,
극極은 지극함이다. 삼극三極은 천·지·인의 지극한 이치이니, 삼재가 각기 한
태극太極을 갖고 있다. 강·유가 서로 미루어 변·화를 낳고 변·화의 극極이 다시
강·유가 되어 한 괘 여섯 효의 사이에 유행하니, 점치는 자가 만난 바에 근거하여
길·흉을 결단함을 밝힌 것이다.198)

강유가 서로 미루어 나아가고 물러남으로 인해 변화變化가 생겨난다.
유가 극에 달하면 나아가 강으로 바뀌게 되는데 이를 변變이라 하고, 강이
극에 달하면 물러나 유로 바뀌게 되는데 이를 화化라 한다. 강하면 양이요
낮이며, 낮이면 해가 뜬다. 해가 지면 달이 뜨니, 이것은 밤이요 음이다.
육효의 각기 정해진 자리가 있으니, 초효와 이효는 땅(地)의 자리이고 삼효와
사효는 인간(人)의 자리이며 오효와 육효는 하늘(天)의 자리이다. 움직여서
변화가 일어나고 그것이 지극하여 극에 이른다. 그런고로 강유가 서로
미루어 변화를 낳고, 그 변화가 지극하여 다시 강유가 여섯 효의 자리에서
움직이니, 이를 통해 길흉을 판단할 수 있다.

---

197) "變化者, 進退之象也, 剛柔者, 晝夜之象也, 六爻之動, 三極之道也."
198) 『周易本義』, 「繫辭傳上」, "柔變而趨於剛者, 退極而進也, 剛化而趨於柔者, 進極而退也, 既變而
剛, 則晝而陽矣, 既化而柔, 則夜而陰矣. 六爻, 初二爲地, 三四爲人, 五上爲天. 動, 卽變化也,
極, 至也. 三極, 天地人之至理, 三才, 各一太極也. 此明剛柔相推以生變化, 而變化之極, 復爲剛
柔, 流行於一卦六爻之間, 而占者得因所值, 以斷吉凶也."

『주역』이 변화 대립과 통일의 변증법을 주로 언급하고 있는 것은 유가보다는 도가의 원리에 가깝다고 말한 바 있다.[199] 그 이유를 말하자면, 유가는 인간이 어떻게 살아야 하는가와 그 해결을 위한 수양과 교육의 문제에 더욱 천착하였던 반면, 도가는 자연이나 천도의 문제를 중시하였기 때문이다. 그러나 『주역』과 도가의 변증적 사유방식에는 분명한 차이가 존재하고 있기 때문에, 구체적이고 자세한 의도에 나타나는 구별점 또한 반드시 명시되어야 한다.

> 해가 가면 달이 오고 달이 가면 해가 와서, 해와 달이 서로 밀어내어 밝음이 생긴다. 추위가 가면 더위가 오고 더위기 가면 추위가 와서, 추위와 더위가 서로 밀어내어 한 해가 이루어진다. 가는 것은 굽히는 것이고 오는 것은 펴는 것이니, 굽히고 폄이 서로 감응하여 이로움이 생긴다.…… 뜻을 정밀히 하여 신묘한 경지에 들어가는 것은 쓰임을 다하기 위한 것이고, 쓰임을 이롭게 하여 몸을 편안히 하는 것은 덕을 높이기 위한 것이다.[200]

이 구절은 함괘咸卦 구사의 효사에 대한 해석의 일부이다. 사물이 변하는 데는 서로 왕래하고 밀치고 감화하는 바가 있다. 굽히고 펴는 데도 감화함이 있어 이롭다. 그러한 변화의 도리를 세밀하게 연구하여 이롭게 쓰고자 함이 덕을 높이는 것이다. 음양이 도가의 영향으로 자연의 일을 설명하는 것이라면 강유는 유가의 영향을 보다 받았고 인간사를 주로 논하였는데, 이것은 자연에서 그 원리를 찾아 인간사의 법칙에 적용한 것이다. 『역전』의 강유설은 "변화를 대립 면의 전화로 해석한"[201] 것이다. 「설괘전」에서는

---

199) 『老子』, "反者道之動, 弱者道之用, 天下萬物生於有, 有生於無"(되돌아가는 것이 도의 움직임이요 유약한 것이 도의 쓰임이니, 천하만물은 유에서 생겨나고 유는 무에서 생겨난다.)
200) 『繫辭傳下』, "日往則月來, 月往則日來, 日月相推而明生焉. 寒往則暑來, 暑往則寒來, 寒暑相推而歲成焉. 往者屈也, 來者信也, 屈信相感而利生焉.……精義入神, 以致用也, 利用安身, 以崇德也."
201) 朱伯崑, 『역학철학사 1』, 205쪽.

"음양에서 변화를 보아 괘를 세우고 강유에서 발휘하여 효를 낳는다"[202]라고 하였다. 이를 「계사전」의 "동정에 일정함이 있으니 강유가 결정된다"[203]와 함께 이해해 보면, 자연계에서는 동정에 의해 변화가 만들어지고 강유는 자연 속의 동정을 대신하여 『역』의 여섯 효에 적용됨을 알 수 있다. 강유가 서로 밀고 나아가는 힘에 의해 변화가 생기고, 그러한 움직임에 의해 길흉회린吉凶悔吝이 결정된다. 강유는 근본을 세우는 것이다.[204]

『주역』의 음양설은 도가의 영향이 있음에 분명하지만 강유설에는 유가적 사유가 반영되어 있다. 그것은 사물 변화의 도리를 끝까지 연구하여 더욱 높은 경지의 덕행을 이루는 것이 군자의 도리라는 생각이기 때문이다.

3) 인도人道와 인의仁義

천도의 본질이 음양이고 지도의 본질이 강유인 데 비해 인도의 본질은 인의로 설명된다.[205]

요명춘의 분석에 의하면 『주역』에서 '인人'자는 모두 169차례에 걸쳐 사용되고 있다. 이것은 삼재 개념 중 가장 많다. 경문經文에서는 36곳에서 나타난다. 경전문經傳文에서 추상의 정도가 비교적 높은 것은 대인大人, 소인小人, 군자君子와 소인小人 등이다.[206]

『역전』이 말한 '인도'에서의 '인'은 주로 '대인大人'을 가리킨다. 그런데 "하늘의 도를 세워 음양이라 하고, 땅의 도를 세워 강유라 하고, 사람의 도를 세워 인이라 하였다"[207]라고 할 때의 인도는 천도나 지도와 마찬가지로

---

202) "觀變於陰陽而立卦, 發揮於剛柔而生爻."
203) "動靜有常, 剛柔斷矣."
204) 이 부분은 「繫辭傳上」 제1장의 "剛柔相推, 變在其中矣"와 「繫辭傳下」 제1장의 "吉凶悔吝者, 生乎動者也. 剛柔者, 立本者也"를 참조하여 썼다.
205) 「說卦」, "位天之道曰陰與陽, 位地之道曰柔與剛, 位人之道曰仁與義."
206) 廖名春, 『周易經傳與易學史新論』(濟南: 齊魯書社, 2001), 139쪽.

6효가 서로 뒤섞여 64괘를 이루는 원리를 말한 것이다. 인도는 삼재중첩의 구조에서 가운데 층, 즉 3·4효에 해당한다. 이들 효위는 각각 하괘의 상위와 상괘의 초위에 해당되는데, 1·2효의 지층地層과 5·6효의 천층天層 가운데 있으면서 지층과 천층을 이어 주는 역할을 한다. 이것이 바로 '인'을 천지합덕天地合德으로 말하는 이유이다.

「설괘」의 문장(位天之道曰陰與陽, 位地之道曰柔與剛, 位人之道曰仁與義)은 하늘에 있는 음양이 일월과 짝을 이루었으니 하늘의 도에서 음양을 본 것이고, 유柔는 땅이고 강剛은 사물物이니 땅의 도에서 강유를 찾은 것이며, 인의仁義는 사회규율이니 인도의 관계를 말함이다. 이 말은 또한 천도와 지도의 자연 규율을 따라 사람이 해야 할 규율을 찾는다는 의미에서 삼재지도를 말함과 동시에 "천도를 밝혀 인사를 논한다"는 『주역』의 대의와도 통하는 표현이다. 인도는 사람이 되는 기본 도리를 뜻하며, 인간의 가치, 윤리도덕, 인사와 인간의 도리를 말한다.

건괘 구삼의 효사는 "군자가 종일토록 힘쓰고 힘쓰다가 저녁이 되어 편안히 쉬니, 위태로우나 허물이 없을 것이다"[208]이다. 구삼은 하체의 윗자리에 있으니 군자의 덕이 드러난 자리이다. 윗자리에 있어도 나태하지 않고 아랫자리에 있어도 걱정하지 않으며 종일토록 힘써 진덕進德하고 수업修業하여 내심의 수양을 다하고 그것이 밖으로 드러나게 해야 하는 것이다. 몽괘蒙卦(䷃)의 괘사는 "형통하다. 내가 동몽에게 구하는 것이 아니라 동몽이 나에게 구하는 것이다. 처음 점치면 말해 주고, 두 번 세 번 하면 모독하는 것이니 모독하면 말해 주지 않는다. 올바름을 지키면 이롭다"[209]이다. 여기서 나(我)는 구이를 가리키고, 구이는 몽매함을 계발하려는 자이다.

---

207) "位天之道曰陰與陽, 位地之道曰柔與剛, 位人之道曰仁與義."
208) "君子終日乾乾, 夕惕若, 厲, 无咎."
209) "亨. 匪我求童蒙, 童蒙求我. 初筮告, 再三瀆, 瀆則不告. 利貞."

동몽童蒙은 육오를 가리키고, 육오는 몽매한 자이다. 동몽이 나에게 구한다는 것은 교육을 받으려고 하는 자의 적극성을 말한다. 구이는 강중剛中하고 유효柔爻인 육오와 정응正應하였으니, 계발하는 자가 마땅히 올바름을 지킨다면 '형통'하다.

『주역』은 인도의 많은 내용 중 인仁과 의義를 인도의 근본이라고 하면서 음양과 강유와 병렬하여 심오한 함의가 있다고 말한다. 『중용』에 "인仁은 인人과 같은 것이니 친족 간에 친애함이 크고, 의義는 마땅히 알맞게 하는 것이니 어진 이를 높이는 것이 크다"[210]라고 하였다. 인仁은 사람들 간에 서로 아끼고 사랑함으로써 그 관계를 유지함을 말하고, 의義는 국가를 올바로 다스리기 위해 어진 이를 높여 능력 있는 이로 하여금 관직에 있도록 하는 것이다.[211] 이 모두는 인의仁義로써 사람의 도를 제대로 세워 그것이 구성하고 있는 국가를 온전하게 다스릴 필요성을 말하고 있다. 인仁으로써 혈연관계를 유지하는 바로 삼고, 의義로써 비혈연관계인 사회적 구성원이 해야 할 도리를 말한다. 인과 의는 『주역』에서 대부분 '군자'와 관련하여 언급되고 있다. 김경방은 이에 대해 '군자'라는 것은 역사적인 개념이며 변화의 과정을 거친다고 말하였다.[212]

---

210) 『中庸』, 제20장, "仁者人也, 親親爲大, 義者宜也, 尊賢爲大."
211) 『孟子』, 「公孫丑上」, "賢者在位, 能者在職."
212) 김경방·여소강, 『周易全解 上』, 81쪽. '君子'에 대해 김경방이 덧붙인 설명을 인용하면 다음과 같다. "군자는 역사적 개념이니 변화의 과정이 있다. 군자가 최초에는 계급적 개념이었다. 제후의 아들을 公子라 불렸고, 천자의 아들을 王子라 불렸던 것처럼, 군자는 바로 군주의 아들이었다. 군주의 아들은 당연히 귀족이고 통치계급이다. 군자와 서로 대응하는 것이 소인이고 노동에 종사하는 사이다.…… 그러나 이는 절반만 옳게 말한 것이다. 역사의 발전을 거치면서 군자에는 계급적 의미 외에도 도덕적 품성을 구분하는 의미가 있었다. 군자는 도덕이 고상한 사람이고 소인은 도덕이 낮은 사람이다. 『논어』의 '군자라야 본래 곤궁할 수 있으니 소인은 곤궁하면 넘친다'(「衛靈公」, "君子固窮, 小人窮斯濫矣")라는 말이 이를 증명한다." 군자를 통치계급으로만 이해하면 군자곤궁을 설명할 수 없다.

(1) 인으로 행하다(仁以行之)

음양과 강유는 분명히 각기 대립적인 관계에 있다. 하지만 인의는 왜 대립적 관계인가? 이는 괘의 성립과 관련하여 매우 중요한 문제이다. 왜냐하면 서로 대립 즉 모순이어야 통일을 이룰 수 있기 때문이다. 이 문제는 유가들의 인의 사상을 통하여 설명할 수 있다.

'인'은 유가사상의 핵심적인 개념이다. 공자는 '인'을 주장하여 당시의 사회적 혼란에 대처하고 그가 염원하는 주나라의 가치를 지향했다. 그리하여 '인'은 최고의 덕으로 설명되었고, 중국철학사에서 유가사상 발전의 중심에 위치한다. 공자가 그리워한 주나라의 사회문화적 질서는 예禮와 악樂으로 대표될 수 있으며, 그 깊은 윤리적 토대에 '인'이 있다. 예와 악이 근원적으로 조성될 수 있는 근본이 인간의 본성에 있는데, 그것이 바로 '인'인 것이다. 공자가 보기에 '인'은 사람의 내면을 다른 사람들, 자연 그리고 하늘 모두와 세밀하게 상호 연결하는 가치를 가지고 있다. 『중용』에 "성誠은 하늘의 길이고, 성誠해지려고 하는 것은 사람의 길이다"[213] 라고 하였다. 천리天理의 본연인 성誠은 하늘의 도이며, 그러한 성誠에 힘쓰는 것은 사람의 도리이다. 성인의 덕은 천리와 하나 되어 진실무망眞實無妄하지만 보통사람은 그 사사로움으로 인해 모든 덕에 진실할 수가 없다. 따라서 선善을 가려서 밝혀야 하는데(擇善然後, 可以明善), 택선擇善은 배워서 아는 것이니 (擇善, 學知以下之事) 힘써 도에 부합하기 위해 단단히 붙잡아 이를 이롭다고 여겨 행해야 한다(固執, 利行以下之事也). 나아가 "널리 배우고(博學之), 살펴 자세히 묻고(審問之), 신중하게 생각하고(愼思之), 밝게 판단하고(明辨之), 도탑게 행하는(篤行之)" 것은 모두 성誠에 힘쓰는 사람이 해야 할 일인데, 이는 인으로 단단히 붙잡아 이롭게 여겨 행하는 것이다.

---

213) "誠者, 天之道也, 誠之者, 人之道也."

"인으로 행하다"(仁以行之)는 건괘 「문언전」에서 언급된 표현이다.

> 군자는 배워서 (지식을) 모으고, 물어서 (시비를) 분별하며, 관대함으로 자처하고, 인으로 행한다(仁以行之). 『역』에 이르기를 "나타난 용이 밭에 있으니 대인을 보면 이롭다" 하였으니, 군주의 덕이다.[214]

이 문장은 구이를 해석한 것이다. 구이는 효위로 봤을 때 아래에서 두 번째 자리이니 士의 위치로서 군주의 지위가 아니지만, 그 덕은 군주에 비할 수 있다. 이를 구이 효사에서 "현룡재전見龍在田"이라 하였다. 군자의 덕은 학문하여 모으고(學聚), 물어서 분변하고(問辨), 관대함으로 거하고(寬居), 인으로 행하는(仁行) 것이다. 주희는 "대개 이 네 가지로 말미암아 대인의 덕을 이루니, 다시 군덕君德을 말하여 구이가 대인이 됨을 거듭 밝혔다"[215]라고 해석하였다. 학學, 문問, 관寬은 모두 자기수양의 방법이고, 오직 인仁만이 행동하는 일(行事)의 기본준칙이 된다.

「문언전」에서는 "원형이정元亨利貞"을 설명하여 다음과 같이 말하였다.

> 군자는 인仁을 체득하여야 남의 우두머리가 될 수 있고, 모인 것을 아름답게 하여야 예에 합치할 수 있으며, 사물을 이롭게 하여야 의로움과 조화될 수 있고, 바르고 견고하게 하여야 일의 근간이 될 수 있다.…… 군자는 이 네 가지 덕을 행하는 자이니, 그러므로 건은 원형이정이다.[216]

이 말은 '원형이정' 네 글자를 군자가 해야 할 바로 들며 비유적으로

---

214) 乾 「文言」, "君子學以聚之, 問以辨之, 寬以居之, 仁以行之. 易曰, 見龍在田, 利見大人, 君德也."
215) 『周易本義』, 乾卦, 「文言傳」, "蓋由四者以成大人之德, 再言君德, 以深明九二之爲大人也."
216) 乾卦, 「文言傳」. 본문에 인용된 부분은 다음 내용 중 뒷부분이다. 전체 내용은 다음과 같다. "元者善之長也, 亨者嘉之會也, 利者義之和也, 貞者事之幹也. 君子體仁足以長人, 嘉會足以合禮, 利物足以和義, 貞固足以幹事, 君子行此四德者, 故曰, 乾, 元亨利貞."

설명한 것이다. 즉 하늘의 원형이정을 사람의 원형이정을 통해 다시 말한 것이다. 하늘의 원형이정은 자연의 원형이정이니, 곧 '춘하추동'이다. 사람의 원형이정은 '인의예지'이다. 원元은 만물의 시작이니 봄을 말하고, 봄은 만물이 생하는 시기이니 '선의 우두머리'(善之長)라 할 수 있다. 원元은 천지의 덕으로, 자연으로는 봄이고 사람으로는 인仁이 된다. 인仁은 군자의 도덕적 수행을 말하는 것이니, 그래서 "군자가 인仁을 체득하여야 남의 우두머리가 될 수 있다"라고 한 것이다. 형亨은 통함인데, 여름에 초록이 무성하고 아름다움을 말한다. '아름다움의 모임'(嘉之會)이 이를 표현하는 말이다. 형亨은 인간에게 예禮가 되니 "(군자가) 모인 것을 아름답게 하여야 예禮에 합치할 수 있다"라고 하였다. 이利는 계절로는 가을이서 생물이 익어 가는 시기이니, 성숙하여 수축하는 때이다. 주희는 "이利란 생물이 익어 가는 것이니, 만물이 각기 마땅함을 얻어 서로 방해되지 아니하는 까닭에 계절로는 가을이고 사람으로는 의義가 된다"[217]라고 하였다. 사물을 이롭게 하여 의로움과 조화를 이루는 것이 바로 이利의 덕이며 사람에게는 의로운 것이 된다. 정貞은 바르고 곧음이며 견고함이다. 자연에서는 생물이 완성되는 겨울이고, 사람으로는 지智가 된다. 지혜로운 자는 일을 처리함에 확고함을 견지하여 정확한 방향으로 나아갈 수 있다. 이처럼 『역』의 가르침은 바로 천도를 말함으로써 사람이 해야 할 바를 말하고 사람의 일을 나타내는 것이다.

"여천지상사與天地相似"는 본성이 천지와 유사하다는 말로, 주희는 성인의 진성盡性을 말한다고 하였다. 이 말은 "『역』이 천지와 더불어 표준이 된다"(易與天地準)와 같은 말이다. 이것은 「계사상」의 다음 말에서 알 수 있다.

---

217) 『周易本義』, 乾卦, 「文言傳」, "利者, 生物之遂, 物各得宜, 不相妨害, 故於時爲秋, 於人則爲義."

천지와 더불어 서로 같으므로 어기지 않으니, 지혜가 만물에 두루하고 도道가 천하를 구제하기 때문에 지나치지 않으며, 사방으로 행하되 흐르지 아니하여 천리를 즐거워하고 천명을 알기 때문에 근심하지 않으며, 자리에 편안하여 인仁을 돈독히 하기 때문에 사랑할 수 있는 것이다.[218]

『중용』에 "하늘이 명한 것을 성性이라 하고, 성性을 따르는 것을 도道라 하고, 도를 닦는 것을 교敎라 한다"[219]라고 하였다. 사람의 본성이 하늘에서 왔으니 그것은 하늘이 명한 것이요, 그러한 성性을 진심으로 따르는 것이 도道이며, 그 도를 닦아 수양하는 경지가 도덕교육이라는 말이다. 이것은 『주역』이 천도를 밝혀 인사를 말하는 것이 곧 인간의 도덕수양을 위한 것이라는 요지와 다름이 아니다.

주희는 "천·지의 도는 지智와 인仁일 뿐이다. 지智가 만물에 두루함은 하늘이요 도道가 천하를 구제함은 땅이니, 지혜로우면서도 인仁하면 지혜롭되 지나치지 않은 것이다"라고 해석하여, 지혜롭고 인하면서도 지나치지 않고 방행旁行하고도 흐르지 않는다고 하였다. 또한 주희는 방행旁行을 권행權行의 지혜로 해석하였는데, 김경방은 '권權'은 저울추이니 '변통變通'이나 '권변權變'(형편에 따라 처치하는 수단)의 뜻으로 이해하는 것이 중요하다고 지적한다. 이것은 원칙을 지키면서도 융통성을 잃지 않는다는 뜻이다. 따라서 "방행이불류旁行而不流"는 권도를 행함에 예에 어긋나지 않는 것을 이른다. 하늘의 이치를 즐거워하고 천명을 알아 근심하지 않으니, 자리에 편하고 인을 줄곧 행하여 사랑할 수 있다. 주희는 "고로 제물濟物하는 마음을 잊지 않고 인仁을 더욱 돈독히 하니, 인仁은 사랑의 이치이고 사랑은 인仁의 작용(用)이다. 그러므로 서로 표리表裏가 됨이 이와 같은 것이다"[220]라

---

218) 「繫辭上」, 제4장, "與天地相似, 故不違, 知周乎萬物, 而道濟天下, 故不過, 旁行而不流, 樂天知命, 故不憂, 安土敦乎仁, 故能愛."
219) "天命之謂性, 率性之謂道, 修道之謂敎."

고 해석한다.

「계사상」 제5장에서는 "인자仁者는 이 도를 보고 인仁이라 말하고, 지자知者
는 이 도를 보고 지知라고 이른다"[221]라고 하였다. 인자仁者는 천지를 보고
인仁이라 하고 지자知者가 그 도를 보면 지知라고 하니, 공자가 보기에
그러한 인식은 모두 한 가지만을 보는 것이다. 때문에 군자의 도가 드문
것이다. 주희의 해석은 다음과 같다.

> 인仁은 양이고 지智는 음이다. 각각 이 도의 한쪽만을 얻은 것이니, 그러므로 그
> 보는 바에 따라 전체라고 지목하는 것이다. 날마다 쓰면서도 알지 못한다는 것은
> 음식을 먹고 마시지 않는 이가 없으나 맛을 아는 자가 적으니, 또 매번 낮은 것이다.
> 그러나 또한 이 도가 있지 않음이 없다. 혹자는 말하기를 "위의 장章에서는 지智를
> 하늘에 소속시키고 인仁을 땅에 소속시켜서 여기와 같지 않음은 어째서인가?" 하기에,
> 다음과 같이 대답하였다. "저것은 청탁清濁으로 말한 것이고 이것은 동정動靜으로
> 말한 것이다."[222]

군자의 도는 『주역』의 가르침이다. "군자지도선의君子之道鮮矣"는 그 가르
침을 아는 사람이 드물다는 뜻이다. 주희는 그 이유로 일반인들이 인仁과
지智로 음과 양의 한 면만을 얻었기 때문이라고 설명한다. 도는 우리가
매번 먹고 마시는 것처럼 있지 않은 곳이 없는데, 다만 그 맛을 아는
이가 드물다는 것이다. 『중용』에 "도라는 것은 가히 잠시도 떠나지 못하는

---

220) 『周易本義』, 「繫辭上」, "知, 音智. 樂, 音洛. 知命之知, 如字. 此聖人盡性之事也. 天地之道,
　　知仁而已. 知周萬物者天也, 道濟天下者地也. 知且仁, 則知而不過矣. 旁行者, 行權之知也.
　　不流者, 守正之仁也. 既樂天理, 而又知天命, 故能无憂, 而其知益深. 隨處皆安, 而无一息之不
　　仁, 故能不忘其濟物之心, 而仁益篤. 蓋仁者, 愛之理, 愛者, 仁之用. 故其相爲表裏如此."
221) "仁者見之謂之仁, 知者見之謂之知."
222) 『周易本義』, 「繫辭上」, "仁陽知陰. 各得是道之一隅, 故隨其所見而目爲全體也. 日用不知,
　　則莫不飲食, 鮮能知味者, 又其每下者也. 然亦莫不有是道焉. 或曰, 上章以知屬乎天, 仁屬乎地,
　　與此不同, 何也. 曰, 彼以清濁言, 此以動靜言."

것이며, 만약 떨어질 수 있다면 그것은 도가 아니다"[223]라고 하였다. 우리가 날마다 쓰는 사물의 마땅히 행하는 바가 도인데, 막상 보통사람은 그것을 잘 알지 못하는 경우가 많다. 주희는 이를 두고 "대개 사람이 자기의 몸에 성性이 있는 것을 알지만 그것(性)이 하늘에서 나온 것임을 알지 못하고, 사물에 도가 있음을 알지만 그것이 성에서 비롯되었다는 것은 알지 못하며, 성인의 가르침이 있는 것을 알지만 그것이 나의 고유한 바로 인해 제재함이 있다는 것을 알지 못한다"[224]라 하였다. 천지는 곧 건과 곤이니, 하늘은 지知이고 땅은 인仁이다. 그 두 가지를 다 아는 것이 중요하다. "인仁은 바로 조화의 공덕을 말하는 것이니 덕의 발로인 것이다."[225]

인류 진화의 역사에서 인간은 어떻게 금수에서 만물의 영장으로 발전하였는가? 인류는 어떻게 몇 천 년 만에 빠르게 진보하고 발전하였는가? 그 원인 중 하나는 인류가 복잡한 협조관계를 맺은 것과 상관있다. 체력적으로 개개인은 호랑이 표범과 같은 맹수에 뒤쳐지며, 달리는 속도는 말이나 사슴보다 느리고, 강한 이빨이나 날카로운 발톱, 독니와 같은 도구도 결핍되어 있다. 인류의 유일한 장점은 다른 금수보다 지력이 발달해 있다는 점이다. 이 빼어난 지력에 힘입어 인간은 단체역량을 통해 독사, 맹수와 재해 등으로부터의 피해를 막을 수 있었던 것이다.

호랑이, 사슴, 늑대 등과 같은 많은 야수 역시 단체생활을 하지만, 인류의 단체생활능력의 수준은 그들을 훨씬 뛰어넘는다. 인류는 복잡한 언어와 문자를 통해 집단의 지혜와 경험을 쌓아 대대손손 물려줌으로써 인류가 만물의 영장이 될 수 있게 하였다. 높은 수준의 협조는 모든 개개인에게

---

223) "道也者, 不可須臾離也, 可離非道也."
224) 『中庸章句』, 제1장, "蓋人知己之有性, 而不知其出於天, 知事之有道, 而不知其由於性, 知聖人之有敎, 而不知其因吾之所固有者裁之也."
225) "仁, 謂造化之功, 德之發也."

'인仁'을 수립할 것을 요구하며, 따라서 사람은 자신뿐만 아니라 다른 사람, 가정, 국가, 사회 등을 모두 고려해야 한다. 이런 점에서 볼 때 인仁(愛人不利己)을 인성人性의 본선本善, 도덕의 최고경지로 보는 것은 적합하다.

인성의 본성은 심각한 재해의 앞에서 가장 뚜렷이 나타난다. 전쟁은 파괴적인 인위적 재해이다. 고금을 막론하고 동서양의 전쟁에서 정의를 위해 몸을 버린 살신성인의 영웅과 열사들은 널리 찬양받았다. 또 예상치 못한 재해의 상황에서 이기주의적 사상은 줄어들고 단체주의와 다른 사람을 우선시하는 사상이 곳곳에서 드러났다. 생사를 앞둔 상황에서 사람들은 한두 사람의 힘만으로는 한계가 있고 많은 사람이 단결해야만 난관을 극복할 수 있다는 것을 깨닫게 되었다. 이런 것들이 인성의 본선을 설명한다. 근본 상 인성은 선하며, 선의 본래 뜻은 다른 사람을 자신보다 중요시한다는 것, 즉 인의 사상을 뜻한다. 그러므로 인을 인도의 기본으로 보는 원칙은 상당히 합리적이다. 인은 개체와 개체 간에 상호소통하고 상부상조하며 집단능력을 발휘하고 고도의 협력을 가능하게 해 주는 전제조건이다.

(2) 의로써 밖을 방정하게 하다(義以方外)

곤괘 「문언전」에 "군자는 경敬으로써 안을 바르게 하고 의義로써 밖을 방정하게 하니, 경敬과 의義가 확립되면 덕은 외롭지 않다"226)라고 하였다. 이 문장은 곤괘의 주효로 유순柔順하면서 중정中正을 이룬 육이에 대한 설명이다.

유순이 정고正固함은 곤의 곧음(貞)이고, 형形을 부여하는 데에 정해진 법칙이 있음은 곤의 방정함(方)이며, 덕이 합하여 다함이 없는 것은 곤의 방대함(大)이다.…… 그러므로

---

226) "君子敬以直內, 義以方外. 敬義立而德不孤."

그 덕이 내內는 곧고 외外는 방정하고 또 성대하니, 학습하지 않고도 이롭지 않음이
없다.227)

이것은 육이 효사에 대한 주희의 해석인데, 육이는 가장 순수하게 곤괘의
덕을 보여 주는 효로서 곤괘의 괘사와도 일치한다. 육이의 효사는 "곧고
방정하면 방대할 수 있고 익히지 않아도 이롭지 않음이 없다"直方大, 不習无不利)
이다. 방方이라는 것은 천원天圓에 대한 지방地方의 의미이다. 김경방은
습習을 습慴과 관계있는 가차자로 보고 '실패하다'(敗)로 해석하였다. 따라서
불습不習은 '실패하지 않음'의 뜻이 된다. 「상전」에서는 "육이의 움직임이
곧고 방정하다"228) 하였다. 직直은 건乾의 특징에 가까운데 이를 곤괘 육이에
적용한 것은, 곤괘 육이가 건을 본받아 순종하는 움직임이 곧고 반듯하다는
것이다. 「문언전」에 언급된 "의이방외義以方外"가 포함된 전체 문장은 다음과
같다.

직은 바름이고 방은 의로움이다. 군자는 경으로써 안을 곧게 하고 의로써 밖을
방정하게 하니, 경과 의가 확립되면 덕은 외롭지 않다. "곧고 방정하고 방대하니,
익히지 않아도 이롭지 않음이 없다"란 그 행동하는 바를 의심하지 않는 것이다.229)

"직기정야直其正也"라는 말은 곧음이 올발라야 한다는 뜻이다. 직直하여
자기 뜻대로 곧바로 행하는 것이 아니라, 정正함을 알고 잘못이 없도록
해야 한다는 가르침이다. "군자경이직내君子敬以直內"라 함은 군자의 마음이
전일하고 잡념이 없어야 한다는 것이다. 『중용』에 "숨어 있어도 보이지

---

227) 『周易本義』, 坤卦, 「文言傳」, "柔順正固, 坤之直也. 賦形有定, 坤之方也. 德合无疆, 坤之大也.
　　六二柔順而中正, 又得坤道之純者. 故其德內直外方而又盛大, 不待學習而无不利."

228) "六二之動, 直以方也."

229) 坤卦, 「文言傳」, "直, 其正也, 方, 其義也. 君子敬以直內, 義以方外, 敬義立而德不孤. 直方大,
　　不習无不利, 則不疑其所行也."

않음이 없고 아주 작아도 나타나지 않음이 없으니, 군자는 혼자 있을 때를 삼가고 조심해야 한다"[230]라고 하였다. 주희의 해석처럼 숨는 것은 어둡고 미세한 것이고 혼자 있음은 다른 사람은 모르고 나만이 아는 것인데, 비록 다른 사람이 모른다 하여도 그 기미가 퍼져 나가기 때문에 자신이 혼자 안다고 안심할 일이 아닌 것이다. 이에 "군자는 이미 항상 경계하고 두려워하며 더욱 삼가고 조심해야 한다. 사람의 욕심이 싹트고자 하는 것을 미리 막아서, 그것이 은미한 가운데 몰래 자라나서 그 도가 떠나 버림이 먼 데까지 이르게 되지 않도록 할 따름이다"[231]라고 한다.

"방기의야方其義也"는 그 방정함이 의로워야 한다는 것이다. 온전한 방方이 되기 위해서는 의로움을 알아야 하니, 옳고 그름을 잘 판단하여 해야 할 때와 그쳐야 할 때를 알아서 처신해야 하는 것이다. 앞에서 말한 "경이직내敬以直內"가 군자의 내적 소양을 말한다면 "의이방외義以方外"는 외적 소양을 말한다. 사람이 혼자 있을 때 마음과 행동을 바르게 하고 사사로운 욕망(私欲)이 싹트지 않도록 하고 다른 사람과 함께 행할 때에도 옳고 그름에 대한 마땅함을 알아 처신한다면, 그 겉과 속이 함께 길러지니 사람의 덕이 외롭지 않은 것이다. 의는 예禮와 함께 사용되어 "사람이 의로움을 행할 때 예로써 한다"라고 일컬어진다. 의는 옳고 그름을 분별하는 것이다.

「계사하」에서는 "소인은 불인不仁을 부끄러워하지 않고 불의不義를 두려워하지 않는다"[232]라고 하고, 여기서 더 나아가 "위태로운 자는 그 자리에 편안히 안주하는 자이고, 망하는 자는 자기 살 것만 생각하는 자이며, 난을 일으키는 자는 그 다스림만을 목적하는 자이다. 그러므로 군자는

---

230) "莫見乎隱, 莫顯乎微, 故君子慎其獨也."
231) 『中庸章句』, 제1장, "君子旣常戒懼, 而於此, 尤加謹焉. 所以遏人欲於將萌, 而不使其潛滋暗長 於隱微之中, 以至離道之遠也."
232) "小人不恥不仁, 不畏不義."

편안하되 그 위태함을 잊지 않고, 생존하되 그 망함을 잊지 않으며, 다스리되 난을 잊지 않는다"[233]라고 말한다.

인仁과 의義는 인도의 중요한 두 가지 내용으로, 이 둘은 항상 결합되어 있다. 의義가 부합하는 법칙은 인仁의 내용 안에 있으며, 인仁의 실행은 특정 법칙에 부합해야 한다.(原道) 인仁은 개인의 각도에서 논의된 것이지만 개인이 일을 처리하는 출발점은 언제나 단체여서, 단순히 자기 혼자서는 할 수 없다고 한다. 의義는 단체의 전체적 관점에서 필요한 법칙과 표준을 세운다. 인仁과 의義는 분명 상호 보완하는 개념인데, 이는 음양 혹은 강유를 대대(대립)의 관계로 삼은 구도와 같다. 그래서 「설괘」에서는 인재人才(중간층의 2효)를 말하면서 "인도人道는 인仁이라 하고 의義라고 한다"라고 말했던 것이다.

제3절 『주역』의 천인관계론

이상의 제2절은 「설괘」에서 밝힌 8괘 중첩의 원리 가운데 천도의 음양, 지도의 강유, 인도의 인의를 해석한 것으로, 그 해석의 과정에서 『주역』에서의 '천天'·'지地'·'인人'자가 지닌 함의를 분석하고 거기에 따른 음양·강유·인의의 의미를 살펴보았다. 이들 개념 가운데 과학적 함의를 갖는 것은 '음양'이다. 이에 대해서는 다음 장에서 다시 살펴볼 것이다.

삼재지도에서 천天=양陽=강剛=인仁과 지地=음陰=유柔=의義 구조가 갖는 의미를 종합하면 정체관整體觀에서의 중층구조를 함의하는 것이라고

---

233) 「繫辭下」, "危者, 安其位者也, 亡者, 保其存者也, 亂者, 有其治者也. 是故君子安而不忘危, 存而不忘亡, 治而不忘亂."

말할 수 있다. 소옹의 「선천팔괘방위도先天八卦方位圖」[234]를 보면 천지인 삼재를 갖춘 3획의 팔괘가 3중의 원권圓圈을 이루고 있는데, 초효를 연결한 것이 내권內圈, 중효를 연결한 것이 중권中圈, 상효를 연결한 것이 외권外圈이 된다. 이를 확대한 것이 소옹의 「복희육십사괘방위도伏義六十四卦方位圖」로, 큰 원권(大圓圈)은 따라서 6중의 구조를 띠게 된다. 3중의 원권(팔괘도)이 삼재 즉 3효를 발생순서에 따라 그린 것이라면 6중의 원권(64괘도)은 공간적인 구조를 중심으로 그린 그림이다. 내권을 이루는 두 개의 원권은 '땅의 도리'(地之道)를 가리키고, 중권을 이루는 두 개의 원권은 '사람의 도리'(人之道)를 가리키며, 외권을 이루는 두 개의 원권은 '하늘의 도리'(天之道)를 가리킨다. 필자가 볼 때, 이와 같은 6중의 원권은 『주역』의 천인합일사상을 나타낸 것이다. 따라서 여기서는 『주역』의 천인합일에 관하여 간략하게 살펴보고 자 한다.

1. 천도를 미루어(推天道) 인사를 밝힌다(明人事)

『역전』에는 '천天'자와 '지地'자를 연용하여 '천지天地'라고 말하는 용법이 있다. 예를 들어 『역전』에서 두루 사용되고 있는 '천지지도天地之道'가 그것이

---

234) 朱熹의 『周易本義』 부록에 <복희팔괘방위>라는 제목으로 수록되어 있으며, 그림은 아래와 같다.

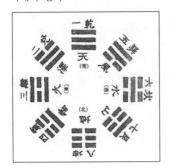

다. '천지'는 음양이나 남녀 등에 상응하고, '천지지도'는 「계사상」 제4장의 "역은 천지와 똑같다. 그러므로 천지의 도를 모두 포괄한다"[235]에서와 같이 주로 자연계를 가리켜 말하는 것이다. 물론 '천지'가 자연계 전체를 가리키는 말은 아니지만, 적어도 여기서만큼은 자연계 전체를 가리키는 개념이다.

자연계 전체를 가리키는 '천지'는 또한 '천天'자 단독으로 쓰일 때도 있다. 앞에서 나누어 살펴본 천도·지도와 인도의 관계가 어떠한가에 대해 중국 고대인들은 매우 다양한 토론을 하였는데, 일반적으로 이것을 '천인관계'(天人之際)라고 한다. 여기서 말하는 '천天'은 그 안에 '지地'를 포함하고 있다. 따라서 천인관계에 관한 다양한 토론은 실제로는 인간과 자연의 관계에 관한 토론이다.

천인관계, 즉 인간과 자연의 관계 문제는 중국 고대철학이 맞닥뜨린 최대의 문제였다. 인간과 자연의 관계에 관한 매우 많은 토론이 있었지만, 그것은 대부분 다음의 두 가지 방면을 말하는 것에 지나지 않았다. 하나는 인간과 자연이 통일되는 방면이고, 다른 하나는 인간과 자연이 구분되는 방면이다. 이들 방면은 실제로는 하나이면서 둘인(一而二) 관계에 있으나, 중국철학에서는 통일적 측면을 강조하는 것을 '천인합일'이라 하고 구분의 측면을 강조하는 것을 '천인지분天人之分'이라고 하였다. 『주역』의 우주정체 관宇宙整體觀 구조에서는 당연히 통일적 측면의 천인합일이 강조된다. 물론 여기서의 '합일合一'은 완전한 하나를 의미하는 것이 아니다. 이른바 '화해和諧' 또는 '조화調和'를 의미하는 것이다. 『주역』의 '삼재지도'는 직접 천·지·인의 조화와 화해를 말한 것이라고 해도 과언이 아니다.

『주역』은 천지인을 하나의 정체(전체)로 인식한다. 천지인은 병렬관계가

---

235) "易與天地準. 故能彌綸天地之道."

아니라 중층의 관계에 있다. 「계사상」 제11장의 "그래서 하늘의 도에 밝고 사람의 연고를 살핀다"[236]는 천도를 이해해야 비로소 인도를 알 수 있음을 말한 것이고, 곤괘 「문언」의 "천지가 변화하면 초목이 번성한다"[237]는 천지의 자연변화에서 비로소 초목의 무성한 번식이 가능함을 말한 것이다. 여기서 말한 천지와 생물의 관계는 천인 사이에도 적용되는데, 「계사상」 제11장의 "그러므로 하늘이 만물(神物)을 내자 성인이 법받았고, 천지가 변화하자 성인이 본받았으며, 하늘이 상을 드리워 길흉을 나타내자 성인이 형상하였다"[238]라는 말이 그것을 나타낸다.

『사고전서총목제요』의 편찬자들은 『주역』의 기원이나 성격에 대해 다음과 같이 말하고 있다.

성인이 세상 사람들을 깨우칠 때에는 대체로 사事에 근거하여 가르침을 깃들인다. 『시경』은 풍요에 깃들이고, 『예』는 절문에 깃들이고, 『상서』·『춘추』는 역사에 깃들이고, 『역』은 가르침을 복서卜筮에 붙였다. 그러므로 『역』의 책됨은 천도天道를 미루어 인사人事를 밝힌 것이다.[239]

필자가 여기서 우선 주목하고자 하는 대목은 "천도를 미루어 인사를 밝힌 것"(推天道以明人事)이다. 혁괘 「단전」에서는 "천지가 변혁하여 사시가 이루어진다. 탕湯·무武가 혁명을 하여 하늘에 따르고(順) 사람들에게 응하였으니, 혁革의 때가 크도다!"[240]라 하였고, 건괘 「문언」에서는 "무릇 대인이란, 천지와 그 덕이 합하고 일월과 그 밝음이 합하며 사시와 그 질서가 합하고

---

236) "是以明於天之道而察於民之故."
237) "天地變化, 草木蕃."
238) "是故天生神物, 聖人則之, 天地變化, 聖人效之, 天垂象, 見吉凶, 聖人象之."
239) 『四庫全書總目』, 권1, 「易類一」, "聖人覺世牖民, 大抵因事以寓教. 詩寓於風謠, 禮寓於節文, 尙書春秋寓於史, 而易則寓於卜筮. 故易之爲書, 推天道以明人事者也."
240) "天地革而四時成. 湯武革命, 順乎天而應乎人, 革之時大矣哉."

귀신과 그 길흉이 합하여, 하늘보다 먼저 하여도 하늘이 어기지 않으며 하늘보다 뒤에 하여도 천시天時를 받든다"[241]라고 하였다. 여기서 보면 천도를 미루어서 인사를 밝히는 핵심적 관건이 '시時'에 있음을 알 수 있다.

『주역』의 주요 의도는 천도의 법칙을 연구하고 그 변화를 읽어 인사를 설명하고자 하는 것이다. 특히 '천도를 미루어 인사를 밝힘'(推天道以明人事)이라는 명제가 가장 핵심적으로 나타나 있는 생각 중의 하나가 '시時' 관념이므로, 이에 대한 고찰을 진행하여 『주역』의 체계를 분석하고 시간과 공간의 의미를 알아보고자 한다.

『역전』에서 '시時' 관념은 '시중時中', '시의時宜', '시변時變' 등의 표현에서 나타나고 있는데, 이것은 '괘시卦時', '효변爻變', '효위爻位' 등을 통해 설명된다. 여섯 효와 여덟 괘의 구조는 공간적인 요소와 시간적인 요소를 포함한다. 효 및 괘 상호간의 관계가 드러내는 것은 바로 동태성과 순환의 구조, 그리고 다층의 구조이다. 그들 간에는 음양과 강유가 복잡하게 섞이고 교류한다. 각 효의 위치는 일(事)이 처해 있는 시간적·공간적 상황을 설명하고, 그러한 효들의 조합이 바로 괘이다. 육효는 초효부터 상효까지 배열되어 일의 시작부터 마침까지의 과정을 나타낸다. 그리고 마지막에 이르면 다시 초효로 돌아가서 새로운 순환의 운동을 시작한다. 팔괘의 구조 또한 진(☳), 손(☴), 리(☲), 곤(☷), 태(☱), 건(☰), 감(☵), 간(☶)으로 이동한 뒤 다시 진(☳)으로 순환한다. 이 순환은 소옹이 『관물외편觀物外篇』에서 언급한 바로서, 하늘의 때에 응하는 지도를 말하고 있다. 이것이 바로 문왕팔괘라고도 불리는 후천팔괘의 순서이다. 이 소옹의 도식은 「설괘전」 제5장에 근거하고

---

241) "夫大人者, 與天地合其德, 與日月合其明, 與四時合其序, 與鬼神合其吉凶, 先天而天弗違, 後天而奉天時."

있다. 『관물외편』에서는 "진震에서 일어나 간艮에서 마친다는 이 한 절은
문왕팔괘를 밝힌 것이다"[242]라고 밝힌 뒤 이렇게 설명하고 있다.

문왕이 역을 지음은 그가 천지의 쓰임(用)을 얻었기 때문이 아니겠는가? 그러므로
건과 곤이 교역(交)하여 태泰가 되고, 감과 리가 교역하여 기제旣濟가 된다. 건乾이
자子에서 생기고 곤坤이 오午에서 생하며 리離가 신申에서 마치고 감坎이 인寅에서
마치는 것은 하늘(天)의 때(時)에 응하는 것이다. 건을 서북에 두고 곤을 서남에 물러나
앉히며 장자長子(震)가 용사用事하고 장녀長女(巽)가 어머니(母)를 도우며 감坎과 리離가
득위하고 태兌와 간艮이 모퉁이(隅)에 자리하는 것은 땅(地)의 방위(方)에 응한 것이다.
왕의 법은 이것에서 다한다.[243]

소옹은 문왕팔괘가 땅의 이법(地道)이 된다고 파악하고, 복희팔괘가 천도
의 발전을 나타낸다는 것에 대비하여 이를 '후천'이라 하였다. 후천팔괘방위
도는 만물의 춘생春生, 하장夏長, 추수秋收, 동장冬藏의 규율을 반영하고 있다.
1년은 360일인데, 후천팔괘로 이를 배정하면 매 괘는 각각 45일을 주관한다.
그 전환점은 사정四正·사우四隅·팔절八節에 나타나 있다. 매 괘는 세 개의
효로 되어 있으므로 전체 24효가 되고, 이것은 24절기를 주관한다. 팔절로만
예를 들면, 진은 춘분을 주관하고 리는 하지, 태는 추분, 감은 동지, 건은
입동, 곤은 입추, 간은 입춘, 손은 입하를 각각 주관한다.
또한 그 팔괘의 시스템은 여덟 개의 방위이다. 육효의 구조를 보면,
초효, 3효, 5효는 양위이고 2효, 4효, 상효는 음위이다. 따라서 서로 인접하는
두 개의 효위는 서로 음양이 모순하는 구조이다. 한편 상괘와 하괘의
관계는 각각 독립적인 구조의 하위 계통을 이룬다. 이를 통해 알 수 있는

---

242) "起震終艮一節, 明文王八卦也."
243) "文王之作易也, 其得天地之用乎? 故乾坤交爲泰, 坎離交而爲旣濟也. 乾生于子, 坤生于午,
離終于申, 坎終于寅, 以應天之時也. 置乾于西北, 退坤于西南, 長子用事, 而長女帶母, 坎離得位
而兌艮爲隅, 以應地之方也. 王者之法, 其盡于是矣."

것이 효와 괘에 나타난 시간과 공간, 그에 처한 사물의 상황, 동태적 순환, 모순과 독립의 계통과 그 계통의 조합이 이루는 다층의 구조이다.

『역전』에서 강조하는 것은 천지만물이 시간의 과정에서 운동하고 변화하는 것이다. 따라서 시간의 순서를 파악하면 곧 천도를 따를 수 있다고 생각한다. 풍괘豊卦(䷶) 「단전」에 "해가 중천에 있으면 기울고 달도 차면 이지러진다. 천지의 차고 비는 것은 때와 더불어 소식한다. 하물며 사람에 있어서이며, 하물며 귀신에 있어서이랴"244)라고 하였다. 이 말은, 사람의 행위는 반드시 시간의 순서를 따라야 하고 시간의 조건에 따라 그 이롭고 해로움을 충분히 고려해야 한다는 것이다. 대유괘大有卦(䷍)와 간괘艮卦(䷳)의 「단전」에서는 각각 "하늘에 응하여 때에 맞게 행하니 이 때문에 크게 형통한다"245), "동정이 그 때를 잃지 않으니 그 도가 빛난다"246)라고 하였다. 『역전』에서는 시간 요소가 공간 요소보다 더 중요하다.

'시時'에 대한 언급은 「계사전」, 「단전」, 「문언전」 등에서 중요하게 다루어지는데, 특히 「계사전」에서의 용례를 살펴보면 "변하고 통함은 사계와 짝을 이룬다"247), "변變과 통通은 때에 따르는 것이다"248), "여섯 효가 서로 섞이는 것은 오직 때와 물物이다"249) 등으로 언급되고 있다. 여기서 '변함'(變)과 '통함'(通)을 나타내는 '변통變通'은 강유하는 효상이 멈추지 않는 것을 말한다. 「계사상」의 마지막 절에서는 "상象은, 성인이 천하의 복잡함을 보고서 그 모습을 모방하고 그 사물의 마땅함을 형상하였으니 이 때문에 '상象'이라 하였다. 성인이 천하의 움직임을 보고서 모이고 통함을 관찰해서

---

244) "日中則昃, 月盈則食. 天地盈虛, 與時消息. 而況於人乎, 況於鬼神乎."
245) "應乎天而時行, 是以元亨."
246) "動靜不失其時, 其道光明."
247) "變通配四時."
248) "變通者, 趣時者也."
249) "六爻相雜, 唯其時物也."

전례를 행하여 말을 달아서 길흉을 판단하였으니 이 때문에 '효爻'라고
하였다'라고 하였다.250) 이 말은 「계사상」의 "단彖은 상象을 말한 것이고
효爻는 변화를 말한 것이다"251)와 「계사하」의 "효라는 것은, 천하의 변동을
본받는다는 말이다"252)와 통하는 것이다. 이것은 때에 따른 변화와 그
변화에 따른 인간의 행위를 말하고 그를 통해 도덕함양을 수양하기 위함을
뜻한다.

　64괘 384효는 어떠한 상황, 즉 시時와 위位에 처한다. 이 자연만물의
세계는 변화무쌍하므로 그 각자가 처하게 되는 구체적 상황 또한 모두
다르고 변화를 겪을 수밖에 없으며, 그 각각의 상황에 따라 인간은 이치에
맞는 행동으로 처신해야 할 뿐이다. 한 괘의 정황에 나타나는 경향을
살펴보는 것이 괘시卦時이다. 괘시는 괘기卦氣253)라고도 말하는데, 여기서
기氣는 사시와 관련된 것으로서 천도의 음양변화에 따라 소식영허消息盈虛를
반복한다.

　「단전」이 점을 치는 방법을 해석할 때 고려하는 중요한 원칙은 바로
'시중時中'이다. 그것은 상황에 따라, 즉 처해 있는 때에 따라 그에 맞게
처신해야 한다는 것이다. 한 괘의 여섯 효를 읽을 때 제2효와 제5효는
각각 하괘와 상괘의 중앙에 위치해 있어 '중中'이라 불린다. 특히 제2효가

---

250) "夫象, 聖人有以見天下之蹟, 而擬諸其形容. 象其物宜, 是故謂之象. 聖人有以見天下之動,
　　而觀其會通, 以行其典禮, 繫辭焉以斷其吉凶, 是故謂之爻."
251) "象者言乎象者也, 爻者言乎變者也."
252) "爻也者, 效天下之動者也."
253) 천승민·유흔우, 「백서『주역』『易傳』의 괘기설에 관한 연구」, 『한국공자학회』 제32집
　　(2017), 38~39쪽, "일반적으로 卦氣說은 한대 주류 역학이었던 상수역학의 기본 학설로서
　　孟喜가 창안하고 京房을 거쳐 서한 말기의 『易緯』에서 확립된 것을 가리킨다. '卦氣'에서
　　卦는 『주역』의 64괘를 가리키고 氣는 절기나 陰陽消長進退의 氣를 가리킨다. 괘기설은
　　64괘와 절기 등을 배합하는 것으로서 1년 四時, 24절기, 72후 등에 괘효를 배당하는
　　역설을 가리킨다. 이러한 방법은 선진시기 음양가의 학설에서 이미 나타났으며『呂氏春
　　秋』, 『禮記』, 『淮南子』 등에서도 찾아볼 수 있다."

음효이거나 제5효가 양효여서 '중中'의 자리가 그 마땅함을 얻었을 때는 '중정中正'이라 하여 사물의 가장 중요하고 훌륭한 상태로 여겨진다. '중中'의 사례는 「단전」에서 수차례 언급된다. 예를 들어, 사괘師卦(䷆) 구이의 효사는 "군사의 일에 있어 중中을 얻으니 길하고 허물이 없다. 왕이 세 번 명을 내린다"[254]인데, 김경방은 이를 해석하면서 "사괘의 구이는 하괘의 가운데 있으니, 한 괘의 주효로 여러 음효가 돌아가는 곳이며 또한 군주의 자리에 있는 육오와는 정응正應이다.…… '재사중在師中'의 중中자는 군대의 통솔자와 군주의 관계로 이해해야 한다.…… 군대에서 홀로 중도中道를 얻었기 때문에 길하고 허물이 없다"[255]라고 하였다. 또 소축괘小畜卦(䷈)의 단사彖辭에서는 "소축은 유柔가 자리를 얻어서 상하가 이에 응하므로 소축이라 하였다. 강건하고 유순하며, 강剛이 중을 얻어 뜻이 행해지니 마침내 형통하다"[256]라고 하였고, 대유괘大有卦(䷍)의 단사에서는 "대유는 유柔가 높은 자리를 얻고 크게 중하여 상하가 이에 응하므로 대유라 하였다. 그 덕이 강건하고 문명하여, 하늘에 응하여 때에 맞게 행하니 이 때문에 크게 형통한 것이다"[257]라고 하였다.

여섯 효가 그 처해 있는 상황에 따라 길흉이 판가름 난다는 생각은 「단전」에서 거듭 언급되고 있는데, 그것은 그 처한 조건에 맞게 처신하면 이롭다는 가르침으로 귀결된다. 「단전」은 중中과 시時가 서로 연결되어 있다고 생각하기 때문에, 때에 맞추어 중도中道를 행함을 의미하는 '시중時中'을 인간 행위의 준칙으로 삼았다.

건괘乾卦 「단전」에서는 "시작과 끝을 크게 밝히면 여섯 자리가 때에

---

254) "在師中, 吉无咎. 王三錫命."
255) 김경방·여소강, 『周易全解 상』, 216쪽.
256) "小畜, 柔得位而上下應之, 曰小畜. 健而巽, 剛中而志行, 乃亨."
257) "大有, 柔得尊位大中, 而上下應之, 曰大有. 其德剛健而文明, 應乎天而時行, 是以元亨."

맞게 이루어지니, 때에 맞게 여섯 마리의 용을 타고 천도를 행한다"(大明終始, 六位時成, 時乘六龍以御天)라고 하였는데, 주희는 이에 대해 다음과 같은 해석을 달았다.

> 시始는 원元이고 종終은 정貞이다. 끝이 없으면 시작이 없고 정貞이 아니면 원元이 될 수 없다. 이 구절은 성인이 건도의 시종을 크게 밝혔음을 말한 것이니, 즉 (성인은) 괘의 육위六位가 각기 때에 맞게 이루어짐을 보고 이 육양六陽을 타고서 천도天道를 행하였다. 이것이 바로 성인의 원형元亨이다.[258]

　시작과 끝을 크게 밝히는 것은 천도와 관련 있다. 『역전』에서의 괘·효사 해석은 자연의 현상을 인간사에 비유하여 설명한 것으로, 자연의 때를 알아서 그 법칙으로 천도와 지도를 연구하고 이를 통해 인간의 규범인 인도를 해석하는 것이다. 「단전」에서는 역상易象과 천도를 말한 다음 인사와 관련한 사항을 말하였는데, 그것은 천도와 인도가 일치하므로 천도를 참조하여 인도를 밝히겠다는 뜻이다.

　「문언전」은 초구에서부터 상구에 이르기까지 줄곧 군자가 건괘를 참조하여 도덕수양의 방법으로 쓸 것을 반복하여 설명하고 있다. 즉 『역』을 공부하여 그 괘·효사에 나타난 풍부한 가르침을 알도록 하라는 것이다. "그러므로 힘쓰고 힘쓰다가 때에 따라 편안히 쉬면 비록 위태로우나 허물이 없을 것이다",[259] "군자가 진덕進德하고 수업修業하는 것은 때에 미치려는 것이기 때문에 허물이 없는 것이다",[260] 이것은 각각 구삼九三과 구사九四효의 가르침이다. 구삼효의 자리는 하체의 윗자리로, 군주의 덕이 이미 드러난 곳이다.

---

258) 『周易本義』, 乾 「彖傳」, "始, 卽元也, 終, 謂貞也. 不終則无始, 不貞則无以爲元也. 此言聖人大明乾道之終始, 則見卦之六位各以時成, 而乘此六陽以行天道. 是乃聖人之元亨也."

259) "故乾乾因其時而惕, 雖危無咎矣."

260) "君子進德修業, 欲及時也, 故无咎."

그곳은 곧 위태로운 자리이니, 군자가 해야 할 일은 종일토록 힘쓰고 힘쓰는 일이다. 그것이 '진덕하고 수업하는 것'이다. '진덕'은 내면의 수양을 말하는 것이고 '수업'은 그것이 외부로 드러나는 모습이다. 구사에 이르러 군자는 '위로는 하늘에 있지 않고 아래로는 밭에 있지 않다.' 위로는 5효와 상효가 하늘의 도이고 아래로는 초효와 2효가 땅의 도인데, 3효와 4효는 인간의 도에 처해 있지만 위에 있는 구사는 땅이 아닌 하늘과 가까워서 사람이 처할 곳이 못 된다. 그래서 이 효의 효사에서는 '혹'이라는 말을 써서(或躍在淵) 의심하여 주저하고 결정하지 못함이 있으니 허물이 없다 하였다.

아래 인용은 「문언전」에서 건괘 여섯 효의 효사를 다시 반복 설명하고 있는 부분이다.

> 나타난 용이 밭에 있다는 것은 때가 편안하고 여유가 있다는 것이다.…… 종일토록 힘쓰고 힘쓴다는 것은 때와 함께 행한다는 것이다.…… 높이 오른 용이니 후회가 있다는 것은 때가 모두 다했다는 것이다.[261]

때를 생각하면 초구의 잠룡물용潛龍勿用보다 구이의 현룡재전見龍在田이 좀 더 긴박함을 벗어나서 여유가 있다. 이제 구삼에 이르러 일을 해야 할 때가 되었으니, 그것을 종일건건終日乾乾이라 하였다. 상구는 괘의 최상좌이다. 용이 지나치게 높이 이르렀으니 양적 변화가 궁한 지경이다. 양적 변화가 궁한 데 이르니 질적 변화가 생긴다. 따라서 이러한 때에는 후회가 있고 궁함을 바꾸어야 하는데, 그것을 바꿀 줄 모르면 궁한 지경의 재앙(窮之災)이 되고 만다.

> 대인은 천지와 그 덕이 합하고 일월과 그 밝음이 합하며 사계절과 그 순서가 합하고 귀신과 그 길흉이 합한다. 천에 앞서 있으면서도 천에 어긋나지 않으며, 천의 뒤에

---

261) 乾卦, 「文言傳」, "見龍在田, 時舍也.……終日乾乾, 與時偕行.……亢龍有悔, 與時偕極."

있으면서도 천시天時를 받든다. 천도 어기지 않거늘 하물며 사람에 있어서랴, 하물며 귀신에 있어서랴.262)

이 문장은 「문언전」의 구오에 대한 설명이다. 양효가 5효의 자리에 위치하여 구오라 했으니, 이것은 건괘의 주효이다. '중中'에 위치하고 '정正'을 얻었다. 5효는 군주의 자리이니 강건하고 순수하여, 군주의 덕이 여기에 모여 있으며 그의 수양 또한 절정에 이르렀다고 할 수 있다. 따라서 그는 천명을 아는 자이다. 그러한 대인의 일은 자연규율에 부합할 뿐더러 사회규율에도 부합한다.

마지막으로 상구 '항룡유회亢龍有悔'의 '항亢'에 대한 해석이 『역전』의 시효관時爻觀을 잘 말해 주고 있다.

'항'이라는 말은 나아가는 것만 알고 물러나는 것을 알지 못하며, 보존하는 것만 알고 없어지는 것을 알지 못하며, 얻는 것만 알고 잃는 것을 모른다. 오직 성인뿐인가, 나아감과 물러남, 보존하는 것과 없어지는 것을 알아 그 바름을 잃지 않는 자는 오직 성인뿐일 것인가!263)

항룡亢龍에서의 항亢은 지나침을 의미한다. 모든 일에는 두 가지 경향이 있다. 앞으로 나아간다는 것은 좋은 의미이지만 그것이 지나치면 반드시 물러남이 있으며, 보존하는 것 또한 지나쳤을 때에는 없어짐이 동반된다. 얻는 것과 잃는 것도 마찬가지의 이치이다. 상구는 도달하기 힘든 위치이나, 사람이 이때에 처했을 때는 단지 나아가는 것만 알고 보존하고자 할 뿐이며

---

262) 乾卦, 「文言傳」, "夫大人者, 與天地合其德, 與日月合其明, 與四時合其序, 與鬼神合其吉凶. 先天而天弗違, 後天而奉天時. 天且弗違, 而況於人乎? 況於鬼神乎?"

263) 乾卦, 「文言傳」, "亢之爲言也, 知進而不知退, 知存而不知亡, 知得而不知喪. 其唯聖人乎, 知進退存亡而不失其正者, 其唯聖人乎."

얻고자만 한다. 오직 성인만이 나아감과 물러남, 보존함과 없어짐을 함께 알아 진퇴존망進退存亡의 이치를 파악할 줄 아는 자이다.

『역』에서 여섯 효는 항상 어떠한 때와 상황에 처해지는바, 때는 시時를 나타내고 상황은 위位를 나타낸다. 그리고 각 괘(64)의 효(384)가 처하는 상황은 인간의 일에도 적용된다. 한 사람, 하나의 일은 동動과 정靜의 행위와 사건이 있겠지만, 그것이 처해 있는 상황과 시간은 모두 같지 않다. 여섯 효 각각은 그것이 처해 있는 상황에서 어떻게 행동해야 할지에 대한 판단을 보여 준다. 옛날에는 사람들이 자신이 처한 상황을 알기 위해, 또 어떻게 그 상황에 대처해야 할지를 파악하기 위해 점을 쳤다. 이것이 『역』의 초기 원형이라고 할 수 있다. 그러나 『십익』이 만들어진 이후로 『주역』에 암시된 시時의 관념이 드러나게 되자, 이로부터 사람들은 점 대신 도를 배워서 상황에 대처하는 방법을 알게 되었다.

「계사하」의 "변·통은 때에 따르는 것이다"(變通者, 趣時者也)에서 '변'은 질적 변화이고 '통'은 양적 변화이다. 취시趣時라는 것은 어떠어떠한 때에 그에 맞는 행위를 함을 말한다. 왕필의 『주역약례周易略例』에서 "괘는 때이고 효는 때에 따라 변하는 것이다"[264]라고 한 것이 이를 적절히 설명한 말이다.

「계사전」에서는 또한 "크고 넓음은 천지와 짝을 이루며, 변變하고 통通함은 사계절과 짝을 이루며, 음양의 뜻은 일월과 짝을 이루며, 쉽고 간단한 것은 지극한 덕과 짝을 이룬다"[265]라고 하였다. 봄에서 여름으로, 여름에서 가을로, 가을에서 겨울로, 겨울에서 봄으로, 다시 봄에서 여름으로 바뀌는 부단한 사계절의 변화를 『역』의 변變과 통通에 비유했다. 낮의 해와 밤의

---

264) 『周易略例』, 「明卦適變通爻」, "夫卦者, 時也, 爻者, 適時之變通者也." 김경방은 이에 대해 "모든 괘는 한 시대를 대표하고 효는 시대의 변화에 부응하는 것이라고 보았다"를 덧붙였다.
265) "廣大配天地, 變通配四時, 陰陽之義配日月, 易簡之善配至德."

달이 서로 바뀌고 순환하여 영원히 멈추지 않는 것은 음양이 하는 일이다. 이것은 쉽게 알 수 있고 간단하게 이루어지는 일이니, 바로 천지의 선善이고 덕德인 것이다.

『역』에 나타난 '시時'는 주로 사계절의 개념과 관련되어 있다. 자세히 살펴보면 『역전』에서 언급되는 '시'는 그 때에 마땅히 해야 할 행위들과 관련되어 있음을 알 수 있다. 괘·효사에 나타난 시간의 개념은 구체성을 갖는다.

> 여기서 '시時'는 즉각적으로 경험되고(experienced) 감지되는(perceived) 것이다. 그것은 단지 추상적 진행의 원칙을 나타내는 것이 아니라 각 단계에서 유효한 행위자들로 채워져 있다. 그 행위자는 그 행위가 일어나는 현실에 처해 있을 뿐 아니라, 그 현실에 대하여 조치를 취하고 그 행위를 완결시킨다. 공간이 단순한 '연장'(extension)으로서가 아니라 -그 각 부분이 다양한 가능성에 열려 있는- 언덕이나, 호수, 들판 등으로 가득 찬 것으로 우리의 구체적 마음에 나타나듯이, 시간 또한 무언가로 가득 차 있고 가능성을 잉태하고 있다. 그래서 시간은 구체적 순간에 따라 변하고, 그에 따라 마술과도 같이 어떠한 사건을 유인하고 그것이 사실임을 확인한다. (괘·효사에 나타난) 시간에는 길한지 흉한지, 옳은지 그른지와 관련된 속성들이 주어져 있다.…… 『역』에 나타난 '시'는 원래 '농사와 관련된 시간'(sowing time)의 의미이고, 그 다음으로 일반적 의미에서의 계절을 의미했다. 그것의 초기 형태는 '발바닥'(sole of foot)을 의미하는 글자와 그 위에 측정의 단위를 뜻하는 글자로 조합된 것이었다. 그 모든 것은 어떠한 행위와 관련 있다. 『역경』에서 계절과 관련된 의미로 자주 언급되는 '시時'는 그것의 어원적 특성이 많은 부분 이러한 전통과 관련된다.[266]

위 인용문에서 말하는 것은 괘·효사에 쓰인 '시時'의 개념이 우리가 통상 생각하는 추상적인 시간의 흐름을 나타내는 '시'의 개념과 차이가

---

266) Wilhelm, Hellmut, *Heaven, Earth, and Man in the Book of Changes* (Univ. of Washington Press, 1977), pp.17~18.

있다는 것이다. 중국철학에서 '시'는 구체적 상황과 관련되어 있다. 그것을 위 인용문에서는 "즉각적으로 경험되고 감지되는"이라고 표현했다. 또한 '시'는 그러한 현실에 대응하는 행위와도 관련 있다. 여기서 구체적 상황이란 절기와 관련되고, 구체적 행위란 농사와 관련된 경작 같은 것이다. 그리고 그 '때'에 상응하는 행위는 현실에 처해 있고 그 현실에 반응하여 결과에 영향을 미치는 행위이다. 따라서 우리는 그러한 행위를 길·흉, 선·악 등의 속성과 관련시키는 것이다. 위에서 '시'를 농사에 적용되는 행위로 설명한 것은 사시四時의 계절과 관련성을 말하기 위함이다.

　'시時'는 갑골문에서 '止'(趾) 즉 '나아감'(行進)을 뜻하는 글자 아래에 '日'(날 일)자가 결합된 조합으로 되어 있었다. 따라서 그것은 태양의 발걸음, 즉 태양의 주기, 계절을 의미한다. 이후 금문金文, 주문籀文를 거쳐 전문篆文에서 '붙잡다'는 뜻의 '寸'자가 더해져서 사라지는 햇빛을 잡는다는 의미가 추가되었는데, 예서隷書에서는 전문篆文의 '止'자를 '土'자로 잘못 적어 오늘날의 '時'자로 변하게 되었다.[267] 위 인용문의 "원래 '농사와 관련된 시간'(sowing time)의 의미이고, 그 다음으로 일반적 의미에서의 계절을 의미했다. 그것의 초기 형태는 '발바닥'(sole of foot)을 의미하는 글자와 그 위에 측정의 단위를 뜻하는 글자로 조합된 것이었다"라는 구절은 초기 문자들의 변화에서 보이는 '趾', '日', '寸'(마디 촌, 길이를 재는 단위) 등의 조합을 의미하는 것으로, 이에 따라 '농사와 관련된 시간', '발바닥'(경작), '태양의 움직임', '빛을 붙잡다'

---

267) 『說文解字』에 따르면 時는 四時 즉 사계절을 의미한다.("時, 四時也. 從日寺聲.")
　　<'時'자의 자형 변화>(www.vividict.com/WordInfo.aspx?id=1997)

甲骨文 (前 6-24)	金文 (刑侯尊)	篆文		隷書(馬王 堆帛書)	楷書(中嶽 靈廟碑)	行書 (黎簡)	草書 (陸游)
		(籀文)	(說文解字)				
𣅱	𣅱	𣅱	時	時	時	時	时

같은 의미들이 부여되었던 것이다.

시時의 규칙성은 천도의 사시를 본받는다. 우주의 변화는 임의로 결정되는 것이 아니고, 시간이 변함에 따라 길이 흉으로, 선이 악으로 바뀐다. 따라서 시에는 규칙성이 있지만 고정불변이 아니다. 음양관계와 대대사유에 의해서 64괘가 무질서하지 않고 반하고 대하는 짝으로 이루어졌다면, 그것은 시와 변의 의미를 내포하는 것이다. 예를 들어 태괘泰卦(䷊)와 비괘否卦(䷋)가 다음에 이어 짝하고 박괘剝卦(䷖)와 복괘復卦(䷗)가 짝한 것은 세상만물의 시변時變을 말하기 위함이다. 태괘와 비괘, 그리고 박괘와 복괘는 서로 반反의 관계이다. 태괘는 사귀어 통하는 것이고 비괘는 막히는 것이니, 태괘에서는 천지가 사귀어 통해서 만물이 생겨나지만 비괘는 천지가 막히고 통하지 않아 만물이 생겨나지 않는다. 「서괘전」에서는 "태괘는 통함이다. 사물은 끝까지 통할 수 없기 때문에 비괘로 받았다"[268]라고 쓰고 있다.

태괘泰卦(䷊)는 삼양三陽의 건이 아래에 있고 삼음三陰의 곤이 위에 있다. 이것은 그 속성 상 아래에 있는 양은 위로 올라가고 위에 있는 음은 아래로 내려오기에 서로 사귀게 됨을 말한다. 태괘 「단전」에 "'작은 것이 가고 큰 것이 오니 길하고 형통하다'는 것은, 천지가 사귀어 만물이 통하고 상하가 사귀어 그 뜻이 같아짐을 말한다. 양이 안에 있고 음이 밖에 있으며 강건함이 안에 있고 유순함이 밖에 있으며 군자가 안에 있고 소인이 밖에 있으니, 군자의 도가 자라고 소인의 도가 사라지는 것이다"[269]라고 하였고, 이에 대한 초구 효사에 "초구는 띠풀이 엉겨 있는 뿌리를 뽑는 것이니, 그 무리와 함께 움직이면 길하다"[270]라고 하였다. 초구는 띠풀의 뿌리이다.

---

268) "泰者通也. 物不可以終通, 故受之以否."
269) "小往大來, 吉亨, 則是天地交而萬物通也, 上下交而其志同也. 內陽而外陰, 內健而外順, 內君子而外小人, 君子道長, 小人道消也."
270) "初九, 拔茅茹, 以其彙征, 吉."

양강으로 아래에 위치해 있는데, 천지가 사귀어 태평한 때를 맞이하니 구이와 구삼, 즉 자기의 동류와 연대하여 함께 위로 올라간다. 이것은 길하다. 이 효사에는 초구가 육사와 응함으로써 음양이 사귀어 길한 때와 만났으니 뜻을 도모함이 길하다는 시의時宜의 가르침이 있다.

비괘否卦(䷋)는 그 반대이다. 즉 곤이 아래이고 건이 위이다. 그러니 둘이 서로 사귀지 않는다. 그 괘사에 "비는 사람의 도가 아니다. 군자가 바름을 지키는 데 이롭지 않으니 큰 것이 가고 작은 것이 올 것이다"271)라고 하였다. 「단전」에 "소인이 안에 있고 군자가 밖에 있으니 소인의 도가 자라고 군자의 도가 사라지는 것이다"라고 말한 것은 태괘 「단전」의 "군자가 안에 있고 소인이 밖에 있으니, 군자의 도가 자라고 소인의 도가 사라지는 것이다"에 반대가 된다. 비괘 육이의 효사는 "육이는 포용하고 받듦이다. 소인은 길하고 대인은 막히니, 형통하다"272)이다. 육이가 음효로서 중中이고 정正하여 지극히 유순한 상이니 소인이 아래에 처하여 수완을 발휘하는 것이어서, 소인이라면 길하지만 대인으로 보면 막힌 것이다.

박괘剝卦(䷖)와 복괘復卦(䷗) 또한 각자 '사물이 쇠락하고 시드는 것'과 다시 '근본으로 돌아가는(復) 것'을 의미한다. 박剝은 '깎여서 떨어짐'의 뜻으로, 「서괘전」에서는 "사물은 끝내 다할 수 없으니, 박괘가 위에서 다하면 아래로 돌아오기 때문에 복괘로 받았다"273)라고 하였다.

이와 같이 괘상의 길흉은 처해 있는 상황과 시기에 따라 그 처분이 달라진다. 중위中位에 있고 응應했더라도 모두 길한 것이 아니라, 시時에 처하면 길하고 시를 놓치면 길하지 않은 것이다.

주백곤은 시중설時中說에 나타난 유가의 영향을 설명하면서 공자보다는

---

271) "否之匪人, 不利君子貞, 大往小來."
272) "六二, 包承. 小人吉, 大人否, 亨."
273) "物不可以終盡剝, 窮上反下, 故受之以復."

맹자와의 관련성을 더욱 주장한다. 다만 어느 것이 먼저인가에 대해서, 즉 「단전」의 관점이 맹자로부터 배운 것인가, 아니면 맹자의 관점이 「단전」으로부터 배운 것인가에 대해 전자 즉 「단전」의 관점이 맹자에서 나왔다는 것을 밝히고 있다.[274] 아래에서는 「단전」과 맹자의 '시중설'이 서로 일맥상통하다고 생각되는 지점 중에서 첫 번째로 맹자는 시時와 중中을 이상적 인격의 표준으로 즉 군자의 도리로 삼았다는 것과, 두 번째로 그를 통해 천인관계를 설명했다는 것을 인용하고자 한다.[275]

첫 번째 근거는 맹자가 시중설을 통해 군자의 행위준칙으로 삼은 것인데, 그것은 "공자는 성인 가운데서도 때에 알맞게 하신 분이다"와 "벼슬살만하면 벼슬하고 그쳐야 할 것 같으면 그쳤으며, 오래도록 해야 하면 오래하고 속히 해야 하면 속히 하였다"라는 맹자의 말에서 나타난다.[276] 그것은 공자가 때와 상황에 알맞은 행동을 했기 때문에 바로 성인이라는 의미이다. 즉 '시'가 나타내는 때와 상황에서 '중'이 의미하는 중도中道를, 즉 적절한 행동을 하는 것이 바로 이상적 인간의 모습이라고 그려진 것이다. 『중용』에서는 '군자는 중용'이라 하면서 "군자의 중용은 때에 알맞게 하는 것"[277]이라 하였다. 그것은 위에 맹자가 말한 "임해야 할 때(벼슬해야 할

---

274) 朱伯崑, 『역학철학사 1』, 122~126쪽 참조. 주백곤은 "「彖傳」의 時中設은 『주역』과 점치는 법(筮法)을 해석한 것인데, 만일 맹자의 時中設이 「彖傳」에서 온 것이라고 한다면 『주역』에 대한 맹자의 언급이 있었을 것인데, 맹자는 『주역』에 대하여 한마디도 평론하지 않았으니, 맹자의 관점이 『주역』 계통에서 온 것이 아님을 설명해 주는 것"이라고 말한다.(126쪽)

275) 주백곤은 세 가지 이유로 「彖傳」에 나타난 時中의 관념이 맹자에 가깝다고 말한다. 그 첫 번째로 맹자는 시중설의 창도자라고 말하고, 두 번째 근거로 順天應人設을 제시하며, 세 번째로 養賢設, 즉 어진 이를 숭상할 뿐만 아니라 '어진 이를 길러낼 것'을 주장했다는 것인데, 이는 맹자의 사상과 「彖傳」에서 공통적으로 보이는 내용이다. 이 글은 그 중에서 두 번째로 제시된 근거를 주로 다룬다.

276) 『孟子』, 「萬章下」, "孔子, 聖之時者也"; 「公孫丑上」, "可以任則任, 可以止則止, 可以久則久, 可以速則速."

277) "君子之中庸也, 君子而時中."

때) 임하고 멈추어야 할 때 멈추는", 그 움직임과 정지함을 가려서 하는 것이 바로 때를 얻는 것이라는 뜻과 통한다.

맹자와 「단전」의 '시중설' 관련의 두 번째 근거는 바로 '순천응인설順天應人說'이다. 이것이 나타내는 것은 천인관계이다. 주백곤은 혁괘革卦와 태괘兌卦를 예로 들어 이를 설명하고 있다.

혁괘(䷰) 「단전」에서는 "천지가 변혁하여 사계절이 이루어진다. 탕무가 혁명하여 하늘을 따르고 사람에게 응하니, 혁의 때가 크다"[278]라고 하였는데, 혁괘는 리하태상離下兌上이다. 이는 못 속에 불이 있는 것으로, 물이 불을 끄고 불이 물을 태우는 형상이라 서로가 변혁을 도모하는 것이다. 김경방은 혁괘의 단사가 공자의 생각을 그대로 말하고 있다고 해석하고, 그 이유로 "공자는 탕무의 혁명으로 인간세상의 변혁을 설명"하였다고 말한다.[279] 탕무의 혁명이 시의적절하였던 것은, 그 혁명이 하늘의 생각을 따르고 사람에게 응하는 것이었기에, 즉 인간이 마음대로 주관적으로 한 것이 아니라 '객관적 규율'에 따른 것이었기 때문이다. 변혁에는 때가 있으니, 그 때를 따르는 것(時中)이 바로 변혁의 옳음이다. 당시 탕왕湯王과 무왕武王은 걸왕桀王과 주왕紂王의 잘못됨을 징벌한 것이기에 하늘의 뜻과 부합하고 사람에 응하는 '시의時宜에 적절한 행위'로 해석되었던 것이다. 한편 태괘兌卦(䷹)는 태하태상兌下兌上이다. 「단전」에 "강이 중에 있고 유가 밖에 있어서, 기뻐하되 바르게 하여야 이롭다. 이 때문에 하늘을 따르고 사람에 응한다. 기뻐함으로써 백성에게 솔선하면 백성들은 수고로움을 잊고, 기뻐함으로써 위험을 무릅쓰면 백성들은 죽음도 잊는다. 기뻐함이 크니 백성들이 권면한다"[280]라고 하였다. 태괘는 2효와 5효가 모두 양효이

---

278) "天地革而四時成. 湯武革命, 順乎天而應乎人, 革之時大矣哉."
279) 김경방 · 여소강, 『周易全解 下』, 175쪽.
280) 兌 「象傳」, "剛中而柔外, 說以利貞. 是以順乎天而應乎人. 說以先民, 民忘其勞, 說以犯難,

제2장 『주역』의 세계양식론 147

고 중에 위치하였기 때문에 "강이 중에 있다"라고 하고 또 3효와 6효가 모두 음효이기 때문에 "유가 밖에 있다"라고 한 것이다. 강중剛中과 유외柔外가 모두 이루어졌으니, 그것은 바로 진실한 하늘의 이치를 따르고 사람들이 이에 순응하는 것이다. 이로써 천인관계와 관련하여 언급된 혁괘와 태괘의 단사 "하늘의 명령에 따르고 사람에 응한다"의 의미에 '시중'의 관념이 들어가 있음을 알 수 있다. 그것은 혁명의 시의적절함과 효위의 중정에 따른 판단이다.

위位는 공간적 의미의 자리인데, 시時의 변화에 따라 바뀌는 것이다. 따라서 길흉을 판단할 때는 효 그 자체만으로 독립시켜서 보는 것이 아니라 그 효의 시와 위에 따라 판단해야 한다. 각 괘에서 6개의 효는 6개의 지위이다. 그것은 아래로부터 초初, 2, 3, 4, 5, 상上으로 각각의 자리를 나타낸다. 그것은 천·지·인의 자리이기도 하고 음양의 자리이기도 하다. 각각의 효는 때가 변화함에 따라 그 지위도 바뀌게 된다. '시'와 '위'는 서로 긴밀하게 연결되어 『주역』에서의 중요한 시·공간을 나타내는데, '위'는 사실상 '시'의 개념 속에 종속된다. 효위를 사회계층으로 구분할 경우, 초효는 서민, 2효는 관리, 3효는 대부大夫, 4효는 경卿, 5효는 천자天子, 상효는 은퇴한 군주이다. 정리하면 <표 7>과 같다.

이와 같이 효는 아래에서부터 위로 전개되는데, 이것은 하나의 사건이 전개되는 과정 또는 사물이 변해 가는 과정을 상징한다. 즉, '발단(初)→전개(二)→위기(三·四)→절정(五)→종말(上)'이다. 주희는 「계사상」 제1장에 대한 해석에서 "비卑와 고高는 천지만물 사이의 위·아래의 자리이고, 귀貴와 천賤은 역 속에 있는 괘효의 위·아래의 자리이다"[281]라고 말하였고, 또 "쉽고

民忘其死. 說之大, 民勸矣哉."
281) 『周易本義』, "卑高者, 天地萬物上下之位, 貴賤者, 易中卦爻上下之位也."

<표7> 爻位의 중층적 의미

효위	사회	인간	동물	가족	삼재
上(음위) - 종말	上王·國師	머리	머리	조부	天
五(양위) - 절정	천자	어깨	앞발	부	天
四(음위) - 위기	公(재상)·卿(대신)	몸통	몸의 앞부분	형(자)	人
三(양위) - 위기	大夫(지방장관)	넓적다리	몸의 뒷부분	제(매)	人
二(음위) - 전개	士(하급관리)	정강이	뒷발	모	地
初(양위) - 발단	民(일반사람)	발	꼬리	손자	地

간략함에 천하의 이치가 얻어지니, 천하의 이치가 얻어짐에 그 가운데에 자리를 이룬다"282)에 대해서는 "'자리를 이룸'(成位)은 사람의 자리를 이루는 것이요 '그 가운데'는 천·지·인의 가운데이니, 이에 이르면 도를 체행하는 지극한 공부와 성인의 능사가 천지와 더불어 참여할 수 있는 것이다"283)라고 하였다. 그리고 "위는 육효의 자리를 이른다"284)라고 하여 시와 관련한 위의 중요성을 말하고 있다.

『역전』에 사용된 길吉, 흉凶, 궁窮, 달達, 회悔, 린吝 등과 같은 용어들은 '시'에 대한 이해를 통해 받아들여져야 한다. 그것은 단지 상황에 대처하기 위해, 상대적이고 주관적으로 그 상황을 판단하기 위해 사용되지 않았다. '시중설'은 서법을 해석하는 중요한 원칙 중의 하나이면서 유가의 학설과도 밀접한 관계가 있다. '시중설'에는 상황에 맞게 처신하라는 가르침이 있기 때문이다. 공자가 『논어』에서 "자기가 하고자 하지 않는 것을 다른 사람에게 베풀지 말라"285)라고 한 것은 상황인식에 그 요지가 있다. 그것은 한편으로

---

282) 「繫辭上」, "易簡, 而天下之理得矣, 天下之理得, 而成位乎其中矣."

283) 『周易本義』, "成位, 謂成人之位, 其中, 謂天地之中, 至此則體道之極功, 聖人之能事, 可以與天地參矣."

284) "位, 謂六爻之位."

285) "子貢問曰, 有一言而可以終身行之者乎? 子曰, 其恕乎! 己所不慾, 勿於施人."

는 인간의 본성에 기초한 변치 않는 보편의 감정이며, 또 다른 한편으로는 처한 상황에 따라 가변적인 것이다.

공자의 '시중' 사상은 『논어』「위령공衛靈公」편의 '군자고궁君子固窮'286)에 대한 해설이라 할 수 있는 『궁달이시窮達以時』287)를 통해 엿볼 수 있다.

하늘이 있고 사람이 있으니, 하늘과 사람은 구분이 있다. 하늘과 사람의 구분을 살펴야 무엇을 행할지를 안다. 그 사람이 있으나 그 시기가 없다면, 비록 현재賢才를 가지고 있으나 행할 수 없다. 그러나 만약 그 기회를 가지고 있다면 무슨 어려움이 있겠는가?288)

이어지는 글에서는 순舜임금이 역산에서 밭을 갈고 황하의 물가에서 독을 짓다가 요堯임금을 만나 천자가 될 수 있게 한 것289)과 소요邵謠가 무정武丁을 만나 천자를 보좌할 수 있게 된 것290), 한낱 노예이며 감문지기였던 여망呂望(강태공)이 주문왕을 만나 천자의 총사령관이 될 수 있었던 것291) 등을 말하고 있다. 그 모두는 사람이 어떤 상황에서 길함에 처할 수 있는

---

286) "子路慍見曰, 君子亦有窮乎? 子曰, 君子固窮, 小人窮斯濫矣."

287) 『窮達以時』는 1993년 10월 중국 호북성 형문시 곽점 1호묘에서 발굴된 竹簡書이다. 그것은 15매, 287(8)자로 현존하는데 진나라와 채나라 사이에서 곤궁에 빠진 공자가 그러한 역사적 사실을 근거로 자신의 운명론을 논술한 것이다.

288) 『窮達以時』, "有天有人, 天人有分. 察天人之分, 而知所行矣. 有其人, 無其世, 雖賢弗行矣. 苟有其世, 何難之有哉?"

289) 『窮達以時』, "舜耕於歷山, 陶拍於河滸, 立而爲天子, 遇堯也."(순은 역산에서 밭 갈고 황하의 물가에서 독을 만들었으나, 서서 천자가 되었으니 요임금을 만났기 때문이다.)

290) 『窮達以時』, "邵謠衣枲蓋帽絰蒙巾, 釋板築而佐天子, 遇武丁也."(소요는 삼베 이불을 덮고 [상복 때 쓰는] 삼베 모자[首絰]를 쓰고 衰絰을 둘렀으나, 판축의 공사장에서 풀려나 천자를 보좌하게 되었으니 무정을 만났기 때문이다.)

291) 『窮達以時』, "呂望爲臧棘津, 戰監門棘地, 行年七十而屠牛於朝歌, 擧而爲天子師, 遇周文也." (여망[강태공]은 棘津에서 노예였고 棘地의 감문지기였으며 70세에는 상나라의 수도 조가에서 소를 도축하였으나, 천거되어 천자의 군대를 부렸으니 주 문왕을 만났기 때문이다.)

것은 때와 상황이 만나서인데, 하늘이 그러한 중요한 임무를 내릴 때에는 반드시 먼저 "그 심지心志를 괴롭게 하고 그 근골筋骨을 수고롭게 하며 그 체부體膚를 굶주리게 하고 그 몸을 공핍空乏하게 하며 그 행하는 바를 불난拂亂시킴으로서, 마음을 분발시키고 성질을 참게 하여 그 능하지 못한 바를 증익增益해 주고자"292) 한다는 것이다. 사람은 곤궁함이 이르면 이에 분발심이 생기는 법이니, 그러한 우환을 겪고 나서 사람의 의지가 단단해지면 안락安樂을 얻게 됨을 말한다. 그러므로 "실패와 성공은 때에 달린 것이어서, 덕과 행이 하나이고 명예와 비방이 같은 곳에 있다"293)라고 한 것이다. 이 자료는 유가에 나타난 '시'의 중요성을 말해 주고 있다. 그것은 운명과 연결되고, 『주역』의 '시' 관념에서 유래한다.

유가는 인간의 삶은 도덕수양의 과정이라고 여겼다. 우리가 어떤 상황에 처해서 어떻게 도덕적으로 처신해야 하는가? 그것은 그러한 때(時)에 대한 심오한 이해가 있어야 가능하다. '시'가 바로 우리의 도덕적 행위에 대한 동기 인자이다. 우리는 이 세계의 사물들이 어떻게 형성되고 변화하는가의 시각에서 그것들을 이해해야 한다. 즉 시와 변을 서로 연관하여 이해하는 것이다. 이것이 『주역』에 나타난 '시중설'의 요지이다.

중국철학에서 자연은 인간과 세계 그리고 우주를 포괄하는 개념으로 사용되어 '스스로 그러함'이며, 그 이치인 '도'는 자연을 본받아 있는 것이다. 이렇게 하늘에 대한 물음을 통하여 자연을 알고자 한 것이 바로 중국철학의 전통이다. 이러한 전통이 인간의 사유와 행위의 준칙에까지 연결되어 있다면, 그러한 사유가 가장 잘 나타나 있는 것이 바로 『역』의 체계이며 『역전』의 사유이다.

---

292) 『孟子』, 「告子下」, 제15장, "故天將降大任於是人也, 必先苦其心志, 勞其筋骨, 餓其體膚, 空乏其身, 行拂亂其所爲, 所以動心忍性, 曾益其所不能."
293) 『窮達以時』, "窮達以時, 德行一也, 譽毀在旁."

「계사상」에서는 "역은 어떤 것인가? 역은 사물을 열고 일을 이루어준다. 천하의 규율을 포괄하니 이와 같을 뿐이다"[294]라고 하였는데, 이에 대해 주희는 "'사물을 열고 일을 이룬다'(開物成務)는 것은 사람이 복서로써 길흉을 알아 사업을 이루는 것을 말한다"[295]라고 해석하고 있다. 개물을 하니 변화가 시작되고, 성무는 그러한 변화의 마무리이다. 64괘에서는 건괘와 곤괘로부터 나머지 62괘의 변화와 발전이 시작된다.

> 비유하면 다음과 같다. 1년 사계절 중에 봄은 '개물'이다. 봄은 '만물자시萬物資始' 즉 사계절 변화의 시작이고, 시작은 양적 변화를 진행하기 때문이다. 겨울은 '성무'이다. 겨울은 사계절 변화의 한 주기의 끝이고, 다시 발전하면 질적 변화를 발생시켜 다음 주기로 진입하기 때문이다. 전체적으로 '개물성무'가 말한 것은 사물이 질적 변화나 양적 변화의 규율에 따라 앞으로 변화·발전한다는 것이다.[296]

김경방은, 건곤이 처음 사귀어 변화발전을 시작하니 그 다음에 오는 둔괘는 개물이고, 기제괘에 이르러 "강유가 바르고 자리가 마땅하다"(剛柔正而位當) 한 것은 곧 건·곤괘의 변화·발전이 한 주기를 완성하고 성무하였음을 말한다고 한다. 성인이 천하만물과 그 변화를 살펴 『역』을 지었으니, 천하의 뜻에 통하여 천하의 사업을 정하고 천하의 의심스러운 일을 판단하는 것이 바로 『역경』인 것이다.[297] 요명춘도 건곤 두 괘는 천지만물을 생성하는 근원이 되는 기본괘로서 나머지 6괘 혹은 62괘를 낳는다는 것을 말하고 있다.[298]

「계사하」에서는 물物과 문文을 언급하면서 "도가 변동함이 있으므로

---

294) "夫易, 何爲者也? 夫易, 開物成務. 冒天下之道, 如斯而已者也."
295) 『周易本義』,「繫辭傳」, "開物成務, 謂使人卜筮以知吉凶, 而成事業."
296) 김경방·여소강, 『周易全解 下』, 492쪽.
297) 「繫辭上」, "是故聖人以通天下之志, 以定天下之業, 以斷天下之疑."
298) 廖名春, 『周易經傳與易學史新論』(濟南: 齊魯書社, 2001), 218~219쪽.

효爻라 하였고, 효가 차등이 있으므로 물物이라 하였고, 물이 서로 섞이므로 문文이라 하였고, 문이 그 자리에 마땅하지 않으므로 길흉이 생겨나는 것이다"[299]라고 하였는데, 그 뜻은 다음과 같다. 효는 변화와 관계하는데, 그것은 도가 변동함을 말하는 것이다. 효에 차등이 있는 이유는 사물에 강유와 음양의 차이가 있어 그러함인데, 사물의 섞임으로 인해 문文이 형성되고, 그 문이 마땅할 때와 마땅하지 않을 때를 가려 길흉이 생기는 것이다.

2. 천인감응

엄밀한 의미에서 '천인합일'은 관념의 문제가 아니라 이론의 문제이다. 왜냐하면 중국철학에서 말하는 자연과 인간 관계에서의 통일이란 대립 즉 모순의 통일을 말하는 것이지 그 자체로 통일되어 있다고 말하는 것은 아니기 때문이다. '합일'은 그것이 왜 통일인지, 그리고 어떤 통일인지와 통일의 의미가 무엇인지를 밝힌 다음에 비로소 사용할 수 있는 말인데, 이것은 분명 이론의 문제이다. 이와 같은 이론 작업을 주목하고 완성한 것은 송대 유가들에 의해서였다.

일종의 관념으로서의 천인합일은 '천인감응'이라고 한다. 이 말은 동중서董仲舒가 처음 제시한 것이지만, 관념의 형태로서의 천인감응은 이미 선진시기에 나타나 있었고 그것을 가장 잘 반영하고 있는 것은 『역전』이다.

중국 고대인들은 천지의 사이와 천인의 사이, 그리고 인간 간의 화해와 조화를 일종의 이상적인 경지로 생각하였다. 『주역』은 참으로 여러 곳에서 이러한 정황을 나타내고 있는데, 예를 들어 함괘咸卦의 「단전」에서는 "천지가 감동하면 만물이 화생하고 성인이 인심을 감동시키면 천하가 화평하니,

---

299) "道有變動, 故曰爻, 爻有等, 故曰物, 物相雜, 故曰文, 文不當, 故吉凶生焉."

감동하는 바를 보면 천지와 만물의 실정을 알 수 있다"300)라고 되어 있다. 여기서는 감응을 감感(化生)과 응應(和平)으로 나누어 쓰고 있으므로, 이에 따라 아래에서도 역시 둘로 각각 나누어 서술하고자 한다.

천인상응의 기본적인 방법은 상호 간의 감응을 통하는 것이다. 앞에서 고찰하였듯이, 만물의 기본 성질은 음양이고, 음양 간에는 생산의 작용이 있다. 예를 들어 물리학 가운데는 동성상근同性相斥(같은 성질의 것들은 서로 배척함), 이성상흡異性相翕(다른 성분끼리는 서로 합함)이 일종의 감응방식이다. 전기학(電學)에서는 전류감응이 있으며, 성학聲學에서 주기(頻率)가 서로 같으면 공진共振작용을 한다는 것도 일종의 감응작용이다. 천문학에는 더욱 많은 공진현상이 있다. 따라서 감응은 우주 가운데 광범위하게 존재하는 일종의 작용 양식이라고 할 수 있다.301) 상호간의 감응으로 말미암아 비로소 천지인 사이에 상호작용이 가능해진다.

우주에는 서로 다른 종류의 물질들이 있는데 그것들이 서로 공명한다고 보는 것이 중국의 기본적인 세계관이다. 이것은 위에서 말했듯이 『주역』의 기본사상이자 관념이기도 하다. 예를 들어 『세설신어世說新語』「문학文學」편 에서는 "『역』의 체가 무엇인가"(易以何爲體)를 물은 뒤에 "역은 감응을 체로 삼는다"(易以感爲體)라고 대답하고 있다.302) 『주역』은 점을 치기 위하여 사용된 재료와 시도된 방법들을 부호로 축적하고, 거기에 설명을 만든 체계이다. 그 부호들은 자연의 모든 물질과 과정을 반영하는 것으로서, 당시의 과학자 들은 자연의 유사한 사물과 현상을 부호로 만들고 추상화하여 의미를 부여하였다.

---

300) "天地感而萬物化生, 聖人感人心而天下和平, 觀其所感而天地萬物之情可見矣."
301) 徐道一, 『周易科學觀』, 49쪽.
302) 劉義慶, 『世說新語』, 「文學」, "殷荊州曾問遠公, 易以何爲體. 答曰, 易以感爲體. 殷曰, 銅山西崩, 靈鐘東應, 便是易耶. 遠公笑而不答."

이상과 같은 감응·공진·공명 작용을 사고방식에 적용하면 '상관적 사고'라 할 수 있는데, 니덤은 이를 '동격화 사고' 혹은 '연상사고連想思考'라 칭하면서 "여러 개념들은 서로 포섭되는 것이 아니라 패턴 속에 나란히 놓이며, 사물은 상호간에 인과율의 작용에 의해서가 아니라 일종의 감응에 의하여 영향을 준다"라고 말한다. 중국사상에서는 '질서'와 '패턴'이 관건인데, 니덤은 '패턴'을 상징적 상관관계에 나타난 대응이라 하면서 '유기체'와 관련짓고, 동중서의『춘추번로春秋繁露』에 나타난 '동류상동同類相動' 즉 "같은 종류의 사물은 서로에게 활기를 준다"라는 말로 설명한다.[303)]

천인감응설은 유가사상을 통해 사상통일을 시도한 동중서에 의해 처음으로 하나의 유사한 이론체계로 제시되었다. 주지하듯이 한초에는 황로학이 매우 성행하였는데, 무제 때 초기 봉건사회가 강성해지고 생산력이 발전되면서 봉건전제주의적 중앙집권이 자리 잡게 됨에 따라 황로학이 더 이상 효과적인 작용을 하지 못하게 되었다. 이와 같은 상황에 적응하기 위해 동중서는 무제에게 "오직 유학만을 존중하고 나머지 학술은 배척할 것"(獨尊儒術, 罷黜百家)을 건의하여 채택되었다. 이로부터 경학이 성립되고,『주역』을 해석하고 연구하는 역학이 중국 관방학술의 핵심적인 지위를 차지하게 된다.

동중서는 유가의 경서經書에 상응하는 위서緯書를 저술했는데, 이것이 곧『춘추번로』이다. 이 책은 황로학이나 음양가뿐만 아니라 유술독존儒術獨尊의 체제 아래 일차적으로 배척되었던 법가法家사상까지도 포함하고 있고 또 참위학讖緯學 등을 포함하고 있어서, 사실상 제가백가諸子百家의 사상 및 참위학讖緯說, 견고재이설譴告災異說 등을 망라하는 것이었다. 여기서 제시

---

303) 조셉 니덤, 이석호 외 역,『중국의 과학과 문명 II』, 389쪽. 니덤이 H. 빌헬름, 에버하르트 (Eberhard), 자블론스키(Jablonski), 그라네(Granet) 등의 말을 인용하여 소개하였다.

된 가장 중요한 사상이 바로 '천인감응'이다. 동중서의 천도·천명관天命觀에 의하면, 요·순·탕·무는 모두 천명을 받아서 천자가 된 것이었다. 이러한 관념은 그의 천인감응설에 일종의 왕권신수설적인 내용이 포함되어 있음을 말해 준다. 동중서의 실제적인 목적은 이러한 왕권신수설로써 당시의 집권체제에 종교적 신권을 덧씌우는 것이었다.

동중서는 "하늘이란 모든 만물의 으뜸이다. 따라서 두루 덮으면 모든 것을 포함하면서 특별하다고 여기는 바가 없다. 해, 달, 바람, 비를 세워서 조화롭게 하고, 음양과 춥고 더움을 경영하여 완성시킨다"304)라고 하여 하늘을 우주의 지고무상한 주재자로 인식했다. 이것은 천인감응적 목적론으로, 유학은 동중서의 이러한 신학목적론에 의해 봉건시대의 정통사상이 되고 또 종교화되었으며, 이후 2천여 년 동안 중국 봉건사회의 주요한 정신적 지주가 되었다.

동중서는『춘추번로』「여천지위如天之爲」에서 다음과 같이 말하였다.

천지 사이에 음양의 기가 있으니, 이 두 기가 항상 사람들을 적시고 있는 것은 마치 물이 물고기를 적시고 있는 것과 같다. 음양의 기가 물과 다른 것은 볼 수 있고 볼 수 없다는 것일 뿐이니, 기는 고요하고 담박하다. 천지의 사이는 마치 텅 빈 것과도 같으나 가득 차 있어서, 사람들은 항상 이 고요하고 담박한 중에 젖어 있다가 치란의 기가 음양의 기와 더불어 흐르고 통함에 서로 뒤섞인다.305)

동중서는 음양오행 학설을 개조하여 자연계 현상과 비교하면서, 음양오행과 자연의 계절변화가 모두 하늘의 의지와 목적이 반영되어 이루어

---

304)『漢書』,「董仲舒傳」, "臣聞天者群物之祖也. 故遍覆包函而無所殊. 建日月風雨以和之, 經陰陽寒暑以成之."

305) "天地之間, 有陰陽之氣, 常漸人者, 若水常漸魚也. 所以異於水者, 可見與不可見耳, 其澹澹也. 是天地之間, 若虛而實, 人常漸是澹澹之中, 而以治亂之氣與之流通, 相殽也."

진 것이라고 말하고 있다. 그는 또 "하늘의 수(天數)는 양을 높이고 음을 높이지 않는다"라고 하여 '양존음비'를 제창하면서, 양은 만물의 생산과 성장을 주관하고 음은 만물의 수확과 저장을 주관한다고 하였다. 그리고 춘하추동의 계절변화를 하늘의 희노애락의 표현이라고 하여 음양을 윤리화하고, 오행의 목화토금수의 차례를 '하늘이 그 차례를 매긴 것'(五行之義)이라 하면서 오행을 효자와 충신의 행실에 비교하였다.

동중서의 천인감응론은 사물은 서로 같은 부류끼리 상응한다(同類相應)는 것을 바탕으로 하여, 하늘은 사람과 같이 의지적인 것이고 사람은 하늘의 축소판이라고 하였다.

천지의 정기로써 생긴 사물 가운데 사람보다 더 귀한 것은 없다.…… 사람의 뼈 360마디는 천수天數에 짝하고 신체의 뼈와 살은 땅의 두터움에 짝한다. 사람의 머리에 귀와 눈이 밝게 빛나는 것은 해와 달의 모습이고, 몸에 구멍이 있고 혈맥이 연결된 것은 시내와 계곡의 모습이며, 마음의 희노애락은 신비로운 기의 여러 유형과 같다.…… 사람의 몸의 경우, 크고 둥근 머리는 하늘의 얼굴을 본떴고, 머리털은 별들을 본떴고, 밝은 귀와 눈은 해와 달을 본떴고, 코와 입의 호흡은 바람과 공기를 본떴고, 마음이 앎에 통달하는 것은 (천지의) 신명을 본떴고, 차고 빈 뱃속은 만물을 본떴다.…… 하늘은 한 해를 마치는 수로 사람 몸을 만들었으니, 그러므로 작은 뼈대 366개는 한 해의 날 수에, 큰 뼈대 12개는 달 수에, 몸 안의 오장은 오행의 수에, 밖의 사지는 사계의 수에 부응한 것이다. 눈을 뜨고 보다가 눈을 감고 자는 것은 낮과 밤에 부응하고, 강함과 부드러움은 겨울과 여름에 부응하며, 슬픔과 즐거움은 음과 양에 부응한 것이다.306)

---

306) 『春秋繁露』, 「人副天數」, "天地之精所以生物者, 莫貴於人. (人受命乎天也, 故超然有以倚. 物疾莫能爲仁義, 唯人獨能爲仁義; 物疾莫能偶天地, 唯人獨能偶天地). 人有三百六十節, 偶天之數也, 形體骨肉, 偶地之厚也. 上有耳目聰明, 日月之象也, 體有空穹進脈, 川谷之象也, 心有哀樂喜怒, 神氣之類也. (觀人之禮一, 何高物之甚, 而類於天也. 物旁折取天之陰陽以生活耳, 而人乃爛然有文理. 是故凡物之形, 莫不伏從旁折天而行, 人獨題直立端向, 正正當之. 是故所取天地少者, 旁折之; 所取天地多者, 正當之. 此見人之絶於物而參天地.) 是故人之身, 首而員,

여기서는 우선 천지의 기를 말하고, 그것을 받아 생겨난 우주만물 가운데 사람을 가장 귀한 존재로 말한다. 그 이유로는 사람의 뼈가 천수天數 360과 같고, 인체의 뼈와 살은 땅의 두터움과 짝하며, 사람의 귀와 눈은 하늘에 빛나는 해와 달의 모습이고 몸의 구멍과 혈맥은 자연의 계곡에 비유된다는 것을 들고 있다. 나아가 사람의 둥근 머리, 머리털, 코와 입, 그리고 마음에 이르기까지 모두 하늘과 별과 바람, 공기, 신명을 본떴다고 한다. 이와 같이 인체의 소절小節(日數 360)과 대절大節(月數 12), 오장(五行), 사지四肢(四季)가 모두 하늘과 대응한다는 것이 그가 말한 '사람이 하늘로부터 부여받은 수'(人副天數)의 의미이다. 이에 따르면 사람의 도덕 품성은 바로 '천의天意'와 '천지天志'의 체현으로, 사람은 하늘과 같은 생리적·도덕적 본질을 갖고 있기 때문에 하늘과 합일하고 교감할 수 있다.

니덤은 이상과 같은 중국철학의 사고방식을 '동격화 사고'로 표현하고, 그것은 사물이 서로 인과율의 작용에 의해서가 아니라 일종의 감응에 의해서 영향을 주고받는 관계라 말한다.

중국사상의 관건은 질서이며, 특히 패턴(여기서 처음으로 속마음을 털어 놓는다면 유기체)이다. 상징적 상관관계 즉 대응은 모두가 거대한 패턴의 각 부분이 되었다. 사물은 각자 특유의 방식으로 행동하지만 그것은 반드시 다른 사물에 선행하는 행동이나 자극에 의해서가 아니며, 영원한 순환을 행하는 우주에서의 그것들의 위치가 그런 거동을 필연적인 것으로 만드는 본질적인 성질을 부여하는 것이었기 때문이다. 만약에

象天容也, 發, 象星辰也, 耳目戾戾, 象日月也, 鼻口呼吸, 象風氣也, 胸中達知, 象神明也, 腹胞實虛, 象百物也. (百物者最近地, 故要以下, 地也. 天地之象, 以要爲帶. 頸以上者, 精神尊嚴, 明天類之狀也; 頸而下者, 豐厚卑辱, 土壤之比也. 足布而方, 地形之象也. 是故禮, 帶置紳必直其頸, 以別心也. 帶而上者盡爲陽, 帶而下者盡爲陰, 陽, 天氣也; 陰, 地氣也. 故陰陽之動, 使人足病, 喉起, 則地氣痺起, 則地氣上爲雲雨, 而象亦應之也. 天地之符, 陰陽之副, 常設於身, 身猶天也, 數與之相參, 故命與之相連也.) 天以終歲之數, 成人之身, 故小節三百六十六, 副日數也, 大節十二分, 副月數也, 內有五藏, 副五行數也, 外有四肢, 副四時數也. 乍視乍瞑, 副晝夜也; 乍剛乍柔, 副冬夏也, 乍哀乍樂, 副陰陽也."

그것들이 그런 특유의 방식으로 거동하지 않았다면 그것들은 전체 속에서 상관적인 위치(이것이 그것들을 존재시키고 있다)를 잃고 다른 것으로 변했을 것이다. 이렇게 하여 그것들은 전체적인 세계 유기체에 존재적으로 의존해 있는 일부분이었던 것이다. 그것들은 기계적인 자극 내지는 인과율보다는 오히려 일종의 신비적인 공명에 의하여 서로가 맞반응을 하였다.[307]

이상과 같은 관념은 동중서의 『춘추번로』제57편의 다음과 같은 말에 잘 나타나 있다.

물을 평평한 땅 위에 부으면 마른 땅을 피하고 젖은 땅을 찾아 가며, (두 개의) 장작을 불에 태우면 불길은 젖은 장작을 피하고 마른 장작을 태운다. 이처럼 모든 사물은 이질異質의 것을 배척하고 닮은 것을 쫓아간다. 그러므로 기氣가 같으면 서로 모여들고 소리가 비슷하면 서로 응한다. 이것의 실험적 검증(驗)은 매우 명백하다. 악기를 조율해 보라. 한 금琴에서 궁宮의 음정音程을 내면 다른 악기의 궁이 응답할 것이요, 한 북이 상商의 음정을 내면 다른 악기의 상이 저절로 울릴 것이다. 이것은 어떤 기적적인 일(神)이 있어서가 아니라 오음五音이 서로 관련하고 있기 때문이다. 그것들은 수數에 따라 그렇게 되는 것이다(즉 세계는 數에 의해 구성되어 있다). (마찬가지로) 아름다운 것은 아름다운 것 속에서 아름다운 것을 불러내고, 싫은 것은 싫은 것 속에서 싫은 것을 불러낸다. 동류同類의 것이 서로 응답하여 이런 일이 일어난다. 예컨대 한 마리의 말이 높이 울면 다른 말들이 이에 응답하여 울며, 한 마리의 소가 울면 다른 소들이 따라서 운다. 위대한 군주가 흥하려 할 때는 길조吉兆가 우선 나타나고, 군주가 망할 때는 흉조凶兆가 앞질러 나타난다. 진실로 사물은 닮은 것끼리 서로 호응한다. 용은 비를 부르고, 부채는 열을 따르며, 군대가 주둔했던 자리에는 가시덤불이 밀생한다. 아름다운 것, 싫은 것 할 것 없이 일체의 사물의 유래는 하나이다. 그것들이 운명을 형성한다고 하면, 그것은 누구도 그 유래를 모르기 때문이다.…… 그 카테고리에 의하여 앞으로 나아가거나 뒤로 물러서거나(進退) 하는 것은 음양의 두 기뿐만이 아니다. 인간의 운, 불운 같은 갖가지의 운명의

---

307) 조셉 니덤, 이석호 외 역, 『중국의 과학과 문명 Ⅱ』, 389~390쪽.

기원조차도 그와 같이 거동한다. 선행하는 사물에 의하여 모든 것이 시작되기는 하지만, 그것이 선행하는 사물에 응답하는 것은 (같은) 카테고리에 (속해서) 움직이기 때문이다.…… 궁宮이라는 음정이 금琴에서 울려 나오면 다른 악기의 궁이 저절로 울며 반응한다. 이것이 곧 "사물이 그 유類에 따라 움직인다는 것"(物之以類動者)이다. 그것들은 형태가 보이지 않는 음에 의하여 움직여진다. 운동과 행동을 수반하는 형태를 눈으로 볼 수 없을 때, 사람들은 이 현상을 '자연발생적 음향'(自鳴)이라고 하고, (그 설명이 되는) 눈에 보이는 것 없이도 상호의 반응이 일어나는 이 현상을 '저절로 그렇게 된다'(自然)라고 한다. 그러나 실제로는 (이런 뜻으로) '저절로 그렇게 되는' 것은 없다(즉 우주의 만물은 다른 무엇인가에 의하여 조율되고 있으며 그것이 변화함에 따라 변화한다). 한 인간으로 하여금 그가 처해 있는 현재의 상태와 같이 되게 만든 어떤 상황이 있었다는 것을 우리는 알고 있다. 마찬가지로 사물에도 눈에는 보이지 않지만 진정한 인과적인 힘이 확실히 존재한다.[308]

동류의 사물이 서로에게 살아 있는 기운을 준다는 생각이 잘 표현되어 있는데, '동류상동同類相動'은 우주만물이 서로 동질의 것을 찾아가는 현상을 말한다. 첫 번째 예로 든 것이 소리의 공명이고, 그것이 수로 구성된 세계의 이치임을 말한다. 군주의 흥망을 길조와 흉조를 통해 알 수 있고, 인간의 운명이 나아가고 물러나는 것도 사람이 하늘과 서로 감응한 까닭이다. 동중서는 천인관계(天人之際)를 강조하여 천도와 인간사는 서로 영향을 준다고 보았는데, 그 이유는 바로 하늘과 인간이 동류이기 때문이다. 그래서 『춘추번로』에서는 "천·지·인은 만물의 근본"이라 하여, "하늘은 만물을

---

308) 『春秋繁露』, 「同類相動」, "今平地注水去燥就淫, 均薪施火去淫就燥. 百物去其所與異, 而從其所與同. 故氣同則會, 聲比則應. 其驗皦然也. 試調. 琴瑟而錯之, 鼓其宮則他宮應之, 鼓其商而他商應之. 五音比而自鳴, 非有神. 其數然也. 美事召美類, 惡事召惡類. 類之相應而起也, 如馬鳴則馬應之, 牛鳴則牛鳴之. 帝王之將興也, 其美祥亦先見, 其將亡也, 妖孽亦先見物. 故以類相召也. 故以龍致雨, 以扇逐暑, 軍之所處以棘楚. 美惡皆有從來. 以篇命, 莫知其處所.……非獨陰陽之氣, 可以類進退也. 雖不祥禍福所從生, 亦由是也. 無非已先起之, 而物以類應之而動者也.…… 故琴瑟報彈其宮, 他宮自鳴而應之. 此物之以類動者也. 其動以聲而無形. 人不見其動之形, 則謂之自鳴也, 又相動無形, 則謂之自然, 其實非自然也. 有使之然者矣, 物固有實使之, 其使之無形."

산생하고 땅은 만물을 양육하며 사람은 만물을 완성한다"라고 말하였다.

『역전』은 하늘, 땅, 사람이 삼재를 이루고 이러한 삼재 간의 상호 작용, 차이, 영향으로 인해 서로 떼놓을 수 없는 전체가 생겼다고 한다. 건괘 「단전」의 "위대하다, 건원乾元이여! 만물이 의뢰하여 시작하니"[309]라는 구절과 곤괘 「단전」의 "지극하다, 곤원坤元이여! 만물이 의뢰하여 생겨나니"[310]라는 구절이 이를 말한다. 그리고 「계사하」에서는 "천지의 기운이 얽히고설킴에 만물이 화하여 엉기고, 남녀가 정을 맺음에 만물이 화생한다"[311]라고 하였고, 「서괘」에서는 "천지가 있은 다음에 만물이 있고, 만물이 있은 다음에 남녀가 있고, 남녀가 있은 다음에 부부가 있고, 부부가 있은 다음에 부자가 있고, 부자가 있은 다음에 군신이 있고, 군신이 있은 다음에 상하가 있고, 상하가 있은 다음에 예의가 둘 곳이 있게 된다"[312]라고 하였다. 인간은 천지의 상호작용의 산물인 것이다.

모종삼은 동중서가 기운의 변화로 우주를 논함으로써 신학으로부터 도덕을 건립하였다고 하면서, 동중서의 형이상학적 윤리는 곧 '우주론에 기반을 둔 도덕론'이라고 하였다.[313] 천은 공자의 인仁, 맹자의 성性과 상통하는 원리로서 『중용』과 『역전』으로 발전하여 그 체계가 이어진다. 천을 객체화·대상화하지 않고 주체와 하나로 통할 수 있게 만들어 놓은 것이 동양철학의 특별함이고, 그러한 사상적 체계의 중심에 동중서의 철학이 있었다.

천인합일사상은 유학의 대표적 사상이자 궁극의 이상이면서, 나아가

---

309) "大哉乾元, 萬物資始."
310) "至哉坤元, 萬物資生."
311) 제5장, "天地絪縕, 萬物化醇, 男女構精, 萬物化生."
312) "有天地然後有萬物, 有萬物然後有男女, 有男女然後有夫婦, 有夫婦然後有父子, 有父子然後有君臣, 有君臣然後有上下, 有上下然後禮義有所錯."
313) 모종삼, 『중국철학특강』, 83~87쪽.

역학 사유의 중요 개념이기도 하다. 그 기본 함의는 사람과 자연, 사람과 천지만물이 모두 동일하며 통일성을 갖는다는 데 있다. 사람을 주체로, 자연을 객체로 볼 때 천인합일은 그 둘 사이의 조화로운 관계를 의미한다. 여기서 '합'이란 두 가지가 기존의 성향을 버리고 하나로 변해 버린다는 뜻이 아니라, 서로의 원래 성질을 유지하면서도 서로 조화하고 소통하는 관계를 이루는 것을 말한다.[314] 그리하여 사람은 하늘을 근본으로 삼고 하늘 또한 인간사회의 근거가 됨으로써 주체와 객체가 서로의 차이를 인정하고 조화를 이루는 것이다.

윤사순은 천인합일을 유학의 대표적 특징으로 보고, 이는 "고대부터 현대에 이르기까지 모든 유학자들이 강구한 공통적 이상으로 삼은 경지"라고 말한다. 그는 나아가 유학은 '관계에 대한 학문'이라고 말할 수 있으며, 유학의 학문적 관심 또는 문제의식은 신神과 타인과 자연에 대한 관계에 집중되어 있다고 하였다.[315] 그러한 관계 중 가장 이상적인 것이 천인합일의 경지라는 것이다. 『중용』은 천인합일을 논하여 그것을 실현할 수 있는 방법을 제시하고 있다.

오직 천하의 지극한 성(至誠)이라야만 그 (자신의) 성을 다할 수 있다. 자신의 성을

---

314) 李世鉉, 「儒家 天人合一論의 특징」, 『東洋哲學硏究』 제22집(2000), 311쪽, "천인합일이라고 할 때 '합'이란 과연 어떠한 것인가? 합은 마치 화학 반응과 같이 변화되어 하나가 되어 버리는 것이 아니다. 서로 다른 성질을 가진 물질의 사이에서 화학 반응을 통하여 원래의 성질과는 완전히 다른 존재로 변화해 버리는 것이 아니라는 것이다. 천인합일의 합은 곧 융합 또는 융화하는 것이다. 이것은 일종의 조화이며 서로 충돌하지 않는 상태이다.…… 때문에 인간과 천 사이에는 충돌과 모순, 대립의 현상이 사라지고 편안한 상통의 관계가 이루어지는 것이다."

315) 윤사순, 「유학의 '천인합일' 사상에 대한 현대적 해석」, 『유교문화연구』 제18집(2011), 41쪽, "천인합일사상은 자연과 인간의 합일, 그리고 우주원리인 천도와 인간 행위원리인 인도의 합일을 근간으로 한다. 이 두 가지가 곧 유학의 천인합일사상을 이루는 주요 내용이다."

다할 수 있으면 남의 성을 다할 수 있고, 남의 성을 다할 수 있으면 사물의 성을 다할 수 있고, 사물의 성을 다할 수 있으면 천지의 화육化育을 도울 수 있고, 천지의 화육을 도울 수 있으면 천지와 (가지런히) 셋으로 될 수 있다.[316]

천인합일을 사람과 만물 혹은 사람과 자연의 조화로 봤을 때 그것은 곧 성性이 천도와 합일하는 것으로, 사람이 천지의 본을 받아 그와 더불어 만물을 화육하는 것이며 그리하여 천지인이 나란히 셋으로 화합하는 것이다. 우주자연은 필연의 이치로 진행되지만 인간의 도덕성은 필연을 전제로 하지 않기에, 천과 인은 조화를 목적하지만 반드시 일치로 귀결되지 않을 수도 있다. 이것이 천인감응을 통하여 조화를 추구하고 그 역동성으로 생생하는 이유이다.

천인감응이나 천인합일은『주역』정체관整體觀의 기본개념으로,『주역』의 유기적 자연관과 전체 사유를 구성한다.『주역』이야말로 천지를 표본으로 삼아 모든 대상을 바라보았다.『주역』에서는 이 세상의 모든 이치와 형상, 숫자나 위치 등의 개념이 서로 상관관계를 이루는 근거를 밝히고 있는데, 그 핵심은 만물의 대립과 통일의 법칙을 통하여 그 발전·변화의 법칙을 설명하는 것이다.『주역』의 64괘는 건, 곤을 머리로 삼았다. 우주 만물의 중심에는 태극이 있고, 이 태극의 주변에 생겨나는 두 표면이 양의이며, 이것이 4가지 모양(四象)을 낳고, 4가지 모양이 여덟 괘로 변하는 과정이다. 여기서 양의란 음과 양을 말하는데, 양은 하늘이고 음은 땅이므로 바로 천지가 된다. 건·곤으로 논하자면 건은 양이요 곤은 음이 되니, 음과 양이 합덕하여 강하면서 부드러우면 이것이 천지의 이치이다. 건곤, 음양, 강유 이 모든 방면의 상호작용은 우주 모든 물질의 형성과 변화를

---

316)『中庸』, 제22장, "惟天下至誠, 爲能盡其性. 能盡其性, 則能盡人之性, 能盡人之性, 則能盡物之性, 能盡物之性, 則可以贊天地之化育,. 可以贊天地之化育, 則可以與天地參矣."

설명한다. 그 가운데서도 특히 건은 우주천지에서는 하늘의 도를 대표하고 사회와 가정에서는 부도父道를 대표하며 나라의 일로 보면 왕도를 대표하니, 이 모두가 천하의 이치가 된다. 천도, 지도, 인도가 융합하고 조화하여 천도로써 인도를 가늠하는 것이 바로 천인합일의 이치이다.³¹⁷⁾

『역전』이 우리에게 말해 주는 것은 산천과 초목, 금수와 인류 및 인류사회의 제도 등이 모두 천지의 상호작용의 산물이라는 것이다. 천지는 곧 본원으로, 인류와 만물은 모두 천지에서 파생되었고 천지가 연결되어 하나가 된 것이다.

「계사전」의 '천도·지도·인도'에는 비록 차이가 있으나, 또한 차이가 있기에 연결될 수도 있다. 먼저, 사람의 말과 행동은 독립되어 있지 않으며 하늘 및 땅과 밀접히 연관되어 있다. 「계사전」의 "말과 행실은 군자가 천지를 동하는 것이니, 삼가지 않을 수 있겠는가"³¹⁸⁾가 이를 설명한다. 천지의 변화 역시 순전히 자연의 도가 아닌 인사와 관련되어 있는 것이기에 사람들은 자연을 모방하게 되는 것이다.

곤괘 「문언」에 "천지가 변화하면 초목이 번성하고 천지가 닫히면 현인이 숨는다"³¹⁹⁾ 하였고, 「계사하」에서는 "역은 성인이 덕을 높이고 업을 넓힌 것이다. 지는 높고 예는 낮으니, 높음은 하늘을 본받고 낮음은 땅을 본받은 것이다",³²⁰⁾ "하늘이 신묘한 사물을 내자 성인이 법받으며, 천지가 변화하자 성인이 본받으며, 하늘이 상을 드리워 길흉을 나타내자 성인이 형상하며, 하수에서 도圖가 나오고 낙수에서 서書가 나오자 성인이 법받았다"³²¹⁾ 하였다. 그래서 『역전』은 사람들에게 변화의 도를 알라고 강조한다.³²²⁾

---

317) 李保東, 「周易天人合一思想對儒道兩家的影響」, 『인문과학연구』 제5집(1998), 374~375쪽.
318) "言行, 君子之所以動天地也, 可不慎乎."
319) "天地變化, 草木蕃, 天地閉, 賢人隱."
320) "夫易, 聖人所以崇德而廣業也. 知崇禮卑, 崇效天, 卑法地."
321) "天生神物, 聖人則之, 天地變化, 聖人效之, 天垂象, 見吉凶, 聖人象之, 河出圖, 洛出書, 聖人則之"

『역전』이 보기에 천·지·인 삼재지도에는 상호의존, 상호감응, 상호연결하는 관계가 있다. 이러한 관계가 하늘, 땅, 사람을 하나로 통하게 한다. 『역전』은 사람들로 하여금 천지인을 하나로 보는 사상이 합리적이며 자연의 도를 순종하고 존중하는 것이 좋다고 강조한다.

니덤은 중국의 '상관적 사고'와 유럽의 '인과적 사고'의 차이점을 지적하면서, '상관적 사고'가 17세기 과학의 발전에 기여하지 못한 것은 사실이나 그러한 이유로 그것을 원시적이라고 불러서는 안 된다고 말한다. '상관적 사고'는 오히려 정밀하고 질서 잡힌 '우주의 상'이기 때문이다.

3. '동同'과 '화和'의 구분과 귀화貴和사상

중국철학사에서 '화和'와 '동同'을 구분한 처음 사람은 사백史伯이었다.

화和는 실제로 사물을 낳지만 동同은 계속하지 못한다. 다른 것과 다른 것을 평평하게 하는 것을 화和라고 한다. 그러므로 낳고 기를 수 있어서 만물이 거기로 돌아간다. 만약 같은 것으로써 같은 것을 보태면 다하여 버려지게 된다. 그러므로 선왕은 토土를 금金·목木·수水·화火와 섞어서 각종 만물을 완성하였다.[323]

『상서尚書』「홍범洪範」에서 처음 제시되었던 오행설을 개조하여 '화和'를 "다른 것과 다른 것을 섞는 것"(以他平他)으로, '동同'을 "같은 것으로써 같은 것에 보태는 것"(以同裨同)으로 규정한 '사백'장은 두 가지 철학적 의의를 가지고 있다. 첫째, 세계의 본원 문제를 제출했다는 의의이다. 원시오행설은 세계의 본원 문제에 관해서는 언급하지 않았지만 사백은 추상적인 철학

---

322) 「繫辭下」, "通其變, 使民不倦, 神而化之, 使民宜之."
323) 『國語』, 「周語」, '史伯論五材', "夫和實生物, 同則不繼. 以他平他謂之和. 故能生長而物歸之. 若以同裨同, 盡乃棄矣. 故先王以土與金木水火雜, 以成百物."

명제 즉 '오행과 백물百物의 관계'를 사용하여 세계의 기원 문제를 해결하고 자 하였다. '오행'의 '화' 작용으로 말미암아 구체 사물이 발생했다는 것이 그것이다. 둘째, 원시오행설은 각 원소 간의 관계가 수평적인 것에 불과했으나 사백은 '화'와 '동'의 개념을 통해 오행을 상호 대립적인 관계로 파악하였다. '화'는 오재五材 즉 '오행'이 토土를 주로 하여 다섯 가지 물질이 맺는 상호 조화 관계인데, 이것이 '생물生物'한다. 이런 점에서 '화'는 만물 생성과 발전의 근거라고 말할 수 있다. 『국어國語』「정어鄭語」에서는 "소리가 같으면 들을 수 없고, 색이 같으면 문채가 없으며, 맛이 같으면 맛이 나지 않는다"[324] 라고 하였다.

'화'는 성질이 서로 다른 물질을 결합하여 새로운 사물을 생겨나게 하지만, '동'은 성질이 같은 것을 결합하는 것으로서 수량은 증가하지만 새로운 물질을 생산할 수는 없다. 『좌전左傳』 소공昭公 22년조에서는 "화는 국과 같다"[325]라고 하였으니, '국(羹)'이란 물과 불, 간장, 어육채소魚肉菜蔬와 같은 각종 재료들이 '화'하여 이루어지는 것이다. 『회남자淮南子』「범륜훈氾論訓」 에서는 "음과 양이 서로 교제하여 화를 이룬다"[326]라고 하였고, 『장자莊子』 「천하天下」편에서는 "악樂은 화로써 말한다"[327]라고 하였으며, 『예기禮記』 「악기樂記」편에서는 "음악은 천지의 화이다"[328]라고 하였다. 『회남자』「범 륜」편의 말은 가장 철저하면서도 가장 일반적인 말이다. 그리고 음악은 화에 도달하는 것을 경계로 한다.

국과 음악의 비유로 이해할 수 있는 것은, '화'의 함의는 사물의 다양성을 전제로 한다는 것이다. 철학에서 말하면 음양의 기본 특성은 사물로 하여금

---

324) "聲一無聽, 色一無文, 味一無果."
325) "和如羹焉."
326) "陰陽相接, 乃能成和."
327) "樂以道和."
328) "樂者, 天地之和也."

이중성을 갖게 한다는 것이고, 과학에서 말하면 화는 사물 다양성의 반영이라는 말인데, 이것은 인도의 천인감응의 중요한 방면이다.[329]

『중용』은 "발하여 절도에 맞는 것을 화라고 한다"[330]라고 하였다. 사물이 복잡하게 얽혀 있으면 충돌과 대립, 파괴를 불러일으킬 수밖에 없으니, 반드시 다종의 사물들이 협조하고 배합될 때에만 '화'라는 고상한 경계에 도달할 수 있다. 이런 점에서 화해와 조화는 다양한 사물이 상호 밀접하게 배합되어 하나의 통일적 전체를 이루는 것이라고 할 수 있다. 그들 사이에는 비록 큰 차이가 존재하고 심지어 확연하게 상반되는 사물들도 포괄하지만 상호의 대대, 즉 협조·호보互補·평형·모순 등이 하나의 통일체를 이루는 것을 통하여 화해의 경계에 도달하게 된다.[331]

이상에서 보듯이 '화'는 '일一'과 '다多'의 관계를 가지고 있다. 이러한 '화'를 이해하기 위해서는 통일된 것과 다양한 것들 간의 관계를 비교하여 일치시키거나 구별하고 그들 간의 제약制約이나 다름을 생각하는 과정이 필요하다. 대상을 그 어떤 것과 관계시키거나 비교하지 않고 이해하는 것은 불가능하기 때문이다.

일과 다는 우리 주변의 모든 현상을 어떤 통일적인 전체와 관계시켜 궁극적인 원인과 법칙을 찾아 나가는 데 필요한 것이다. 자연은 무수한 개별적 사물로 가득 차 있는데, 그 세계는 상이하여 대립되기도 하고 모순되거나 혹은 비슷한 성질로 이루어져 있다. 그런데 그 배후에는 궁극적 일치가 있고, 그것을 연결하는 통일이 존재한다. 다는 일에서, 많음은 적음에서, 운동은 정지에서, 복잡함은 단순함에서, 시간은 무한에서, 있음은 없음에서, 다른 것은 같은 것에서 그 통일을 찾는다. 한편 그와 반대로

---

329) 徐道一, 『周易科學觀』, 49쪽.
330) "發而皆中節, 謂之和."
331) 徐道一, 『周易科學觀』, 50쪽.

하나로의 통일이 있으면 그곳에 이르는 다양한 길에 대한 생각 또한 필요할 것이다. 많음과 적음, 번쇄함과 간명함, 그들 간의 관계에서 기준을 찾거나 그 목적에 이르는 다양한 방법에 대해 생각하는 것이 무릇 철학의 인식하는 바일 것이다.

이와 관련하여 아래에서는 먼저 왕필의 『주역주』에 나타난 형이상학을 고찰하고, 나아가 공자가 말한 '일이관지一以貫之'332)의 가르침과 「계사전」에서 말한 "천하가 어찌 생각하고 어찌 생각하겠는가? 천하가 돌아가는 곳은 같지만 길은 다르며 이치는 하나이나 생각은 백 가지이다"333)라는 구절을 해명해 보고자 한다.

모종삼은 과학적 설명은 기술적인 것인 반면 철학적 설명은 이성적인 것이라고 하면서, 이성을 함유한 것의 예로서 공자의 '인'이나 중국철학의 '도' 등의 형이상학을 든다.334) 『논어』에서 "선생님이 성性과 천도天道에 대해 말씀하시는 것은 듣지 못했다"335)라고 하였듯이 공자 사상의 중심인 '인'은 천보다는 도덕함양을 통한 주체의 행위를 더욱 중시하지만, 비록 주체에서 논의가 시작된다 하더라도 공자는 결코 천을 도외시하지 않았다. 천은 그러한 주체와 하나로 통하는 것이었다.

다양한 자연의 변화와 그 알 수 없는 조화의 신묘함 그리고 우리를 둘러싼 모든 우주만물을 알아가고자 하는 인간 사유의 노력이 나타난 곳이 바로 『역전』이다. 그와 관련하여 중국철학사에서의 의미 있는 전개는 한대 경학에서 위진 현학으로의 전환이다. 그것이 역학사에서 차지하는 중요한 위치는, 위진 현학은 역학에서의 의리학의 발전과 맞물려 있다는

---

332) 『論語』, 「里仁」, "子曰, 參乎, 吾道一以貫之.……曾子曰, 夫子之道, 忠恕而已矣."; 「衛靈公」, "子曰, 賜也, 女以予爲多學而識之者與. 對曰, 然, 非與. 曰, 非也. 予一以貫之."
333) "天下何思何慮? 天下同歸而殊塗, 一致而百慮. 天下何思何慮?"
334) 모종삼, 『중국철학특강』, 12~37쪽 참조.
335) 「公冶長」, "子貢曰, 夫子之文章, 可得而聞也, 夫子之言性與天道, 不可得而聞也."

것이다. 요명춘은 『주역철학사』에서 "위진시대에 왕필로 대표되는 현학가는 노장사상을 『역』에 도입하여 한역 상수설을 일소하고 현학 의리파를 창립하였다. 현학 의리파의 출현과 발전은 위진 역학의 중대 사건이자 중국역학사의 중요한 이정표이다"336)라고 하였다.

현학은 형이상학이라고 불리는데, 현학 의리학의 중심에 왕필이 있다. 요명춘은 그의 사상을 득의망상설, 대연지수의 해석, 취의설, 효위설 등을 통해 설명한다. 주백곤도 위진 현학의 출현을 중국철학사에서의 일대 전환으로 규정하고, 노장학설이 현학의 형성에 미친 영향 및 당시 한대의 번쇄한 경학과 현학 간의 관계 등을 설명한다.337)

한말에 이르러 금문경학이 주도한 상수역학은 참위사상과 결합하여 지나치게 번잡해졌고, 농민혁명을 비롯한 여러 사회적 혼란을 겪으면서 마침내 쇠퇴의 길로 접어들게 된다. 정치적으로는 왕필이 살았던 위魏나라는 한나라의 파열 이후 아직 혼란기에 있었고, 그러한 내적 균열을 극복하는 질서와 통일의 문제가 철학의 주요 관심이었다. 당시의 혼란스러운 정치 상황은 세속의 관심을 넘어 더 높은 질서를 열망할 충분한 이유가 되었기에, 왕필은 정치에 있어 진정한 도를 실현하는 데 전념하였으며 그의 이상은 '전체 경학 전통을 꿰뚫는 한 가닥 실'에 있었다. 여기서 '전체 경학 전통을 꿰뚫는 한 가닥 실'과 같은 표현은 『노자』 제11장 "수레바퀴의 구멍이 서른 개의 바퀴살을 통솔할 수 있는 근거는 그것이(그 중심이) 무이기 때문에 그 쓰임이 있다"338)에 대한 왕필의 생각과도 같다. 금문경학과 반대되는 세력인 현학 의리학이 출현하게 된 배경이 바로 이와 같았고, 따라서 그것은 고문경학의 발전과도 함께하였다. 고문경학의 집대성자로 인정받

336) 廖名春, 『周易經傳與易學史新論』(濟南: 齊魯書社, 2001), 271쪽.
337) 朱伯崑, 『역학철학사 1』, 5쪽.
338) "三十輻共一轂, 當其無, 有車之用."

는 학자는 왕숙王肅339)인데, 이러한 고문경학의 사조를 이어받은 왕필은 금문경학이 주로 한 『역위易緯』에 의한 역 해석을 뒤로하고 『역전』의 관점을 통해 『주역』의 경문을 해석하였다. 그것은 고대 경전의 '간명함'으로써 역을 해석하는 것이었다.

고문경학파는 참위를 거부하고 공자를 다시 스승의 중심에 놓았는데, 이러한 반동에 큰 영향을 미친 것이 도가 학설이다. 위진시기에 도가의 학은 현학으로 일컬어졌다. 풍우란은 당시 현학자들이 "비록 도가를 신봉하기는 했지만 그 중의 일부는 여전히 공자를 최대의 성인으로 받들었고 그의 학설을 사상의 정통으로 여겼다"라고 하면서도, "공자를 최대의 성인으로 여긴 사람들이 논했던 공자의 학설은 이미 도가화된 다른 일파의 경학이었다"라고 함으로써 현학과 노장사상의 깊은 연관을 말한다.340) 한편 주백곤은 노장의 영향을 받은 『역전』이 현학의 중요 요소였다고 하면서 이후 송명리학의 형성에 지대한 영향을 미쳤다고 부언한다.341)

왕필에 있어 일一은 '전체적 통일성'을 의미하거나 '절대적 일자'의 의미로 사용되었다. 이 양자는 서로 혼용되어 '논리적 무차별성이나 보편성·통일성 등과 같은 형이상학적 근원'의 의미로 쓰인다. 그래서 일은 왕필 철학의 근본 문제로서 '형이상학적 본원·본체이자 정체성, 통일성, 공통성, 무차별성, 보편 개념이 되고, 다는 만물 현상이면서 부분성, 다양성, 특수성 등의 의미'이다.342) 일의 개념이 제대로 이해될 수 있다면 변화와 존재의 근원에

---

339) 王肅(195~256)은 魏나라 經學大師이다. 자는 子雍이고 東海 사람이다. 『주역주』 10권을 썼으나 전해지지는 않는다. 고문경학파에 속하여 상수를 소략하고 의리를 중시하였다. 요명춘은 "왕숙의 역 해석은 한역의 학풍을 배척하여 괘기·괘변·호체·납갑 등의 설을 강론하지 않고 음양재이를 말하지 않았으며 비씨 역학의 전통을 계승하였다"(274쪽)고 한다. 왕필의 역학이 주로 영향 받은 곳이 바로 왕숙의 역 해석이다.

340) 풍우란, 박성규 역, 『중국철학사 하』(까치, 2011), 145~149쪽.

341) 朱伯崑, 『역학철학사 1』, 16쪽.

342) 임채우, 「王弼 易 哲學 硏究─以簡御繁사상을 중심으로」(연세대학교 박사학위논문, 1995),

까지 다다를 수 있다고 본 것이다. 변화와 그것을 통한 존재의 변형이 표현되는 가장 근본적인 단계에서 일은 모든 존재의 근원으로서의 '무无'를 의미한다. 왕필에게 있어서는 이것이 바로 성인의 가르침의 핵심이 나타난 『역경』에 대한 올바른 이해였고, 또 당시 한대 수술가手術學 등에 의해 호체互體, 괘기卦氣, 변괘變卦, 오행五行, 납갑納甲, 비복飛伏등으로 번쇄해진 것에 대한 반박이기도 하였다.

왕필의 일효위주설一爻爲主說은 「단전」의 문장에서 비롯된 바가 큰데, 『주역약례』의 「명단明彖」이 이를 잘 말해 주고 있다.

> 저 단彖이란 무엇인가? 한 괘의 몸체를 통틀어 논하고, 그 말미암은 주主를 밝힌 것이다. 많은 것은 많은 것을 다스릴 수 없으니, 많은 것을 다스리는 것은 아주 적은 것이다. 움직이는 것으로는 움직이는 것을 다스릴 수 없으니, 온갖 움직이는 것들을 제어하는 것은 바른 일자一者이다. 그러므로 많은 것들이 모두 존재할 수 있는 소이는 주主가 반드시 하나가 되기 때문이요, 움직이는 것들이 다 움직일 수 있는 소이는 근원이 반드시 둘이 아니기 때문이다.[343]

「계사하」제9장에서는 "존망과 길흉을 알고자 하면 분명히 알 수 있으나, 지혜로운 자가 그 단사彖辭를 본다면 생각이 반을 넘으리라"[344] 하였는데, 주희는 "단은 한 괘 여섯 효의 체를 총론한 것"[345]이라고 하면서 「계사하」의 이 문장을 "지혜로운 사람은 어떤 괘의 효사를 낱낱이 보지 않고 괘사만

195~196쪽. 일다 문제는 선진철학에서도 제기된 바 있지만 그것은 우주가 왜 一에서 多로 분화되었는지의 문제에 대해서는 다루지 못한 채 일부 정치이론에 머물렀을 뿐이다. 无를 근거로 하여 만물의 존재를 다룬 본체론적 접근은 왕필에서부터이다.

343) 『周易略例』, 「明彖」, "夫彖者何也? 統論一卦之體, 明其所由之主者也. 夫衆不能治衆, 治衆者, 至寡也. 夫動不能制動, 制天下之動者, 貞夫一者也. 故衆之所以得咸存者, 主必致一也, 動之所以得咸運者, 原必无二也."

344) "噫, 亦要存亡吉凶, 則居可知矣, 知者觀其彖辭, 則思過半矣."

345) 『周易本義』, 「繫辭傳」, "彖, 統論一卦六爻之體."

제2장 『주역』의 세계양식론   171

보더라도 절반 이상을 알 수 있다"라는 뜻이라고 해석하였다. 이는 왕필의
"단이란…… 한 괘의 몸체를 통틀어 논하고 그 말미암은 주主를 밝힌 것"이라는
해석과 일맥상통한다. 한 괘의 괘의는 그 괘의 뜻을 총괄하고 각각의 효는
처한 상황에 따라 뜻이 달라지기 때문에, 그 괘를 이해하기 위해서는 중심되는
의미를 살펴서 변화하는 육효의 상황을 통솔하고 종합하여 각각의 뜻을
규정하라는 것이다. 이것은 왕필의 '이일어중以一御衆' 사상을 잘 설명해 주는
말이기도 하고, 또한 그의 주효론을 말해 주는 것이기도 하다.

> 사물은 망령됨이 없으니 반드시 그 리理에 말미암는다. 거느림에 본원이 있고 모임에
> 우두머리가 있으므로, 번잡하되 어지럽지 않고 복잡하지만 미혹되지 않는다. 그러므
> 로 육효가 서로 섞이되 하나를 들어서 밝힐 수 있고, 강유가 서로 타고 있지만
> 주主를 세워서 정할 수 있다. 이런 까닭에 복잡하게 섞여 있는 사물 속에서 덕을
> 가리고 시비를 변별하는 것은 곧 그 중심 효(즉 주효)가 아니면 다 갖출 수가 없다.
> 그러므로 거느림(혹은 계통)에서부터 찾아가면 사물이 비록 번다하나 곧 일一을 잡아서
> 제어할 수 있고, 근본에서 연유해서 관찰하면 의의가 비록 넓지만 곧 하나의 이름으로
> 들 수 있음을 안다.346)

주효론은 잡다한 우주만물과 사람의 상황에서 그 주요 관념과 요체를
깨달아서 복잡함에 미혹되지 말고 간략함의 원칙으로 그 상황의 전체를
포괄하라는 의미이다. 다수의 무리가 하나의 종주에 모이는 것은 중심으로
모여드는 바퀴살과 같다.347) 모든 것에는 그 근본과 법칙이 있고 그것을

---

346) 『周易略例』, 「明象」, "物无妄然, 必由其理. 統之有宗, 會之有元, 故繁而不亂, 衆而不惑. 故六爻
相錯, 可擧一以明也, 剛柔相乘, 可立主以定也. 是故雜物撰德, 辯是與非, 則非其中爻, 莫之備
矣. 故自統而尋之, 物雖衆, 則知可以執一御也, 由本以觀之, 義雖博, 則知可以一名擧也."
347) 왕필은 『노자』 제11장의 "三十輻共一轂, 當其無, 有車之用"(수레바퀴의 구멍이 서른 개의
바퀴살을 통솔할 수 있는 근거는 그것이[그 중심이] 무이기 때문에 그 쓰임이 있다)을
해석하면서 "무는 사물을 받아들일 수 있기 때문에 적은 것으로 많은 것을 통제할
수 있다"(轂所以能統三十輻者, 無也, 以其無能受物之故, 故能以寡統衆也)라고 하였다.

이끄는 주된 것이 있다. 그리하여 변화함에 어지럽지 않고 잡다함에 더럽혀지지 않는 것이다. 한 괘에서 보자면 그것의 전체적 상황은 그 중의 한 효, 즉 주효에 의해 잘 설명될 수 있다. 그 자리에 알맞게 위치한 것을 정위正位라고 하는데, 주효는 정위 관념에 의해 설명되는 경우가 많다. 그러한 예는 아래와 같다.

건乾(☰): 주효는 5에 있다. 양효로서 양의 존위에 있기 때문이다.
곤坤(☷): 주효는 2에 있다. 음효로서 음의 존위에 있기 때문이다.
진震(☳): 주효는 초에 있다. 진은 양괘인데, 초가 양효로서 양위에 있기 때문이다.
손巽(☴): 주효는 4에 있다. 손은 음괘인데, 4가 음효로서 음위에 있기 때문이다.
감坎(☵): 주효는 5에 있다. 감은 양괘인데, 5가 양효로서 양위에 있기 때문이다.
리離(☲): 주효는 2에 있다. 리는 음괘인데, 2가 음효로서 음위에 있기 때문이다.
간艮(☶): 주효는 3에 있다. 간은 양괘인데, 3이 양효로서 양위에 있기 때문이다.
태兌(☱): 주효는 상에 있다. 태는 음괘인데, 상이 음효로서 음위에 있기 때문이다.

주효는 한 괘 전체를 장악하므로 나머지 다섯 괘는 그것을 따른다는 것이 바로 주효론의 요지이다. 이것은 세상의 온갖 잡다한 만물에 깃들어 있는 이치를 추구함이다.

은유적으로 만물의 어머니라고 말할 수 있는 '도道'는 이 세상을 창조했을 뿐 아니라 그것을 계속 키워 나간다. 이러한 '도'의 항상성을 '리理'라고 부를 수 있다. 그것은 우주를 통섭하는 것이다. 계절의 규칙적인 변화, 자연의 풍부함, 천지가 표현하는 여러 다양한 현상들이 바로 '도'가 존재한다는 것을 증명한다. 인간은 이러한 원칙에 순응하고, 그렇게 천지를 본받고, 궁극적으로 '도'를 따른다.[348]

'유有'의 본원인 '무无'를 말하기 위해 왕필은 자연에서의 '도'의 현시를

---

348) Cua, Antonio S., *Encyclopedia of Chinese Philosophy*(Routledge, 2012), p.743.

설명해 나간다.349) 위의 인용문은 왕필의 『주역』 해석에 깃든 노장사상의 영향을 말해 준다. 천지만물은 '무'에서 근원하며, '무'는 최고의 '리理'인 지극한 이치라 할 수 있다. '도'는 그 어떤 것에도 선행하는 '절대 완전함'이다. 그것은 '그냥 그대로' '그러한 듯 있는' '자연'인 것이다. 사람이 '도'를 본받고 그에 따른다는 것도, 어떤 외부적이고 특별한 기준을 따른다는 것이 아니다. 사람의 본성 또한 그 '하나'인 것이다. 따라서 그 질서도 자연을 본받아 자족적이고 간명하다.

> 천지의 변화를 범위로 하였으되 지나치지 않고 만물을 두루 이루되 빠뜨리지 않고 밤낮의 도를 통하였으되 (일정한) 몸체가 없고 한 번 음하고 한 번 양하여 다함이 없으니, 천하의 지극한 변화가 아니면 그 누가 이에 참여할 수 있으리오. 그래서 괘卦로써 때를 나타내고 효爻로써 변화를 보인다.350)

천지의 변화를 범위로 하였다는 말은 만물을 모두 포괄하여 하나도 빠뜨리지 않았음을 일컫는다. 음과 양이 번갈아 지극하여 그 변화는 다함이

---

349) Smith, Richard J., *Fathoming the Cosmos and Ordering the world- The Yijing and Its Evolution in China*(University of Virginia Press, 2008), p.93. 저자는 왕필이 사용한 '무'의 개념은 도가의 사상을 잘 나타내 주는 것이라고 말하면서 『周易略例』에 나타난 '유'와 '무'의 비교를 도식화하였다.

<『周易略例』에 나타난 '有'와 '無'의 비교>

无(Wu)	有(You)
형태를 넘어 있는 것(What is above form)	형태 내에 있는 것(What is within form)
道 (Dao, the Way)	器 (concrete objects)
道 (Dao, the Way)	陰陽 (현상의 과정, manifest process)
본체 (Noumenal)	現象 (Phenomenal)
隱微함 (Hidden)	드러남 (Manifest)
전체 (Totality)	개별 (Particularity)
一 (The One)	多 (The many)

350) 『周易略例』, 「明爻通變」, "是故範圍天地之化而不過, 曲成萬物而不遺, 通乎晝夜之道而无體, 一陰一陽而无窮, 非天下之至變, 其孰能與於此哉. 是故卦以存時, 爻以示變."

없다는 것은, 무한한 현상의 다양성과 다변성을 말하면서 동시에 그것에 내재한 동일성을 의미하여 무한한 다수의 궁극적 하나를 말하고 있다. 한 괘의 체제는 그 괘의를 나타내는데, 그것은 하나의 주효를 위주로 할 수 있다.

주백곤은 왕필의 주효론을 세 가지 상황으로 개괄한다. 첫 번째는 효사가 괘사와 연관되어 있는 한 효를 말하는 것이다. 그 예로 둔괘(屯卦☲☵)의 초구를 주효로 하여 설명하였다. 둔괘의 괘사는 "둔屯은 크게 형통하고 바름을 지키는 것이 이로우니, 가는 바를 두지 말고 군주를 세우는 것이 이로울 것이다"[351]이다. 둔괘의 괘사가 이러함은 초구의 효사, 즉 "군주를 세우는 것이 이롭다"(利建侯)에 기인한다. 두 번째는 중위에 처한 이효나 오효가 주효인 경우이다. 그리고 마지막 세 번째는 하나의 괘에서 제일 적은 수의 음효 혹은 양효를 주효로 택하는 것으로, 이는 『주역약례』「명단」에 잘 설명되어 있다. "한 괘에서 양효가 다섯이고 음효가 하나이면 음 하나가 그 주가 되고, 음효가 다섯이고 양효가 하나이면 양 하나가 주가 된다.…… 양이 하나뿐이라면 다섯 음이 어찌 함께 돌아가지 않을 것이며, 음이 진실로 외짝이라면 다섯 양이 어찌 같이 따르지 않겠는가? 그러므로 음효가 비록 천하나 한 괘의 주가 되는 것은 그 적은 곳에 처하기 때문이다."[352]

일효위주설 혹은 주효론이 형이상학적 가치를 가지고 우주만물의 대상을 인식하여 그 내재한 리理를 모색하는 데에 기여했는지는 모르겠으나, 그것만으로 『주역』의 모든 체계를 해석할 수는 없다. 주백곤은 왕필의 일효위주설이 '자기모순'에 빠져서 때로는 주효 대신에 두 체를 들어 설명하

---

351) "屯, 元亨, 利貞, 勿用有攸往, 利建侯."
352) 『周易略例』, 「明象」, "一卦五陽而一陰, 則一陰爲之主矣, 五陰而一陽, 則一陽爲之主矣.…… 陽苟一焉, 五陰何得不同而歸之, 陰苟隻焉, 五陽何得不同而從之. 故陰爻雖賤, 而爲一卦之主者, 處其至少之地也."

는 경우도 있었다고 지적하면서, "주효론의 이일어중以一御衆 논리를 직접 적용해서 해석하고 있는 곳은 사실상 전체 64괘의 절반도 못 되는 이십여 괘에 불과하며, 그것도 「단전」의 몇몇 구절에만 해당할 뿐 괘효사나 「단전」 의 해석에서는 그렇게 일관되게 적용되지 못하였다"353)라고 한다.

앞서 보았듯이 현학 의리역은 비록 도가사상으로부터 영향을 받았지만, 『역전』에 나타난 이일어중의 일다관계는 도가 유무관有無觀에서의 무일원 론無一元論처럼 모든 것이 절대적 무로 지향되지 않는다. 『노자』 제42장 "도가 하나를 낳고 하나가 둘을 낳고 둘이 셋을 낳고 셋이 만물을 낳는다"에 대해 왕필은 "온갖 사물과 형체는 모두 일一로 돌아간다. 무엇으로 말미암아 일에 이르는가? 무無로 말미암아 일에 이르니, 일은 무라고 말할 수도 있다"354)라고 해석했다. 그러나 실제로 『역전』에 나타난 다양한 괘와 효들은 이러한 무차별적 절대관계로 단순화되어 있지 않다. 오히려 그들은 해당 상황 즉 시위時位에서 다양한 관계를 갖고 복잡하고도 구체적인 상태에 처해 있다. 즉 각 괘나 효는 독립된 세계에 고립되어 있기보다는 다수의 독특한 관계망에 처해 있는 것이다.

왕필의 해석은 의리역학으로 그의 형이상학적 이성주의를 천명했다는 것에 의의가 있고, 사물의 보편원칙을 탐구하고 그 존재 근거를 찾았다는 측면에서 철학사적 의의를 갖는다. 그러나 『역전』의 일다관계는 단순히 하나를 전제하여 그것으로 모든 것을 포괄하거나 혹은 모든 것을 하나로 전환시키는 것과 같이 하나에만 집착하는 것이 아니다.355)

---

353) 임채우, 「王弼 易 哲學 硏究−以簡御繁사상을 중심으로」(연세대학교 박사학위논문, 1995), 197쪽.

354) 『老子』, 제42장, "道生一, 一生二, 二生三, 三生萬物." 注: "萬物萬形, 其歸一也. 何由致一. 由於無也, 由無乃一, 一可謂無."

355) 유흔우, 「焦循 『易』철학에 관한 연구」, 177쪽. 사람들은 허와 실 즉 一과 多를 통일하는 문제를 철학의 본체론 문제라고 생각한다. 그러나 저자는 이 문제를 焦循의 역철학과

그렇다면 공자가 「이인里仁」편과 「위령공衛靈公」편에서 말한 '일이관지一以貫之'는 무엇을 말함인가? 「이인」편에서 증자曾子는 공자가 전수한 '일이관지'에 대해 '선생님의 도는 충서忠恕일 뿐이다'라고 말한다. 『중용』에서는 "자신의 마음을 다하는 것을 충忠이라 하고(盡己之心爲忠), 자신에 미루어 남에게도 미치게 하는 것을 서恕라고 한다(推己及人爲恕)"라고 하면서, 결국 충서란 "자신에게 베풀어지는 것을 원하지 않으면 남에게도 베풀지 말아야 하는"(施諸己而不願, 亦勿施於人) 것이라고 하였다. 이 때문에 청대의 초순焦循은 『논어통석論語通釋』에서 "무릇 후세의 구류九流와 이씨二氏의 설說과 한·위·남북조의 경사문호經師門護의 논쟁, 송·원·명의 주·육·양명의 학, 근래 고증학(考據家)에서의 한학과 송학의 변은 그 시작이 모두 서恕가 아닌 곳에 근원하고 있어 극기克己·사기舍己·선여인동善與人同도 할 수 없었으니, 결국에는 스스로 그 도를 작게 이루어서 이단에 가깝게 되었다. 만약 성인의 '일관一貫'의 뜻을 밝혔더라면 어찌 이 지경에 이르겠는가?"[356]라고 하여 공자의 뜻이 제대로 전해지지 못한 상황을 개탄하였다.

『대학』에서는 격물하여야 치국과 평천하에 이를 수 있다고 하였고, 『중용』에서는 "자신의 본성을 다할 수 있으면 만물의 본성을 다할 수 있고, 만물의 본성을 다할 수 있으면 천지의 화육을 도울 수 있으며, 천지의

『論語』의 말을 빌려 旁通, 相通, 貫通 등의 개념으로 설명한다. 즉, 一多 관계에 대한 焦循의 생각을 본체론적으로만 다루어서는 안 되는 것이다. 오히려 焦循의 '執一'에 대한 경계를 언급하며 어느 하나만을 따르거나 그로 인해 대립하는 상황을 비판한다. 多를 귀납하고 一을 연역하는 일은 둘 다 중요하고 결국 같은 일이라고 전제한다. 사람들은 '一以貫之'를 '一로써 그것을 관통한다'고 이해하는데 사실 『論語』에서는 그것을 忠恕와 관련하여 말하고 忠恕는 多로 전개된 상태, 즉 나의 욕구와 타인의 욕구가 충돌될 때의 상황을 다시 一로 전환시키는 것 즉 '旁通情'을 말하는 것이라 설명한다. 따라서 '一以貫之'는 '그것을 관통하여 통일한다'의 의미로 해석되어야 하는 것이다.

356) 焦循, 『論語通釋』, "凡後世九流二氏之說, 漢·魏·南北經師門護之爭, 宋·元·明朱·陸·陽明之學, 近時考據家漢學·宋學之辨, 其始皆源於不恕, 不能克己·舍己·善與人同, 終遂自小其道而近於異端. 使明於聖人一貫之指, 何以至此!"

화육을 도울 수 있으면 천지와 더불어 셋이 될 수 있다"[357]라고 하였다. 이 말은 곧 맹자가 말한 대로 "물이 가지런하지 않은 것이 바로 물의 실상"[358]인 것이요, '격물치지'란 여러 사물(庶物)의 실정에 밝은 것이다.

초순은 '집일(執一)'을 경계하여, 그것은 「계사전」의 "천하가 어찌 생각하고 어찌 헤아리겠는가? 천하가 돌아가는 것은 같지만 길은 다르며, 이르는 것은 하나이지만 헤아리는 것은 백 가지이다"를 올바로 이해하지 못한 것에 기인한다고 말한다. 하안은 이 문장을 거꾸로 인용하여 "길은 다르지만 돌아가는 곳은 같고 헤아리는 것은 백 가지이지만 이르는 것은 하나이니, 그 근원을 안다면 무리에서 선을 들 수 있다"[359]라고 하였다. 이 해석은 한백강의 『역』주석과도 동일하다. 그 또한 "적으면 얻고, 많으면 미혹된다. 길은 비록 많지만 그 돌아가는 것은 동일하며, 헤아리는 것이 비록 백 가지라고 그것이 이르는 것은 둘이 아니다. 진실로 그 요점을 알면 널리 구할 필요가 없다. 하나로써 그것을 관통하면 헤아리지 않아도 다할 것이다"라고 하였다.[360] 또한 『장자』에서는 "하나에 통하면 만사를 이룬다"[361]라고 하였으니, 왕필과 하안이 하고자 한 말과 일치한다. 그러나 초순은 이러한 생각은 집일을 이르는 것으로서 일이관지가 아니라고 한다.

> 타인이 그 배운 것을 고집하여 내가 따르기를 강요하는 것은 내가 원하지 않으며, 내가 배운 것을 고집하여 타인이 따르기를 강요한다면 타인이 어찌 원하는 것이겠는 가? 자신이 하고자 하는 바가 있으면 타인 또한 각자 하고자 하는 바가 있으며,

---

357) 『中庸』, 제22장, "能盡其性, 則能盡人之性, 能盡人之性, 則能盡物之性, 能盡物之性, 則可以贊天地之化育, 可以贊天地之化育, 則可以與天地參矣."
358) 『孟子』, 「滕文公上」, "物之不齊, 物之情也."
359) 『論語通釋』, "引此文而倒之, 以爲'殊途而同歸, 百慮而一致, 知其元則衆善擧矣.'"
360) 『論語通釋』, "韓伯康注易云, '少則得, 多則惑. 塗雖殊, 其歸則同, 慮雖百, 其致不二. 苟識其要, 不在博求. 以一貫之, 不慮而盡矣.' 與何晏說同."
361) 『莊子』, 「天地」, "通於一而萬事畢."

자신이 능한 것이 있으면 타인 또한 각기 능한 바가 있음을 알아야 한다. 천하의 성을 다하면 천지에 두루 미치고 만물을 굽어 이룬다.[362]

여기서 말하는 '일관一貫'의 지극한 공효는 집일執一하여 그 '하나'의 목적을 강조하는 것이 아니라 그 돌아가는 길이 같을지라도 백 가지를 헤아려서 다양한 길이 있음을 이해해야 비로소 드러날 수 있다. 그것이 바로 「계사전」에서 말한 "천하동귀이수도天下同歸而殊塗(천하가 하나로 돌아가지만 길은 제각각이요), 일치이백려一致而百慮(이르는 곳은 하나이지만 생각은 백 가지이다)"에 대한 올바른 이해일 것이다.

도가에서 이어진 왕필 현학의 '일'이 그야말로 하나를 말하는 것이라면 공자에게서의 '일'은 통일을 말하는데, 『주역』에서는 동귀이수도同歸而殊塗와 일치이백려一致而百慮가 중요하다고 하였다. 여럿을 하나로 귀납하고 하나에서 여럿으로 연역하는 것이 모두 중요한 것이다. 동중서의 천인감응은 하늘과 인간이 일관함을 말하였고, 공자의 충서는 나와 타인이 일관함을 말하였다. 우주만물을 인식함에 있어서는 조화와 통일을 구하되 동일한 하나에만 천착해서는 안 된다. 이것이 구화기동求和棄同의 가르침이다.

4. 천인합일과 상관적 사유

『주역』에서 천은 지와 함께 쓰이면서 상·하라는 의미가 되어, 그 사이에 있는 인간을 포함한 모든 만물이 작동하는 공간이 된다. 그 두 개의 추상화된 '천지정위'는 대립과 통일을 기본 인자(부모)로 삼아서 나머지 여섯 괘 즉 자식 혹은 만물을 생성한다. 앞에서 그 의미의 연결고리를 밝히는 한

---

362) 『論語通釋』, "人執其所學而强己以從之, 己不欲, 則己執其所學而强人以從之, 人豈欲哉? 知己有所欲, 人亦各有所欲, 己有所能, 人亦各有所能. 盡天下之性, 則範圍天地, 曲成萬物."

가지는 『주역』 괘·효의 구조에 있어 일과 다의 문제라고 말한 바 있다. 일과 다는 『주역』 괘·효의 구조를 설명하기도 하고, 그 저변에 있는 천인관계를 설명하기도 한다.

천인관계는 세계와 인간에 대한 물음으로서 중국철학사의 가장 중요한 문제 중 하나였다. 그 시작은 '하늘'을 의지를 가진 인격적인 상제로 여긴 것인데, 이는 나아가 인간과 하늘은 동류이며 따라서 인간의 본성이나 형체, 사회도덕 관념 등이 모두 '천'을 통해 결정된다는 생각으로 발전한다. 그 전형은 동중서의 '천인감응설'이다. 천인관계에 대한 또 하나의 이해는 바로 '자연'을 '천'으로 파악한 것인데, 왕충의 "천도는 자연이다"(天道自然)라는 명제가 이를 대변한다. 그는 '천'은 의지나 정감을 가지지 않고, 인류의 발생과 생존은 자연의 법칙에 의해 결정된다고 주장했다. 이러한 관점에서도 '인간과 자연법칙과의 관계'에 대한 이해는 다시 나뉘게 된다. 일부는 '무위'를 제창하여 인간은 자연 앞에서 피동적일 뿐이라고 여겼는데, 도가가 그러하였다. 반면 순자는 자연법칙의 객관성을 인정하여 자연에 대한 인간의 주관적·능동적 작용을 긍정하였고, 그리하여 "천명을 제압하여 그것을 이용한다"(制天命而用之)라는 명제를 제시하였다.

동양과 서양의 천인관계론을 비교하려면 우선 두 가지 작업이 선행되어야 한다. 우선 첫 번째로는 '자연'이라는 개념이 동양과 서양에서 어떻게 사용되었는지 그 차이점을 알아보는 것이고, 두 번째로는 그 윤리적 함의도 고찰해야 하는 것이다.

우리가 통상 사용하는 '자연'이라는 개념은 적어도 두 가지 이상의 함의를 갖는다. '자연'은 (인공이 가해지지 않고) 저절로 생겨난 산이나 바다, 식물이나 동물 따위를 뜻하는 것 외에도, 우선, 사람의 힘이 가해지지 않음, 억지로 하지 않음, 즉 작위적이지 않음(free of human contrivance)의 의미가 있다. 다음으로는 '어떤 것이 있는 방식'(the way something is), '저절로 그러함'을 의미한다. 대부분의 서양 형이상학은 이 두 가지 '자연'의 개념을 조화시켜 왔다. 그래서 그들은 그러한 자연의 본성(natural nature)과 구별되는 인간의 본성(human nature)이 있는지에 관심을 가졌고, 이에 따라 서양철학사에서는 때로는 이원론적으로, 때로는 다른 방식으로 관심을 표명해 왔다. 이원론의 입장에 해당하는 것이 플라톤(논쟁의 소지는 있지만)과 데카르트(확고하게)이고, 아리스토텔레스는 그러한 이분법적인 사고를 거부하는 입장이었다. 반면 동양의 종교적 철학적 전통은 두 번째 의미에 더 큰 관심을 기울였다. 비록 중국, 한국, 일본 등 아시아 각국이 동일한 생각을 공유한 것은 아니었지만, 비교적 일치하는 관념은 '자연'에 대해 이원론적인 입장을 취하기보다는 하나의 절대적인 유기체로서의 '그러함', '있음'으로 보았다는 것이다.

서양은 '자연'에 대해 주로 위에 말한 첫 번째 개념으로 접근하였기 때문에 자연을 과학의 렌즈로 바라보고 정복의 대상으로 생각했다. 반면 동양은 '자연'을 그와 같이 생각하지 않았기 때문에 인간이 현상세계의 연장선에서 자연의 일부가 되는 것이 가능하였다.[363]

우리는 17~18세기 서양의 철학이 당시의 과학적 사고 특히 뉴턴의 물리학에 의존한 것을 안다. 그 출발은 자연을 경험에 의해 관찰하고 탐구하고 분석하는 것이었다. 이 지점이 바로 동·서양이 자연을 바라보는 사유체계에 있어서의 중요한 분기점이 된다. 고대의 철학적 사유가 근대로 전개되는 과정에서 중국철학은 과학적 사고로 불리는 자연과학관을 취하지 않았다. 자연과학관은 물질과 정신을 분리하는 것으로, 물질을 쪼개어 원자를 얻고 그 원자 즉 물질을 영원한 것으로 생각한다.

서양철학사에서 자연과학이 자연의 궁극 원인을 파헤쳐 더 이상 나눠지

---

363) Barnhart, Michael G, "Ideas of Nature in an Asian Context", *Philosophy East and West* Vol.47, No.3(1997), pp.421~425.

지 않는 물질에 대한 연구에 천착하였다면, 철학의 영역은 우주의 근본 원인을 파헤치고 더 이상 나눠지지 않는 생각의 가장 기본적인 단위에 천착한다. 자연과학이 관찰과 실험을 통해 측정하고 분석하려 하였다면, 철학은 '사유'의 과정을 통해 논증하고 그 범주와 명제의 단계를 밝혀 나간다. 힐쉬베르거는 이것을 "될 수 있는 대로 많은 사람들이 정신적인 삶을 살 수 있도록 해 주고 과학적인 자기이해와 세계이해에 이르기를 바라는 그런 교양적인 이상주의"[364]라고 언급하였다. 계몽된 인간의 세계 상은 바로 이성의 세계상이며 기계론적으로 생각하는 지성(이해력)의 세계상 이다. 여기서 지성(verstand)[365]이란 감성에 의해 받아들인 대상들을 구성하고 개념화하는 능력을 말하는 것으로, 감각적인 능력(감성)과 대비되는 지적 능력을 의미한다.

J. 로크는 그의 『인간오성론』에서 인간정신을 '백지'로 정의하면서 경험 을 통해 채워지는 지식의 기원을 밝힌다. 그에게 관념(idea)은 생각의 가장 기본 단위이다. I. 벌린은 로크를 뉴턴과 함께 언급하며 다음과 같이 말한다.

> 물질의 세계란 단일한 입자에 의해서 기술될 수 있는 것이었고, 그것의 운동법칙은 이러한 입자들의 상호작용에 관한 법칙과 동일한 것이었다. 점차 유럽 사상을 지배하게 되었던 영국의 경험주의 철학자들은 이러한 사고방식을 마음에도 적용하 였다. 마음은 마치 뉴턴적 입자와 같은 균일한 마음의 입자들을 담고 있는 상자처럼

364) 요하네스 힐쉬베르거, 강성위 역, 『서양철학사 下』(대구: 이문출판사, 2013), 331쪽.
365) I. 벌린 저, 정병훈 역, 『계몽시대의 철학』(서울: 서광사, 1992), 40쪽, "오성은 눈과 같아서 우리로 하여금 모든 다른 사물들을 보고 지각하게 하면서 자기 자신에 대해서는 전혀 주의하지 않는다…… 뿐만 아니라 다른 사물에 대한 연구로 우리의 사고를 인도하 는 데에도 커다란 도움을 준다." 'Verstand'의 기존 번역은 오성이며 최근에는 이를 '지성'으로 번역하고 있다. 칸트는 이성과 지성을 구분하였는데 지성은 이성, 즉 이념이나 절대적 전체에 관계하는 능력의 하위에 있는 것이다. 이 글에서는 가능한 '지성'이라는 번역어로 통일하여 사용할 것이며 간혹 인용된 자료의 번역자에 따라 오성과 지성이라는 용어가 혼용되어 있음을 미리 밝힌다.

취급되었다. 그 입자들은 '관념'이라고 불리어졌다. 이러한 관념은 서로 구별되고 독립적인 실재물로서 '단순한 것'이다. 다시 말해서 쪼개질 수 있는 어떤 부분도 포함하고 있지 않은 것으로, 문자 그대로 원자적인 것이다. 그것의 기원은 외부 세계의 어떤 곳이며, 그 외부 세계는 모래시계 안의 수많은 모래와 같이 정신 안에 관념을 떨어뜨린다. 정신 안에서 관념들은 어떤 방식으로 분리된 채로 있거나, 또는 외부 세계에 있는 물질적 대상들이 원자나 분자의 복합체로 복합되는 것과 같은 방식으로 복합체를 구성한다.366)

여기서 물질의 세계란 인간에게서, 인간에 의해 분리된 자연세계로서 외부세계에 존재하는 것이다. 그것은 감각(sensation)과 반성(reflection)을 통해 백지 상태의 인간의 마음에 채워진다. 한편 인간의 마음을 채우는 입자들은 관념이라 불리며 마치 외부세계의 원자와 같이 더 이상 쪼개질 수 없는 것이다. 우리가 생각하는 관념들은 물질을 닮았다. 실체를 있는 그대로는 아니라도 매우 유사하게 닮는다고 생각하는 것이 종래 철학의 입장이었다. 로크는 지성이 있기 때문에 인간은 인간 이외의 다른 생명체들을 한층 더 우월한 입장에서 지배할 수 있게 된 것이라고 하면서, 그만큼 지성은 탐구할 만한 가치가 있는 것이라 보았다. 로크의 철학에서 의미 있게 도입된 '관념'(idea)이라는 용어는 이후 철학사에서 핵심적인 역할을 한다.

그것은 인간이 사고할 때 오성의 대상이 되는 것이면 무엇이든 그것을 나타내기에 가장 적합한 용어이다. 따라서 나는 그것을 심상(phantasm), 개념(notion), 형상(species)에 의해 의미되는 모든 것, 또는 정신이 사고하는 데 채용할 수 있는 그 밖의 모든 것을 표현하기 위해서 이 용어를 사용한다. 나는 그러한 관념들이 인간의 정신에 있다는 것을 쉽게 인정할 수 있다고 가정한다. 모든 사람은 자기 자신 속에 있는 관념들을 의식하고 있으며, 또한 사람들의 행위들을 보면 그것들이 다른 사람들에게

---

366) I. 벌린 저, 정병훈 역, 『계몽시대의 철학』, 21쪽.

도 있다는 것이 납득될 수 있을 것이다. 따라서 우리의 첫 번째 탐구는 관념들이 어떻게 정신에 들어오는가가 될 것이다. '관념'이란 말의 이러한 사용은-인상'(impression), '현상'(phenomena), '표현'(appearance), '지각'(percept), '감각 가능체'(sensibilia), '감각 소여'(sense data), '소여'(the given) 등보다 훨씬 넓게 사용되는데- 이러한 정신의 준역학적 개념의 일부분이며, 말하자면 철학자들이 정신 가운데 '관념'이라고 부르는 어떤 실재물의 자연사(기원, 발전, 행위에 대한 기술)에 참여한다는 것을 보여 주는 것이다.[367]

관념이란 문화나 언어관에 구분 없이 어떠한 대상물을 가리키는 하나의 생각이다. 이것을 개념과 비교하면, 개념은 서로 연결되어 다양한 의미를 말할 수 있으나 관념은 마치 자연과학에서의 원자와 같이 더 이상 쪼개어지지 않는 생각의 기본 단위인 것이다. 로크는 우리의 지식이 어떻게 이루어지는가에 관심을 가지고 그 지식의 확실성을 정초하기 위해 인간 정신의 기본이 되는 관념을 연구하였다.

여기서 중요한 것은 인식주체인 나와 인식대상인 자연의 분리로서, 그 대상을 정밀하게 관찰하고 실험하기 위하여 더 이상 나눌 수 없는 단일 입자로 쪼갠 뒤 그 입자들 사이의 상호관계에 대한 분석을 통해 그 운동법칙을 알아내는 것이 인간 지성의 능력이다. 그것은 분명 인식주체를 떠나 외부에 존재한다. 한편 인식주체의 측면에서는 인간의 마음 또한 더 이상 나눌 수 없는 입자로 쪼개어지는데, 우리는 그것을 관념이라 부른다. 관념은 물질을 닮았다. 인간은 관념을 통해 외부의 자연세계를 지칭한다. 외부 자연에 대한 인식은 분리하고 나누고 관찰하고 실험하는 주체의 행위이다. 관념은 그러한 대상이 인간의 정신에 들어와 의미를 맺는 기본 단위이며, 이것이 지식을 이룬다.

---

367) I. 벌린 저, 정병훈 역, 『계몽시대의 철학』, 42~43쪽. 위의 인용문은 저자가 로크의 『인간오성론』(An Essay concerning Human Understanding)에서 발췌한 내용이다.

실험과 관찰을 통한 자연과학의 방법론은 모든 물질을 아우르는 법칙을 밝히고자 하였고, 사유를 통한 철학의 방법론은 우리의 정신을 아우르는 궁극의 원천을 찾아 나섰다. 서양에서는 물질과 정신을 구분하였고, 감각과 반성을 통해 구체적으로 주어진 것들을 자료로 삼아 그것들이 어떻게 우리에게 들어와서 연결되어 우리의 지식이 만들어지는가를 연구하였다. 반면 중국철학에서는 인간과 자연을 분리하려고 하지 않았다. 인간은 자연을 관찰과 실험의 대상으로 보지 않았으며, 단지 자연을 닮으려 하였다. 지식은 외부로 시야를 돌려서 접촉을 통해 이해하려 한다.

중국인도 자연을 바라보았다. 그러나 그것은 지식에 대한 추구를 목적으로 한 것이 아니었다. 자연을 마주 보려면 대립된 위치에 서야 하는데, 중국인의 생각 속에는 자연과 인간, 즉 하늘과 인간은 통일되어야 한다는 전제가 있었다. 외부 자연을 분리시켜서 관찰하고 실험하여 그것을 인간의 지성으로 관념화하는 것으로는 통일의 목적에 다다를 수 없다. 따라서 중국인은 지식을 구하는 것에 조심스러워했다. 오히려 진리의 추구보다는 수양하는 것, 즉 선의 추구를 목적하여 덕을 닦고 공을 세우는 것으로써 주장을 삼으려 했다. 이것이 중국철학에서 말하는 내성외왕의 도이다.

중국은 인간과 자연과의 관계 그리고 그 궁극적 원리에 더 관심이 있었다. 그러한 관계의 이상적인 상태가 바로 천인감응을 통한 천인합일이었던 것이다. 지식을 측적하는 것보다는 자연과 인간, 하늘과 인간과의 관계를 공부하여 인간이 해야 할 바를 추적하는 것이 더욱 중요하였기에, 자연을 인간으로부터 분리할 필요가 없었던 것이다.

철학사에서 이성의 역할은 이념이나 절대적 전체 그리고 그 근거에 관여하는 능력이다. 그것은 수많은 잡다함에 대한 일치의 원칙을 알아 가는 정신의 중요한 활동이다. 우리가 궁극적으로 어떠한 것의 필연적 이치를 알 수 있는가 없는가는 수많은 철학자들의 숙제였고 철학함의 주요 과정 중의 하나였다. 다양한 것들을 관계시키고 비교하여 우리는 궁극적으로 그 어떤 비교도 가능하지 않은 무한자를 만나고자 하는 것이다.

칸트는 형이상학을 논하면서 순수이성의 이름으로 사후 영혼의 존재를 묻고, 자유의지를 말하면서 신의 존재를 묻는다.[368] 최고로 큰 것 혹은 그 반대로 최소의 무엇, 절대적인 무엇, 그 절대적 하나와의 통일은 다수의 끊임없는 비교를 통해 도달할 수 있겠지만, 동시에 그 무엇과도 관계하지 않고 비교되거나 구별될 수 없는 것이 있다. 여기서 말하는 하나를 통해 전체를 통찰하려는 노력, 혹은 그와 반대로 전체를 놓고 하나를 이해하려는 노력은, 즉 보편과 개별의 문제는 동서양 철학의 전반적인 관심사이며 모든 사유에 공통되는 것이다. 감각이나 지성과 달리 이성은 이러한 절대적이고 추상적인 것에 관여하는 능력이다. 많은 것과 하나 사이의 관계를 통해 통찰하는 능력 그것은 우리에게 통일된 전체를 인식시킨다. 우리의 앎에는 비록 한계가 있지만, 다양한 것들을 개념화하고 분류하며 비교 분석하여 근거를 찾고 궁극의 원인을 찾아가는 것은 동서양 철학의 공통된 목표일 것이다.[369]

인식론과 관련하여, 중국철학은 협의의 인식 즉 지식에 관한 것을 중요

---

368) 임마누엘 칸트, 崔載喜 역, 『순수이성비판』(서울: 박영사, 1989), 40쪽.

369) 최인숙, 「쿠자누스와 칸트」, 『칸트연구』제4집(1999). 서양철학사에서 一多關係에 대한 연구를 시도한 쿠자누스(Nikolaus Cusanus, 1401~1464)와 칸트를 소개한다. 94쪽 참조. 쿠자누스는 '대립물의 일치'를 주장하였는데 그것은 무한자인 신에서 모든 모순이 통일된다고 생각하는 것이다. 그가 근대 철학사에서 중요한 위치를 차지하는 이유는 그의 이론에서 밝히고자 했던 '하나와 다수의 관계' 때문이다. 그의 사상은 브루노와 라이프니츠 등 근세철학에 중요한 영향을 미쳤다. "그는 인간의 앎을 철학적으로 '무지에 대한 앎'이라고 규정했으며, 이러한 앎을 '대립과 일치의 원칙'을 통해 설명하고자 했다."(84쪽) "그는 우리가 사는 이 세계와 이 세계의 가능 근거 사이의 관계를 다양한 방식을 통해 설명하고 있는데, 그 중 하나와 다수의 관계는 매우 중요한 역할을 한다." 저자는 쿠자누스의 '하나와 다수의 관계'를 통한 인식을 칸트의 '반성적 판단'과 비교한다. 즉 자연의 세계가 배후의 통일적 원리에 의해 전개되는데 반성적 판단을 통해 그것을 알아차릴 수 있다는 것이다.

문제로 삼지 않았다. 풍우란은 그 이유로 "중국철학자들이 본래 지식을 위한 지식을 추구하려고 하지 않았기 때문이기도 하지만, 중국철학에서는 개인과 우주를 뚜렷이 분리한 적이 없기 때문"[370]이라고 하였다. 협의의 인식에서는 나와 우주를 구분하는 것이 우선이다. 주체적으로 사물의 개념과 관념의 체계를 규정하여 그 대상의 본래 가치를 알아차리고 그 사물의 실체를 이해하려 하는 것이 인식이라면, 동양철학의 관점은 그와 같지 않다. 그렇게 분류된 대상은 결국 인식에 의해 현상하는 것일 뿐이기 때문이다.

『역전』의 형이상학은 '천도'를 논의하는 데에 있었다. 「설괘전」에서는 "신神이란 만물을 신묘하게 함을 말한 것이다"[371]라고 하였는데, 이에 대해 주희는 "뜻을 통하고 일을 이루는 것이 신이 하는 것이다"[372]라고 설명하였다. 『역전』에서 말하는 천天이나 신은 형이상학적인 것으로서 이성의 관념을 통해 설명될 수 있었다. 그것은 서양 종교에서의 신도 아니고 기화된 신도 아니다.

중국철학에서 신이나 신명은 다양한 의미로 사용되어 왔다. 원래 신은 정신적인 것이나 영혼을 의미하기도 하였고, '신'(god) 그 자체를 뜻하기도 하였으며, 신비스러움을 말하기도 하였다. 이후 그것은 빛남이나 지혜 혹은 밝힘을 의미하는 '명'과 만나서 신과 같은 지식, 초월적인 이성, 정신이 생겨나는 근원 등을 의미하게 되었다. 신명은 특히 중국의 고전을 이해하는 데 필수불가결한 표현이다.

『중국철학사전』(Encyclopedia of Chinese Philosophy)에서는 신명을 '신과 같은 지혜'

---

370) 馮友蘭, 박성규 역, 『중국철학사 상』, 11쪽. 그러나 인간과 자연 간의 문제에 대해 순자는 하늘을 사람과 분별하였다. 순자에게 있어 천은 물리적 하늘이다.
371) "神也者, 妙萬物而爲言者也."
372) 『周易本義』, 「繫辭上」, "所以通志而成務者, 神之所爲也."

정도로 번역하면서 대체로 여섯 가지의 사용례를 들고 있다.[373] 첫 번째로, 고대 초기에는 통상 '신'이나 '정신'의 의미로 사용되었다. 두 번째는 (첫 번째와 유사하게 사용되어) '도덕적 제재를 가하는' 기능을 하는 신이나 정신을 의미했다. 세 번째는 신의 현시나 존재를 의미하는, 신전이나 종교적 사찰에 나타난 신의 형상으로, 이것은 신명에 대한 현재의 용례이기도 하다. 네 번째와 다섯 번째 용례는 형이상학적 함의를 가지는데, 네 번째는 정신적으로 탁월한 도덕이나 힘을 일컫는다. 이것은 성인의 경지를 의미하는 것으로, 신성의 명료함이나 자각과 같이 의식적으로 노력하여 얻어지는 것이 아니면서도 은미하고 미묘한 부분까지 분별할 수 있는 능력을 말한다. 예를 들어 "성인의 신명은 천지와 완전한 조화를 이룬다"와 같다. 다섯 번째로, 신명은 인간의 혼이 최종적으로 추구하는 목표로 이해되었다. 마지막으로, 신명은 인간의 마음 그 자체이다. 왜냐하면 천지의 기가 인간의 신체에 깃들어 있기 때문이다.

『역전』에서 신은 귀와 함께 쓰여 귀신의 신령을 뜻하기도 하지만, 이러한 경우라 하더라도 역시 변화의 이치를 깨달은 바나 혹은 그러한 이치를 행하고 밝히는 덕행의 신묘함 내지는 신명을 의미한다.[374] 「계사전」에서

---

373) Edward Machle, *Encyclopedia of Chinese Philosophy*(Routledge, 2012), pp.701~703. 神明은 『荀子』에 6회 언급되고, 『孝經』에 2회, 『禮記』와 『易經』에 몇 차례 언급이 되었다. 저자에 의하면 그 외에 유가의 전적에서는 神明이라는 표현을 찾기 어렵고 대신에 『莊子』, 『管子』, 『淮南子』 등과 같은 도가적 전적에서 발견된다고 한다.

374) 곽신환, 「周易의 自然과 人間에 관한 연구」(성균관대학교 박사학위논문, 1987), 67쪽. 저자는 神이나 鬼神이라는 용어가 『易傳』과 宋代 理學에서는 주요 학술개념이었다고 하면서 역학을 올바로 이해하기 위해서는 陰陽, 神明 등에 의해 형성된 사유를 잘 이해해야 한다고 말한다. 神·鬼神 외에 鬼가 단독으로 쓰인 곳은 人·天과 구별을 위한 것이며 '人謀鬼謀'(「繫辭下」, 제12장)가 그 용례이다. '人謀鬼謀'는 제사의 대상으로 '天과 人을 매개하는 존재이다.' 『易傳』에 나오는 神은 네 가지 경우로 분류할 수 있다. 첫째로, 다가올 일을 알거나 기미를 알아내는 신묘한 작용을 뜻하는 경우이다. 이는 주로 德性을 가리킨다. 즉 神明과 관련된다.(神以知來, 知幾其神乎.) 두 번째는 자연과 만물의 변화를 일으키는 배후의 주체이다.(知變化之道者, 其知神之所爲乎.) 세 번째는

신이 언급된 경우를 살펴보면 다음과 같다.

위로는 천문을 관찰하고 아래로는 지리를 살피니, 이 때문에 어둠과 밝음의 까닭을 안다. 처음에 근원하여 끝을 돌이켜 보기 때문에 삶과 죽음의 설을 안다. 정기가 사물이 되고 혼이 떠돌면서 변화가 생겨나니, 이 때문에 귀신의 정황을 안다.[375]

「계사전」에 언급된 이 문장은 어둠과 밝음 그리고 삶과 죽음의 이치를 말하여 사물의 존재, 생성과 변화의 관념으로 귀신을 설명한다. 주희는 이 구절은 '궁리' 즉 이치를 구하는 일과 관련 있다고 해석하면서 "역은 음양을 말할 뿐이다. 유명幽明과 생사와 귀신이 모두 음양의 변變이며 천지의 도이니, 천문에 주야와 상하가 있고 지리에 남북과 고저가 있다. 원原이란 앞으로 미루어 가는 것이고, 반反이란 뒤에 요약하는 것이다. 음은 정精이고 양은 기氣이다. 모여서 물物을 이루는 것은 신의 펼침이고, 혼이 흩어지고 백이 내리는 것은 귀의 돌아감이다"[376]라고 하였다.

주희는 역에서 말하는 음양의 이치는 유幽와 명明, 생과 사, 귀와 신의 변화와 관련되어 있고, 그것이 바로 천지의 이치임을 말하고 있다. 그것을 궁리하면 시작한 바에 근원하여 그 생겨남을 알 수 있고 끝에 돌아간 바를 돌이켜 그 죽음을 알 수 있기에, 궁극에는 생을 따르고 사를 편안히 여기는 도를 얻게 되는 것이다. 귀·신에 대해 주희는 "정精이 모이면 백魄이 모이고, 기氣가 모이면 혼魂이 모인다. 그러므로 인물의 정체定體가

器用·致用을 뜻하는 경우이다.(精義之神, 以致用也.) 네 번째는 鬼와 함께하여 일반적인 의미의 신령을 뜻하는 경우이다. 그 중 첫 번째와 두 번째를 주목하여야 한다.

375) 「繫辭上」, 제4장, "仰以觀於天文, 俯以察於地理, 是故知幽明之故. 原始反終, 故知死生之說. 精氣爲物, 游魂爲變, 是故知鬼神之情狀."

376) 『周易本義』, 「繫辭上」, "易者, 陰陽而已. 幽明·死生·鬼神, 皆陰陽之變, 天地之道也, 天文, 則有晝夜上下, 地理, 則有南北高深. 原者, 推之於前, 反者, 要之於後. 陰精陽氣. 聚而成物, 神之伸也, 魂游魄降, 散而爲變, 鬼之歸也."

정精이 다하고 백魄이 내림에 이르면, 기氣가 흩어지고 혼魂이 놀라서 가지 않음이 없다. 내린 것은 굴곡해서 형체가 없는 까닭으로 귀라고 하고, 유遊는 펴서 측정할 수 없는 까닭으로 신이라고 한다"라고 하여 백魄은 정精에, 혼魂은 기氣에 속하는 것으로 파악한다. 그리고 그 양자의 변화에 대해서는, 굴곡 즉 수축을 통해 귀를 설명하고 펴진 것遊을 신이라 일컬었다. 원시반종原始反終에서, 원시는 삶의 발생을 미루어 보는 것이고 반종은 죽음 즉 소멸로 돌아가는 것이다. 세상은 항상 무에서 유(삶)로의 변화와 유에서 무(죽음)로의 변화를 반복한다. 그것은 상대적인 것이다. 김경방도 주희의 해석을 인용하여 "물物은 정기에 의해 한데 모이는 것이고 혼백이 흩어지면 변變이 되니, 귀가 바로 변이고 신이 바로 물이다"라고 하였다.

「계사상」에서는 이어서 "수를 지극히 하여 미래를 아는 것을 점이라 하고, 변화에 통달하는 것을 일이라 하며, 음하고 양하여 헤아릴 수 없는 것을 신이라 한다"[377]라고 하였다. 주희는 이 단락에 대해, 점은 일이 아직 결정되지 않은 양에 속하고, 일(事)은 점으로 결단하여 행하는 것으로서 음에 속하므로 수를 지극히 하여 미래를 안다는 것은 곧 변에 통하는 것이며, 음하고 양하는 것은 측량할 수 없는 까닭에 신이라 할 수 있다고 하였다. 김경방은 신은 물질과 상대되는 정신에 해당하며, 신의 활동은 사유하고 의식하는 것이어서 헤아리기 힘들다고 하면서 공자의 "변화의 도를 아는 자는 신이 하는 바를 알 것이다"[378]라는 말을 인용하고 있다. 공자는 '대연의 수'가 변화의 작용으로 팔괘를 낳는 것은 사람이 한 것이 아니라 신의 일이라고 보았던 것이다. "그러므로 그 뜻을 통하고 일을 이루는 것은 모두 신이 하는 것인 바이다."[379] 그래서 주희는 시초蓍草와

---

377) 「繫辭上」, 제4장, "極數知來之謂占, 通變之謂事, 陰陽不測之謂神."
378) 「繫辭上」, 제9장, "子曰, 知變化之道者, 其知神之所爲乎."
379) 『周易本義』, "所以通志而成務者, 神之所爲也."

거북점을 모두 신물神物이라 하였다.380) 그리고 성인은 하늘이 내린 신물로부터 천지의 변화를 읽고 그 법도를 밝혔으니, 괘효의 변통을 읽어 그 신묘함을 밝히는 것은 사람의 덕행德行인 것이다.

『주역』 상·하경에 언급된 '신'의 용례는 총 6회이다. 건괘 구오에서 두 번 신을 말하고, 겸괘에서 한 번, 관괘觀卦에서 두 번 그리고 풍괘豊卦에서 한차례 언급된다.

> 구오에 말하기를 "나는 용이 하늘에 있으니 대인을 보면 이롭다"는 것은 무엇을 말하는가? 공자께서 말하였다. "같은 소리는 서로 응하고 같은 기운은 서로 구한다. 물은 습한 곳으로 흐르고 불은 건조한 곳으로 나아가며, 구름은 용을 따르고 바람은 범을 따르니, 성인이 일어남에 만인이 우러러본다. 하늘에 근본하는 것은 위와 친하고 땅에 근본하는 것은 아래와 친하니, 각각 그 부류를 따르는 것이다."…… 대인은 천지와 그 덕이 합하고 일월과 그 밝음이 합하며 사계절과 그 순서가 합하고 귀신과 그 길흉이 합한다. 천에 앞서 있으면서도 천에 어긋나지 않으며, 천의 뒤에 있으면서도 천시天時를 받든다. 천도 어기지 않거늘 하물며 사람에 있어서랴, 하물며 귀신에 있어서랴.381)

건괘 「문언」의 구오에 대한 설명이다. 구오는 건괘의 주효이다. 구오는 군주의 지위에 앉아서 '비룡재천'하여 '성인작聖人作'하니, 만물이 이를 우러러 본다. 주희는 '작作'을 '일어남'으로, '물'을 사람으로 보아 '도觀'로써 이견利見을 해석하였다. 동물은 하늘에 근본하고 식물은 땅에 근본하니, 성인이 인류의 우두머리가 된다. 따라서 구오의 자리에서 일어나니 만인이

---

380) 『周易本義』, "神物, 謂蓍龜."
381) 乾卦, 「文言」, "九五曰, 飛龍在天, 利見大人, 何謂也? 子曰. 同聲相應, 同氣相求. 水流濕, 火就燥, 雲從龍, 風從虎, 聖人作而萬物覩. 本乎天者親上, 本乎地者親下, 則各從其類也.", "夫大人者, 與天地合其德, 與日月合其明, 與四時合其序, 與鬼神合其吉凶. 先天而天弗違, 後天而奉天時. 天且弗違, 而況於人乎? 況於鬼神乎?"

우러러보는 것이다.382) 이 말은 앞 구절의 "같은 소리는 서로 응하고(同聲相應),
같은 기운은 서로 구한다(同氣相求)"를 뜻하는 것이다. 그래서 "각각 그 부류를
따른다"고 하였다. 이어지는 말은 주효인 구오에 건괘의 덕이 나타나 있음을
설명하고 있다. 구오는 군주이면서 대인의 덕을 가지고 있는데, 그것은
천지의 덕과 합일한다. 천지의 덕과 합한다 함은 천시를 받드는 것이고,
자연규율을 따르는 천명을 지키는 것과 상통한다.

　『역전』에 나타난 유가의 사상은 천도를 통하여 인사를 밝히는데, 전자는
우주질서이고 후자는 도덕질서이다.383) '신'의 또 다른 용례는 겸괘에 나타
난다.

　하늘의 도는 가득 찬 것을 이지러지게 하여 겸손한 것에 더해 주고 땅의 도는
　가득 찬 것을 변하게 하여 겸손한 데로 흐르게 하며, 귀신은 가득 찬 것을 해치고
　겸손한 것에 복을 주며, 사람의 도는 가득 찬 것을 싫어하고 겸손한 것을 좋아한다.
　겸은 작지만 광대하고 낮으나 뛰어넘을 수 없으니, 군자의 끝마침이다.384)

　겸괘(䷎)는 간하곤상艮下坤上이다. 겸이 형통하다(謙亨)는 것은, 하늘의 도
즉 하괘인 간의 양효가 구삼에 위치하여 두 음효의 위에 있으니 "아래로
교제하여 광명하고"(天道下濟而光明) 곤은 "낮은 데서 위로 올라가서 행하므로"

---

382) 『周易本義』, 「文言」, "作, 起也. 物, 猶人也. 覩, 釋利見之意也. 本乎天者, 謂動物. 本乎地者,
　　謂植物. 物各從其類. 聖人, 人類之首也. 故興起於上, 則人皆見之."
383) 모종삼, 『중국철학특강』, 94쪽, "Cosmic order is moral order." 모종삼은 이 둘은 합일되어
　　있기 때문에 분리할 수 없으며 그것이 「坤文言」에서 말하는 "곧다는 것은 바르다는
　　것이다. 반듯하다는 것은 옳다는 것이다. 군자는 경으로 안을 곧게 하고 의로 밖을
　　바르게 한다. 공경하는 것과 옳은 것이 확립되면 덕이 외롭지 않다. 곧고 바르고 큰
　　것을 익히지 않고서도 이롭지 않은 것이 없다"(直其正也, 方其義也. 君子敬以直內, 義以方
　　外. 敬義立而德不孤, 直方大, 不習无不利)가 의미하는 바라고 말한다.
384) 謙卦 「彖傳」, "天道虧盈而益謙, 地道變盈而流謙, 鬼神害盈而福謙, 人道惡盈而好謙. 謙尊而光,
　　卑而不可踰, 君子之終也."

(地道卑而上行) 형통한 것이다. 천도는 아래에 위치하여 겸손함을 잘 알려 주기에 "가득 찬 것을 이지러지게 하여 겸손함을 더해 준다"고 하였다. "귀신은 가득 찬 것을 해치고 겸손한 것에 복을 준다"는 말은 귀신의 조화를 이름이고, 그것은 자연과 인사의 법도를 말한다.

크게 보여 주는 것이 위에 있으니 유순하고 공손하다. 중정함으로써 천하에 보여 준다. "관은 손을 씻고 아직 제수를 올리지 않았을 때처럼 하면 진실함을 가지고 우러러 본다"는 것은 아랫사람들이 보고서 교화되는 것이다. 하늘의 신도를 보여 주어 사계절이 어긋나지 않고, 성인이 신도로써 가르침을 베풀어 천하가 복종한다.[385]

관괘(䷓)는 곤하손상坤下巽上이다. "크게 보여 주는 것이 위에 있다"는 것은 큰 양이 위에 있다는 것이다. 이는 구오에 위치한 양효를 말하는 것으로, 그것이 중정을 얻었기 때문이다. "하늘의 신도를 보여 주어 사계절이 어긋나지 않고, 성인이 신도로써 가르침을 베풀었다"는 것은 관의 도를 말하는 것이다.

풍은 큼이다. 밝음으로써 움직이기 때문에 풍이라 하였다. "왕은 도량이 크다"는 것은 숭상함이 큰 것이다. "걱정하지 말라. 한낮에 나타난 일식은 정상적이다"는 것은 천하를 비추는 것이 정상적이라는 것이다. 해가 중천에 있으면 기울고 달도 차면 줄어든다. 천지의 차고 비는 것도 때와 더불어 소식消息하거늘 하물며 사람에 있어서랴, 하물며 귀신에 있어서랴.[386]

풍괘(䷶)는 리하진상離下震上이다. 괘명의 '풍'은 충분하고 가득 차고 크다

---

385) 觀卦, 「象傳」, "象曰, 大觀在上, 順而巽. 中正以觀天下. 觀盥而不薦, 有孚顒若, 下觀而化也. 觀天之神道, 而四時不忒, 聖人以神道設教, 而天下服矣."
386) 豐卦, 「象傳」, "象曰, 豐, 大也. 明以動, 故豐. 王假之, 尙大也; 勿憂, 宜日中, 宜照天下也. 日中則昃, 月盈則食, 天地盈虛, 與時消息, 而況於人乎, 況於鬼神乎."

는 의미를 가진다. 그것은 해를 가리는 그림자, 즉 일식의 그림자가 크다는 뜻이다. 따라서 풍괘는 천문현상인 일식을 가리킨다. 리는 밝음으로서 아래에 있고 진은 움직임으로서 위에 있다. 그래서 밝음으로써 움직인다고 하였다.[387] "의일중宜日中"은 한낮에 북두칠성이나 이름 없는 작은 별을 보게 되더라도 그것은 합당하고 정상적인 현상이라는 뜻이다.[388] 이 말은 다음에 "해가 중천에 있으면 기울고 달도 차면 줄어든다. 천지의 차고 비는 것도 때와 더불어 소식消息하거늘 하물며 사람에 있어서랴, 하물며 귀신에 있어서랴"에서 말하고 있는 바와 동일하다. 즉 그것은 해가 뜨고 지며 달이 차고 기울듯이 모든 자연현상은 영허성쇠라는 끊임없는 변화 과정 속의 하나라는 것이다. 그 또한 우주만물의 변화에 있는 규율에 부합하는 정상적인 것이요, 사람도 마찬가지인 것이다. 왜냐하면 인간은 천지와 부합하는 존재이기 때문이다. 자연은 바로 천지이고, 사람은 천지에 합일한다.

여기서 언급된 '귀신'은 종교나 신비적인 의미로 쓰인 것이 아니다. 주희는 『중용장구』에서 공자의 "귀신의 덕이 지극하다"(鬼神之爲德, 其盛矣乎)라는 말에 대해 "귀신은 천지의 공용이요 조화의 자취"라는 정이의 말과 "귀신은 음·양 두 기운의 양능"이라고 한 장재의 말을 인용하면서, "두 기운으로 말하면 귀는 음의 령이요 신은 양의 령이며, 한 기운으로 말하자면 펴짐은 신이 되고 되돌아감은 귀가 되니, 실제는 한 사물일 뿐이다"라고 설명하였다.[389] 여기서 말하는 귀신은 '자연의 규율'에 가깝다.

---

387) 김경방·여소강, 『周易全解 下』, 268쪽. 김경방은 豊卦의 '明以動'과 噬嗑卦의 '動以明'의 차이를 설명한다. 明以動이 강조하는 것은 明이다. 즉 '밝음으로써 움직이고 움직이기를 밝음으로써 하기' 때문에 큼을 초래한다. 서합괘의 動以明은 '움직이고 또한 밝으니 먼저 움직인 뒤에 밝음을 구하여 밝음을 얻은 뒤에 형통할 수 있다'는 것이다.
388) 김경방·여소강, 『周易全解 下』, 269쪽. '日中'은 '日中見斗'나 '日中見沫'가 생략된 것이다.
389) 『中庸章句』, "子曰, 鬼神之爲德, 其盛矣乎.", "程子曰, 鬼神, 天地之功用, 而造化之迹也. 張子曰,

「설괘전」에서는 "신이란 만물을 (신)묘하게 하는 것을 말한다"라고 한 뒤 이어서 우레, 바람, 불, 연못, 물, 산 여섯 가지를 들며, "물과 불이 서로 따라잡고(逮) 우레와 바람이 서로 어그러지지 않으며(悖) 산과 연못이 서로 기가 통한 연후에 변화하여 만물을 이룬다"고 하였다.[390] 주희는 이를 "건곤乾坤을 제외하고 오로지 육자六子만을 말함으로써 신神이 하는 일(所爲)을 보였다"[391]라고 설명하였다. 굳이 건곤을 언급할 것 없이 육자 즉 우레, 바람, 불, 연못, 물, 산만을 들어서 그 물상과 상호작용을 통하여 만물이 발생하고 변화하며 완성됨을 말했다는 것이다. 육자 각각이 개별적으로 작동하는 것이 아니라 함께 어울려 공능하는 것이며, 이 모든 것을 신이 총괄한다. 이러한 신의 작용은 문자로 뚜렷이 개념화할 수 없는 것이므로 묘라고 표현했다. 김경방은 '묘'는 '묘眇'와 의미가 통하니 "만물의 성장이 어슴푸레 신에 의해 주재된다"는 뜻이라고 하였다.[392] 「설괘전」의 이 문장은 건곤의 공능을 신의 역할로 설명하면서 다른 육자를 음양의 대비와 합덕을 통해 말하고 있다. 그것은 자연의 변화이면서 동시에 그곳에 작용하는 신 즉 조화의 자취이면서 천지의 공능이기도 하다.

니덤이 중국우주론의 핵심개념으로 말한 '상관적 사유'(correlative thinking)는 우주, 세계, 자연, 인간 등의 관계에 있어 조화와 감응을 중시하는 것이다. 니덤의 말을 인용하며 헨더슨(J. Henderson)은 '상관적 사유'를 네 가지 양식으로 분류하는데, 그 중 중국철학에만 있는 독특한 양식으로 『주역』과 「십익」에

鬼神者, 二氣之良能也. 愚謂, 以二氣言, 則鬼者, 陰之靈也; 神者, 陽之靈也. 以一氣言, 則至而伸者爲神, 反而歸者爲鬼, 其實一物而已, 爲德猶言性情功效."

390) 「說卦傳」, "神也者, 妙萬物而爲言者也. 動萬物者, 莫疾乎雷, 撓萬物者, 莫疾乎風, 燥萬物者, 莫熯乎火, 說萬物者, 莫說乎澤, 潤萬物者, 莫潤乎水, 終萬物·始萬物者, 莫盛乎艮. 故水火相逮, 雷風不相悖, 山澤通氣, 然後能變化, 既成萬物也."

391) 『周易本義』, 「說卦傳」, "此去乾坤而專言六子, 以見神之所爲."

392) 김경방·여소강, 『周易全解 下』, 597쪽.

제시된 체계가 제시되고 있다.[393] 헨더슨에 따르면, 『역전』은 역이 담고 있는 우주 원리를 형이상학화하였는데 그 괘의 형상은 천지에 존재하는 모든 사물과 그들 사이의 관계 그리고 변화 과정을 묘사한 것이었으며, 이후 역은 인간사회에서의 유행과 변화의 법칙을 드러냄으로써 다양한 영역들 사이의 상관관계를 구성하는 철학적 기반이 되었다고 한다. 즉 중국 고대의 성인이 천지를 관찰해서 만든 팔괘의 형상은 그것이 바로 자연사물과 현상으로부터 역이 추상화되었다는 것을 말하고, 그렇게 형성된 자연과 인간 사이의 상관관계는 바로 그들 문명이 창시되고 진행된 과정을 보여 주고 있다는 것이다.

중국철학에 있어 '상관적 사유'라 불리는 것 즉, 우주와 인간 혹은 하늘과 인간이 서로 조화를 이루고 감응한다는 생각은 어떤 면에서는 모든 초기 고대문명의 단계에 나타나는 자연스런 사유방식이다. 예를 들어 카시러는 중국의 우주론에 담긴 "여러 가지 관념들 즉 색깔, 본성, 계절, 인간의 감정 같은 질적으로 차이가 나는 것들끼리는 공간적으로 어느 정도 상응한다"는 생각은 인류의 지적 발달의 초기 단계에서 전형적으로 나타나는 보편적인 관념이라고 주장한다.[394] 그는 중국철학에 담긴 그러한 사유가 지극히 세밀하고 정교한 것이었음에도 불구하고 그 우주론은 '과학적 사고'로의 발전을 구가하지 못했다고 평하였는데, 레비-스트로스 같은 구조주의 인류학자들의 주장도 이와 맥락을 같이한다. 그러나 헨더슨은

---

393) 존 헨더슨, 문중양 역, 『중국의 우주론과 청대의 과학혁명』(서울: 소명출판, 2004), 18~38쪽 참조. 헨더슨이 말한 중국 고대로부터 형성된 네 가지 상관적 사유는 첫째 인간과 우주 사이의 감응(이 부분은 특히 동중서의 천인감응을 예로 들고 있다), 둘째 하늘과 국가 사이의 감응(니덤이 말한 국가유비-state analogy), 셋째 오행체계, 그리고 네 번째로 『주역』과 「十翼」에 나타난 역의 체계를 말한다. 그 중 나머지는 다른 문화에서도 유사점을 발견할 수 있으나 네 번째 역의 체계는 중국문화에만 존재하는 특이한 것이라고 하였다.

394) 에른스트 카시러, *The Philosophy of Symbolic Forms* vol.2, p.87.

이러한 견해들에 이견을 제시하면서, 중국철학에서의 상관적 체계, 특히 『역전』에 나타나는 '고도의 추상화된 상관적 체계'는 문자가 없었던 원시전통에서 만들어진 '야만적 사고'라기보다는 문자문화가 형성된 이후 구체화되었다고 보는 것이 합당하다고 말한다.[395]

인류 문명사에서 근래 400여 년간 진행되어 온 과학기술의 혁명은 서양에 의해 주도되어 왔고, 그로 인해 그 이전까지 1,000여 년 동안 세계를 선도했던 중국의 과학기술이 서양에 의해 압도된 것은 부정하기 힘들다. 그 과학기술의 혁명은 16·17세기 서양에 나타난 방법들 특히 '실험과 구조적 자연관의 결합', 즉 '실험과 이론의 결합' 및 '실험기구와 원리의 일치'를 일컫는다. 이러한 전개는 중국에서는 이루어지지 않았는데, 그 이유로 김관도는 '유가의 윤리중심주의'와 '유기적 자연관'을 든다. 즉 유가에서의 자연인식은 윤리를 위한 보조 역할을 수행하였기 때문이다.[396]

리기의 논쟁과 선악의 수반, 천지일월의 논쟁과 군신관계의 접목 등, 만물이 교감하는 세계에서 학자들에게 주어진 임무는 자연현상을 포함해서 윤리를 설명할 수 있는 포괄적 이론체계를 수립하는 데 있었다.[397]

---

395) 존 헨더슨, 문중양 역, 『중국의 우주론과 청대의 과학혁명』, 18~19쪽. 헨더슨은 그 근거로 상관적 사고가 기원전 3세기 이전의 문헌에서는 찾아보기 힘들고 따라서 주대의 문헌 그 이전의 원시전통보다는 춘추전국시대 말기 즉 기원전 2~3세기에 체계화된 것으로 본다. 헨더슨은 중국의 상관적 사유로 음양오행과 상수역학체계 그리고 정치적으로 이용된 한 대의 국가-우주 감응 이데올로기 등도 설명하고 있으나 이 글에서는 『易傳』의 체계에 집중하도록 한다.
396) 김관도·유청봉 저, 김수중 외 역, 『중국 문화의 시스템론적 해석』(서울: 도서출판 천지, 1994), 31~33쪽. 김관도는 서양의 과학적 방법론을 '개방적 기술체계'라고 부르며 그것은 첫째로 기술의 개량과 전이를 요구하는 강력한 경제적 요구 즉 자본주의 경제구조의 성립과 발전이 있어야 하고 둘째로 그 사회 일반적 자연관과 결합되어야 하는데, 중국의 전통은 이것과 상치되었음을 지적한다.
397) 김관도·유청봉 저, 김수중 외 역, 『중국 문화의 시스템론적 해석』, 41쪽.

조셉 니덤의 표현을 빌리자면 "중국에 있어서는 '철학'이라는 말까지도 유럽에서 그 말이 의미하는 것과 달리 형이상학적이기보다는 대단히 윤리적이요 사회적이었다."[398] 철학은 하나의 실천명령이었고, 그것은 우주만물에 관한 이론을 구가하는 동시에 행위를 명령하고 금지하고자 하였다. 유가의 이성주의, 즉 종교의 미신적인 부분이나 초자연적인 형태에 반대하는 측면은, 한 편으로는 과학적 공부방법론의 형성에 도움이 되었던 반면 다른 한 편으로는 인간이나 현실세계와 무관한 현상과 대상에 대해서는 관심조차 가지지 못하게 만드는 결과를 낳았다.

중국철학의 천인관계론에서와 마찬가지로 서양의 고대철학에서도 사물의 본질을 탐구하는 데 있어 정신과 물질을 동일시하고 우주를 살아 있는 유기체로 보는 시각이 있었다. 그러나 중세의 암흑기를 지나 르네상스를 거치면서 과학적 정신을 통한 자연 탐구가 시작됨에 따라 실험적 지식을 수학과 결부시키고, 바야흐로 데카르트와 뉴턴의 물리학이 발전을 구가하게 된다. 결국 아인슈타인으로 대표되는 현대 물리학의 발전은 사물의 본질을 파헤치면서 그 역설적 불합리에 부딪히게 되고, 그것을 정확한 언어와 사고로 표현하는 데서 어려움을 겪는다.

17세기 중국에도 서양문화와의 교류로 서학西學이 들어오게 되지만, 중국에 있어 근대로의 전환은 '서양의 충격'에 의한 것이었고 그 교류의 결과는 긍정적이지 못했다. 김관도는 "만물이 교감하는 세계에서 학자들의 임무는 자연현상을 포함, 윤리를 설명할 수 있는 포괄적 이론체계를 수립하는 데 있었기" 때문에, 급기야 리기의 논쟁에 선악이라는 가치의 문제가 뒤따르고 천지일월의 논쟁에 군신관계 같은 문제가 접목되는 등의 결과가 나타나게 되었다고 지적하고 있다. 서양이 이론과 실험 그에 따른 이론을

---

398) 조셉 니덤, 이석호 외 역, 『중국의 과학과 문명 II』, 1쪽.

수립하는 과정을 통해 과학의 발전을 가속화하는 동안 중국의 과학자들은 여전히 '폐단이 없고 당연한 것이라고 생각하는 바를 굳이 구하려 할 필요가 없다'는 견해를 추종하고, 독창적 이론을 과감히 수립하기보다는 '봉건적 윤리와 조화를 이룰 만한 만고불변의 사변체계'의 수립에 몰두했던 것이다.399)

『역전』의 정체관 연구는 동양의 사유방식과 많은 연관이 있다. 이는 동·서양의 문화 차이를 규명함으로써 더욱 잘 파악될 수 있다. 이에 대한 관심은 이미 많은 학자들의 연구에 의해 드러났다. 19세기 말 청왕조의 붕괴 이후 중국인들은 서양의 문화와 문명을 충격으로 직시하면서 장차 중국은 어디로 갈 것인가(中國向何處去?)를 화두로 삼게 된다. 그리하여 한편에서는 전통을 거부하며 과학주의와 실증주의로 이동하였고, 다른 한편에서는 과학과 철학에 대해 진지하게 논쟁하면서 동서문화의 교섭을 시도하였다. 이것은 당시 서양에서 일어난 인문주의사조와도 부합되는 것이었다. 중국의 근현대 철학은 서양의 문물과 사상의 영향으로 그 충격에 대응하면서 성립되었다고 하여도 과언이 아니다. 그것은 결코 자발적으로 이루어진 것이 아니었기에, 당시의 지식인들은 전통을 벗어나 서구의 발달한 문명과 과학을 지향하고자 하면서도 철학적으로는 끝내 중화중심주의를 벗어나지 못한 중체서용의 사고를 갖고 있었다.

고대인들의 삶에 있어 자연에 대한 생각은 절대적인 것이었고, 중국철학에서 그것은 천에 대한 사유로 나타났다. 천에 관한 인식은 바로 인간을 이해하고 인간이 살아갈 바를 나타내는 척도로, 인간은 하늘의 가장 뛰어난 기를 가지고 태어난 만물을 대표하는 존재이다. 그러므로 인간은 만물을 생성하고 양육하는 천지의 이치와, 천지의 운행으로 인해 발생하는 대자연

---

399) 김관도·유청봉 저, 김수중 외 역, 『중국 문화의 시스템론적 해석』, 41~42쪽.

의 변화의 도를 터득하여 도덕을 고양하고 천지와 공능해야 하는 것이다. 중국철학에서 '천인관계'를 파악하는 것은 필수적인 과정인데, 지금까지 살펴보았듯이 그것의 원형이 가장 잘 묘사되어 있는 것이 바로 『역전』의 체계이다.

천인관계는 말 그대로 하늘과 인간의 관계를 어떻게 규정할 것인가를 말함인데,[400] 이 말은 더 나아가 나 즉 주체와 대상의 관계에 대한 인식일 수도 있고, 지금의 사회에 관련시켜서 파악한다면 인간과 자연(환경)의 관계 혹은 '인간'과 '인간을 둘러싼 문제'에 대한 인식일 수도 있다. 이 두 가지 요소를 상호 대립적인 것으로 보느냐 보완적인 것으로 보느냐에 따라 그 문제인식 및 해결방법은 달라질 것이다. 동양철학에서 그것은 인간과 절대자와의 관계에 대한 이해이기도 하였기에 인간이 주체성을 가진 존재인지에 대한 고민으로 이어졌다.

공자는 천도란 소식영허하고 항구불이하다 하였는데, 앞서 밝혔듯이 『주역』에 나타난 천인관계는 천인감응 혹은 천인합일에 기원하고 있다. 따라서 천도를 보는 데 있어서는 그것을 이치로 이해하여 만물에서 분리시킬 것이 아니라 천도 그 자체로 사유하여야 하는 것이다. 이것이 『역전』에서 말하는 '천도를 연구하여 인사를 설명하고자 하는 것'의 주요 의도이다.

---

400) 李世鉉, 「儒家 天人合一論의 특징」, 『東洋哲學研究』 제22집(2000), 294~295쪽. 저자는 천인관계를 나타내는 표현에는 다섯 가지가 있다고 말한다. 그 첫 번째는 天人之際로, 여기서 천은 글자 그대로 하늘이라는 의미 외에 자연계를 의미하기도 하고, 인은 개개의 인간뿐 아니라 군주 혹은 인류를 지칭하기도 한다고 한다. 두 번째는 天人相分으로, 이는 荀子가 제기한 주요 명제로 천과 인 혹은 자연계와 인류는 엄격히 구분된다는 것이다. 세 번째는 중국 고대 사상인 팔괘, 음양, 오행 등에 영향 받은 天人同類이고, 네 번째가 天人合一로서 '인간의 육체와 정신은 천지 만물과 함께 통일성, 동일성을 갖는다'는 것이다. 이 천인합일에는 天人合德, 天人同類, 天人共生, 天人一本의 네 가지 개념이 모두 포함되어 있다고 하였다. 마지막으로 天人感應이다.

제3장 『주역』과 자연과학

제1절 점서와 과학

앞 장에서는 『주역』이 반영하고 있는 삼재나 삼재지도 관념이 포괄하고 있는 의미를 '세계양식'이라는 측면을 중심으로 논술하였다. 이 가운데 필자가 특히 주목한 것은 '삼재지도'였다. 「설괘」에서 처음 제시된 이 말은 본래 『주역』의 64괘가 6효 시스템으로 된 연유와 그 의의를 밝히기 위한 것이었지만, 그 가운데 천도·지도·인도 각각이 대대 즉 대립과 모순을 포함하고 있다고 말함으로써 천·지·인이 협조·호보互補·평형·통일의 관계에 있음을 암시하였다. 이러한 관념을 연장하면, 천·지·인 각각이 원권圓圈을 이루게 되고, 또 3재 전체가 하나의 대원권大圓圈을 이루게 된다. 역괘에서 말하면, 6획괘는 각각 천·지·인 각각이 이룬 소원권의 대원권이 되고, 64괘는 또 64개의 대원권의 '대대원권' 시스템을 이루게 된다. 「설괘」를 비롯한 『역전』은 이를 다양한 측면에서 말하고 있는데, 필자는 이를 유장림劉長林의 표현을 빌려 '환도관環道觀' 혹은 '정체관整體觀'이라고 하였다. 이러한 관념은 삼재 관념 본래가 가지고 있었던 것이 아니라 『역전』의 작자들이 거기에 '삼재지도'라는 관념을 부가함으로써 비로소 발생하게 되었다는 것이 필자의 주요 관점이었다. 『주역』의 천인합일 즉 천인감응 또한 '삼재지도' 관념 하에서 이루어지는 것이며, 서양의 천인관과 차이를 보일 수밖에 없게 된 배경도 여기에 있다는 관점에서 서술하였다.

온진우溫振宇는 자신의 저서 『신역학新易學』[1]에서 원권은 혼돈 가운데서 먼저 명백히 밝혀야 할 대상이라고 하였다. 그리고 원권의 논리적 성질을 다섯 가지로 말하고 있는데, 첫째, 원권 자체가 원합圓合의 통일체라는 것이고, 둘째, 원권이 처음으로 내외의 차이 혹은 모순을 드러낸다는 것, 다시 말해 원권의 원합이 원권 내외의 구분을 완성한다는 것이며, 셋째, 원권의 내외 구분이 명석明晳하여 사람들이 눈으로도 볼 수 있다는 것이고, 넷째, 원권은 하나의 사물 및 거기에 상응하는 개념·언어·부호라는 점이며, 마지막으로 원권은 다만 인식의 시작 지점이라는 것이다.[2] 이것은 주희의 『역학계몽』이나 『주역본의』 등에서 '태극'을 하나의 큰 원으로 그린 것에 착안한 설명이었다. 또한 그는 원권의 논리 성질이 내재적 모순을 가지고 있어서, 원권의 폐쇄성과 개방성 사이의 모순으로써 통일이 되고 또 원권이 내외의 구분으로부터 조성되기 때문에 불합리하고 불필요 하지만 그 구분이 취소되면 보편적인 혼돈으로 복귀하기 때문에 이러한 구분이 합리적이고 필요한 것이 된다고 하여, 원권 자체가 혼돈과 분해의 일련의 원권 계열을 이루게 된다는 것을 말했다. 원권은 고립적이기 때문에 그 개념은 소속된 곳이 없고, 그 언어는 무언어로 이루어졌으며, 그 부호는 무부호 즉 혼돈 혹은 무극이라는 것, 그럼에도 원권은 인식의 착안처라는 점을 들고, 이를 바탕으로 원권의 자기초월을 말하고 있다.[3] 온진우의 이러한 관점은 이 책의 주제와 관련하여 시사하는 바가 매우 많고 특히

---

1) 溫振宇, 『新易學』(北京: 華夏出版社, 1994).
2) 溫振宇, 『新易學』, 1~2쪽.
3) 溫振宇, 『新易學』, 2~3쪽.

그것은 정체관으로 이어질 수 있는 여지가 충분하다고 생각되지만, 여기서는 이 정도로 정리하는 선에서 그치고자 한다.

『사고전서총목제요』는 "『역』의 도는 광대하여 포함하지 않는 것이 없다. 곁으로는 천문·지리·악률·병법·음운학·산술에서 방외方外의 연단술에 이르기까지 모두 『역』을 끌어다 설명한다. 더욱이 신기한 것을 좋아하는 자들이 또 각자의 학설을 『역』에 끌어들였으므로, 『역』의 학설이 더욱 복잡하게 되었다. 무릇 64괘의 「대상전」은 모두 '군자는 이것을 본받아'(君子以)라는 글자가 있다. 효상은 점치는 사람을 경계한 내용이 많다. 그러므로 성인의 정이 말씀(詞)에 드러나 있다. 나머지는 모두 역의 일단一端일 뿐이고 근본이 아니다. 지금 제본을 참고하고 교정함에 상을 근거로 가르침을 세우는 것을 종宗으로 삼았고, 나머지는 역외 별전이다"4)라고 하였다. 이에 따르면, '과학역' 즉 과학으로 역학을 연구하는 것은 일종의 해석학에 속하고, '역과학' 다시 말해 역학으로 과학을 연구하는 것은 모두 '역외별종易外別種'이다. 이 글은 '과학역' 계열에 속하지만 실제로는 과학으로 역학을 해석한 것이 아니라 『주역』의 부호시스템이 함축하고 있는 과학적 함의를 찾아보고자 한 것이다. 이것은 '과학역'의 기초가 될 수 있는 작업이라고 할 수 있다.

그러나 『주역』은 본래 점치는 책이었다. 『주역』의 과학적 함의는 『역전』에서 비로소 발휘된 것으로, 『역경』의 부호시스템 본래가 과학적이었다고는 말할 수 없다. 『역전』은 『역경』을 해석한 것이다. 여돈강余敦康은 "『역전』이 『역경』을 전면적으로 해석한 다음에는 『역경』이 원래 가지고 있던 종교무

---

4) 『四庫全書總目提要』, 「易類一」, "又易道廣大, 無所不包. 旁及天文地理樂律兵法韻學算術, 以逮方外之爐火, 皆可援易以爲說. 而好異者又援以入易, 故易說愈繁. 夫六十四卦大象皆有君子以字. 其爻象則多戒占者. 聖人之情, 見乎詞矣. 其餘皆易之一端, 非其本也. 今參校諸家, 以因象立敎者爲宗, 而其他易外別傳者."

술적 사상 내용과 문화 의의가 완전히 개변되었고, 그 괘부호와 괘효사는
사상이 의거하는 존재가 되었다"[5]라고 한다.

1. 점서로서의 『역경』의 성립

중국경학사에서 으뜸을 차지하는 『주역』은 중국 고대로부터 현존하는
가장 오래된 기묘하고 특별한 철학 전문서이다. 이 사상은 신비한 '점서占筮'
의 외피를 통과한 것으로, 황홀하고 아득한 상징적 색채를 발하고 있다.
거기에 온축되어 있는 풍부한 변화의 철리哲理가 출현할 무렵, 사람들은
그것에 대해 동경하는 한편으로 또 생소함을 느꼈으며, 이에 "인자는 그것을
보고 인이라 하고, 지자는 그것을 보고 지라하나 백성이 날로 쓰면서도
알지 못하였다."[6] 역사의 흐름에 따라 공자가 "『역』을 읽기를 가죽 끈이
세 번 끊어진"[7] 이후로 역학을 하는 사람들의 『주역』에 대한 인식이 대를
이어갈수록 점차 더 깊어져 그 저술들이 끊임없이 나왔으나, 한편으로는
갖가지 분명하지 못한 견강부회와 억견 또한 더욱 많아져 사람들의 안목을
어지럽게 하였고 급기야는 본래 현학玄學에 속하는 『주역』의 사상에 '환상'
과 '기상奇想'이라는 색을 추가로 거듭거듭 입히게 되었다. 상병화尙秉和는
이런 상황을 유감으로 여겨 "가장 많은 것이 『주역』 해설이고 가장 어려운
것이 『주역』 해설인데, 진실로 진지작견眞知灼見하는 사람이 아니라면 후학
들이 어찌 그 시비를 개괄하여 논술하고 그 득실을 따져서 배울 수 있었겠는
가?"[8]라고 하였다.

---

5) 余敦康,「周易的思想精髓與價値思想」, 陳鼓應 主編,『道家文化硏究』第一輯(上海古籍出版社,
   1992), 122~142쪽.
6)「繫辭上」, "仁者見之謂之仁, 智者見之謂之智, 百姓日用而不知."
7)『史記』,「孔子世家」, "讀易韋編三絶."
8) 이 말은『易學群書平議』1권에 실려 있는 상병화의「序」에 보인다. 이 책은 황수기의
   저서로, 북경사대출판사 1988년 판이다.

이제 우리는 저 가장 오래된 철학 저작의 진정한 가치를 과학적으로 발굴하여 그것이 철학사 및 문화사에서 차지하고 있어야 할 마땅한 지위를 가려서 확립할 필요가 있다. 이러한 작업을 성취하기 위해서는 마땅히 역학 연구에서의 회피할 수 없는 문제, 예를 들어 『주역』의 창작 과정, 시대 배경, 명명의 의미, 『역』의 원류 및 학파와 연구방법 등에 대해 정확하게 이해해야 한다. 비록 각종의 기존 이론들이 있지만 이러한 문제들에 대하여 대다수가 의견의 일치를 보지는 못하고 있다.

『주역』 '경' 부분의 창작과정은 3단계를 거친다. 음양개념의 발생, 팔괘의 창립, 중괘 및 괘효사의 찬성撰成, 이 세 가지는 모두 "관물취상觀物取象"의 창작 원칙을 따른다.

『역경』이 어떤 책인가에 관해서는 춘추시기로부터 현재에 이르기까지 쟁론이 그치지 않는다. 하지만 본래 『역경』은 『연산』・『귀장』과 더불어 점치는 책이었다. 주나라의 제도 및 의례를 집대성하고 있는 『주례』 「춘관春官・소종백小宗伯」의 '태복大卜'에는 "(춘관의 태복이) 세 가지 역을 관장하였는데, 첫 번째가 연산이고, 두 번째가 귀장이며, 세 번째가 주역이다. 그 경괘는 모두 8개이고, 그 별괘는 64개이다"[9])라는 말이 있다. '춘관'은 주나라에서 점치는 일을 담당하였던 정부 부처이고, '태복'은 직접 점을 쳤던 관리이다. 『주례』의 말은 춘관의 태복이 점을 칠 때 『연산』・『귀장』・『주역』을 사용했음을 알려 준다. 따라서 『주역』이 점치는 것과 관련하여 그 방법 등을 말한 책이었음을 짐작할 수 있다.

『연산』과 『귀장』은 이미 고대에 없어졌고 『주역』만이 현재까지 전해진다. 현재 통용되는 『주역』은 『역경』과 『역전』의 두 부분으로 구성되어 있는데,

---

9) 『周禮』(十三經注疏本, 東昇出版事業公司影印版), 「春官・小宗伯・大卜」, "掌三易之法, 一日 連山, 二日歸藏, 三日周易. 其經卦皆八, 其別卦六十四." '經卦'는 모두 8개이므로 八卦라 부르며, 別卦란 팔괘를 각각 중복하여 나오게 되는 64괘(六十四卦)를 가리킨다.

『주례』에서 말하고 있는 주역은 이 중 『역경』을 지칭한다. 이런 점에서 "『주역』이 어떤 책인가?"를 살펴보기 위해서는 『역경』과 『역전』을 구분할 필요가 있다. 『역경』은 『연산』 및 『귀장』과 마찬가지로 팔괘를 기본괘(經卦)로 하고, 이를 중복하면 나오게 되는 64괘(別卦)를 사용했다.

우선 『연산』은 신농씨神農氏가 만든 역으로 기원전 2000년경부터 약 400년간 존속된 하대夏代 우禹임금의 역인 까닭에 하역夏易이라고도 한다. 특징은 산을 상징하는 간괘艮卦(☶)를 수괘首卦로 삼아, 기본 팔괘를 중첩하여 64괘를 만들었다는 것이다. 동한東漢의 정현鄭玄은 연산이란 산에서 나온 구름이 끊임없이 연결되어 있는 모양이라고 하였다. 한편 신농씨가 염제炎帝가 되어 산씨山氏를 호로 하였기 때문에 『연산』이라고 불렀다는 설도 있다. 『연산』이 하夏나라의 『역』이라고 말하는 다른 이유는, 하나라는 인월寅月(1월)을 정월로 삼았는데 간괘가 바로 1월을 상징하기 때문이다.

『귀장』은 황제黃帝가 만든 역인데 땅을 상징하는 곤괘坤卦(☷)를 수괘首卦로 하였다. 기원전 1700년경부터 약 600년간 존속한 은대殷代 탕湯임금의 역인 까닭에 은역殷易이라고 한다. 정현은 '귀장'이란 곧 만물이 그 속에 감추어져 있다는 뜻이라고 하면서, 만물의 어머니이자 소멸 후 돌아가는 곳이 땅이기 때문에 땅을 상징하는 곤괘를 첫머리로 하였다고 설명하였다. 은나라는 축월丑月(12월)을 정월로 하였다. 축월은 곧 '땅이 열리는 시기'(地闢於丑)이다. 한편 어떤 사람은 여성을 상징하는 곤괘를 첫머리로 삼은 이유는 은나라가 모계사회였기 때문이라고 주장하기도 한다.

한대漢代 환담桓譚(BC 24 ?~56)의 『신론新論』에 "『여산廟山』(즉 『연산』)은 난대蘭臺에 간직해 두었고 『귀장』은 태복太卜에 간직해 두었다"라는 말이 있고, 『춘추좌씨전』에 또한 춘추시대에 복서로 길흉을 판단하는 데 있어 『주역』 이외의 말을 사용하였다고 하였는데, 이를 통해서도 하대에 『연산』, 은대에 『귀장』 역이 행해졌다는 사실을 짐작할 수 있다. 『좌전』과 『국어』에서는

『주역』을 일반적으로 쓰고 있으나 지금의 『주역』에는 없는 구절들이 조금씩 나오는데, 이것이 바로 『연산』과 『귀장』의 흔적이라고 하는 주장도 있다. 하지만 『연산』과 『귀장』은 그 실체가 분명하지 않다. 유향劉向(BC 77 ?~6)과 유흠劉歆(BC 53 ?~23) 부자는 이를 언급하지 않았고, 반고班固(32~92)의 『한서漢書』「예문지藝文志」에도 이에 대한 소개가 없다. 여러 가지 주장들이 모두 전적으로 신뢰하기 어려운 부분이 있어 현재는 일반적으로 『역』이라 하면 『주역』을 의미하고 역학은 『주역』에 관한 연구를 가리키게 된다.

　『주례』에서 말하고 있는 『주역』 즉 『역경』은 복희씨伏羲氏가 만든 팔괘와 64괘에 주나라 문왕이 괘사를 붙이고 그의 아들이자 무왕의 동생인 주공이 효사를 붙인 것을 가리킨다. 『역경』은 괘, 괘사, 효사의 체제가 처음 완성된 책인 것이다. 전설에 따르면 주공이 『주례』를 썼다고 하나, 현대의 학자들은 익명의 다른 사람이 쓴 것으로 보고 있다.

　『주역』, 엄밀히 말해서 『역경』은 주나라의 역이다. 『주역』은 64괘 가운데 건乾(☰)괘를 머리로 삼는데, 이것은 하늘을 상징하는 것이다. 건괘를 수괘로 삼은 것은 주나라가 자월子月(11월)을 정월로 삼고 자시를 하늘이 열리는 시간으로 잡은(天開於子) 것에서 기인하고 있다. 건乾은 하늘을 상징하면서 또한 아버지(父)이며 남자(男)를 상징한다. 이러한 건괘가 머리가 된 것은 『주역』이 부계사회의 시작을 나타내기 때문이라고도 하는데, 부계 중심의 가부장적 사회가 중국역사상 본격적으로 시작된 것은 주나라 시기였다.

　주나라는 기원전 1046년경에 아들 주공과 함께 문왕이 은의 주왕紂王을 물리치고 등장했다. 기원전 256년에 진시황의 진에 의해 멸망하기까지, 중국 역사에서 가장 오래 유지된 나라로, 철기의 사용이 시작된 것이 이 시기이다. 기원전 771년 견융이 침략하여 유왕이 살해되고 제후에 의해 옹립된 평왕이 호경鎬京(西安)에서 낙읍洛邑(洛陽)으로 수도를 옮기게 되는데, 이 시점을 기준으로 그 이전과 이후를 서주와 동주로 구분한다. '동주'는 춘추·전국시대라고 부른다.

　이전의 역서들과 비교하여『역경』에 나타난 가장 뚜렷한 변화는 두
가지 정도인데 그 첫 번째가 점치는 도구의 변화이다. 이전에는 거북(龜)의
등껍질 혹은 배껍질이었는데 이를 갑甲이라고 한다. 때에 따라서 소(牛)와
같은 덩치가 큰 동물의 견갑골을 사용하기도 했다. 이것은 골骨이라고
하였다. 은나라 시기에 주로 이러한 것들을 사용했는데, 은허殷墟에서 대량
발굴된 갑골문자는 그 대부분이 당시에 점을 친 기록이다. 이를 '복사卜辭'라
고 하는데,『역경』시기(주나라)로 넘어오면서 점치는 도구가 주로 서筮와
수數로 바뀌었다. 두 번째 변화는 문점問占의 내용과 그 판단이다. 괘사와
효사는 바로 이러한 내용을 담고 있는 것인데, 그것은 단순히 점사를
넘어 중국사상의 문화적 원류가 될 만한 많은 내용을 포괄하고 있다.

　『역경』은 괘상과 괘효사로 되어 있고 괘상들은 서수筮數로부터 나온
것이기에,『역경』은 상象·수數·사辭로 되어 있다고 말한다. 원래는 복희씨
의 팔괘와 이를 중복한 64괘에는 부호만 있고 문자는 없었는데,『역경』에서
괘사와 효사라고 부르는 문자가 추가된 것이다. 이처럼 괘효사는 비록
점사에서 나왔지만, 거기에는 자연관찰, 철학, 윤리와 같은 모든 중국사상의
원류가 담겨 있다.

　이 자리에서는『역전』에 의해 개변되기 이전의『역경』, 즉 점서로서의
『주역』에 관해 귀복龜卜과 점서占筮를 간략하게 비교하고자 한다.

　다시 말하지만『주역』은 점서에서 출발한 책이며『주역』의 괘사와 효사
또한 점사이다. 주희도 "『역』은 본래 복서의 책이다"[10]라고 하였고, 요명춘
등은 "『역』이란 고대 중국에서 천신天神, 지지地祇나 종묘에 제사 지내기
전에, 혹은 전쟁과 같은 중대사를 치루기 전에 점을 쳐서 결정하였던

---

10)『朱子語類』, 권66, "易本卜筮之書."

점서의 도구를 통틀어서 말한다"[11]라고 한다.

　점이란, 미래에 발생할 사태를 예측하고 그에 적합한 행동 양식을 규정하는 일이다. 인간의 지혜가 아직 발달하지 않았던 고대 중국에서는 기후, 지진, 일식 등 자연 변화와 질병, 전쟁, 왕조의 교체 등 인간사를 초자연적인 절대자인 상제가 지배한다고 생각하였다. 그러므로 농사를 짓거나 전쟁을 일으킬 경우에 상제의 뜻을 미리 알아보려고 했는데, 그 방법이 바로 점이었다.

　고대의 문헌이나 출토된 문물에 의하면, 상고시대 사람들이 천신이나 귀신에게 길흉화복을 점쳐 묻는 것에 주로 두 가지 방법이 있었다. 귀복과 점서가 그것이다. 물론 점문占問의 방법은 매우 다양하여, 복과 서 외에 또 '성점星占', '몽점夢占' 등의 방법이 있었다. 복卜은 복점卜占·귀점龜占·상점象占이라고도 한다. 은나라 사람들은 귀복을 신앙하여 매사에 복을 했는데, 예를 들면 바람風), 비(雨), 일식日食 등과 같은 천상天象의 변화에 관한 것이나 수렵과 경작에 관한 것, 용병이나 전쟁에 관한 것, 국왕의 출행, 질병, 생자生子 및 왕실의 관혼상제에 관한 것, 당장 오늘 저녁에 생길 수 있는 길흉의 일에 관한 것 등, 점을 치지 않는 것이 없었다. 은나라 사람들이 귀복을 믿었다는 것은 은허에서 출토된 갑골문이 증명하고 있다. 귀복의 유래는 훨씬 오래되었는데, 대략 기원전 3천 년에서 2천 5백 년에 속하는 산동 태안현 대문구大汶口 유적에서도 귀복의 흔적을 찾을 수 있고, 하夏의 유적 가운데서도 발견된다. 따라서 은나라에서는 그것이 크게 성행했을 뿐이다. '귀복'은 간단히 '복卜'이라고 하는데, 거북의 배(등)껍질(龜甲)이나 짐승의 견갑골(獸骨)에 구멍을 뚫고 불에 구워서, 거기에 나타나는 무늬(裂紋形象)에 의거하여 묻고자 하는 일의 길흉을 판단하는 것이다. 복조卜兆가

---

11) 廖名春 외, 『주역철학사』, 18쪽.

나타내는 길흉 등의 판단사를 갑골에 새겼는데, 이를 '복사卜辭'라고 한다. 근대기 직전에 발견된 은대의 '갑골문'이 이것이다. 이로써 은대기에 복법卜 法이 크게 성행하였음을 알 수 있다.

주대周代에 이르러 귀복 이외에 또 새로이 시초蓍草라는 국화과의 나무로 써 무언가의 계산을 한 뒤 그 수목數目의 변화에서 어떤 괘상을 뽑고, 이로써 복조卜兆를 대체시켜 길흉을 추단推斷하는 방법이 개발되었다. 주대 에 이 방법이 크게 성행하였음은 『주례』「춘관」의 "나라의 큰일은 먼저 서筮를 한 다음에 복卜을 한다"[12]라는 말에 비추어서 알 수 있다. 『좌전』 희공僖公 4년에 복인卜人의 말로 "시蓍는 짧고 거북(龜)은 기니, 긴 것을 따르느 니만 못하다"[13]라는 것이 있다. 이로써 보면 귀복의 역사는 오래되었고 점서의 역사는 비교적 짧았다는 것을 알 수 있는데, 이후 점차 서筮로 바뀌게 되었다.

귀복이나 점서는 결국 같은 성질의 것으로 주나라 사람들 또한 귀복을 경시하지 않았음은 분명하다. 이는 『역경』 가운데 길흉을 판정하는 말에 갑골문의 복사卜辭와 같거나 비슷한 말이 많이 있는 것으로도 알 수 있다. 예를 들어 복사의 "길", "대길", "무우亡憂", "리利", "불리不利" 등은 『역경』의 "길", "원길元吉", "무구无咎", "이섭대천利涉大川", "불리유유왕不利有攸往" 등과 같다. 이와 같은 방법으로 점을 치는 것을 '점' 또는 '점서'라고 하고, 이러한 서법에 의거하여 길흉을 추단한 말을 '서사筮辭'라고 한다. 이상에서 보면, 묻고자 하는 일에 점을 쳐서 길흉을 판단한 말(辭)에는 복사卜辭와 서사筮辭의 두 가지가 있음을 알 수 있다. 지금 우리가 볼 수 있는 『역경』의 괘사와 효사의 원천은 이들 '복사'와 '서사'이다.

---

12) "凡國之大事, 先筮而後卜."
13) "蓍短龜長, 不如從長."

귀복과 점서는 모두 고대의 점술에 속하고 그 목적은 신(귀신)의 의지를 물어서 자신의 행동과 행위를 결정하고자 하는 것으로 서로 같지만, 또 서로 다른 특징도 가지고 있다. 『좌전』 희공 15년조에는 "거북은 상象이고 서筮는 수數이다. 사물이 생성된 다음에 상이 있고, 상이 생긴 다음에 자람(滋)이 있으며, 자람이 있은 다음에 수가 있다"14)라는 한간韓簡의 말이 전하는데, 이것이 가장 근본적인 차이이다. 거북의 껍질을 뚫어 상을 취하는 것은, 그 무늬가 자연스럽게 또는 불규칙하게 이루어진 것이다. 이런 무늬에서 직접 길흉을 판정하는 것이 귀복의 특징이다. 시초의 변역을 헤아리는 것은 규정적인 순서와 법칙에 따라서 팔괘의 형상을 구하는 것으로, 이는 수변의 괘효에 기초하여 길흉을 추측하는 것이다. 이것이 점서의 특징이다. 한간의 말은 수학 발생의 과정을 나타내는 동시에 귀점龜占에서 서점筮占으로 바뀌어 간 과정을 말하고 있다. 귀상龜象이 형성된 다음에는 그것을 바꿀 수 없다. 따라서 점치는 사람이 "상으로써 사람에게 보여 주는 것"(以象而示人)은 직관적인 무늬의 조짐에 의거하는 것으로, 비교적 간단한 인식이라 할 수 있다. 점서는 반드시 수학의 법칙에 의거하여 괘상을 얻고, 괘상이 형성된 다음에 여러 가지 분석을 통하거나 논리적 추론을 거쳐 비로소 길흉의 판단을 이끌어 낸다. 따라서 "수로써 사람들에게 알려 주는 것"(以數而告人)은 추상적인 연산추리를 통하여 가능한 것으로 비교적 복잡하다고 할 수 있다. 거기에는 감성과 이성, 자연과 인사의 차이가 있고, 적어도 심천다소深淺多少의 차이가 있게 된다. 서筮는 다년생 풀인 시초의 줄기를 일정한 수학적 계산법칙에 따라 배열, 거기에 의해 점을 치는 것으로 복점卜占과는 본래 다른 것이었다.

귀복으로부터 점서로 바뀌었다는 것은 인간들의 인식능력 혹은 사유능

---

14) 『春秋左傳』, 「僖公十五年」, "龜, 象也, 筮, 數也. 物生而后有象, 象生而后有滋, 滋而后有數."

력이 제고되었음을 나타내는 동시에 인식의 적극적 능동성이 증강되었음을 나타낸다. 귀복이 비록 비교적 간단하고 직관적인 인식을 반영하고 있다고 하더라도, 그 해석이나 의식은 오히려 매우 번잡하다. 『주례』에 의하면, 거북 무늬의 조짐에는 옥玉, 와瓦, 원原의 3대 유형과 360종이 있고, 복사의 해석에 3600여 조가 있다. 거북을 다루는 것에도 거북을 고르고(取龜), 다듬고(攻龜), 태우고(釁龜), 운명을 읽는(命龜) 등의 절차를 거쳐야 하고, 거기에 따라 예문禮文도 더욱 번쇄하게 된다. 이는 바로 전문적 지식이 있어야만 비로소 점을 칠 수 있었음을 의미한다. 이런 전문가 또는 그 집단의 직책이 곧 '태복大卜', '복사卜師', '복인卜人', '귀인龜人', '수씨菙氏' 등이었다.

점서의 인식 내용은 비록 감성형상 혹은 직각표상에 지나지 않는 것이었으나, 중요한 것은 수학법칙을 응용하였다는 것이다. 수의 변역은 추상 개념의 추리를 함축하고 있고, 사유의 개괄성과 추리성을 단련시킬 수 있는 씨앗이 배태되어 있다. 그리고 시초를 세는 방법은 비교적 쉬워 누구나 시행할 수 있기 때문에 신비화가 훨씬 덜 되는 경향을 가진다. 「계사전」에서는 이를 '이간易簡'이라고 했다. 이 때문에 귀복 등의 점술이 끝내 신비의 단계에 머물고 만 데 비해 『역경』은 철학체계화 될 수 있었다.

귀점에서 서점으로의 변화는 철학적으로 큰 의미가 있다. 대체적인 것만 먼저 말하면, 신神 중심에서 인간人 중심으로의 변화를 우선 들 수 있다. 철학에서 다루는 『주역』은 인간 중심으로 변화한 다음의 것일 뿐이다.

서법筮法과 복법卜法은 점치는 것이라는 점에서는 모두 같지만 서로 다른 특징도 있다. 첫째, 귀복이 의거하는 상은 복조卜兆로서, 이는 자연스럽게 생겨나게 되는 무늬이므로 거기에 논리적 구조는 없다. 그러나 점서占筮가 의거하는 괘상은 기우奇偶의 2획 또는 음양의 2효를 배열하고 조합하여 이루어진 것으로서 수학의 연역법칙에 기초하고 있다. 즉 $2^3=8$, $2^6=64$이다. 또 8괘와 64괘는 각각 4개의 대립면과 32개의 대립면으로 구분되어 서로 대칭이 되고 또 상호 전환된다. 예를 들어, 어떤 효가 변하면 그 반대의 효로 바뀌게 되고, 그 결과 점치는 사람은 본괘本卦와 지괘之卦를 얻게 되는 것이다.[15] 따라서 괘상은 논리사유와 논리구조를 갖는다. 둘째, 복법에서 귀조龜兆를 얻는 것은 거북의 껍질에 구멍을 뚫고 불에 달구어서 생긴 것으로 '우연'에 청명聽命하는 것이다. 하지만 서법으로 괘상을 얻는 것은 시초의 계산에 따른 것이다. 그 추산推算의 과정에는 일정한 순서나 차례가 있고 법칙이 있으므로 누구든지 실험해 볼 수 있다. 셋째, 복법 가운데의 복사卜辭는 천신의 계시라고는 하지만 실제로는 점치는 자의 신비한 직관이다. 그러나 서법은 『주역』이라는 책의 괘효상과 괘효사에서 말하고 있는 것에서 묻고자 하는 일의 길흉을 추론하는 것이므로, 거기에는 유추논리의 사유 요소가 있다. 넷째, 복사 가운데의 판단어는 "보우를 받는다"(受佑) 혹은 "보우를 받지 못한다"(不受佑)로 길흉의 경계가 분명하고 또 바꿀 수 없다. 그러나 『주역』의 괘효사는 길흉 외에 '회悔', '린吝', '구咎', '무구无咎' 등을 첨가하여, 서로 얻은 괘가 표시하는 바가 비록 불리하지만 점문자占問者 자신의 자기반성이나 조심을 통하여 화를 복으로 바꿀 수 있고 흉을 길로 변화시킬 수 있음을 말하고 있다. 그래서 괘효사 가운데는 허다한 근계謹戒의 말이 포함되어 있다. 이처럼 『주역』은 점치는 책임에는 분명하지만 사람의 노력과 지혜를 강조하고 무조건 천계天啓에 청명하는 것을 거부하는데, 이는 분명 이성사유 발전의 산물이라 할 수 있다.

　『역경』 이전, 은대의 귀복 등에 나타난 복사는 길흉화복의 예언을 매우 결정적으로 말한다. 점친 일이 길이면 길이고 흉이면 흉이어서, "보우를 받는다"(受祐), "보우를 받지 못한다"(不受祐) 등으로 그 한계가 분명하고 바꿀 수 없는 표현을 쓴다. 반면 『역경』의 괘효사에서 길흉의 판정에는 인위적

---

15) 爻變 이전의 원래 괘를 本卦라 하고 爻變 이후 새로 얻어진 괘를 之卦라 한다.

요소가 많은데, 비록 서筮를 통해 불길한 괘를 얻었더라도 점치는 사람의 노력에 의해 흉을 길로 바꿀 수 있다.

　인간의 일로 하늘의 뜻을 바꿀 수 있다는 의식은 인류 자신과 자연에 대한 인식을 바꾸어 놓았고, 정신세계 전체를 바꾸어 놓았다. 진괘震卦(䷲)가 그 전형적인 예이다.

괘사: 진은 형통하다. 우레가 옴에 돌아보고 돌아보면 웃고 말함이 즐거우니, 우레가 백 리를 놀라게 하여도 숟가락과 울창주를 잃지 않는다.[16]

효사: 초구는 우레가 올 때에 돌아보고 두려워해야 뒤에 웃고 말함이 즐거우리니, 길하다.[17]

　　육이는 우레가 옴이 맹렬하다. 보물을 잃을 것을 예측하여 높은 언덕에 오르니, 쫓아가지 않으면 7일에 얻으리라.[18]

　　육삼은 우레에 정신을 잃으니 두려워함에 기인하여 행동하면 허물이 없으리라.[19]

　　구사는 우레에 마침내 빠져 있다.[20]

　　육오는 우레가 오고감이 위태로우니, 중묘사직에 제사지내는 일을 상실하지 말아야 한다.[21]

　　상육은 두려워하고 불안해하니 가면 흉하다. 우레가 자기 몸에 이르렀을 때에 하지 않고 그 이웃에 왔을 때에 미리하면 허물이 없으리니, 혼구婚媾는 원망하는 말이 있으리라.[22]

　'진震'이라는 괘명과 괘효사 가운데 등장하는 '진'은 모두 우레와 번개를 말한다. 「설괘」에서는 "진은 우레이다"(震爲雷)라고 하였다. 진괘는 사람들이

---

16) "震, 亨. 震來虩虩, 笑言啞啞, 震驚百里, 不喪匕鬯."
17) "初九, 震來虩虩, 後, 笑言啞啞, 吉."
18) "六二, 震來厲. 億喪貝, 躋于九陵, 勿逐 七日得."
19) "六三, 震蘇蘇, 震行, 无眚."
20) "九四, 震, 遂泥."
21) "六五, 震, 往來厲, 億, 无喪有事."
22) "上六, 震, 索索, 視矍矍, 征, 凶. 震不于其躬, 于其隣, 无咎, 婚媾, 有言."

우레나 번개를 마주하는 심리, 인식과 태도를 표현한 것이다. 여기에 유의해야 할 문제가 있다. 원시사회의 인류들은 자연과 투쟁하는 능력이 미약하여 자연의 위력과 횡포에 나약할 수밖에 없었다. 따라서 큰 자연재해 앞에서는 매우 두려워하거나 경외감을 가지게 된다. 우레나 번개 앞에서도 비슷한 심리였다. 진괘는 그러한 공포심리를 "혁혁虩虩", "소소蘇蘇"로 기록하고 있다. 그런데 진괘의 괘효사를 보면 우레나 번개를 마주하는 태도에 근본적인 변화가 발생했음을 볼 수 있다. 우레나 번개는 마땅히 두려워해야할 것이나, 사람의 힘으로 어찌할 수 없는 우레나 번개에 두려워 경황을 잃어버리는 것이 아니라 웃으면서 의연하게 제사에 숟가락 놓고 울창주 따르는 일을 잃지 않는다. 두려움 앞에 능히 편안하고 스스로 잃지 않는 것은 오직 정성과 공경뿐이라는 것이 진괘 괘사의 뜻이다.

진괘의 맨 아래 양효 즉 초구의 효사는 우레나 번개와 같은 큰 자연재해를 두려워하는 것으로부터 진정하는 단계에 이르기까지의 과정을 기록한 것으로, 장기적인 관찰과 법칙에 대한 인식 이후에야 비로소 "소언아아笑言啞啞"하는 태도로 전환될 수 있음을 말한다. 아래에서 두 번째 음효 즉 육이의 효사는 고사故事를 기록한 것인데, 번개가 몰아칠 때 어떤 사람이 큰돈을 잃자 구릉의 꼭대기에 올라 점을 쳐서 이 효를 얻었다. 복서자가 그에게 권고하기를 위험을 무릅쓰면서까지 찾으려 하지 않아도 7일 안에 다시 찾을 수 있다고 했는데, 과연 그렇게 되었다. 육삼 효사는, 번개가 크게 치면 사람들이 두려워 이리저리 흩어지게 마련이지만 번개 치는 우중에 가더라도 큰 위험은 없다는 것을 말한 것이다. 구사 효사는 번개가 육지에 떨어진 것 또는 그 현상을 기록한 것으로, 번개는 땅에 떨어지면 그만이라는 뜻이다. 육오 효사는 번개가 오고 감이 매우 위험해 보이지만 그로 인해 재산을 잃을 일은 없다는 것이다. 상육 효사의 "진삭삭震索索, 시확확視矍矍"은 두려워하는 모습이다. 이런 큰 자연재해가 자신의 몸에 미치려고 하는데도 그대로 가면 흉하지만, 아직 미치지 않았을 때 미리 두려워하여 대비하면 허물이 없다. '혼구婚媾'는 두려워하면서도 대비함이 없고 오히려 이웃을 선동하는 것을 말하는데, 이렇게 되면 자연 원망의 소리가 있게 된다는 것이다.

진괘 괘효사의 의미는, 예를 들어 재화의 득실 같은 것은 우레나 번개 치는 것과 상관없으며, 번개가 사람에게 해를 끼칠지의 여부는 인간들 자신의 도덕과 이성적 행위에 의해 결정된다는 것이다. 『역경』의 무술巫術이나 미신 속에 포함되어 있는 이러한 도덕적·이성적 요소들은 매우 귀중한 철학 재료임에 틀림없다.

점서占筮는 고대로부터의 미신 가운데 하나이다. 그러나 이상과 같은 복문길흉의 방식은 일종의 문명적 창조로서 중국문명만의 특징이며, 곤경과 역경에 처했을 때 그 불행한 운명에서 벗어나고자 하는 우환의식과 생활의 지혜가 체현되어 있는 것이다.

우주, 세계, 자연, 만물, 인간 등은 고대로부터 철학적 탐구의 주요 대상이었고, 변화하고 현상하는 낮과 밤, 사시사철, 생겨남과 사라짐, 성장과 쇠퇴 등은 경외의 대상이면서 종교적 의미가 부여되기도 하였다. 특히 지진이나 홍수, 화산, 천둥과 번개, 일식과 월식, 홍수와 가뭄 같은 천재지변들, 그리고 전쟁이나 기아 같은 인간사의 문제들은 인류의 생존을 위협하는 것들로서 일차적인 탐구 대상이었다.

항상된 자연은 인간이 귀감으로 삼아야 할 존재였지만 동시에 경이와 두려움의 대상이기도 했고, 때로는 생명을 위협할 정도로 절체절명의 위기를 제공하기도 했다. 인간은 그러한 자연의 대상과 현상 앞에서 왜소해지기도 하였고, 혹은 초자연적 존재에 도움을 요청하거나 스스로를 신성화시켜 동일시하기도 하였다. 이러한 원시세계의 자연과 우주만물에 대한 생각이 『역』 형성의 기원이 된다.

2. 미신과 과학 : 자연이해의 시작

고대로부터 점을 친 기록이 『주역』이라는 사실과 그 철학적 의미를 어떻게 관련지을 수 있는가? 절대적이고 불가피하면서도 불가항력적인 자연현상이나 전쟁에 맞선 인간은 어떤 사유를 하였고, 이어지는 행동은 어떠하였을까? 자연의 재앙은 무서운 야생동물이나 예측 불가능한 기후변화, 지리적 환경의 영향 등을 포함했다. 원시인들의 삶에서 그들의 안전을 위협할 수 있는 사건들과 그 위기의식은 고대 동양철학에 나타난 우환의식의 기원이 될 수 있었다. 그것은 예측 가능한 사소한 문제가 아니라 그들 삶을 좌우할 만한 중대한 문제였고, 때로는 가족이나 부족 전체의 운명이 걸린 위중한 사안이기도 했다. 당시의 사람들로서는 이러한 대상과 현상을 어떤 식으로든 해석하여야 했고, 앞으로 또 발생할 것인지를 예측하고 그에 대한 대비책을 세울 수 있는 방법을 찾는 것이 급선무였을 것이다.

점을 치는 행위는 그 모색의 과정을 의미한다. 점을 통해 왜 그러한 일이 발생하는지를 당시에 절대자로 상정한 어떤 존재에게 물었을 것이고, 그에 대처하는 방법을 찾아 나섰을 것이다. 이렇게 하늘 혹은 신의 계시를 듣고자 한 것이 점의 기원이라면, 그것은 점차 '사유'를 통해 해당 상황을 해석하여 모든 현상의 공통점과 차이점을 찾아내는 방향으로 발전하는 동시에 그에 대처하는 인간의 주체적 행위나 도덕적 소양에 의미가 부여되어 간 것이다. 거기에 논리적 추론이나 분석의 요소가 가미되면서 인간은 '철학함'으로써 우주만물의 생성과 변화 그리고 통일에 대한 그들의 궁금증을 해소해 나가게 되는 발판을 만들어 나갔다. 예측 불가능하고 때로는 그들의 목숨을 빼앗아 갈 정도로 위험한 자연의 현상이 원시인들로 하여금 점을 치도록 하였고, 점을 치는 행위를 통해서 그러한 변화를 해석하고 그에 대처하는 방법을 찾게 된 것이 '점의 기원'이다. 그리고 그 과정을 통해 교훈을 얻고 인간을 교육하고자 했음도 당연한 귀결이다.

『주역』에 대한 해설이 시작된 시점은 춘추시기이다. 그 시기의 특징은 "당시의 사관史官 즉 점을 치는 관직에 있었던 사람들이 점치는 법(筮法)의 각도에서 『주역』 중의 괘·효사를 해석함으로써 점친 일의 길흉을 설명하는 것"[23])이었다. 주백곤은 여러 곳에서 점서로서의 『주역』을 '미신'과 연관시키고 있다. 예를 들면 "주역은 점서에 사용된 일종의 미신서"라거나 "주역이라고 하는 이 오래된 전적은 점서의 미신으로부터 형성되어" 등이 그것이다. 그리고 그는 미신서로서의 『주역』보다는 그것이 갖고 있는 철학적 원리에 더욱 관심을 보이면서 『주역』에 나타나는 괘상과 괘효사, 그 소재, 문구의 편찬 문제, 괘효사의 내용과 구조에서 보이는 (논리적이고 필연적인) 관계의 유무 등을 논하고 있다. 결론적으로 점술과 같은 미신적인 영역을 『주역』의 전통과 연관시키기보다는, 그런 부분이 타파되어 철학적 원리가 담긴 서적으로 발전해 가는 과정을 통해 『주역』을 바라보고자 한 것이다. 그는 그에 대한 근거로서, 괘효사에 담긴 문구의 내용이 첫째, 자연현상의 변화를 통해 인간사의 변화를 비교했다는 것, 둘째, 인사의 득실을 설명했다는 것, 마지막으로 길흉을 판단하는 점사를 가지고 있다는 것 등을 들고 있다. 나아가 그는 은대의 다른 복사卜辭와 비교했을 때 『주역』은 우선 천도와 인사가 일치하는 부분이 있다는 것을 보여 주고, 두 번째로 인간의 운명은 전환될 수 있다는 것, 마지막으로 인사의 길흉에 대한 판단을 통해 사람들을 계도하려고 한다는 점이 다르다고 설명한다.

이상은 모두 『주역』을 인간사의 길흉을 결정하는 서적으로 받들지도 않고, 점서로 사람의 운명을 결정하는 것을 그다지 믿지도 않으며, 실제로는 귀신이 사람의

---

23) 朱伯崑, 『역학철학사 1』, 73쪽.

길흉화복을 알려 준다고 맹신하지도 않으며, 사람의 도덕품성과 집정자의 정치적 공적이 인사의 성쇠와 국가의 흥망을 결정하는 것임을 강조하는 것이다.[24]

주백곤은 이를 '길흉유인설吉凶由人說'이라 칭하며 여러 사례를 인용하여 입증한다. 『좌전』의 양공襄公 9년의 기록, 소공昭公 12년의 기록, 희공僖公 15년의 기록 등을 통해, 비록 점괘가 길하게 나왔더라도 사람이 그에 적합한 덕성을 가지고 있지 못하거나 평소 도덕수양이 되어 있지 않으면 결코 길할 수 없다는 것 등을 말하고 있다.[25]

이상으로 『주역』의 기원 및 의의를 찾는 데 있어 점서로서의 『주역』이 가진 의미를 버리지 않고 오히려 그것을 철학화해 가는 과정을 살펴보았다. 그것은 당시 예측 불가능하고 경이롭고 혹은 두려운 대상으로서의 자연에 대한 원시사유와 관련이 있다는 것을 말했다. 두려움, 절박함, 궁금증 등의 관심사는 대상이나 현상에 대한 사유로 발전할 필연성이었고, 그것은 이후 분류, 추론, 분석 등의 철학방법을 생산할 수 있는 여지를 남겼다. 중국철학사에서 유가의 해석에 근거한 『주역』은 수양과 교육을 위한 자료로서의 의미가 있으나 이 글은 점서가 가진 본질적 의미도 살피고 있는데, 그것은 효·괘가 만들어진 기원을 통해서도 특수성을 찾을 수 있다.

---

24) 朱伯崑, 『역학철학사 1』, 94쪽.
25) 朱伯崑, 『역학철학사 1』, 89~94쪽 참조. 『左傳』의 襄公 9년의 기록은 魯나라 穆姜이 艮卦(䷳)와 그 지괘인 隨卦(䷐)를 얻었지만 목강의 성품을 고려했을 때 길하지 못한 결과가 나온다는 것이고, 昭公 12년의 기록은 魯나라 季氏의 家臣 南蒯의 점괘인 坤卦(䷁)와 그 지괘인 比卦(䷇)의 해석에서, 충성과 신뢰의 덕을 지니고 있다면 곤괘 구오효사는 '황색치마이니 크게 길한 것(黃裳元吉)인데 남괴에게 그러한 덕성이 없으니 괘사가 길하더라도 결국은 흉하다'라는 것이며, 僖公 15년의 기록은 晉나라 獻公이 伯姬를 秦나라에 시집보낼 때 歸妹卦(䷵)와 그 지괘인 睽卦(䷥)를 얻었는데 당시 太史인 蘇가 이를 불길하다고 판단하였다. 이후 惠公이 秦에 포로로 잡혀가면서 蘇의 점을 따르지 않은 것을 한탄하자 韓簡은 '蘇의 점을 근거로 할 것이 아니라 인간의 길흉은 사람으로부터 말미암을 것이라는 것 알아야 한다'고 했던 사례이다.

『역전』이 제시하는 해경解經 이론을 정리해 보면 다음과 같다. 첫 번째로, 「단전」과 「상전」은 괘효상과 괘효사를 해석하는 데 있어서 '상사상응象辭相應의 이치'라고 불리는 양자 사이의 내재적 연관을 추구한다. 그것은 『주역』 내용의 체계화를 추구하면서 취상설, 취의설, 당위설, 중위설, 왕래설, 승승비응설承乘比應說 등과 같은 체례들을 제시하여 상사象辭 사이에 있을 수 있는 논리적 연관을 설명하고 있다. 이러한 해석이 『주역』을 엄밀한 이론체계를 가진 책으로 만든 것이다. 두 번째로, 「계사전」과 「설괘전」 등은 역학과 철학의 범주를 제시함으로써 『주역』이라는 책의 원리원칙을 해설하였는데, 음양, 강유, 건순健順 / 삼재, 위位, 중中, 시時 / 태극, 양의, 사상 / 상, 수, 의意, 신神, 기幾 / 도기道器, 형이상·형이하 / 합벽闔闢(닫힘과 열림), 동정動靜, 소식消息, 일신日新, 태화太和 등이 그것이다. 이 가운데 가장 중요한 것은 기우奇偶의 2획과 괘효상에 대한 해석을 통하여 음양변역의 법칙과 음양대대의 이론을 제시하였다는 점이다. 여기서 제출된 범주와 명제들이 향후 중국철학 발전에 큰 영향을 주었다. 세 번째로, 「문언전」은 건과 곤 두 괘를 해석하여 유가의 윤리학설을 발전시켰다. 사덕설四德說, 경의합일설敬義合一說, 중도관中道觀, 진덕수양설進德修業說 등이 그것이다. 네 번째로, 「서괘전」과 「잡괘전」은 『주역』 64괘 사이의 논리적 관계를 탐구하여, 64괘의 괘상과 괘의가 완전한 체계에 있으며 상인相因·상반相反으로 하나의 계열을 이루어 사물의 변화과정을 관찰할 수 있게 한다는 것을 설명하였다.

『역전』의 작자는 서법 및 괘효상과 괘효사를 통해 고대의 점치는 책을 철학책으로 바꾸어 놓았는데, 거기서 제시된 이론사유 즉 정체관 원칙, 변역성 원칙, 음양호보 원칙, 화해와 균형의 원칙, 상의합일象意合一과 상수합일象數合一의 원칙 모두는 중국철학의 커다란 줄기를 이루고 있다.

3. 과학역의 기본이론 문제

이 책에서 말하고 있는 '『주역』의 과학적 함의'는 현대 과학역학파의 노선을 따라 연구한 것이다. 과학으로 『주역』을 해석하는 과학역학에서 '과학'은 주로 자연과학을 가리킨다. 일반적으로 보편적인 진리를 연구하려는 목적의 체계적인 학문을 '과학'이라 정의하였을 때, 협의의 과학 특히 자연과학은 물질과 자연을 궁리하여 그 섭리를 밝히고 이를 통해 인간과 사회를 이해하며 인간 삶의 편익 및 가치를 높이려는 학문이다.

과학은 수학적 지식을 이용하며, 물리학, 화학, 생물학, 지구과학 등의 기초과학을 토대로 한다. 과학의 지식은 자연에 대한 이해가 기초이며, 자연을 측정하고 실험하여 그 결과를 인류의 삶에 적용한다.

전통적인 역학 분류에 따르면 과학역이나 역과학은 모두 상수파의 역외별종易外別種에 속하는 것으로서 철학자들의 관심 밖에 있었다. 하지만 대부분의 철학자들이 역학의 정통으로 인정하고 있는 의리역학에서는 『주역』 특히 『역전』에 함축된 과학적 함의에 대해 긍정을 표시한다. 이것은 '과학역'이나 '역과학'이 성립할 수 있음을 반증하는 것이라고 말할 수 있을 것이다.

『역전』의 『경』에 대한 해석이 의리義理의 발명을 주로 한다는 것은 익히 잘 알려져 있는 사실이다. 하지만 『역전』의 작자들이 의리 특히 도덕을 중심으로 하는 인문주의사상을 발휘할 때, 그들은 그것을 단순한 관념 형태로서가 아니라 무언가 객관적 토대 위에서 건립하고자 하였다. 그 객관적 토대가 바로 과학역이나 역과학 성립의 기초이다. 현대에서 말하는 '과학'은 기본적으로 서양과학을 의미한다. 서양과학은 당연히 중국의 전통과학과는 크게 다르다. 어떤 학자들은 중국전통과학은 과학이라 말할 수 없고, 오히려 미신에 가까운 것이라고도 한다. '과학역'이나 '역과학'은 이러한 오해를 극복하려는 노력의 일환이라고도 할 수 있다.

'과학역'은 앞서 여러 차례 언급한 바와 같이 '역학'을 대상으로 한다. 따라서 일차적인 작업은 역학에 함축되어 있는 과학적 함의를 밝히는 것이다. 여기서는 이와 관련된 몇 가지 문제를 우선 살펴보고자 한다. 다만 '역학'의 종류가 다양하고 그 범위가 매우 넓기 때문에 여기서는 논의를 위하여 『역전』을 중심으로 할 것이다.

동광벽董光璧은 『역전』의 과학사상을 논술하는 자리에서[26] '우주질서 원리'와 '방법론 원리', '과학관'을 제시한 뒤, '우주질서의 원리'로는 '생성원리' · '순환원리' · '감응론'을 말하고 '방법론의 원칙'으로는 '부호화 원칙' · '숫자화 원칙' · '이론화 원칙'을 말하며 '과학관'으로는 '대상' · '성질'을 말하고 있다.

동서양을 막론하고 고대에는 우주를 전체적 측면으로 보았다. 근세에 접어들면서 서양은 과거의 전체적 사고를 버리고 그 구조를 파괴하여 부분으로 쪼개고, 그렇게 만들어진 원자를 관찰하고 실험하여 과학의 발전이라는 것을 구가하였다. 로크의 관념과 인간 오성에 대한 이해, 데카르트의 정신과 물질의 분리는 서양철학사에 나타난 중요한 철학방법론이었다. 반면 동양에서는 서양이 성취한 근세의 과학발전이 동일한 방식으로 발현되지 않았다. 중국에서는 지식의 추구가 주된 목적이 아니었기에 자연을 외부의 세계로 분리하여 대상화하지 않았다. 자연과 인간을 하나의 구조로 파악한 중국의 철학관은 전체의 의미를 탐구하고 그 생명을 중시하였다. 조셉 니덤은 17세기 중엽까지 중국과 유럽의 과학이론이 거의 동등하였다가 이후 유럽의 과학적 진보가 급격히 형성되었다고 말한다.[27] 그러나

---

26) 董光璧, 『易學科學史綱』 下篇, 「第四章 易學與中國科學范式的形成」, '4.2 『易傳』的科學思想', 151~160쪽.
27) 조셉 니덤, 이석호 외 역, 『중국의 과학과 문명 Ⅱ』, 419쪽.

'데카르트-뉴턴'식의 기계론적 철학은, 비록 초기 근대과학의 발전단계에서 그 효력을 징험하기는 했으나 앞으로도 영원히 과학적 요구를 충족할 것이라고는 말하기 어렵다.

자연과학을 고대자연과학, 근대자연과학, 현대자연과학으로 구분하였을 때, 뉴턴의 역학이 근대자연과학을 대표한다면 현대자연과학은 20세기 초에 출현한 상대성이론과 양자역학을 표지로 시스템과학, 비선형동역학(Nonlinearity Science)[28]과 혼돈(Chaos)[29], 생태학 등이 대표한다. 근대자연과학과 현대자연과학은 비록 상호보완적이고 상호침투적이지만 기본개념에서는 근본적인 차이가 있다. 최근 수십 년 이래의 자연과학은 정체화整體化·종합화의 방향으로 발전하고 있다. 거기에 따라 일어나게 된 것이 유기론적 자연관으로, 종합과 시스템을 주요한 연구방법으로 삼고 있는 이것은 불확정성에 대한 신념이다. 이러한 현대자연과학은 『주역』의 과학이론과 결합되는 지점을 갖는다. 이를 위해 『역전』의 과학사상 중 핵심적인 부분을 잠시 살펴보고자 한다.

1) 팔괘와 법자연法自然(자연을 본받다)

과학역학 전체를 관통하는 기본개념은 음양, 팔괘, 64괘, 태극, 주류변화周流變化, 천간, 지지, 오행 등이다. 천간·지지·오행은 한대 역학가들에 의해 『주역』과 결합된 것이고, 나머지는 이미 『역전』에서부터 이미 제시되어

---

28) 물리학에서 가령 어떤 시스템의 방정식을 묘사할 때. input(自變數)과 output(應變數)이 정확하게 정비례를 이루지 못하면 비선형 시스템이라고 한다. 자연계 중의 대부분의 시스템은 본질적으로 모두 비선형적이다.

29) 비선형 과학에서 '混沌'이라는 말의 함의는 본래의 뜻과 비슷하지만 완전히 일치하지는 않는다. 비선형과학 중의 混沌現象이 가리키는 것은 일종의 확정적이나 예측할 수 없는 운동상태를 가리킨다. 그것의 외재표현과 순수한 隨機運動이 다른 것은 혼돈운동이 동력학상에서 확정적이나 그것의 예측불가성은 운동의 불안정성에서 유래한다.

있던 것들이다. 참고로 '오행'은 마왕퇴백서의 『역전』에 이미 제시되어 있으나 통행본 7종 10편의 『역전』에서는 찾아볼 수 없는 개념이다.

과학역을 연구하기 위해서는 몇 가지 선결해야 할 이론적 과제가 있다. 그 가운데 일차적인 문제는 3천여 년 전에 만들어졌던 점복서의 『주역』과 현대에서 말하는 과학이 어떻게 연결될 수 있는가이다. 이 문제는 사실 '과학'을 어떻게 정의하는가 하는, 이른바 '정의의 문제'와 관련이 있다. 이 물음을 해결하는 데 여러 가지 방법이 있을 수 있으나, 여기서는 선행 연구자들의 몇 가지 유비를 제시하는 것으로부터 접근하고자 한다.

「계사전」의 작자는 팔괘를 고대의 복희씨가 인간을 포함하는 자연계를 모두 관찰하여 제작한 것으로 생각하였다.

> 옛날 포희씨包犧氏가 천하에 왕노릇할 때에 우러러서는 하늘의 상象을 관찰하고 굽어서는 땅의 법法을 관찰하며, 새와 짐승의 무늬(文)와 땅(地)의 마땅함(宜)을 관찰하며, 가까이는 자신에게서 취하고 멀리는 사물에게서 취하여, 이에 비로소 팔괘八卦를 만들어 신명神明의 덕을 통하고 만물의 실정(情)을 유추(類)하였다.30)

주희는 "『주역』에는 괘·효·단象·상象의 뜻이 갖추어져 천지만물의 실정이 드러나 있다"31)라고 하였다. 포희씨包犧氏(복희)가 팔괘를 만들었다는 것은 물론 전설에 지나지 않지만, 여기서 주목할 것은 『주역』의 팔괘가 객관적인 관찰을 통해 이루어졌음을 말하고 있는 부분이다. "우러러서는(위로는) 하늘의 상을 관찰한다"는 것은 하늘에서 천체의 각종 현상, 즉 일월성신 등의 변화를 관찰한다는 의미이고, "굽어서는(아래로는) 땅의 법을 관찰한다"는 말은 땅에서 지리의 법칙을 관찰한다는 의미이다. 그리고 천과 지

---

30) 「繫辭下」, 제2장, "古者包犧氏之王天下也, 仰則觀象於天, 俯則觀法於地, 觀鳥獸之文, 與地之宜, 近取諸身, 遠取諸物, 於是始作八卦, 以通神明之德, 以類萬物之情."

31) 『周易本義』, 「易序」, "易之爲書, 卦爻象象之義備, 而天地萬物之情見."

사이에 존재하는 조수鳥獸의 종류와 변화를 관찰하고 땅에 사는 식물의 마땅함[32]을 관찰하며, 가까이는 자신의 몸에서 생리현상을 취하고 멀리는 만물에서 물리법칙을 취하여, 비로소 팔괘八卦를 만들어서 만물의 실정을 반영하고 이로써 만물의 실정을 유추할 수 있게 하였다고 했는데, 이것은 『역경』의 팔괘와 자연계의 사물이 매우 밀접한 관계가 있음을 말해 준다. 『역전』은 이를 "법자연法自然"으로 표현하고 있다. "자연을 본받는다"(法自然)는 것은, 팔괘가 자연계를 두루 관찰하여 만들어진 것임과, 팔괘가 단지 자연계의 외형적 모습만을 본뜬 것이 아니라 천지만물의 '마땅함'(宜)을 본뜬 것임을 말하고 있다. 그렇기 때문에 팔괘는 만물의 실정을 반영하고 있고, 또 사람들은 이로써 만물의 실정을 유추할 수 있는 것이다.

이상에서 『주역』과 자연과학과의 연계는 우선 '관찰'에서 찾을 수 있다. 반우정潘雨廷은 위의 단락을 일련의 현대과학과 비교하여 다음과 같은 그림을 제시하였다.[33]

「계사하」 제2장과 현대과학 대응도식

---

32) 朱熹의 『周易本義』는 「繫辭下」의 "與地之宜"가 "與(天)地之宜"로써 '天'字가 빠졌을 것으로 추정하여 보완하였으나, 필자는 이에 따르지 않고 땅에 사는 植物의 마땅함을 관찰한 것으로 파악하였다. 이는 潘雨廷의 『周易表解』(上海社會科學院出版社, 1993), 192쪽에 따른 것이다.
33) 潘雨廷, 「易學象數與現代數學」, 『周易與現代自然科學』(1990), 42～60쪽.

반우정의 이 그림은 현대과학 중의 일련의 과학을 위의 「계사하」 단락에 대응한 것이다.

2) 자연 연구방법

과학역의 기본이론 문제에는 '자연'에 대한 연구방법의 문제가 포함된다. 자연을 연구하는『주역』의 방법은 서양과학의 방법론과 유사한 것도 있고, 완전히 다른 것도 있는데, 여기서 그 대강을 서술해 보겠다.

「계사하」 제2장에서 말한 "팔괘로써 만물의 실정을 유추한다"는 것은 「설괘」에서 밝히고 있는 여러 가지의 팔괘취상과 관계가 있다. 여기에 의하면, 고대 중국인들은 천지의 대우주뿐만 아니라 동물과 식물 등의 각종 습성과 그 변화, 인체의 생리현상 등등을 모두 일종의 천연탐측기로 본다. 인간 자체는 천연탐측기일뿐만 아니라 '전감기傳感器'의 작용도 한다. 이러한 작용은 사람이 천지에 참여하여 삼재의 도를 이룰 수 있음을 말하는 것이라고 해도 무방할 것이다.

「계사하」 제2장에 포함되어 있는 자연을 연구하는 방법이란 어떤 것인가? 서도일은 이를 일곱 가지로 말하고 있다.[34] 이를 참고하여 서술하면 다음과 같다.

첫째, 「계사상」 제1장의 "방향네모, 방위은 류類로써 모이고, 사물은 무리로써 구분된다"[35]는 우주만물이 분류되고 무리로 구분될 수 있음을 말한 것이다. 「계사하」 제6장에서 "이름을 칭함은 작으나 류를 취함은 크다"[36]라고 하듯이, 구체사물에서 보면 비교적 국부적이나 그 종류을 대표하는 것은 매우 커질 수 있다. 개별적이고 국부적인 것으로부터 어떤 한 종류의

---

34) 徐道一, 『周易科學觀』, 48~49쪽.
35) "方以類聚, 物以群分."
36) "其稱名也小, 其取類也大."

성질을 추리하는 유비추리(유추, Analogy)는 현재의 과학에서도 광범위하게 응용되는 방법이다. 취괘萃卦「단전」에서는 "모이는 바를 보면 천지만물의 정상을 볼 수 있다"[37]라고 하였는데, 사물이 서로 모이고 흩어지는 정황을 관찰하면 그 가운데 포함되어 있는 규율성을 토론할 수 있다는 말이다. 이것은 '분류'를 통하여 그 내재적인 도리를 탐구하는 것이다. 우리는 그 구체적인 실례를 「설괘」에서 팔괘를 자연의 현상, 방위, 동물, 인체, 가족 등등에 취상한 것에서 찾아볼 수 있다.

둘째, 건괘乾卦「문언」의 "같은 소리는 서로 응하고 같은 기운은 서로 찾는다"[38]는 고대인이 이미 공명共鳴이나 공진共振의 자연현상을 이해하는 단계에 도달하였음을 나타낸다. '동성상응同聲相應'은 성학聲學의 공진원리共振原理에 부합한다. 함괘咸卦「단전」의 "감동하는 바를 보면 천지와 만물의 실정을 알 수 있다"[39]는 사물의 상호감응(상관성) 작용을 통하여 내포되어 있는 도리를 이해하는 것이다. 『주역』은 만물의 교감을 통하여 동정의 변화를 관찰하는데, 대개 교감이 있는 괘는 길하다. 이것은 길함을 사물발전의 원칙에 부합한다고 생각한 것이다. 태괘泰卦「단전」의 "천지가 사귀어 만물이 통하고, 상하가 사귀어 그 뜻이 같아진다"[40]는 천지 쌍방의 교감(상호작용)을 통해서 사물의 발전이 순조롭게 되고 변화가 일정한 규율에 부합하게 됨을 말한 것이다. 태괘(☷)는 땅(坤)이 위에 있고 하늘(乾)이 아래에 있는

---

37) "觀其所聚, 而天地萬物之情可見矣."
38) 『周易』, 乾「文言」, "'九五曰, 飛龍在天利見大人, 何謂也?' 子曰, '同聲相應, 同氣相求, 水流濕, 火就燥, 雲從龍, 風從虎. 聖人作而萬物覩, 本乎天者親上, 本乎地者親下, 則各從其類也.'"(九五에 말하기를 '나는 龍이 하늘에 있으니, 大人을 만나봄이 이롭다'는 것은 무슨 말인가? 공자께서 말씀하셨다. "같은 소리는 서로 응하고 같은 기운은 서로 구하여, 물은 습한 곳으로 흐르고 불은 건조한 곳으로 나아가며, 구름은 용을 따르고 바람은 범을 따른다. 그리하여 성인이 나옴에 만물이 우러러본다. 하늘에 근본한 것은 위를 친히 하고 땅에 근본한 것은 아래를 친히 하니, 각기 그 類를 따르는 것이다.")
39) "觀其所感, 而天地萬物之情可見矣."
40) "彖曰, 泰小往大來吉亨, 則是天地交而萬物通也, 上下交而其志同也."

괘이다. 이를 기氣로써 말하면 곤괘坤(地)은 음괘로서 응축하고 내려가는(下) 성질이 있고, 건괘乾(天)은 양괘로서 발산하고 올라가는(上) 성질이 있다. 그러므로 태괘는 기가 위에서 내려오고 밑에서 올라가는 상으로서 교감 즉 상호작용의 뜻이 있다. 반면 태괘와 상반하는 비괘否卦(☰)를 같은 원리로 말하면 교감의 작용이 전혀 일어나지 않는다. 따라서 태괘는 길하지만 비괘는 흉하다.

셋째, 「계사하」 제6장의 "지나간 것을 드러내고 미래를 살피며, 드러남을 은미하게 하고 그윽함을 밝힌다"[41]는 분명한 과거의 일을 연구하여 미래를 관찰함으로써 미세하고 복잡한 변화를 이해하는 데 도달함을 말한 것이다. 이것은 과거를 미래를 판단하고 예측하는 근거로 삼은 것인데, 지구과학에서 종종 사용하는 과학방법의 일종이다.

넷째, 「계사상」 제9장의 "이끌어 펴며 류에 따라 확장하면 천하의 능사가 다한다"[42]는 구체 사물 가운데에서 그것이 가지고 있는 보편적 의미의 도리를 총결하여 허다한 실제의 문제를 해결하는 것을 말한 것이다. 여기에는 취상유비와 관상제기의 사상이 포함되어 있다.

다섯째, 「계사하」 제9장의 "처음初은 알기 어렵고 위上는 알기 쉽다"[43]에 대해서이다. 어떤 일을 시작할 때는 비교적 곤란한데(초효에 해당), 상황을 제대로 이해하지 못하여 쉽게 장악하지 못하기 때문이다. 그러나 일련의 실천을 통하여 사물의 후기(상효에 해당)에 도달하면 상대적으로 용이해지게 된다. 이는 어떤 일을 할 때, 신심을 가지고 곤란을 극복하려는 노력을 해야 하고 집중적으로 해 나가야 함을 말한 것이다.

여섯째, 항괘恒卦 「단전」의 "항상한 바를 보면 천지만물의 실정情을

---

41) "彰往而察來, 而微顯闡幽."
42) "引而伸之, 觸類而長之, 天下之能事畢矣."
43) "其初難知, 其上易知."

알 수 있다"44)는 새로운 방법을 제시한 것이다. 그 항상 존재하는 부분을 관찰해야 또 만물 내재의 도리를 이해할 수 있다고 말하기 때문이다. 사물에 '항상 존재하는 부분'은 곧 본질·성질과 같은 것으로서 이성적 추리의 대상이지 감각기관으로 관찰할 수 있는 것이 아니다.

일곱째, 「계사상」 제8장의 "그 형용形容에 모의하고 그 사물의 마땅함을 형상한다"45), "그 회통함을 관찰하여 떳떳한 예禮를 행한다"46)를 현대 언어로 해석하면, 그 형태를 묘사하고 그 기본 성질을 확정하며 그 변화의 상황을 관측한 다음에 그것이 따르는 법칙을 확정할 수 있다는 것이다.

이상은 서도일의 해석에 약간의 내용을 첨가한 것이다.

3) 관상제기설觀象制器說

과학역의 기본이론 문제 중 마지막으로 검토할 것은 과학사와 관련이 있다. 『역전』에서 말하는 '관상제기'는 객관 사물의 모든 번잡한 모습을 관찰해서 그 법을 본떠 기물을 제조하는 것을 말한다. 이것은 사실상 고대 사회의 경제적·과학적 전개와 문명의 발전과정을 말하는 것이다. 「계사상」 제10장에는 "『역』에 성인의 도가 네 가지 있으니, (『역』으로써) 말하는 자는 그 말辭을 숭상하고 (『역』으로써) 동動하는 자는 그 변變을 숭상하며 (『역』으로써) 기물器物을 만드는 자는 그 상象을 숭상하고 (『역』으로써) 복서卜筮하는 자는 그 점占을 숭상한다"47)라는 구절이 있는데, 이 가운데 우리가 주목하고자 하는 것은 "기물을 만드는 자는 그 상을 숭상한다"는 것 즉 "제기상상制器尙象"이다. 「계사하」 제2장은 성인이 기물을 만들 때

---

44) "觀其所恒, 而天地萬物之情可見矣."
45) "擬諸其形容, 象其物宜."
46) "觀其會通, 以行其典禮."
47) "易有聖人之道四焉, 以言者尙其辭, 以動者尙其變, 以制器者尙其象, 以卜筮者尙其占."

상을 숭상(尙)한 구체적인 실례를 다음과 같이 말하고 있다.

노끈을 맺어 그물을 만들어서 사냥하고 고기 잡으니 리괘離卦에서 취하였고, 포희씨가 별세하자 신농씨가 나와서 나무를 깎아 쟁기를 만들고 나무를 휘어 쟁기자루를 만들어서 쟁기와 호미의 이로움으로 천하를 가르쳤으니 익괘益卦에서 취하였고, 한낮에 시장을 만들어 천하의 백성들을 오게 하고 천하의 재화를 모아서 교역하고 물러가 각각 제 살 곳을 얻게 하였으니 서합괘噬嗑卦에서 취하였고, 신농씨가 별세하자 황제黃帝와 요堯·순舜이 나와서 그 변變을 통通하여 백성으로 하여금 게으르지 않게 하며 신묘하게 화化하여 백성으로 하여금 마땅하게 하였으니, 『역』은 궁窮하면 변變하고 변하면 통通하고 통하면 오래간다. 이 때문에 하늘로부터 도와서 길吉하여 이롭지 않음이 없는 것이다. 황제와 요·순이 의상衣裳을 드리움에 천하가 잘 다스려졌으니 건괘乾卦·곤괘坤卦에서 취하였고, 나무를 쪼개 배를 만들고 나무를 깎아 돛대를 만들어서 배와 돛대의 이로움으로 통하지 못하는 것을 건너게 하여 멂을 이루어 천하를 이롭게 하였으니 환괘渙卦에서 취하였고, 소를 부리고 말을 타서 무거운 것을 끌어오고 먼 곳에 이르게 하여 천하를 이롭게 하였으니 수괘隨卦에서 취하였고, 문을 이중으로 하고 목탁을 쳐서 포악한 나그네를 대비하였으니 예괘豫卦에서 취하였고, 나무를 잘라 절굿공이를 만들고 땅을 파 절구를 만들어서 절구와 절굿공이의 이로움으로 만민이 구제되었으니 소과괘小過卦에서 취하였고, 나무에 활시위를 매어 활을 만들고 나무를 깎아 화살을 만들어서 활과 화살의 이로움으로 천하를 두렵게 하였으니 규괘睽卦에서 취하였고, 상고시대에는 구멍에서 살고 들에서 거처하였는데 후세에 성인이 궁실로 바꾸어서 위에 들보를 얹고 아래에는 서까래를 얹어 풍우風雨에 대비하였으니 대장괘大壯卦에서 취하였고, 옛날 장례葬禮하는 자들은 섶을 두껍게 입혀서 들 가운데 장례하여 봉분封墳하지 않고 나무를 심지 않으며 상기喪期에 일정한 수數가 없었는데 후세에 성인聖人이 관곽棺椁으로 바꾸었으니 대과괘大過卦에서 취하였고, 상고시대에는 노끈을 맺어 다스렸는데 후세에 성인이 글과 문서로 바꾸어 백관百官이 다스려지고 만민이 살폈으니 쾌괘에서 취한 것이다.48)

---

48) 「繫辭下」, 제2장, "作結繩而爲罔罟, 以佃以漁, 蓋取諸離, 包犧氏沒, 神農氏作, 斲木爲耜, 揉木爲耒, 耒耨之利以敎天下, 蓋取諸益, 日中爲市, 致天下之民, 聚天下之貨, 交易而退, 各得其

이 인용문은 상고 시대의 문명 발전을 과학기술을 중심으로 개괄한 것으로써 일종의 문명사이자 과학사라고 할 수 있는데, 먼저 괘상이 있고 다시 괘상을 근거로 발명이 이루어지는 것으로 말하고 있다. 물론 이것이 중국 원고시대나 상고시대의 과학과 문명을 객관적으로 기술한 것이라고는 말할 수 없다. 위 인용문에서 제시한 괘들과 각종 기물이 실제로 관계가 있다고 보기는 어렵기 때문이다. 그러나 『주역』의 괘를 과학기술이나 문명의 발달과 연결하여 기술하는 고대인들의 사고방식은 주목할 만하다고 할 수 있다.

이 단락은 복희씨가 앙관부찰仰觀俯察, 근취원취近取遠取하여 팔괘를 만들었다는 단락의 후반부를 이루고 있는데, 여기서는 괘가 먼저 있고 발명이 그 다음에 일어난 것으로 말하고 있다. 그리고 여기서의 괘는 3획의 팔괘가 아니라 6획의 64괘에 속하는 리괘離卦, 익괘益卦, 환괘渙卦, 수괘隨卦, 소과괘小過卦, 규괘睽卦, 건괘乾卦, 곤괘坤卦 등이다. 이것을 발명의 관점에서 보면, 팔괘의 제작시대가 이미 오래 경과되면서 발명을 통하여 64괘의 내용이 더욱 풍부해지게 된 것이라고 할 수 있다. 필자는 이것이 단순한 미신이 아니라, '팔괘로써 만물의 실정을 유추한' 결과로 64괘를 얻고, 다시 이 64개의 괘로써 만물의 실정을 귀납한 결과라고 생각한다.

전체적으로 보면, 『주역』의 괘가 새로운 발명을 촉진시켰다는 것과, 새로운 기물의 발명이 괘와 연결되어 있다는 두 가지 측면이 모두 가능하다

所, 蓋取諸噬嗑. 神農氏沒, 黃帝堯舜氏作, 通其變, 使民不倦, 神而化之, 使民宜之, 易, 窮則變, 變則通, 通則久. 是以自天祐之, 吉无不利. 黃帝堯舜垂衣裳而天下治, 蓋取諸乾坤, 刳木爲舟, 剡木爲楫, 舟楫之利, 以濟不通, 致遠以利天下, 蓋取諸渙, 服牛乘馬, 引重致遠, 以利天下, 蓋取諸隨, 重門擊柝, 以待暴客, 蓋取諸豫, 斷木爲杵, 掘地爲臼, 臼杵之利, 萬民以濟, 蓋取諸小過, 弦木爲弧, 剡木爲矢, 弧矢之利, 以威天下, 蓋取諸睽, 上古穴居而野處, 後世聖人易之以宮室, 上棟下宇, 以待風雨, 蓋取諸大壯, 古之葬者, 厚衣之以薪, 葬之中野, 不封不樹, 喪期无數, 後世聖人易之以棺槨, 蓋取諸大過, 上古結繩而治, 後世聖人易之以書契, 百官以治, 萬民以察, 蓋取諸夬."

는 것을 확인할 수 있다.

관상제기 사상은 '법자연法自然'의 기본관념이 실제에서 응용된 것으로서 "사물을 구비하며 씀을 지극히 하고 기물을 이루어 천하의 이로움을 이룸"[49] 을 목적으로 하는 것이었다. 이것은 '법자연'의 목적이기도 하고, 또 자연과 학의 목적이기도 하다.

제2절 『주역』 기본개념 속의 과학적 함의

『주역』에는 천문기상, 지리, 생물, 화학[50] 등 다양한 분야에 관한 지식들 이 두루 담겨 있다. 조셉 니덤은 중국의 과학사상사에서 자연주의에 대한 사고의 원류를 세 가지에서 찾고 있는데, 그 첫째는 오행설이고 둘째는 음양설이며 셋째는 '정교한 부호의 체계'인 『역경』의 원시과학적 용법이라고 말한다.[51] 그는 이들 가운데 『역경』의 체계는 다른 성분에 비해 호의적으로만 볼 수는 없다고 했지만,[52] 중국의 전통과학을 실패로 보지는 않았다.

『주역』의 기본개념으로는 음양, 사상, 팔괘, 64괘, 태극, 주류변화周流變化 (교역과 변역) 등이 있고, 후대에 발전된 천간, 지지, 오행 등이 있다. 이들 기본개념은 고대 사람들이 제정한 것들로서 서양 근대 자연과학의 개념들

---

49) 「繫辭上」, 제11장, "備物致用, 立成器, 以爲天下利."
50) 『주역』에서 화학적 사유를 찾아낸 사례는 魏伯陽의 『周易參同契』(142)에 나타난다. 그에 따르면 예를 들어 乾卦와 坤卦는 화학 장치를 나타내고, 坎卦와 離卦는 화학 물질을 표시하며, 나머지 60괘는 '점화의 시기'를 결정하는 데 관여한다는 것이다.
51) 조셉 니덤, 이석호 외 역, 『중국의 과학과 문명 II』, 306쪽.
52) 조셉 니덤, 이석호 외 역, 『중국의 과학과 문명 II』, 457쪽, "오행설이나 음양설은 중국의 과학사상의 전개에 유해하기보다는 오히려 유리하였으나, 『易經』의 굳어버린 부호의 체계는 거의 그 출발점부터 불리한 조건이 아니었던가 싶다."

이 엄격한 정의와 논리추리를 가지고 있는 것과는 크게 다르며, 또 서양 자연과학의 체계 속에서 그와 유사하거나 상응하는 개념을 찾기도 어렵다. 그래서 그것은 오랫동안 과학개념으로 인식되지 않았고, 심지어 반과학으로 받아들여지기도 하였다. 하지만 20세기 현대 자연과학에서 보면, 『주역』의 이들 개념은 현대 자연과학의 일련의 새로운 개념들과 충돌하지 않고 오히려 상호 참조되고 있음을 볼 수 있다.

1. 음양의 과학적 의미

음양에 대해서는 이미 앞에서 논술하였다. 여기서는 몇 가지 보충하고자 한다. '음양'이라는 말은 본래 물체에 대한 일광의 향배를 가리키는 말로, 향일向日을 양이라 하고 배일背日을 음이라 한 것이었다.

『역경』에서는 괘효의 변화를 음양으로 표시하지만 괘사와 효사에서는 음·양의 글자를 찾아볼 수 없다. 그러나 『역전』에서는 그것이 도처에서 나타난다. "한 번 음하고 한 번 양하는 것을 도라고 한다"[53]는 음양을 "천지의 조화를 따라 일을 처리하여 잘못이 없고, 만물을 곡진히 이루어 빠뜨리지 않으며, 주·야의 도를 겸하여 안다"[54]의 수준으로 끌어올린 것으로, 음양 2효의 착종변화錯綜變化로써 "천하의 운동함을 본받은 것"[55]이다. 『역전』은 또 각종 사물 가운데는 모두 음과 양이라는 서로 다른 성질이 존재한다고 생각하는데, 「설괘」 제2장의 "음으로 나뉘고 양으로 나뉘며 유와 강을 차례로 쓴다",[56] "하늘의 도를 세워 음이라 하고 양이라 한다",[57]

---

53) 「繫辭上」, 제5장, "一陰一陽之謂道."
54) 「繫辭上」, 제4장, "範圍天地之化而不過, 曲成萬物而不遺, 通乎晝夜之道而知."
55) 「繫辭下」, 제3장, "爻也者, 效天下之動者也."
56) "分陰分陽, 迭用柔剛."
57) "立天之道曰陰曰陽."

「계사하」 제6장의 "음·양이 덕을 합하여 강·유가 체體가 있게 되었다"[58] 등이 그것이다. 이 말들은, 천도는 가장 숭고하여 음양으로 구분되기도 하지만 음양은 다른 한편으로 하나의 통일체 가운데서 공동으로 작용하기 때문에 서로 배합되어서 상호 대립하지 않는다는 뜻이다.

다음 단락의 말은 음양 개념으로 사물의 변화를 해석한 것이다.

> 하늘은 높고 땅은 낮으니 건·곤이 정해지고, 낮은 것과 높은 것이 진열되니 귀·천이 자리하고, 동과 정이 떳떳함이 있으니 강·유가 결단되고, 방향은 류類로써 모이고 사물은 무리로써 나누어지니 길·흉이 생기고, 하늘에서는 상象이 이루어지고 땅에서는 형체가 이루어지니 변·화가 나타난다. 그러므로 강과 유가 서로 갈리며 팔괘가 서로 섞여서, 우레(雷霆)로써 고동하며 풍우風雨로써 적셔 주며 해와 달이 운행하며 한 번 춥고 한 번 더워진다. 건의 도가 남男이 되고 곤의 도가 여女가 되었으니, 건은 큰 시작을 주관하고 곤은 사물을 만들어 완성한다.[59]

이 단락의 건곤, 음양, 남녀, 강유, 길흉, 귀천, 비고卑高, 동정動靜, 한서寒暑 등은 모두 객관의 자연물로서 음양 구분의 구체적인 표현들이다.

「계사상」 제11장의 "역에 태극이 있다. 태극이 양의를 낳고 양의가 사상을 낳고 사상이 팔괘를 낳으니, 팔괘가 길흉을 정하고 길흉이 큰 사업을 낳는다"[60]에서, '두 가지 양태'(兩儀)는 음양(또는 천지)을 가리키고 태극은 천지미분의 원기를 가리키는 개념이다. "태극생양의太極生兩儀"가 나타내는 것은 음양이 사물이 가지고 있는 근본 성질이라는 것이다. 이런 까닭에 팔괘 가운데서 건곤의 두 괘가 주요 지위를 차지하게 된다.

---

58) "陰陽合德, 而剛柔有體."
59) 「繫辭上」, 제1장, "天尊地卑, 乾坤定矣, 卑高以陳, 貴賤位矣, 動靜有常, 剛柔斷矣, 方以類聚, 物以群分, 吉凶生矣, 在天成象, 在地成形, 變化見矣. 是故剛柔相摩, 八卦相盪, 鼓之以雷霆, 潤之以風雨, 日月運行, 一寒一暑, 乾道成男, 坤道成女, 乾知大始, 坤作成物."
60) "是故易有太極, 是生兩儀, 兩儀生四象, 四象生八卦, 八卦定吉凶, 吉凶生大業."

이상에서 보듯이 『역전』은 복잡한 자연현상과 사회현상 가운데서 음과 양이라는 두 가지 기본 범주 혹은 개념을 추상하고 있다. 이러한 추상은 자연계와 사회계를 모두 관찰한 것을 귀납한 것이라고 할 수 있다. '양'은 적극, 진취, 강강剛强, 해(日), 남자 등의 양성陽性과 이들 특성을 가지고 있는 사물을 대표하고, '음'은 소극, 퇴양退讓, 유약柔弱, 달(月), 여자 등의 음성陰性과 이러한 특성을 가지고 있는 사물을 대표한다. 세계는 바로 이러한 두 가지 서로 다른 특성 요소의 부단한 운동으로, 상호의 영향 아래서 발전하고 변화한다. 개괄하면, 『역전』은 음양의 변화로써 우주만물의 모든 현상을 해석하는 것이다.

『역전』의 음양 개념을 자연과학의 시각에서 말하면, 물리학의 작용과 반작용, 전기에서의 '양극'과 '음극', 화학 가운데의 양원자와 음원자, 수학에서의 홀수(奇數)와 짝수(偶數), 생물학의 자雌와 웅雄의 구분 등등에 해당한다. 센트죄르지(A. Szent-Gyorgyi)는 1976년에 생명의 알파태(α態)와 베타태(β態)라는 개념을 제출한 적이 있다. 알파태는 제한을 받지 않고 분열하는 증식의 탈분화 상태를 가리키고, 베타태는 각종 생물학 기능의 분화 상태를 가리킨다. 이 두 상태 사이의 상호전환 및 그 조정은 생명현상의 기본 원리 가운데 하나이다. 이는 음양의 상호전환으로 설명할 수 있다. 그 밖에, 골드베리(N. D. Goldbery)가 제시한 동물과 인체의 생리기능 중의 길항작용인 AMP 사이클릭(cAMP)과 GMP 사이클릭(cGMP), 인간의 두뇌작용에 대한 현대과학의 결과를 나타내는 좌뇌와 우뇌의 차이 등도 상호대립과 이를 통한 상호전환을 말하는 음양 개념과 연결될 수 있다.

음양 개념의 과학적 함의에서 주목할 것은 음양의 상호대립과 상호전환이다. 양자역학에서 물질은 양의 파동성과 음의 입자성을 가진다. 그 두 가지는 양을 양으로 고정하거나 음을 음으로 고정한 고전물리학에서는 설명 불가능한 미지의 영역으로 남아 있던 것이었다. 음양의 변화법칙을 통해 물질의 질량과 속도의 변화법칙을 설명하면 생명의 삶과 죽음의 끊임없는 연속을 말할 수도 있다. 또 흑과 백, 탄생과 사망, 냉과 열, 좌와 우 등과 같이 한 쌍의 짝 범주(개념)들은, 어느 한쪽을 양으로 대표하면 상대되는 다른 쪽은 자연히 음으로 대표된다. 음양의 규정에는 일정한 규칙이 있어서 혼란스럽지 않으나 전체로부터 볼 때 피차가 서로 연계된다. 뉴턴의 근대과학과 달리 현대과학은 사물의 두 방면이 동시에 존재한다는 것을 인정한다. 이것은 인과 개념으로는 설명할 수 없는 것인데, 음양·대대·체용 등의 개념은 인과율이 아니라 동시율로 설명된다. 따라서 음양 개념은 고대적인 동시에 현대적이라고 할 수 있다.[61] 『장자』「천하」에서 "『역』은 음양으로 말한다"[62]라고 한 것은 『역전』의 음양 범주를 적절하게 나타낸 말이라고 할 수 있다.

범주의 상호보완(互補)과 대립(모순)의 함의는 확실히 같지 않다. 상호보완은 대대하는 양방 사이의 협조 및 공존을 긍정하는 것이고, 대립의 개념은 상호간 투쟁의 절대성 및 통일의 일시성과 상대성을 강조하기 때문이다. 그 밖에 '차이' 또한 음양 속성의 차이를 낳는다. 예를 들어 향양(向陽)의 측면을 '양이라고 하면 배양(背陽)의 측면은 음이지만, 이것은 태양의 운동에 따른 것일 뿐이어서 음양의 대치(代置) 또한 부단히 변화하게 된다. 여기서 보면 양자 사이의 관계는 이미 대립이 아니고 상호보완도 아닌데, 이것은 '차이'가 낳은 것이다.

『역전』에서 범주은 또 교역과 변역이라는 말과 관계를 갖는다. '교역'이란 음양효가 서로 바뀌는 것을 의미하고, '변역'은 이러한 상호전환이 부단히 계속되는 것을 의미한다. '교역'에서는 우선 '음은 음'이고 '양은 양'임이

---

61) 徐道一, 『周易科學觀』, 47~48쪽 참조.
62) "易以道陰陽."

긍정된다. 이를 '분음분양分陰分陽'이라고 하는데, 여기서 강조되는 것은 '대대'이다. 이러한 '대대'는 곧 통일인데, 유물변증법에 의하면 모순은 대립의 통일이다. '변역'에서 강조되는 것은 '모순통일' 운동의 부단한 지속이다. 중국철학에서는 이를 '유행流行'이라고 한다.

정리해서 말하면, 『역전』의 '음양' 개념은 모든 객관 사물이 지니고 있는 속성으로서 자연 속성, 사회 속성, 도덕 속성을 포괄한다. 이런 점에서 음양은 보편성과 포용성을 갖는다. 그런데 「계사상」의 "일음일양지위도一陰一陽之謂道"라는 명제는 음양대대가 불러일으키는 변화가 우주의 기본규율이라는 점을 밝힌 것이라고 할 수 있다. 음양이 대대의 통일이라는 것으로써 자연계 사물의 기본속성을 개괄한 것은 '모순은 대립의 통일'이라는 함의보다 더욱 넓고 보편적이라고 할 수 있다.[63]

2. 도道

'도'는 『역전』의 또 다른 중요 철학 범주이다. 주지하듯이 '도'의 본래 의미는 길(路)이다. 일정한 방향을 가진 길을 '도'라고 하는데, 이로부터 사람 혹은 자연사물이 반드시 따라야 하는 궤도를 통칭 도라고 하게 되었다. '도道'가 왜 도로를 가리키는 명사에서 인도人道 혹은 자연의 제1원리가 되었는지는 학자들이 끊임없이 탐구해 온 문제 가운데 하나였다. 선진시대 '도道'자의 추상화 과정에 대해 말하면, 그 가운데에는 몇 가지 중요한 전환점이 있다. 첫째는 구체적 도로에서 발전하여 인간의 행위 혹은 자연 변화의 전거가 되었고, 둘째는 인간의 행위 또는 자연 변화의 전거에서 발전하여 인도 혹은 자연의 법칙이 되었으며, 셋째는 법칙에서 발전하여 인도 혹은 자연의 제1원리가 되었다는 것이다.

---

63) 徐道一, 『周易科學觀』, 77~78쪽.

그런데 '도로'라는 뜻이 '도' 자가 갖는 철학적 의미의 유일한 근원은 아니며, 오히려 동사적 용법인 '길을 따라서 간다'는 뜻이 '도'자의 철학적 의미의 완성에 결정적인 작용을 하였다고 할 수 있다. 사람이 거니는 구체적 길로부터 변화하여 인사의 도를 관장하는 것으로 발전하는 것은 일상적인 의미의 유비 과정이라고 할 수 있다. '사람이 거니는' 도로는 선진시대의 인간계와 자연계의 일체성·통일성에 근거하여 매우 쉽게 일월성신이 운행할 때 따르는 무형의 길(道)로 유비된다. '길'의 뜻에서 전이되어 '수단', '방법'의 뜻이 된 것은 또 다른 발전이라 할 수 있으며, 동시에 매우 자연적인 발전이라고 할 수 있다. '도'는 '수단', '방법'의 의미로서 무언가를 추상화하는 도구로 파악되었으며, 이러한 단계적 변화는 '사물로서의 길'이라는 의미에서 '사물로서의 길이 아닌' 어떤 것으로 발전해 갔음을 보여 준다.

한편 '도'는 당연성이나 필연성의 준칙을 가지고 있기 때문에 본래 '도'와 유사하게 사용되었던 '술(術)'자의 발전과는 구별된다. 일월성신의 운행은 반복적으로 일정한 궤도를 따르는데, 이렇게 궤도를 따르는 운행에서부터 마침내 '필연의 규율'이라는 관념이 만들어졌고, 이러한 무형의 궤도는 다시 의미가 확장되어 사시의 변화나 달이 차고 기우는 것과 같은 기타 자연 변화의 규율에까지 이르게 되었다. 이에 비해 '술'자는 필연성이나 당연성의 의미는 갖지 못하고 수단이나 방법의 의미가 더욱 강화되는 방향으로 발전되었다.

그런데 '도'가 어떻게 인사의 당연한 준칙까지 될 수 있었는가? 이 문제에 관해 대부분의 학자들은 일종의 길로서의 '도'가 가지고 있는 대중성을 주목한다. 고대에 가장 넓고 가장 안전한 길은 사실 '로(路)'였다. '도'는 그 다음에 해당하는 길이었는데, 로와 도는 모두 장기적인 여행을 위해 마련된 것이기 때문에 중간에 숙박시설이나 안전시설 등이 갖추어져 있다는 점에서는 공통적이지만 '로'는 오로지 황제만 이용할 수 있는 반면 '도'는 대중에게 사용이 허용되어 있었다는 점에서 큰 차이를 갖는다. '도'가 대중에게 사용이 허용되었다는 것은 공적인 영역에 속하며, 이를 인사에 미루면 대중들이 따라야 하는 준칙 같은 것이 된다. 다시 말하면 어떤 목적지에 제대로 도달하기 위해서는 반드시 따라 걸어가야 하는 길로 유비되는 것이다.

이상과 같은 유비의 과정을 거쳐 '도'는 사람이나 자연사물이 반드시 따라야 하는 궤도 같은 것으로 의미가 전환된다. 이를 인도, 천도로 말하는데, '도'의 이러한 성질은 '당연성'과 '필연성'에 영향을 받은 것이라고 할 수 있다. 천도는 '필연성'이 강조되고 인도는 '당연성'(응연성)이 강조되지만, 천도와 인도를 확연하게 구분하는 것은 사실상 어려우며 또 천도의 필연성 은 인도에서의 당연성과 대응된다.

'도'의 자연 혹은 인도에 대한 제1원리는 다시 보편성의 조건을 갖추게 된다. 당연성 혹은 필연성의 준칙은 층차의 구분이 있으니, 하나는 차별적인 것이고, 다른 하나는 보편적인 것이다. 전자는 특정한 사물에만 적용되지만 후자는 만사만물에 적용된다. 차별적인 준칙에서 보편적인 준칙에 이르는 것이 바로 '도'가 제1원리가 되는 가장 중요한 발전이다.

자연의 변화 혹은 인사의 상호작용을 따라 다시 진일보하여 종극에 배후의 주재자 혹은 창생자를 추구하는 것은 철학적 사유에서 하나의 자연스러운 귀착점이다. 신학의 입장에서 보면 주재자와 창생자는 상제를 겸해서 있으며, 철학적 입장에서 보면 이러한 주재자 혹은 창생자는 일종의 형상적 실체(초월적이거나 초월 내재적인 것을 막론하고)를 상상할 수 있다. 보편적 준칙이나 형상적 실체를 막론하고 모두 형상적 실존이라는 것을 알 수 있으며, 따라서 그것들은 모두 독립적이고 자주적인 사물임을 알 수 있다. 이러한 조건에서 '도'의 '길'이라는 의미는 사라져 드러나지 않게 되고 대신 하나의 독립적으로 운동하는 사물로 되었으니, 즉 '도'는 인간이 거니는 길로부터 전화하여 다른 사물의 위에서 운행하는 법칙이 된 것이다.[64]

「계사상」제12장은 "그러므로 형形으로부터 그 이상을 도道라 이르고 형으로부터 그 이하를 기器라 이른다"[65]라 하였고, 「계사하」 제1장은 "천지의 도는 항상 보여 주는 것이요, 일월의 도는 항상 밝은 것이다"[66]라고 하였다. 이로부터 볼 때 '도는 주로 규율・원칙・도리를 가리키는 말이라는 것을 알 수 있는데, 현대과학 중의 규율・원리의 함의와 매우 유사하다. 천지인 삼재지도에서 말하면, 천지인 세 시스템 각자는 자체의 발전변화 규율을 갖는데, 「설괘」 제2장에서는 이를 음양・강유・인의의 변화로 개괄하였다. 반우정潘雨廷은 자연과학의 3대 과제, 즉 우주진화・물질구조・생명 기원을 삼재지도와 비교한 적이 있다.[67]

'형이하자위지기形而下者謂之器'에서의 '기器'는 기물 즉 구체적 사물이다. 동식물이나 기계 등이 모두 여기에 속한다. 기器와 도道는 상대적인데, 기물은 눈으로 볼 수 있고 포착할 수 있는 구체사물이고, 도는 사물의 운동 변화 가운데 감추어져 있는 규율성의 도리이다. 이러한 구분은 객관적이고 합리적이며, 또 매우 필요한 것이라고 할 수 있다.

주지하듯이 『역전』은 '변變' 즉 변화를 가장 중요한 '도道'로 인식한다. 「계사상」에서는 "하늘에서는 상을 이루고 땅에서는 형체를 이루어 변과 화가 나타난다",[68] "천하의 지극히 동함을 말하되 어지럽힐 수 없다"[69]라고

---

64) 鄭吉雄, 『觀念字解讀與思想史探索』(台灣學生書局, 2009).
65) "是故, 形而上者謂之道, 形而下者謂之器."
66) "天地之道, 貞觀者也, 日月之道, 貞明者也."
67) 潘雨廷, 「과학역」, 『周易縱橫錄』(湖北人民出版社, 1989), 423~437쪽.
68) 제1장, "在天成象, 在地成形, 變化見矣."
69) 제8장, "天下之至動而不可亂."

하였고, 「계사하」에서는 "도道됨은 자주 옮긴다. 변동하여 머물지 않아 여섯 빈자리에 두루 흐른다. 그리하여 오르내림이 무상無常하고 강유가 서로 교역하여 일정한 법칙을 삼을 수 없다. 오직 변화하여 나아가는 바이니, 나가고 들어옴을 법도로써 한다"[70]라고 하였다. 「계사상」은 또 "낳고 낳음을 역이라고 한다",[71] "변變·화化는 나아감과 물러감의 상이 다"[72]라고 하였다.

이상에서는 분명히 한편으로는 '도'라는 존재가 있으며 도는 변화를 가지고 있다(屢遷)고 하면서, 머물지 않고(不居)·두루 흐르며(周流)·일정함이 없이(無常)·낳고 낳는다(生生) 등으로 그 변화의 특성을 묘사하고 있다. 도의 변화는 반드시 따라야 할 일정한 법칙(典要, 常規)이 없다는 말은 '변'이 객관적 존재임을 말하는 것이다. '변화'를 본질로 하는 '도'에 대한 이러한 묘사는 현대물리학의 일련의 기본개념과 비슷한 곳이 있고, 인식의 정도가 상당히 심각한 것이라고 할 수 있다.

변화의 도의 주요 표현은 음양의 변화이다. 또 다른 특성은 「계사하」 제2장에서 말한 "궁窮하면 변變하고, 변하면 통通하고, 통하면 오래간다"[73] 는 것이다. 자연계는 '변'이 있을 뿐만 아니라 또 '통'이 있는 것이다. 「계사상」에서는 "가고 오는 것이 다하지 않는 것을 통이라고 한다"[74]이라고 하였는데, '왕래불궁往來不窮'은 주기적 변화를 가리킨다. 따라서 이것이 사물 변화의 규율이다. 이러한 규율을 파악(인식)하면 오래갈 수 있다는 것이다.

---

70) 제8장, "爲道也屢遷. 變動不居, 周流六虛. 上下无常, 剛柔相易, 不可爲典要, 唯變所適, 其出入 以度."
71) 제5장, "生生之謂易"
72) 제2장, "變化者, 進退之象也."
73) "窮則變, 變則通, 通則久."
74) "往來不窮謂之通."

3. 사상四象과 서수筮數

사상은 『주역』의 기본개념 가운데 하나이다. 사상은 사물의 서로 다른 네 가지 속성을 나타낸다. 1년에는 춘하추동이 있고, 지리에는 동서남북이 있으며, 인체에는 사지가 있고, 도덕에도 인의예지가 있다.

사상과 관련하여 가장 주목할 것은 바로 9·6·7·8이라는 서수筮數이다. 서수란 점을 칠 때 변효變爻와 불변효不變爻를 가리는 방법에서 나온 것이다. 「계사상」 제9장에서는 다음과 같이 말하고 있다.

> 대연大衍의 수數가 50이나, 그 씀은 49이다. 이를 나누어 둘로 만들어서 양의兩儀를 상징하고, 하나를 걸어서 삼재三才를 상징하고, 넷으로 세어 사시四時를 상징한다. 남는 것을 손가락 사이에 끼워 윤달을 상징하는데, 5년 만에 윤달이 다시 오므로 다시 손가락 사이에 끼워서 뒤에 걸어 둔다. 건의 책수策數가 216이요 곤의 책수가 1440이다. 그러므로 모두 360이니 1년의 일수日數에 해당하고, 상·하 두 편의 책수가 1만 1천 520이니 만물의 수에 해당한다. 이러므로 네 번 경영하여 역易을 이루고 18번 변하여 괘卦를 이루니, 팔괘는 소성괘이다. 이끌어 펴며 류에 따라 확장하면 천하의 일을 마칠 수 있다.[75]

흔히 이를 '대연지수大衍之數'장이라고 부르는데, '대연지수'는 점을 칠 때 사용하는 시초의 산가지 수를 가리킨다. 그런데 주희의 『주역본의』는 '대연지수'장을 '천지지수天地之數'장, 즉 "천天이 1이고 지地가 2이며 천이 3이고 지가 4이며 천이 5이고 지가 6이며 천이 7이고 지가 8이며 천이 9이고 지가 10이니, 천의 수가 다섯이고 지의 수가 다섯이다. 다섯 자리가

---

75) 「繫辭上」, 제9장, "大衍之數五十, 其用四十有九. 分而爲二以象兩, 掛一以象三, 揲之以四以象四時. 歸奇於扐以象閏, 五歲再閏, 故再扐而後掛. 乾之策, 二百一十有六, 坤之策, 百四十有四. 凡三百有六十, 當期之日, 二篇之策, 萬有一千五百二十, 當萬物之數也, 是故四營而成易, 十有八變而成卦, 八卦而小成. 引而伸之, 觸類而長之, 天下之能事畢矣."

서로 얻고 각각 합함이 있으니, 천의 수는 25이고 지의 수는 30이다. 무릇 천지의 수가 55이니, 이것이 변화를 이루고 귀신을 부리는 까닭이다"[76]에 이어 놓았다. 이정조李鼎祚의 『주역집해』에서는 '천지지수'는 제10장에 배치되어 있다.

'천지지수'와 '대연지수'는 수의 체제가 서로 다른데, 송유宋儒들은 '천지지수'가 「하도河圖」를 말한 것이고 '대연지수'는 「낙서洛書」를 말한 것이라고 하였다. 「하도」와 「낙서」는 「계사상」 제11장의 "천지가 변화하자 성인 법받았다"[77] 뒤의 "하늘이 상을 드리워 길흉을 나타내자 성인이 본받았다. 하수에서 그림이 나오고 낙수에서 책이 나오자 성인이 법칙으로 삼았다"[78]에서 기원한다. 한대의 공안국孔安國은 『상서공씨전尙書孔氏傳』에서 "하도팔괘는 복희가 천하의 왕이었을 때 용마가 황하에서 나왔는데 그 무늬를 본받아 그린 것이다",[79] "상제께서 우임금에게 천하를 주었을 때 낙수에서 그림(書)이 나왔는데, 신묘한 거북이가 무늬를 지고 나온바 등에 나열되어 있었다. 그 수가 9에 이른 것에 근거하여 우임금이 차례를 지어 홍범구주를 만들었다"[80]라고 했다. '하도팔괘', '낙서홍범구주'의 설은 이로부터 나온 것이나 그 도식에 대해서는 별다른 언급이 없다.

서한의 양웅揚雄은 『태현경太玄經』에서 처음으로 '십수도十數圖'와 '구수도九數圖'의 도식을 제시했는데, 북송의 상수역학가들은 '하도'는 '십수도'이고 '낙서'는 '구수도'라고 여기고 다음과 같은 그림을 제작하였다.

---

76) 「繫辭上」, 제9장, "天一, 地二, 天三, 地四, 天五, 地六, 天七, 地八, 天九, 地十, 天數五, 地數五. 五位相得而各有合, 天數二十有五, 地數三十. 凡天地之數五十有五, 此所以成變化而行鬼神也."
77) "天地變化, 聖人效之."
78) "天垂象, 見吉凶, 聖人象之. 河出圖, 洛出書, 聖人則之."
79) "河圖八卦, 伏羲王天下, 龍馬出河, 遂則其文以畫八卦."
80) "天與禹洛出書, 神龜負文而出列于背. 有數至于九, 禹遂因而第之, 以成九類."

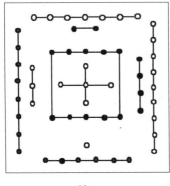
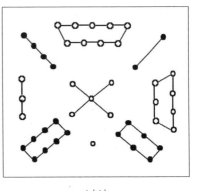

하도   낙서

흰 점은 양을 표시하고 검은 점은 음을 표시한다. 하도는 1부터 10까지의
수가 다 나타나기 때문에 '십수도'라 하고, 낙서는 1부터 9까지밖에 나타나지
않기 때문에 '구수도'라고 한 것이다.

하도는 이른바 천지지수가 모두 들어 있으며 생수와 성수가 각각 4정방正
方에서 대대를 이루고 있는 구조이다. 자세히 말하면, 1과 6은 아래의 북방에
있으니 북방은 오행으로는 수이고 감坎(☵)괘의 방위이다. 2와 7은 위의
남방에 있으니 남방은 화이며 리離(☲)괘의 방위이다. 3과 7은 왼쪽의 동방에
있으니 동방은 목이며 진震(☳)과 손巽(☴)의 방위이다. 4와 9는 오른쪽 서방에
있으니 서방은 금이고 건乾(☰)괘와 태兌(☱)의 방위이다. 5와 10은 중앙에
있으니 중앙은 토에 속하며 곤坤(☷)괘와 간艮(☶)괘가 사귀는 것이다. 남방의
화(2와 7)는 여름, 북방의 수(1과 6)는 겨울, 동방의 목(3과 8)은 봄, 서방의
금(4와 9)은 가을이다. 가운데는 토(5와 10)이다. 이들 수는 셋씩 연계되어
팔괘를 형성한다.

① 7 · 5 · 1 (남북 縱線의 백점): 건(☰)
② 6 · 10 · 2 (북남 縱線의 흑점): 곤(☷)

③ 8・3・10 (동에서 중앙에 이르는 橫線): 감(☵)

④ 9・4・5 (서에서 중앙에 이르는 橫線): 리(☲)

⑤ 1・3・2 (북남 左旋의 안쪽): 태(☱)

⑥ 2・4・1 (남북 左旋의 안쪽): 간(☶)

⑦ 9・6・8 (서동 左旋의 바깥쪽): 진(☳)

⑧ 8・7・9 (동서 左旋의 바깥쪽): 손(☴)

낙서의 수는, 4개의 홀수 즉 1, 3, 9, 7은 사정방에 자리하여 천도를 상징하면서 이지二至와 이분二分을 나타낸다. 북방은 동지, 남방은 하지, 동방은 춘분, 서방은 추분이다. 4개의 짝수 즉 2, 4, 6, 8의 방위는 사우四隅(또는 四維)에 자리하여 지도를 상징하면서 사립四立을 나타낸다. 동북은 입춘, 동남은 입하, 서남은 입추, 서북은 입동이다. 중앙의 '5'는 삼양參兩의 합(3+2)으로, 인도를 상징한다.

낙서는 사정四正과 사우四隅의 추산을 통해 사상과 팔괘를 뽑아낼 수 있다. 따라서 낙서는 우주만물의 발생을 확정하는 문호가 된다. '사정'으로 말하면, 남방의 9는 일日이 되고 리괘離卦이다. 북방의 1은 월月이 되고 감괘坎卦이다. 동방의 3은 우레(雷)가 되고 진괘震卦이다. 서방의 7은 연못(澤)이 되고 태괘兌卦이다. '사유'로 말하면, 서북의 6은 천문으로 건괘이다. 서남의 2는 인문이 되고 곤괘이다. 동남의 4는 지문地門이 되고 풍문風門이 되며 손괘巽卦이다. 동북의 8은 귀문鬼門으로 간괘艮卦이다.

다음은 '천지지수'에 대한 주희의 해석이다.

천지의 수에 양의 기수와 음의 우수를 말한 것이니 곧 이른바 하도이다. 그 위치가 1・6은 아래에 있고 2・7은 위에 있고 3・8은 左에 있고 4・9는 右에 있고 5・10은 중앙에 있다.…… 중앙의 5는 대연大衍의 어머니가 되고 다음의 10은 대연의 자식이 되며, 다음의 1・2・3・4는 사상四象의 자리가 되고 다음의 6・7・8・9는 사상의 수數가 된다. 두 노老(老陽・老陰)는 서・북에 위치하고, 두 소少(少陽・少陰)는 동・남에 위치하며, 그 수는 각기 그 류에 따라 밖에 교차한다.…… 서로 맞는다는 것은 1과 2, 3과 4, 5와 6, 7과 8, 9와 10이 각기 기수와 우수로서 류가 되어 스스로 서로 맞음을 이르고, 합함이 있다는 것은 1과 6, 2와 7, 3과 8, 4와 9, 5와 10이 각각 서로 합함을 이른다. 25는 다섯 기수를 모은 것이고 30은 다섯 우수를 모은 것이다. 그 변화變化를 말하자면, 1이 변變하여 수水를 낳으면 6이 화化하여 이루고, 2가 화하여 화火를 낳으면 7이 변하여 이루고, 3이 변하여 목木을 낳으면 8이 화하여 이루고, 4가 화하여 금金을 낳으면 9가 변하여 이루고, 5가 변하여 토土를 낳으면 10이 화하여 이룬다. 귀신鬼神은 모든 기·우, 생·성의 굴신과 왕래를 이른다.[81]

천수天數를 기수로 말하고 지수地數를 우수로 말하며 그 천지의 병합과 생성, 그리고 상·하·좌·우를 논한 것은 「하도」와 「낙서」의 수리체계와 관련한다. 그 근거는 「계사상」의 "하늘이 신묘한 사물을 내자 성인이 법받으며, 천지가 변화하자 성인이 본받으며, 하늘이 상을 드리워 길흉을 나타내자 성인이 형상하며, 하수에서 도가 나오고 낙수에서 서가 나오자 성인이 법받았다"[82]이다. 1·3·5·7·9의 기수와 2·4·6·8·10의 우수는 모든 자연수를 포함한다. 천수의 합은 25이고 지수의 합은 30이므로, 두 가지를 모두 합하면 55이다. 생수 1·2·3·4·5는 양에서 시작하여 양으로 끝나는 선천수이고, 성수 6·7·8·9·10은 음에서 시작하고 음으로 끝나는 후천수 이다. 생수 가운데 홀수 1·3·5를 '삼천參天'이라 하고 짝수 2·4를 '양지兩地'

---

81) 朱熹, 『周易本義』, "卽所謂河圖者也. 其位一·六居下, 二·七居上, 三·八居左, 四·九居右, 五·十居中.……則中五爲衍母, 次十爲衍子, 次一·二·三·四爲四象之位, 次六·七·八·九爲四象之數. 二老位於西北, 二少位於東南, 其數則各以其類交錯於外也.……"

82) "天生神物, 聖人則之, 天地變化, 聖人效之, 天垂象, 見吉凶, 聖人象之, 河出圖, 洛出書, 聖人則之." 김경방은 이 구절에 대해, 신물은 분명히 '시초와 거북'을 가리키고 이는 '法이과 象이 천지보다 큰 것이 없고 變通하는 것은 사계절보다 더 큰 것이 없다'는 것일 진데 여기서 '하도와 낙서가 나오자 성인이 법받았다'고 하는 것은 말이 겹치고 서로 모순될 뿐이라고 말한다. 또한 경전에 '하도'와 '낙서'에 대한 언급은 그림자도 찾을 수 없으니 따라서 이는 『繫辭傳』의 원문이 아니고 후대 사람이 잘못 넣은 것이라 하며 삭제하였다. (김경방·여소강, 『周易全解 下』, 507쪽)

라고 한다. 「설괘」 제1장은 "하늘의 수를 3으로 하고 땅의 수를 2로 하여 수를 의지한다"[83]고 하였는데, 이것은 사상수 가운데 태양의 수 '9'가 1·3·5 의 합에서 온 것이고 태음의 수 '6'이 2·4의 합에서 온 것임을 밝힌 것이다. 『역전』에서 말한 '기수' 개념은 음양의 변효가 의지하는 수를 가리키는 것이다.

'천지지수'는 기우의 수를 말하는 것으로서 그 취지가 매우 분명하지만 '대연지수'는 복잡하다. 특히 '대연지수'가 왜 '50'인가에 관해서는 역학가들의 해석이 분분하였다. 예를 들어 경방京房은 "10일日, 12신辰, 28수宿"를 말한다고 하였고, 마융馬融은 "북신北辰(태극)·양의·일월·사시·오행·12 월·24절기의 합"이라고 하였으며, 순상荀爽은 "팔괘의 전체 효수(8×6=48)에 건곤의 용구와 용육을 더한 것"이라고 하였는데, 이에 앞서 정현鄭玄은 "천지의 수를 합한 55에서 오행의 5를 뺀 것"이라고 하였다. '50' 중에서 '49'만을 사용하는 것에 대해서는 대체로 '태극 1'을 뺀 것이라고 보는데, 여기에는 우주본원에 대한 고대인들의 관념이 반영되어 있다.

그런데 김경방은 '대연지수'가 '50'이 된 것은 "대연지수大衍之數, 오십유오 五十有五"에서 '유오有五'가 실수로 누락된 것일 뿐이라고 했다.[84] 현재로서는 이 문제를 확정할 수가 없고, 다만 김경방이 '대연지수'를 해석하면서 확률의 문제를 제기한 것에 대해서는 간단히 살펴볼 필요가 있다.

---

83) "參天兩地而倚數."
84) 김경방·여소강,『周易全解 下』, 464쪽. 이와 함께 김경방은 이 단락에 순서가 바뀌거나 누락된 곳에 대해 언급한다. 우선 大衍之數는 '55'(五十有五)가 되어야 마땅하나 통행본에 서는 五十으로만 되어 有五가 누락되었다고 지적한다. 다음으로 '天一, 地二'로 시작하는 이 문장이 뒤에 있는 것을 앞으로 끌어와서 이 단락에서 시작해야 마땅하다고 지적한다. 같은 이유로 '天數五, 地數五……凡天地之數五十有五'가 '大衍之數……'의 뒤에 있는 것이 잘못되었다 지적하고 앞에다 넣었다. 또한 '乾之策……當萬物之數也'와 '是故四營而成 易……' 두 문장의 순서가 뒤바뀐 부분도 지적한다.

「계사전」의 대연서법에서 3역 18변에는 확률이 세 방면에서 같지 않다.…… 수리통계의 원리에 근거하면,…… 첫째, 7·8·9·6이라는 네 수를 얻을 확률이 같지 않다는 것이다. 7을 얻을 확률은 31.25%이고, 8을 얻을 확률은 43.75%이며, 9를 얻을 확률은 18.75%이고, 6을 얻을 확률은 6.25%이다. 둘째, 변효 가운데 6과 9를 얻을 확률도 같지 않으니, 9를 얻을 확률은 6을 얻을 확률의 3배이다.…… 셋째, 한 괘의 여섯 효 가운데 몇 개의 '변효'를 얻을 확률도 같지 않다. 한 괘의 여섯 효가 모두 변하지 않을 확률이 17.799%이고, 하나의 변효가 있을 확률이 35.595%이며, 두 개의 변효가 있을 확률이 29.663%이고, 세 개의 변효가 있을 확률이 13.184%이며, 네 개의 변효가 있을 확률이 3.296%이고, 다섯 개의 변효가 있을 확률이 0.439%이며, 여섯 개의 변효가 있을 확률이 0.024%이다. 이것은 변하지 않거나 적게 변할 확률이 많다는 것을 설명한 것이다.[85]

이 인용문은 서법이 동일한 확률에 의한 것이 아니라는 것을 설명함과 동시에 '변하지 않거나 적게 변할 확률이 많다'는 것을 설명한다. 이 말은 상당히 중요하다. 왜냐하면 이를 통해 변화의 불규칙성을 말하면서 동시에 변화의 안정성을 말하기 때문이다. 김경방은 서법에서 확률이 같지 않다는 것을 받아들여야 한다고 말하는데, 그 이유는 동일하지 않은 확률로 인해 오히려 음양의 균형이 유지될 수 있기 때문이라고 한다. "이렇게 형성될 확률이, 9는 12.5%이고 6은 12.5%이며 7은 37.5%이고 8은 37.5%이다. 그리하여 음효와 양효의 확률은 각각 50%를 차지한다. 변효인 9와 변효인 6의 확률도 같다. 이와 같이 서법은 비교적 안정적이다."[86]

4. 상象과 수數

『주역』에서 상과 수는 밀접한 관계가 있다. 「계사상」 제2장에는 "성인이

---

85) 김경방·여소강, 『周易全解 下』, 477~478쪽.
86) 김경방·여소강, 『周易全解 下』, 478~479쪽.

팔괘·64괘를 진설하여 상을 보이고, 또 괘사·효사를 붙여 길흉을 밝혔다"87)라 하여 『주역』에 상이 있음을 밝히고, "성인은 천하만물이 너무도 잡다함을 보고는 그 밖의 물상을 가지고 천지만물의 형태에 비기거나 혹은 천지만물의 마땅히 그러할 모습을 상징화하였으니 그것을 상이라고 한다"88)라고 '상'을 정의하였다.

'상'은 본래 괘상과 효상을 가리키고, 이 둘은 『역경』의 작자가 괘효를 가지고서 우주만물 가운데서 취해 온 법상法象이었다. 「계사전」은 상을 세우고(立象) 괘를 설치하는(設卦) 의의에 관해 다음과 같이 말하고 있다.

글은 말을 다하지 못하고, 말은 생각을 다하지 못한다. 그렇다면 성인의 생각은 알 수 없는 것인가? 공자가 말하였다. 성인은 상을 세워서 생각을 나타내고, 괘를 베풀어 참과 거짓을 가려내며, 글귀를 붙여서 그 말을 다하고, 변하여 통하게 해서 이로움을 다하며, 북치고 춤추어서 신묘함을 다한다.89)

수와 관련해서 「설괘」는 다음과 같이 밝히고 있다.

옛날에 성인이 『역』을 지을 때 신명을 그윽이 협찬하여 시초(蓍)를 이용하는 법을 만들고, 하늘을 1·3·5의 세 수로 하고(參天) 땅을 2·4의 두 수로 해서(兩地), 이에 의거하여 수를 세웠다.90)

효상은 수가 아니면 그 구체적인 실상을 파악하기 힘들다. 이처럼 상과 수의 관계는 매우 밀접하여 서로 떼어놓을 수 없다. 그런데 '수'는 '상'에

---

87) 「繫辭上」, 제2장, "聖人設卦觀象, 繫辭焉而明吉凶."
88) 「繫辭上」, 제8장, "聖人有以見天下之蹟, 而擬諸其形容, 象其物宜, 是故謂之象."
89) 「繫辭上」, 제12장, "子曰, 書不盡言, 言不盡意. 然則聖人之意其不可見乎. 子曰. 聖人立象以盡意, 設卦以盡情僞, 繫辭焉以盡其言, 變而通之以盡利, 鼓之舞之以盡神."
90) 「說卦」, 제1장, "昔者聖人之作易也, 幽贊於神明而生著, 參天兩地而倚數."

포함되어 있기 때문에 보통 '상수'라고 합쳐서 부른다. 따라서 여기서 말하는 '수'는 '역수易數'로서 『역경』과 서법筮法에서의 수의 관념을 가리킨다. 그 수에는 세 가지 종류가 있다. ① 서수筮數이다. 점을 칠 때는 수의 계산을 통하여 최후로 7, 8, 9, 6의 수를 얻어 어떤 효의 상을 결정하는데, '7'은 소양(⚎), '8'은 소음(⚏), '9'는 노양(⚌), '6'은 노음(⚍)이다. 이러한 수를 서수筮數라고 한다. ② 음양의 수가 있다. 곧 홀수(奇)는 양이고, 짝수(偶)는 음이다. ③ 효위의 수가 있다. 한 괘의 6효는 아래에서부터 위로 올라가면서 헤아려, 초획을 '초'라 하고, 제2획은 '2', 제3획은 '3', 제4획은 '4', 제5획은 '5', 제6획은 '상'이라 한다.

점서占筮에서 수는 매우 중요한 작용을 한다. 설시의 방법을 통해 하나의 괘상을 뽑고 그 괘상에 의거하여 길흉을 예측하는데, 수가 변하면 효의 변화가 일어나고 결국은 괘의 변화도 일어나게 된다. 종합해서 말하면, 『역경』의 64괘, 384효, 매 괘·효 모두가 수로 해석되고, 매 괘·효 모두는 하나의 확정된 수의 변화가 펼쳐지는 것을 통해 형성된다.

「계사전」의 "효는 변화를 말한다"는 말은 수리적인 표현이다. 즉 노양수 9는 소음수 8로, 노음수 6은 소양수 7로 바뀌게 됨을 말한 것이다. 점서에서는 이러한 변효를 가리는 것이 매우 중요하다. 그 기원은 확실하지 않으나 양효와 음효는, 인간의 사유가 분별되지 않은 혼돈의 상태에서 밝음과 어둠, 위와 아래, 좋음과 나쁨 등 이원적 분별 형태로 발전되었는데, 그 분별의식을 두 가지 부호로 형상화한 것이라 할 수 있다. 다시 말해, 이 두 가지 음양 부호는 원초적 사유체계가 투영된 상징체이다. 그리고 『주역』에서의 효는 숫자에서 기원한 것이거나 적어도 숫자와 깊은 관계가 있는 것이다. 변효를 헤아리는 것은 음양의 효상만으로는 안 되고 반드시 숫자로 표시되어야 하기 때문이다.

효 즉 양의의 상은 어떻게 결정하는가? 이 문제는 귀복과 점서를 구분하는 가장 중요한 지점이다. 귀복은 거북이의 껍질이나 짐승의 뼈에 구멍을 뚫은 다음 이를 불에 달구어서 생기는 무늬로 점을 쳤기 때문에, 그 판단은 오직 점술가의 직관이나 신비한 능력에 따른 것이었다. 따라서 귀복에서는 효상이나 괘상의 결정 문제 같은 것은 제기되지도 않았고 그럴 필요도 없었다. 그러나 점서를 기초로 하는 『주역』은 시초를 일정한 계산 법칙에 따라 계산하는 것으로, 우선 효상을 결정하고, 이렇게 정해진 효상이 6개 모여 괘가 이루어지고, 거기에 따라 괘사와 효사를 매어 단 것에 근거하여 점을 치게 된다.

7, 9, 8, 6의 네 개의 수는 "양은 움직여 나아가니 노양이 되면 음으로 되고, 음은 움직여 물러나나 노음이 되면 양으로 변한다"(陽動而進, 及老變陰, 陰動而退, 及老變陽)라는 원칙에 따라 7→9→8→6→7……의 순서로 변화하는데, 이것은 역도易道의 큰 흐름이 쉼이 없다는 것을 상징하고 있다. 다시 말하면, 소양·소음의 수인 7과 8은 불변효가 되고, 노양·노음의 수인 9와 6은 변효가 되어 '9'는 '8'로 변하고 '6'은 '7'로 변하게 된다. 김경방은 이 과정에 자연과학의 확률론이 포함되어 있음을 밝힌 것이다.

이 네 가지 수는 비록 서술筮術에서 생겨났지만, 여기에는 진정한 철학적 의미가 포함되어 있다. 「설괘전」에서 "이미 생겨난 것을 통해서 지나간 것을 세는 것은 따르는 순順이요, 아직 생겨나지 않은 오는 것을 아는 것은 역逆이다. 이런 까닭에 역은 역수逆數이다"[91]라고 한 것은 실제로 네 수의 흐름을 가지고 말한 것이다. 「설괘」에서는 어떻게 '역수逆數'라고 말하고 '순수順數'라고 말하지 않는가? 이것은 역逆이라는 것이 역도를 드러내는 것이기 때문이다. 양의 성질에 따라서 앞으로 나아가는 것에 의해서 움직임이 시작되지만, 만약 뒤로 물러나는 음의 성질이 없다면

---

91) 제3장, "數往者順, 知來者逆. 是故易, 逆數也."

양의 앞으로 나아가는 성질 또한 드러날 수 없다. 양의 '역逆'이라는 성질이 있어야 비로소 음양이 왕복하여 변화가 생기게 되고, 만물이 생기고, 역도가 드러나는 것이다. 그러므로 "역은 역수이다"라고 말하는 것이다.

『역전』에는 또 '책수策數'라는 개념이 있다. '책수'라는 말은 앞서 "건乾의 책수가 216이요 곤坤의 책수가 144이다. 그러므로 모두 360이니 기년期年의 일수에 해당하고, 상·하 두 편의 책수가 1만 1천 520이니 만물의 수에 해당한다"92)에서 나온 말이다. '책수'는 점을 치기 위해 '4영 18변'의 시초 계산에서 성립되는 '수'임을 알 수 있다.

'건지책乾之策'이란 건괘(䷀)를 이루는 시초의 수를 말한다. 건괘의 노양효 (━) 각각은 '4영 3변'한 수가 '36'이었다. 이것이 6효이므로 '노양수 36책×6효= 216책'이 되어 '건지책'이 된다. '곤지책坤之策'은 곤괘(䷁)를 이루는 시초의 수를 말하는 것으로, 곤괘의 노음효(--) 4영 3변한 수가 '24'이므로 '곤지책'은 '노음수 24책×6효=144책'이 된다. 건책과 곤책을 합하면 기년 즉 1년의 날 수와 같아진다.(216+144=360) '이편지책二篇之策'에서 '이편'은 『역경』의 상경과 하경을 가리킨다. 『역경』 상·하 2편은 64개의 괘로 되어 있고, 괘는 노양효(━)와 노음효(--)의 조합이다. 64괘 전체는 384효(64괘×6효)인데, 절반은 노양효(━)이고 절반은 노음효(--)이다. (192×36)+(192×24)=11,520이어서, 이것이 만물의 수에 해당하는 것이다.

「계사상」 제9장의 '대연지수장은 사실상 사칙연산의 과정이 모두 나타나 있다. "대연의 수가 50이니, 그 씀은 49이다"는 '50-1'이고, "하나를 걸어서 삼재를 상징한다"(掛一以象三)는 '÷2'한 다음 다시 '-1'한 것이며, "넷으로 센다"(揲之以四)는 4씩 뺀다는 것이고, "남는 것을 손가락 사이로 되돌린다"(歸奇

---

92) 「繫辭上」, 제9장, "乾之策, 二百一十有六, 坤之策, 百四十有四. 凡三百有六十, 當期之日, 二篇之策, 萬有一千五百二十, 當萬物之數也."

于扐)는 것은 뺀 나머지 수(0에서 3까지)를 가리킨다. 서법에 의하면 매 수는 4근根의 시초가 각각 일효를 얻게 되는데, 만약 전부 양이면 이를 극양이라 하고 9로 대표한다. 이런 점에서 건지책을 다시 설명하면 '6효×9(노양수)×4(근수)=216'이 되는 것이다. 만약 전부 음이면 극음이라 하고 6으로 대표한다. 그러므로 곤지책은 '6효×6(노음수)×4(근수)=144'가 되는 것이다.

『주역』의 수와 관련하여 마지막으로 검토할 것은 소옹의 선천학에서의 '일분위이一分爲二'이다. 많은 연구자들은 이것이 『역경』에 포함되어 있는 이진위수二進位數 관념을 발전시킨 것이라고 하는데, 소옹은 '역유태극易有太極'장을 해석하는 자리에서 다음과 같이 말하고 있다.

> 태극이 나뉘어 양의가 세워진다. 양이 아래로 음과 혼합하고 음이 위로 양과 혼합하여 사상이 생겨난다. 양이 음에 혼합하고 음이 양에 혼합하여 하늘의 사상이 생겨나고, 강이 유에 혼합하고 유가 강에 혼합하여 땅의 사상이 생겨난다. 이리하여 8괘가 이루어진다. 8괘가 서로 뒤섞이어 만물이 생겨난다. 그러므로 1이 나뉘어 2가 되고, 2가 나뉘어 4가 되고, 4가 나뉘어 8이 되고, 8이 나뉘어 16이 되고, 16이 나뉘어 32가 되고, 32가 나뉘어 64가 된다. 그러므로 말하기를, 음으로 나뉘고 양으로 나뉘며 강과 유를 교대로 사용하여 역의 육위六位가 나타나게 된다.[93]

또한 소옹은 우주의 운행을 설명하여, 하늘의 사시는 원元·회會·운運·세世, 땅의 사유四柔는 세歲·월月·일日·진辰이라 하였다. 하루에는 12진이 있고, 1달은 30일, 12달은 1세이다. 따라서 1세는 4320진이 된다. 소옹은 이러한 숫자를 하늘의 사시에도 적용하여 30세歲가 1세世, 12세가 1운運, 30운이 1회會, 12회가 1원元이 되는 것을 설명하였다. 요컨대 1원은 4320세世이

---

93) 『皇極經世書』, 권12, 「觀物外篇」, "太極旣分, 兩儀立矣. 陽下交於陰, 陰上交於陽, 四象生矣. 陽交於陰, 陰交於陽, 而生天之四象, 剛交於柔, 柔交於剛, 而成地之四象. 於是八卦成矣. 八卦相錯, 然後萬物生焉. 是故一分爲二, 二分爲四, 四分爲八, 八分爲十六, 十六分爲三十二, 三十二分爲六十四. 故曰分陰分陽, 迭用柔剛, 易六位而成章也."

며, 12만 9600년이 된다. 소옹은 1원이 지날 때마다 하늘과 땅이 새롭게 된다고 보았다.

소옹은 생하고 또 생하며 변하고 또 변하는 무궁무진한 우주의 운행을 수로 파악하였고, 사람의 일에도 이와 비슷한 틀을 적용시켰다. 원, 회, 운, 세의 자리에 군주인 황皇, 재帝, 왕王, 패霸를 배정하고 백성 역시 사, 농, 공, 상으로 나누어 배정한다. 소옹은 『선천도』를 주로 하여 64괘의 순서와 성립과정을 설명하고, 이를 통해 각 괘를 1년의 절기에 짝 지웠다. 소옹에게 수는 '최초의 물질적인 것'(the first generated of corporeal things)으로 인간의 예측능력을 위한 절대적인 도구(a tool for the acquisition of predictive knowledge)였다. 수의 규범적 개념(regulative concept)은 우주 생산의 전과정(emblematic of the process of universal generation)을 상징하는 것으로 우주진화의 최고의 법칙이다.[94] 소옹은 수를 통해 우주와 역사의 변화주기와 우주만물의 종류까지도 규정하였다. 그러한 수는 사람이 계산을 하는 행위를 통해 현시된다.

과학의 발전에 있어 수학적 사고는 필수적인데, 그 이유는 수학이 길이, 시간, 질량, 밀도, 무게, 에너지, 속도 등의 측정과 계산의 공식을 표현할 수 있는 도구이기 때문이다. 수학은 천문지리와 달력의 측정 및 측량에 필요할 뿐 아니라 인간사회의 정치제도에 있어 분배와 교역, 경제, 과세 등의 작업을 수행하는 데에도 직접 사용되었다. 특히 현대에 들어 수학은 통계학의 데이터 분석과 확률론, 컴퓨터의 발전과 더불어 그 응용의 범위가 더욱 넓어졌다. 그 적용 범위는 인문·사회과학이나 경제·경영의 영역에까지 이른다. 물론 물질과 자연의 현상들을 실험하고 측정하여 수치나 도표로 나타낼 때에는 오차가 생기고 정확도 및 정밀도의 문제가 발생할 수도 있다. 그래서 데이터의 분석과 오차 처리 문제는 통계학이나 확률론

---

94) Wyatt, Don J., "Shao Yong's Numerological-Cosmological System", *Springer*(2010), pp.22~23.

등 현대 수학의 응용과정에서 중요하게 다뤄지고 있다.

수학은 철학과 그 기본특성에서 유사성을 가지는데, 그것은 둘 다 자연을 인식하고 관찰하여 그 규율을 계측하고 개념화한다. 그리고 그 과정에서는 논리적인 추상화와 변증의 단계를 거쳐 귀납에 이른다.[95] 이것은 바로 과학과 철학이 모두 자연계의 법칙을 탐색하여 인간의 사유를 고찰하고 사회의 원리를 연구한다는 동일 기원을 가지기 때문이다.

수학을 포함한 각종 자연과학은 철학의 기원과 밀접한 관계가 있다. 특히 수학과 물리학은 자연 인식과 탐색을 위한 가장 유효한 수단들이며, 인류 사유의 법칙을 말할 수 있는 유력한 측면을 가지고 있다. "철학과 수학의 관계는 일반과 개별의 관계인데, 일반은 개별에서 기원하는 동시에 개별 가운데서 체현된다."[96] 수학은 자연계의 모든 수량에 관련된 것과 시·공간의 형식관계를 연구한다.

니덤은 중국적 사고와 근대적 사고의 차이점이 '수'의 사용방법에 있다고 하면서, 중국 사상에 나타난 것을 '수적 상징주의' 혹은 '신비주의'로 말한다. 니덤은 베르게뉴(Bergaigne)의 말을 인용하여 다음과 같이 말한다. "그것은 지각되고 묘사된 현실의 (경험적인) 다수의 대상을 기초로 한 수가 아니며, 그것과는 반대로 미리 (준비된 테두리 안에 있는 것처럼) 결정된 상징적인 수에서 그 형태를 따서 정의한 다수의 대상이다.…… 양적인 것의 개념은

---

95) 유흔우, 「선진유학의 수학적 방법론」, 『동서사상연구소 추계학술대회자료집』(2017), 50쪽, "수학은 사물의 양 및 양과 양의 관계를 추상적으로 토론하는 학문일 뿐 이들 사물의 구체 성질을 고려하지 않는다. 또 수학 중의 定理의 증명과 方程의 根 즉 解를 구하는 것 등등은 논리적 추리를 벗어날 수 없다. 그리고 일반적으로 수학은 확실하고 보편적인 진리를 다루는 학문이며, 객관적인 사실의 집합체로 여겨지고 있지만, 예들 들어 19세기에 출현한 비유클리드 기하학에서처럼 실제로는 변증적 과정을 거쳐 질적으로 변화해 온 것이라고 할 수 있다. 초등수학에서 고등수학에 이르기까지 그 변증적 성질은 부인할 수 없다."

96) 유흔우, 「선진유학의 수학적 방법론」, 『동서사상연구소 추계학술대회자료집』, 50쪽.

중국인의 철학적 사변에서는 어떤 역할도 한 것이 없다.…… 수는 크기를 나타내는 기능을 갖지 않았다. 그것은 우주의 각 비율에 구체적인 치수를 정하는 데 소용되었다."[97]

『주역』의 '취상운수取象運數'는 '자연계의 모든 현상을 광범위하게 관찰한 다음에 획득한 현상을 다시 수학적으로 처리하는 것'이라고 말할 수 있는데, 그것의 주요 의미는 바로 "고대인들이 수학 방법을 통하여 정제되고 엄밀한 부호체계(괘)를 만들어 내고, 이러한 괘상을 통해 자연계의 각종 사물을 8가지(팔괘)로 개괄했다는 데서 찾을 수 있다."[98]

절괘節卦(䷻) 「상전」에서는 "못 위에 물이 있는 것이 절괘이다. 군자가 (절괘의 상을 보고서) 도수度數를 제정하여 덕행을 논의한다"[99]라고 하였다. 여기서 말한 '수'는 1, 2, 3, 4, ……의 바로 그 수이고 '도度'는 길이의 단위를 나타낼 때 쓰는 척尺, 분分, 촌寸 등이다. '도수를 제정한다'는 것은 예의에 차등을 두고 사람의 등급 등에 따라 관례의 크기나 개수를 제정하는 것이다. 못에는 수용 한계가 있는데 그 위에 또 물이 있는 상이 절괘이다. 군자가 그 상을 보고 한도를 알아서 절제하여 적절한 도수를 제정하고 덕행을 논한다는 것이다. 물론 이것 자체가 자연과학은 아니다. 하지만 '도수'의 관념은 자연과학과 쉽게 결합할 수 있는 고리가 된다.

---

97) 조셉 니덤, 이석호 외 역, 『중국의 과학과 문명 II』, 398쪽.
98) 유흔우, 「선진유학의 수학적 방법론」, 『동서사상연구소 추계학술대회자료집』, 53쪽, "이 8가지 기본 물질은 우주만물의 최초 근원이라고 할 수 있는데, 고대인들이 이성적 사유로써 세계를 파악하고 우주본원을 탐색했다는 점을 반영한 것이라고도 할 수 있다. 『易傳』은 이를 개괄하여 '倚數', '極數', '逆數'라는 세 가지 수학 관점을 제시하는데, '倚數'는 수학방법에 의거하여 세계를 인식하는 것이고, '極數'는 수의 변화 규율을 궁극하는 것이며, '逆數'는 수술을 운용하여 미래를 점치는 것을 가리킨다."
99) "澤上有水, 節. 君子以制數度, 議德行."

제3절 『주역』 속에 담긴 과학적 논설의 사례

앞 절에서는 『주역』의 기본개념에 포함되어 있는 몇 가지 과학적 함의들을 살펴보았는데, 사실 그것은 극히 일부에 불과한 것으로서 자연과학과의 유비를 살펴보기 위한 전제로 서술한 것에 지나지 않는다. 이제 아래에서는 『주역』의 경문과 전문 가운데서 찾아볼 수 있는 자연과학과의 유비의 몇 가지 사례를 소개하고자 한다.

『주역』은 경과 전으로 구성되어 있기 때문에 이를 나누어 살펴보면 다음과 같은 몇 가지 사례를 지적할 수 있다.

1. 『역경』

『역경』의 많은 내용은 고대인들의 자연계 규율에 대한 인식을 반영하고 있다. 다음의 몇 가지가 그 구체적 사례에 속한다.

1) 기상학

『역경』의 괘효사에는 고대의 사람들이 지진이나 홍수의 범람과 같은 이례적인 기후현상을 보고 점을 친 사례가 나타난다. 예를 들어 풍괘豊卦(䷶) 육이와 구사 효사의 "한낮에 북두칠성을 보았다"[100]와, 구삼 효사의 "낮에 이름 없는 작은 별을 보았다"[101]는 개기일식 현상을 보고 그 두려움을 표현한 것이고, 리괘離卦(䷝) 구사 효사의 "갑자기 닥쳐오니 불타고 죽고 버려진다"[102]는 소행성 충돌과 같은 천문재앙 현상을 묘사한 것이며, 구괘姤

---

100) "日中見斗."
101) "日中見沫."
102) "突如其來如, 焚如, 死如, 棄如."

卦(䷋) 구오 효사의 "하늘에서 떨어지는 것이 있을 것이다"[103]는 유성의 낙하를 말한 것이다.

고대인들은 이상과 같은 천문현상을 일종의 조짐兆朕으로 이해하였다. 조짐 가운데 징조를 해석할 수 있는 것과 해석할 수 없는 것이 있는데, 이것은 당시의 과학 수준을 반영하기 때문이다. 해석이나 이해할 수 없는 자연현상은 당연히 과학과 연결되지 않는다.

고대인의 기상학을 반영한 것으로는 곤괘坤卦(䷁) 초육 효사의 "서리를 밟으면 단단한 얼음이 언다"[104]가 있다. 지상에 서리가 내릴 때는 곧 추위가 시작된다는 전조이다. 효사를 해석한 『역전』의 「소상전」은 이에 대해 "초육에 서리를 밟는다는 것은 음이 응결되기 시작하는 것으로, 그 도를 계속 따라가면 단단한 얼음에 이른다"[105]라고 한다. 서리를 밟으면 음의 기운이 응결되어 가는 것을 느끼고, 그것이 발전하여 단단한 얼음에 이르는 추위가 온다는 것을 알아야 한다는 말이다. 이것은 기후변화에서 귀납하여 규율성을 지닌 인식을 이끌어 낸 것이다. 한편 서리는 얼음이 어는 전조이고 허다한 사물의 변화는 전조를 가지고 있으므로, 그 전조 현상을 주의해야 함을 강조하고 있다.

기상학과 관련된 효사로는 또 소축괘小畜卦(䷈)의 괘사 "구름이 빽빽하나 비가 내리지 않는 것은 나의 서쪽 교외로부터 왔기 때문이다"[106]가 있다. 소과괘小過卦(䷽) 육오 효사에도 "구름이 빽빽하나 비가 오지 않음은 우리 서교西郊로부터 오기 때문이다"라는 같은 구절이 있다. 일반적으로 구름이 서쪽에서 일어나는 것은 폭풍우가 닥치기 전에 나타나는 기상이다. 주석가

---

103) "有隕自天."
104) "履霜堅氷至."
105) "履霜堅冰, 陰始凝也, 馴致其道, 至堅冰也."
106) "密雲不雨, 自我西郊."

들은 이들 괘사와 효사가 문왕이 유리羑里에 유배당했을 때의 상황을 말한 것이라고 한다. 유리는 주나라의 서쪽에 있었다. 아랫사람이 군주의 잘못에 대해 간언하여도 아직은 적당한 때에 이르렀다고 할 수 없듯이, 지금 비록 검은 구름이 가득하나 비가 한나절도 내리지 않는 것은 구름이 바람에 의해 서쪽에서 왔기 때문이다. 이러한 해석은 고대인의 기상관찰을 인식에 적용하여 곧 때가 이르니만큼 노력을 게을리해서는 안 된다는 것을 경계한 것으로, 서쪽에서 바람이 부는 날씨에는 비가 내리기 어렵다는 당시의 기상관측을 귀납한 것에서 나왔다.107)

다음은 림괘臨卦(䷒)의 괘사와 효사이다.

괘사: 림臨은 크게 형통하고 정貞함이 이로우니, 8월(8개월)에 이르면 흉함이 있으리라.108)
효사: 초구는 감동하여 임함이니, 정貞하여 길하다.109)
    구이는 '함림咸臨'이니, 길하여 이롭지 않음이 없다.110)
    육삼은 싫어함으로 임하여 이로운 바가 없으나 이미 근심하므로 허물이 없으리라.111)
    육사는 임함이 지극함이니, 허물이 없다.112)
    육오는 지혜로써 임함으로, 대군大君의 마땅함이니 길하다.113)
    상육은 임함에 돈독함이니, 길하여 허물이 없다.114)

---

107) 김경방 · 여소강, 『周易全解 上』, 240쪽, "自我西郊는, 속어에 '구름이 동쪽으로 가면 수레와 말이 왕래하고 구름이 서쪽으로 가면 비옷을 입는다' 하였으니 서풍이 부는 날씨에는 비가 내리기 힘들다는 뜻이다."
108) "臨, 元亨, 利貞, 至於八月, 有凶."
109) "初九, 咸臨, 貞吉."
110) "九二, 咸臨, 吉, 无不利."
111) "六三, 甘臨, 无攸利, 旣憂之, 无咎."
112) "六四, 至臨, 无咎."
113) "六五, 知臨, 大君之宜, 吉."
114) "上六, 敦臨, 吉, 无咎."

'림'은 높은 데서 아래로 내려오는 것을 가리킨다. '장마(霖)의 뜻을 지니고
있으니, 곧 비가 오는 것이다. 괘사는 비가 오는 것을 좋은 일(亨)이라고
하되, 다만 8월은 작물이 다 성숙한 수확철이기 때문에 이때 비가 오는
것은 흉하다고 한다. 초구 효사와 구이 효사는 모두 '함림咸臨'을 말하는데,
여기서의 '함咸'은 '속速'의 의미로서 장마(霖)가 그렇게 길지는 않을 것임을
가리킨다. 문일다聞一多는 나머지 3효 효사의 '지至'·'지知'·'돈敦' 모두가
'폭우暴雨'를 가리킨다고 해석하였다. 육삼의 '감甘'은 '염厭'의 뜻으로, 비가
끊임없이 내려서 사람들이 싫어하게 되는 것을 가리킨다.

그런데 주희는 괘사에서 왜 '8월'을 말했는지에 대해 이를 괘기설로써
해석하고 있다.

> 림臨은 나아가 사물을 핍박하는 것이다. 두 양이 점점 자라나 음을 핍박하기 때문에
> 림이라 한 것이니, 12월의 괘이다. 또 괘됨이 아래는 태兌여서 기뻐하고 위는 곤坤이어
> 서 순하며, 구이九二가 강剛으로 중中에 거하여 위로 육오六五와 응한다. 이 때문에
> 점치는 자가 크게 형통하고 정貞함이 이로운 것이다. 그러나 8월에 이르면 마땅히
> 흉함이 있을 것이다. 8월이란, 복괘復卦(䷗)인 일양一陽의 달(11월)로부터 돈괘遯卦(䷠)인
> 이음二陰의 달(6월)에 이르는 여덟 달을 말한 것이니 음이 자라고 양이 은둔하는
> 때이다. 혹자는 말하기를 "8월은 하정夏正(하나라의 정월)의 8월을 말한다"라고 하였는
> 데, (8월은) 괘로는 관괘觀卦(䷓)로서 림의 반괘이니 또한 점괘를 인하여 경계한
> 것이다.115)

경방京房(BC 77~BC 37)의 괘기설인 '12벽괘설辟卦說'116)은 림괘 괘사에서

---

115) 朱熹, 『周易本義』, "臨, 進而凌逼於物也. 二陽浸長以逼於陰, 故爲臨, 十二月之卦也. 又其爲卦,
下兌說, 上坤順, 九二以剛居中, 上應六五. 故占者大亨而利於正. 然至於八月, 當有凶也. 八月謂
自復卦一陽之月, 至於遯卦二陰之月, 陰長陽遯之時也. 或曰, 八月謂夏正八月, 於卦爲觀, 亦臨
之反對也. 又因占而戒之."

116) 『新唐書』, 권27上, 「志第17上」, '曆三上', "京氏又以卦爻配期之日, 坎·離·震·兌, 其用事自
分·至之首, 皆得八十分日之七十三. 頤·晋·井·大畜, 皆五日十四分, 餘皆六日七分, 止于

착안한 것이다. 먼저 복괘(復卦(☷☳)), 림괘臨卦(☷☱), 태괘泰卦(☷☰), 대장괘大壯卦(☳☰), 쾌괘夬卦(☱☰), 건괘乾卦(☰☰), 구괘姤卦(☰☴), 돈괘遯卦(☰☶), 비괘否卦(☰☷), 관괘觀卦(☴☷), 박괘剝卦(☶☷), 곤괘坤卦(☷☷) 등 12괘를 음효와 양효의 효위와 움직임에 따라 배열하고, 다시 하나의 양이 생성되기 시작하는 건자월建子月인 11월의 복괘(☷☳)에서부터 시작하여 건축월建丑月인 12월, 건인월建寅月인 1월, 건묘월建卯月인 2월, 건진월建辰月인 3월을 거쳐 건사월建巳月인 4월에서 육효가 모두 양효인 건괘(☰☰)를 이루고, 다음 달인 건오월建午月 5월의 구괘(☰☴)에서 다시 음효가 하나씩 자라기 시작하여 건미建未 6월, 건신建申 7월, 건유建酉

占災眚與吉凶善敗之事. 至于觀陰陽之變, 則錯亂而不明.……當据孟氏, 自冬至初, 中孚用事. 一月之策, 九六・七八, 是爲三十. 而卦以地六, 候以天五. 五六相乘, 消息一變. 十有二變而歲復初. 坎・震・離・兌, 二十四氣, 次主一爻. 其初則二至・二分也. 坎以陰包陽, 故自北正. 微陽動于下, 升而未達, 极于二月, 凝涸之氣消, 坎運終焉. 春分出于震, 始据萬物之元, 爲主于內, 則群陰化而從之. 极于南正, 而豊大之變窮, 震功究焉. 離以陽包陰, 故自南正. 微陰生于地下, 積而未章, 至于八月, 文明之質衰, 離運終焉. 仲秋陰形于兌, 始循萬物之末, 爲主于內, 群陽降而承之. 极于北正, 而天澤之施窮, 兌功究焉. 故陽七之靜始于坎, 陽九之動始于震. 陰八之靜始于離, 陰六之動始于兌. 故四象之變, 皆兼六爻, 而中節之應備矣."(京房은 괘효로써 1년의 일수에 배합하고 坎・震・離・兌의 用事를 춘분・추분, 동지・하지의 첫날에 배분하여 모두 80분의 73일을 얻었다. 頤・晉・井・大畜은 모두 5일 14분이고, 나머지 괘들은 모두 6일 7분이 되는데 다만 災眚과 길흉 善敗의 일을 점쳤다. 음양의 변화를 관찰하는 데서는 착란하여 분명하지 못했다.…… 맹희에 의하면 동지 초부터 中孚가 작용한다. 1개월의 策은 9・6・7・8이니 이것이 30이다. 그리고 괘는 地6으로써 하고 候는 天5로써 한다. 5와 6이 상승하여 소식영허가 일변한다. 12변을 한 뒤에 세월이 다시 처음으로 돌아간다. 坎・震・離・兌의 24氣는 차례로 1효씩 주관한다. 그 처음은 二至(동지・하지)와 二分(춘분・추분)이다. 감은 음이 양을 감싸 안고 있으므로 正北(동지)이다. 미약한 양이 아래에서 운동하여 올라가되 채 도달하지 않고, 2월에 극하여 응고의 기가 소멸하면 감의 운행이 끝난다. 춘분은 震에서 나와 처음으로 만물의 元을 근거로 안에서 주장하니 뭇 음들이 조화하여 따른다. 正南에서 극하여 성대한 변이 궁하면 震의 功이 다한다. 離는 양이 음을 감싸 안고 있으므로 저절로 南正이다. 미약한 음이 지하에서 생겨나 쌓이되 채 드러나지 않으니 8월에 이르러 문명의 질이 쇠하면 離의 운행은 끝난다. 中秋는 음이 兌에서 형태를 이루어 비로소 만물의 末을 따라 안에서 주장하여 뭇 양들이 내려가 받든다. 北正에서 극하여 天澤의 베풂이 궁하면 兌의 功이 다한다. 그러므로 陽7의 靜함은 坎에서 비롯하고 陽9의 動함은 震에서 비롯한다. 陰8의 靜함은 離에서 비롯하고 陰6의 動함은 兌에서 비롯한다. 그러므로 四象의 변화가 모두 6효를 겸하여 中氣와 節氣의 응함이 갖추어진다.)

8월, 건술建戌 9월을 거쳐 건해建亥 10월에 이르러 육효가 모두 음효인 곤괘(䷁)가 된다. 상수역학가들은 다양한 벽괘설을 제시하였으나, 모두가 음양소장의 규율에 따라 1년 중의 12개월에 12개 괘를 배속한 것이다.

<표 8> 十二消息卦

子月	丑月	寅月	卯月	辰月	巳月	午月	未月	申月	酉月	戌月	亥月
11월	12월	1월	2월	3월	4월	5월	6월	7월	8월	9월	10월
復卦 ䷗	臨卦 ䷒	泰卦 ䷊	大壯卦 ䷡	夬卦 ䷪	乾卦 ䷀	姤卦 ䷫	遯卦 ䷠	否卦 ䷋	觀卦 ䷓	剝卦 ䷖	坤卦 ䷁

12개월 중 림괘는 두 양이 자라기 시작하는 건축월인 12월에 해당하고, 림괘의 괘사에 나오는 '8월'이란 양이 자라기 시작하는 복괘의 11월로부터 두 음이 자라는 돈괘의 배속월인 건미 6월까지의 여덟 달을 가리킨다. 이 과정은 양효가 성대함으로 향하기 시작하는 단계부터 쇠퇴함에 이르는 과정을 보여 준다.

복괘의 「상전」에서는 "복에서 천지의 마음을 본다"[117]라고 하였다. 천도는 음양이 운동하는 규율인바, 음이 극점에 이르면 다시 양이 돌아와 그 하나의 효로써 복괘가 만들어지니, 이것은 바로 천지음양의 도가 규칙적으로 운동하여 나온 결과이다. '천지의 마음'이란 천지간의 만물이 끊임없이 낳고 또 낳아 자라고 사라지는, 음양의 소식영허를 반복하는 자연의 규율을 말함이고, 복괘는 건자월建子月인 11월 동지의 때를 의미한다. 복괘 「상전」에서는 "선왕이 복괘의 상을 보고 동지에 관문을 닫아서 상인과 여행자가 다니지 못하게 하고 임금도 사방을 순시하지 않는다"[118]라고 하였다. 이는 통치자가 복괘의 상인 '양이 처음으로 돌아오는 때'를 보고 그것이 자연

---

117) "復, 其見天地之心乎."
118) "復, 先王以至日閉關, 商旅不行, 后不省方."

규율의 때인 동지임을 살펴, 그에 상응하여 관문을 닫고 상인과 여행자들의 활동을 통제하고 자신도 순시를 떠나지 않는 것이다. 주희의 림괘 괘사에 대한 해석은 이러한 벽괘 괘기설을 기초로 한 것이다.

이상에서 볼 때, 중국 고대인들의 기상학 유비는 천문학에 대한 지식과 결합된다는 것을 알 수 있다. 특히 그들은 기상이변을 어떤 신성한 주재력에 의해서가 아니라 『주역』의 괘효에 견주어 이해하고자 했는데, 이것은 분명 과학적 태도라 할 수 있다.

2) 지리학

『역경』에서 지리학 즉 지구화학과의 유비가 가장 잘 나타나 있는 곳은 진괘震卦(䷲)이다. 다음은 그 괘사이다.

> 진震은 형통한다. 진동震動이 올 때에 돌아보고 돌아보면 웃고 말함이 즐거우리니, 진동이 백 리를 놀라게 함에 숟가락과 울창주를 잃지 않는다.[119]

진괘는 팔경괘 가운데 하나이기 때문에 64괘 가운데서도 특별한 중요성을 갖는다. 진괘의 기본적인 취상은 우레(雷)이다. 하지만 6획괘로서의 진괘는 위 괘사에서 보듯이 우레보다는 땅의 진동, 즉 대지진의 의미를 갖는다. 괘사는 지진이 닥쳤을 때 사람은 놀라고 두렵게 되지만 거기에 잘 대처하면 결국에는 웃으면서 말할 수 있게 된다는 것을 의미한다. 이것은 화가 복으로 바뀐 것이다. 괘사는 또 지진의 영향이 수백 리에 달하여 근처에 있는 사람들은 매우 두렵고 놀라지만, 지진의 영향력 밖에 있는 사람들에게는 별다른 영향을 주지 못한다는 것을 말하고 있다. 지진이 일어났을 때, 그 와중에 있는 사람과 그 와중에서 비교적 멀리 떨어져 는 사람의

---

119) "震, 亨. 震來虩虩, 笑言啞啞, 震驚百里, 不喪匕鬯."

정황을 반영하고 있는 것이다. 이 괘사는 또 그 의미가 연역되어 공포를 복으로 바꾸는 것에 대한 인식을 포함하게 되는데, 그 효사들을 보면 이를 알 수 있다.

초구는 진동이 올 때에 돌아보고 두려워해야 뒤에 웃고 말함이 즐거우리니, 길하다.[120]
육이는 진동의 옴이 맹렬하다. 화패를 잃을 것을 억측하여 높은 언덕에 오르니, 쫓아가지 않아도 7일에 얻으리라.[121]
육삼은 진동하여 신기神氣가 흩어짐이니, 진동함을 인하여 가면 허물이 없으리라.[122]
구사는 진동함이 마침내 빠져 있다.[123]
육오는 진震이 오고감이 위태로우니, 억측하여 상실하지 않아야 하고 하고 있는 일을 해야 한다.[124]
상육은 진동함이 삭삭索索하여 보기를 두리번거리는 것이니, 가면 흉하다. 진동이 자기 몸에 이르렀을 때에 하지 않고 그 이웃에 왔을 때에 미리하면 허물이 없다. 혼구婚媾는 원망하는 말이 있으리라.[125]

진괘는 지진이라는 자연재해의 특징과 거기에 대처하는 조처를 말한 것이다. 심한 지진의 영향력 안에 있을 때 도망할 수 있으면 도망해야 한다. 지진이 일어났을 때 스스로 방어해야 할 뿐만 아니라 지진이 진정되면 이웃끼리 서로 구조해야 하는데, 매몰된 재물은 급하게 발굴하지 않아도 일정한 시간(7일)이 지나면 다시 회복할 수 있기 때문에 크게 염려하지 않아도 된다는 것이다.
　대과괘大過卦(䷛)의 "마룻대가 휜다"(棟橈), "마룻대가 솟는다"(棟隆) 등도 지진

---

120) "初九, 震來虩虩, 後笑言啞啞, 吉."
121) "六二, 震來厲. 億喪貝, 躋於九陵, 勿逐, 七日得."
122) "六三, 震蘇蘇, 震行, 无眚."
123) "九四, 震遂泥."
124) "六五, 震往來, 厲, 億无喪, 有事."
125) "上六, 震索索, 視矍矍, 征凶. 震不於其躬, 於其隣, 无咎. 婚媾有言."

으로 인한 현상을 묘사하는 글이라고 할 수 있다.

정괘井卦(䷯) 괘사의 "정井에서 읍은 바꾸어도 우물은 바꿀 수 없으니, 줄어들지도 않고 늘어나지도 않으며 오고 가는 사람들이 모두 이 우물을 사용한다"[126]는 우물에서 나오는 물에는 '영원함'의 성질이 있고 그 공용은 사람들이 언제든지 물을 퍼 올려서 이용할 수 있다는 데 있음을 말한다. 우물의 물은 늘어나거나 줄어드는 일이 없으므로 오고 가는 사람들이 모두 그 우물에서 물을 긷는다. 그러나 초육의 "우물에 진흙이 있어 먹지 못하니 오래된 우물에는 짐승도 없다"[127]는 우물에서 물을 퍼 올리지 못하는 상황을 나타낸다. 그 이유는 그 우물의 바닥에 진흙이 있고, 오랫동안 사람들이나 새와 짐승이 찾지 않아 물이 혼탁해졌기 때문이다. 즉 폐기된 우물로 변화된 것이다. 구이 효사는 우물 바닥에 물이 나오는 구멍(井谷)을 말하고, 물이 위로 나올 수 없다는 것을 설명한다. 오염된 물은 그 원인을 제거해야 비로소 우물의 본래 공용인 마실 수 있는 물이 된다. 이것은 수질 관리에 유비될 수 있다.

3) 생물학

생물학에 관한 사유는 점괘漸卦(䷴), 대축괘大畜卦(䷙), 이괘頤卦(䷚), 대과괘大過卦(䷛), 환괘渙卦(䷺) 등에서 나타난다.

점괘(䷴) 초육의 "기러기가 물가에 나아감이다"(鴻漸于干), 육이의 "기러기가 반석에 나아간다"(鴻漸于磐), 구삼의 "기러기가 평원으로 나아간다"(鴻漸于陸), 육사의 "기러기가 나무로 올라간다"(鴻漸于木), 구오의 "기러기가 높은 언덕에 나아간다"(鴻漸于陵), 상구의 "기러기가 평원으로 나아간다"(鴻漸于陸) 등은 모두

---

126) "井, 改邑不改井, 无喪无得, 往來井."
127) "井泥不食, 舊井无禽."

사물이나 동물이 점차적으로 발전하는 과정에서의 복잡한 변화를 상징한다. 여기서 기러기를 상으로 취한 이유는, 기러기는 물새의 일종으로 무리를 지어 질서 있게 이동하는데 그 때에 맞춰 왕래함이 점괘를 보는 데 적합하기 때문이다. 또 기러기는 분별이 있고 순서에 맞다는 이유로 혼례에 사용되었으니 점괘의 괘사 "여자가 시집가는 것이니 길하다"[128]와도 부합한다.

대축괘(䷙) 육오는 "돼지를 거세하여 이빨을 쓰지 못하게 하는 것이 길하다"[129]이다. 야생돼지는 난폭하여 어금니로 사람을 다치게 할 수 있다. 그것을 거세(豶豕之牙)하면 온순해지고 사람을 물지 않아 문제가 해결되는 것이다. 규괘(睽卦, ䷥)의 상구에 '진흙을 뒤집어 쓴 돼지'(見豕負塗)를 말하는데, 이는 당시에 진흙 목욕을 하는 돼지를 관찰하고 이 글을 썼음을 보여준다. 구괘(姤卦, ䷫) 초육은 "쇠말뚝에 매어 놓으니 조용히 있으면 길하다. 가는 바가 있으면 흉함을 당한다. 마른 돼지가 조급히 앞으로 나아가는 것이다"[130]이다. 여기서 '부척촉(孚蹢躅)'은, 비록 작고 허약하지만 꿈틀거리고 도약하고 조급히 움직이는 날뛰는 돼지와 같다고 묘사한 것이다.

그 외에, 이괘(頤卦, ䷚)의 "남을 기르는 것을 보고 스스로 입안을 채울 음식을 구해야 한다"[131]와 육사의 "호랑이가 (먹이를) 노려보듯이 하고 그것을 구하기를 계속한다"[132]는 호시탐탐 먹을 것을 구하는 짐승들의 습성을 나타내고, 리괘(履卦, ䷉)의 "호랑이 꼬리를 밟더라도 사람을 물지 않는다"[133], 육삼의 "애꾸눈이 보고 절름발이가 걸어 호랑이 꼬리를 밟으니 사람을 물어 흉하다"[134], 구사의 "호랑이 꼬리를 밟으니, 두려워하고 두려워

---

128) "漸, 女歸吉."
129) "豶豕之牙, 吉."
130) "繫于金柅, 貞吉. 有攸往, 見凶. 羸豕孚蹢躅."
131) "觀頤, 自求口實."
132) "虎視眈眈, 其欲逐逐."
133) "履虎尾, 不咥人."

하면 끝내는 길하다"135) 등은 모두 범과 같은 맹수를 만난 당시 사람들의
대처를 나타낸다.

대과괘大過卦(䷛) 구오 효사의 "고목에서 꽃이 핀다"(枯楊生華)는 늙은 남편이
젊은 아내를 얻는 상이다. 마른 나무에서 꽃이 핀다는 것은 고대인들이
보기 드문 반로환동返老還童 현상에서 주목한 것이다. 박괘剝卦(䷖) 상구上九의
"큰 과실은 먹지 않는다"(碩果不食)는 종자가 있으니 봄이 도래하면 다시
소생하는 것이다. 당시 육종법에서 큰 열매는 종자로 사용하기 위하여
먹지 않았던 것을 말한다.

환괘渙卦(䷺) 초육 효사 "건장한 말을 써서 구제하니 길하다"136)도 건장한
말의 힘을 빌려 멀리 갈 수 있음을 말한 것이다. 그리고 무망괘无妄卦(䷘)
구오 효사의 "무망의 병이니 약을 쓰지 않아도 기쁜 일이 있을 것이다"137)에
서 '무망의 병'은 그 원인이 없는데 생긴 병을 이른다. 그것은 질병의
원인을 모를 때 가장 좋은 것은 약을 먹지 않는 것이라는 의학적 지식
등을 생물학의 관점에서 말한 것이다.

그 밖에도 운석에 관한 기록 등, 천문학에 유비되는 과학적 서술 같은
예들이 있다.

2. 『역전』

1) 『역전』의 우주생성론

『역전』에는 자연현상 및 그 피차간의 상호관계에 관한 논술이 매우
많고 또 체계화되어 있다. 이 가운데 몇 가지는 이미 앞에서 살펴보았으므로

---

134) "眇能視, 跛能履, 履虎尾, 咥人, 凶."
135) "履虎尾, 愬愬, 終吉."
136) "用拯馬壯, 吉."
137) "无妄之疾, 勿藥有喜."

여기서는 되도록 중복을 피하면서 몇 가지만 보충하고자 한다.

과학사상은 우주의 본원과 질서에 대한 탐구로부터 시작된다. 여기서 '본원'이라는 말 자체가 이미 일체의 존재물은 모두 그것(본원)으로부터 '생성'되거나 그것으로 말미암아 '구성'된다는 것을 의미한다. 전자를 '생성론'이라고 한다면 후자는 '구성론'이다. 생성론과 구성론의 차이는, 전자는 변화가 '생산'과 '소멸' 혹은 '전화轉化'되는 것이라고 주장하는 데 비해 후자는 변화가 불변과 요소의 결합과 분리라고 주장하는 데 있다.[138] 생성론과 구성론은 동서양의 고대 과학사상 내지 철학사상에서 모두 발견되지만, 동양은 생성론의 발전이 주류를 이루었던 반면 서양은 구성론의 발전이 주류를 이루었다고 할 수 있다.

생성론은 개념체계의 공능功能 형식 건립에 유리하기 때문에 대수적代數的 설명에 적합하고, 대수적 설명은 또 귀납을 통하여 발전 순서를 쉽게 계산할 수 있게 한다. 구성론은 개념체계의 구조 형식 건립에 유리하기 때문에 기하적幾何的 설명에 적합하고, 기하적 설명은 또 발전을 쉽게 연역 추리할 수 있게 한다.[139] 중국 생성론의 대수적 설명의 기원은 『노자』 제42장의 "도道는 일一을 낳고 일은 이를 낳으며 이는 삼을 낳고 삼은 만물을 낳는다"[140] 사상에서 찾을 수 있다. 「계사상」 제11장의 "이 때문에 『역』에 태극이 있으니 이것이 양의를 낳는다. 양의가 사상을 낳고 사상이 팔괘를 낳는다. 팔괘가 길흉을 정하고 길흉이 큰 사업을 낳는다"[141]는 우주의 발전을 논리화한 것이라고 할 수 있는데, 이 단락은 비록 괘의 생성 과정을 기술한 것이지만 「설괘」에서 팔괘의 기본상징을 건상천乾象天,

---

138) 董光壁, 『易學科學史綱』, 152쪽.
139) 董光壁, 『易學科學史綱』, 152쪽.
140) "道生一, 一生二, 二生三, 三生萬物."
141) "是故易有太極, 是生兩儀. 兩儀生四象, 四象生八卦. 八卦定吉凶, 吉凶生大業."

곤상지坤象地, 진상뢰震象雷, 손상풍巽象風, 감상수坎象水, 리상화離象火, 간상산艮象山, 태산택兌象澤으로 한 것에서 보면 역괘의 논리 도식이 일종의 우주생성론 형식임을 쉽게 알 수 있다. 공영달은 「계사전」의 이 말을 다음과 같이 해석하였는데, 이는 곧 『노자』의 생성론과 『역전』의 생성론을 종합한 것이라 말할 수도 있다.

"이 때문에 『역』에 태극이 있으니 이것이 양의를 낳는다"(是故易有太極, 是生兩儀)는 태극은 천지가 나누어지기 이전의 원기가 혼돈하여 하나인 것을 말하니, 곧 태초와 태일이다. 그래서 『노자』는 "도가 하나를 낳았다"고 하였으니 바로 태극이 이것이다. 또 혼돈한 원기가 이미 나뉘면 곧 천지가 있게 되므로 "태극이 양의를 낳았다" 하였으니, 바로 『노자』가 말한 "하나가 둘을 낳는다"는 것이다. 천지라 말하지 않고 양의라고 한 것은 그 물체를 가리켜 아래의 사상과 상대하여 말하였기 때문이니, 양체兩體가 양태(儀)를 용납하는 것을 이른 것이다. "양의생사상兩儀生四象"은 금·목·수·화를 이름이니, 천지를 품부 받아 있는 것이므로 "양의가 사상을 낳았다"고 한 것이다. 토는 사계를 분왕分王하고 또 땅 가운데의 구별이므로 사상만을 말하였다. "사상생팔괘四象生八卦"는 진목震木과 리화離火와 태금兌金과 감수坎水가 각각 일시一時를 주장하고 다시 손巽이 진震의 목木을, 건乾이 태兌의 금金을 같이하며 또한 곤坤·간艮의 토土를 더하여 팔괘가 됨을 말한 것이다.[142]

현대의 많은 학자들은 태극, 음양, 팔괘를 논술할 때, 음양·사상·팔괘 등이 이진위수학二進位數學과 시스템 구조라고 생각한다. 태극→음양→ 사상→팔괘 등으로의 전개를 이진위수학과 시스템 구조로 분명하게

---

142) 孔穎達, 『周易正義』, "'是故易有太極, 是生兩儀'者, 太極謂天地未分之前, 元氣混而爲一, 卽是太初太一也. 故老子云道生一, 卽此太極是也. 又謂混元旣分, 卽有天地, 故曰太極生兩儀, 卽老子云一生二也. 不言天地而言兩儀者, 指其物體, 下與四象相對, 故曰兩儀, 謂兩體容儀也. '兩儀生四象'者, 謂金木水火, 稟天地而有, 故云兩儀生四象. 土則分王四季, 又地中之別, 故唯云四象也. '四象生八卦'者, 若謂震木離火兌金坎水, 各主一時, 又巽同震木, 乾同兌金, 加以坤艮之土爲八卦也."

나타낸 것은 주지하듯이 소옹의 선천도, 즉 「복희팔괘차서도」·「복희64괘차서도」와 「복희팔괘방위도」·「복희64괘방위도」이다. 주희는 「복희팔괘차서도」에서의 팔괘의 순서가 건乾 1, 태兌 2, 리離 3, 진震 4, 손巽 5, 감坎 6, 간艮 7, 곤坤 8인 데 비해 「복희64괘차서도」에서는 건乾·쾌夬에서 시작하여 박剝·곤坤에서 끝나는 것에 대해 "하늘의 원리가 스스로 그러함에서 나온 것이지 인위적인 조작과는 다르다"[143]라 하고, 또 "64괘 모두는 하늘의 원리가 스스로 차례대로 나온 것이지 조금도 지혜의 힘을 보탠 것이 아니다"[144] 하였다. 사실 소옹의 그림이나 주희의 해설이 「계사전」의 취지와 일치한다고 말하기는 어렵지만 그것은 생성론의 대수적 기술에 관한 하나의 특징을 살펴보는 데 충분한 자료를 제공해 준다. 소옹은 "태극은 1이고, 움직이지 않는 것이 2를 생하니, 2는 신묘하다. 신묘한 것은 수를 생하고, 수는 상을 생하며, 상은 기器를 생한다"[145]라고 하였다.

팔괘가 완성되고 나면 비로소 모든 삼라만상이 생겨난다. 하나는 둘이 되고, 둘은 넷이 되며, 넷은 여덟이 된다. 여덟은 열여섯, 열여섯은 서른둘, 서른둘은 예순넷이 된다. 열은 백으로 나눠지고, 백은 천으로 나눠지며, 천은 만으로 나눠진다. 많이 나뉠수록 개체의 크기는 작아지며, 단계를 나눠갈수록 상태는 복잡해진다. 이러한 방식으로 우리는 하늘(乾)을 사용하여 그들을 나누고, 땅(坤)을 사용하여 그들을 통합하며, 천둥(震)을 사용하여 그들을 확장시키고, 바람(巽)을 사용하여 그들을 줄어들게 한다. 확장은 나눔을 야기시키고, 나눔은 줄어듦을 야기하며, 축소는 통합을 가져온다.[146]

---

143) 『朱文公文集』, 권37, 「答林黃中第二書」, "其出於天理之自然, 與人爲之造作, 蓋不同矣."
144) 『朱文公文集』, 권38, 「答袁機仲第二書」, "方見六十四卦, 全是天理自然挨排出來……元不曾用一毫智力添助."
145) 邵雍, 『皇極經世書』, 卷之八下, 「觀物外篇下·闕疑第十一」, "太極一也, 不動生二, 二則神也. 神生數, 數生象, 象生器."
146) Wyatt, Don J., "Shao Yong's Numerological-Cosmological System", *Springer*, p.22.

비록 수를 근본원리로 삼았다고는 하지만, 소옹은 이 모든 우주창조의 과정에는 그 수에 선행하는 근원의 실체가 따로 있다고 믿었다. 이 개념이 바로 신神이다. 소옹은 '신'을 천상의 변함없는 힘이면서 또한 다루기가 힘든 것이라고 이해했다. 반면 수는 신에 비하면 훨씬 절묘하게 맞아떨어지는 것이었다. 수는 견고하며, 진화의 연결고리에서 처음 발생하며, 그래서 예측의 좋은 수단이 된다. 그 규칙성 덕분에 수는 소옹에 의해 우주탄생 과정의 상징으로 간주된다. 마지막으로 간과하지 말아야 할 것은, 소옹이 수와 그 산술이 우리로 하여금 심心을 이해할 수 있게 할 것이라 보았고, 그것이 결론적으로 인간 지혜의 완성(靈)을 가져오리라 믿었다는 점이다.

공영달은 본원인 '태극'을 원기, 태초, 태일로 말했는데, 이것은 『역위건착도』의 영향을 받은 것이다. 『건착도』는 우주의 본원을 '태역太易', '태초太初', '태시太始', '태소太素'로 구분하였는데, '태역'이란 기가 생성되기 이전의 단계를 가리킨다. '태초'는 기氣의 시작을 말하고, '태시'는 형形이나 상象의 시작을 가리키며, '태소'는 질質의 시작을 가리킨다. 여기서 말하는 세 가지, 즉 기와 형(상)과 질은 뒤섞여 있어서 '혼륜渾淪'이라고 불린다. 이 '혼륜'이 「계사」의 '태극'에 해당한다. 『건착도』에서는 태역을 "역유태극易有太極"에서의 '역'이라 말하고 혼륜을 태극이라고 말하는데, 태극이란 천지가 아직 형성되지 않았을 때, 즉 기가 한데 뒤섞여 있는 상태인 것이다. 이것이 한대 유학자들이 말하는 원기설의 핵심이다. 이와 같이 태극이라는 개념은 우주발생의 최고이자 최초의 실체라는 개념으로 설명되었다.

정현은 태극을 청허한 기(淳和未分之氣)라고 하였는데, 그것은 천지가 나누어지기 이전의 혼돈의 상태이다.[147] 한편 우번虞翻은 태극을 '태일'이라고

---

147) 鄭玄, 『周易注』.

했다.[148] 위魏의 왕필은 「계사」에서 말하는 "대연의 수는 50이나 그 사용하는 것은 49이다"에서 사용하지 않는 1이 태극이라고 하면서, 1이라는 수는 사용되지 않고 수도 아니지만 모든 사용되는 것은 이것으로써 통하고 수는 이것으로써 이루어진다고 하였다. 따라서 1은 시초를 셈하는 본원으로서의 무를 가리키고, 이것이 바로 태극인 것이다.[149] 왕필은 대연의 수에서 사용되지 않은 최초의 1을 무에 해당시킨 뒤 나머지 49개를 천지만물에 배당하여 유라 하였다. 그러나 공영달은 왕필의 영향을 받았으면서도 태극을 해석하는 데서는 한대의 원기설을 따랐다. 즉 태극은 "원기가 혼합하여 하나인 것"(元氣混而爲一)이라 하고, 이 원기가 곧 태초, 태일이라 하였다. 여기서 '태초'는 『건착도』에서 왔고 '태일'은 우번에게서 왔지만, 그가 태극을 천지가 나누어지기 전의 원기라 해석한 것은 시간상 태극이 천지에 앞서 있고 천지의 근원이라 보는 관점이다.

한편 '태극'을 '리理'라고 분명하게 말한 것은 주희였다.

태극은 상象과 수數가 아직 나타나지 않았으나 그 이치가 이미 갖추어져 있는 것의 명칭이고, 형기形器가 이미 갖추어져 있으나 그 이치가 조짐이 없는 것의 조목이니, 하도와 낙서에 있어서는 모두 중앙을 비운 상이다. 태극이 나뉘어 처음으로 한 기奇와 한 우偶를 낳아서 한 획이 된 것이 둘이니, 이것이 양의兩儀이다. 그 수는, 양은 1이고 음은 2이다. 하도와 낙서에 있어서는 기와 우가 이것이다. 양의의 위에 각각 한 기와 한 우를 낳아서 2획이 된 것이 넷이니, 이것이 사상四象이다. 그 위치는 태양太陽이 1이고 소음少陰이 2이고 소양少陽이 3이고 태음太陰이 4이며 그 수는 태양이 9이고 소음이 8이고 소양이 7이고 태음이 6이다. 하도를 가지고 말하면 6은 1이 5를 얻은 것이고 7은 2가 5를 얻은 것이고 8은 3이 5를 얻은 것이고 9는 4가 5를 얻은 것이며, 낙서를 가지고 말하면 9는 10에서 1을 뺀 나머지이고 8은

---

148) 李鼎祚, 『周易集解』, 권14.
149) 孔穎達, 『周易正義』, 「繫辭上傳」, 7장, 8장.

10에서 2를 뺀 나머지이고 7은 10에서 3을 뺀 나머지이고 6은 10에서 4를 뺀 나머지이다. 사상의 위에 각각 한 기와 한 우를 낳아서 3획이 된 것이 여덟이니, 이에 삼재三才가 대략 갖추어지고 팔괘八卦의 명칭이 있게 된다. 그 위치는, 건乾이 1이고 태兌가 2이고 리離가 3이고 진震이 4이고 손巽이 5이고 감坎이 6이고 간艮이 7이고 곤坤이 8이다. 하도에서는 건·곤·리·감이 나뉘어 네 실한 자리에 거하고 태·진·손·간이 나뉘어 네 빈자리에 거하며, 낙서에 있어서는 건·곤·리·감이 나뉘어 사방四方에 거하고 태·진·손·간이 나뉘어 사우四隅에 거한다.[150]

주희가 '태극'을 '리'로 규정한 것은 그의 리학체계에서 매우 중요한 의미를 갖는데, 생성론을 본체론으로 전환시켰다는 의의가 있다.

2) 『역전』의 부호화와 숫자화 원칙

『역전』의 방법론 원칙을 간단히 말하면 '상수론'으로 개괄할 수 있다. 당명방唐明邦은 "이른바 상수사유양식은 『주역』의 괘상과 효상을 빌려 형상 사유를 진행하고, 취상비유하며 촉류방통觸類旁通하여 이성사유를 발전시키는 사유방식의 일종이다"[151]라고 하였다.

『역전』의 방법론은 우선 관찰에서 시작하여 부호화, 숫자화, 이론화의 과정으로 나아간다. 「계사」에서 앙관부찰仰觀俯察하고 근취원취近取遠取하

---

150) 朱熹, 『周易本義』, "太極者, 象數未形而其理已具之稱, 形器已具而其理无脈之目, 在河圖洛書, 皆虛中之象也. 太極之判, 始生一奇一偶而爲一畫者二, 是爲兩儀, 其數則陽一而陰二. 在河圖洛書, 則奇偶是也. 兩儀之上, 各生一奇一偶而爲二畫者四, 是謂四象, 其位則太陽一, 少陰二, 少陽三, 太陰四, 其數則太陽九, 少陰八, 少陽七, 太陰六. 以河圖言之, 則六者, 一而得於五者也, 七者, 二而得於五者也, 八者, 三而得於五者也, 九者, 四而得於五者也, 以洛書言之, 則九者, 十分一之餘也, 八者, 十分二之餘也, 七者, 十分三之餘也, 六者, 十分四之餘也. 四象之上, 各生一奇一偶而爲三畫者八, 於是三才略具, 而有八卦之名矣, 其位則乾一, 兌二, 離三, 震四, 巽五, 坎六, 艮七, 坤八. 在河圖, 則乾坤離坎, 分居四實, 兌震巽艮, 分居四虛, 在洛書, 則乾坤離坎, 分居四方, 兌震巽艮, 分居四隅也."
151) 唐明邦, 「易學傳統中的象數思維模式」, 『周易與現代自然科學』(中國社會科學出版社, 1990), 24~41쪽.

여 팔괘를 제작했다고 한 것은 관찰의 결과를 부호화하였음을 말하고 있는 것이다.[152)

소옹은『역』의 구체적 범주인 8괘와 64괘 등을 자신의 천문역법에 관한 지식에 근거하여 수적 논리에 따라 풀어내었는데, 수는 상을 낳고 상은 기器를 낳는다고 보았다. 변형과 변화에 대한 소옹의 사고체계는 우주의 네 가지 형상들(태양, 달, 별, 성좌)과 땅의 네 가지 형상들(물, 불, 흙, 바위)의 끊임없는 변화에 대한 그의 분류학에 영향을 미치게 된다.[153)

팔괘와 64괘는 관찰 결과에 대해 두 가지 부호 시스템으로 분류한 것으로서 간단하고 복잡하다는 차이를 가지고 있다. 역학에서는 부호화의 방법으로 '취상'을 말한 것이므로, 팔괘와 64괘는 취상을 분류하는 특정한 부호 시스템이라고 말할 수 있다.

두 가지 부호 시스템을 갖는 음양은 본래 철학적 의미가 부여되지 않은 일상적인 개념이었다. 원시시대의 인간에게 낮과 밤의 변화, 추위와 더위가 교차하는 계절의 변화, 태양이 비치는 곳과 그늘진 곳 등의 현상은 자연에 대해 사유하게 하는 계기가 되었고, 그것이 바로 원시 음양 관념의 소박한 시작이었다. 인간의 사유가 철학적 지식으로 발전하게 되는 것은 그러한 자연의 속성을 인간사의 속성에 대응시키고 연상하면서 그 생명 범주가 도덕 범주로, 형상사유가 추상사유로 발전하는 것이다. 이곳에 '유비와 연상의 작용'이 기여한다.

우주의 복잡다단하고 다변한 내용의 동태상을 ─과 --이라는 두 가지 매우 간단한 부호로 조직하였다는 것은, 그 작자가 "일체의 사물 모두가 가지고 있는 특정 관계와 구조의 원리를 충분히 이용하였기 때문"이라고

---

152) 董光璧, 『易學科學史綱』, 157쪽.

153) John Makeham(editor), "Dao Companions to Neo-Confucian Philosophy", *Springer*(2010); Don J. Wyatt, "Shao Yong's Numerological-Cosmological System", pp.21~22.

할 수 있다. 관계와 구조의 원리로 만물을 묘사하였다는 것은 음효와 양효를 3개 혹은 6개씩 교착 사용하고 종합하여 각종의 다양한 사물들을 표시하였다는 말이다.[154]

음양을 나타내는 양의는 대대관계에 있는 모든 개념의 쌍을 포괄하여 상징한다. 그것은 세상의 모든 대립면, 즉 건과 곤, 천과 지, 강과 유, 동과 정, 존과 비, 귀와 천, 주와 야, 염炎과 냉冷, 승勝과 부負, 개開와 폐閉, 군과 신, 군자와 소인, 남과 여, 부夫와 부婦, 부父와 자子, 인仁과 의義, 홀과 짝, 딱딱함과 부드러움 등을 짝 지워 대비시킨 표현이다. 대대 사유에서 말하는 양단현상 즉 모순의 관계는 모든 객관만물의 존재양식이다. 그것은 인생과 생명의 양태로서 인간의 활동을 대별하고 자연의 모든 물형을 설명한다. '대대관계'라는 용어는 『주역』의 주요 의미체계를 이해하는 관건이 되는데, 그것은 '서로 대립하면서도 서로 의존하고', '서로 반대되는 상대가 존재해야 비로소 자신이 존재할 수 있으며', '서로가 서로를 품은' 관계로 이해될 수 있다. 인간은 태어나서 밝음과 어두움, 있음과 없음 등 서로 반대되는 양상들에 대한 대립적 분별의식을 최초로 갖게 된다. 인류 지성의 발달사에 적용하더라도, 인간이 미개의 혼돈상태에서 지성의 문턱에 들어섰을 때 맨 처음 갖게 되는 것이 위와 아래, 밝음과 어두움, 좋음과 나쁨 등의 분별일 것이다.

중국 고대인들은 모든 사물의 형성, 변화, 발전이 음양 이기二氣의 운동에 달려 있다고 간주하였다. 음양은 음양대립과, 음양의 상호의존적 관계인 음양호근, 음양이 서로 자라고 쇠퇴하는 음양소식, 음양이 서로 전환되는 음양전화의 특성을 지닌다. 음양대립은 자연 만물만상과 만사의 내부에는 상반되는 두 가지 속성이 동시에 존재한다는 것, 즉 음과 양의 두 가지

---

154) 劉長林, 『中國系統思維』, 59쪽.

방면의 대립이 존재한다는 것이다. 특히 음양은 만물만사 대립의 두 가지 방면을 통괄할 뿐만 아니라 두 가지 상반되는 속성도 가지고 있다. 따라서 사물과 현상 중 대립하는 쌍방을 지닌 음양의 속성은 임의로 지정할 수 없고 전도할 수도 없다. 일정한 규율에 따라 분류할 수 있을 뿐이다. 만물의 음과 양은 어느 하나만이 존재할 수도 없다.

　주백곤은 음양이라는 용어가 『역경』에서 언급된 바 없기 때문에 춘추시대의 『역』 해석에서도 음양이라는 용어는 사용되지 않았으며, 『역』의 해석에서 음양이라는 관념이 생긴 것은 전국시기부터라고 말한다.[155] 진고응또한 "음양이라는 두 글자가 『역경』에는 나오지 않았다"고 밝힌 바 있다.[156] '음양 관념의 중요한 역할은 『역전』에 이르러 비로소 드러나는데, 따라서 '음양'으로 『역』을 해석한 것은 전국시기부터이며, 이후 오랜 시간을 거치면서 그러한 음양관념이 철학화되었던 것이다. 그리고 그 전환점이 되는 자리에 노자의 학설이 있다. 『주역』은 음양이 있음으로 해서 '육경의 으뜸이 되었다고 할 정도로 '음양 관념'은 『주역』의 철학적 의의를 밝히는 데 중요한 위치를 차지하고 있다.[157]

---

155) 朱伯崑, 『역학철학사 1』, 101쪽. "『易經』에는 음양의 용어가 없기 때문에 춘추시대 사람들의 『易』에 대한 해석에서도 역시 음양의 용어가 없었다. '음양'관념으로 『易』을 해석한 것은 전국시기에 나왔다."

156) 陳鼓應, 최진석 역, 『老莊新論』, 454쪽. 사실상 『주역』 경문 중 中孚卦에 陰이 단 한 번 나오는데 그것은 그저 '우는 학이 음지에 있으니'(鳴鶴在陰) 정도의 단순한 의미로 쓰였다.

157) 유호균, 임채우 역, 『주역과 술수역학』(서울: 동과서, 2014), 131~132쪽. 저자는 노장보다 앞선 시기의 기록으로 『시경』, 『상서』, 『의례』와 『주역』 등에서의 음양 용례를 찾았다. "『의례』에서는 음양이란 개념을 쓰지 않았다. 『시경』에는 8곳에서 陰을 언급했고 14곳에서 陽을 언급했으며 1곳에서 음양을 연결시켜 사용하고 있다. 『상서』에서는 음이 3번, 양이 3번 사용되었다. 『주역』의 괘효사에서는 1곳에서 음을 언급하고 있다. 이를 분석해 보면 음양은 자연의 모습에 대한 직관적인 인식을 나타내는 개념이었음을 알 수 있다. 가령 음이란 개념은 두 가지 함의를 가지는데, 하나는 단순히 구름이 태양을 가리는 현상으로……, 또 하나는 구름이 하늘을 가린다는 뜻이 引伸되어서 덮는다는 뜻으로 쓰인 예로서 『상서』에서의 '하늘이 아래 백성들을 덮어 길러 주시도다'

『노자』에 나타난 용례는 "부음이포양負陰而抱陽"이라는 구절을 통해 알아볼 수 있다. 그 전문은 "도道는 일一을 낳고 일은 이를 낳으며 이는 삼을 낳고 삼은 만물을 낳는다. 만물은 음을 지고 양을 품으며, 충기로써 조화를 이룬다"[158]이다. 만물은 음과 양이라는 기운을 갖는데, 그 두 기가 서로 교감하여 만물을 낳고, 따라서 만물은 그러한 양면의 성질을 갖는다는 것이다.[159] 『노자』에서 음·양이 사용된 부분은 "만물부음이포양萬物負陰而抱陽" 한 곳밖에 없다. 반면 『장자』에는 음양이 언급된 용례가 훨씬 많다. 「대종사大宗師」에서는 음양을 다음과 같이 분명하게 표현하고 있다. "사람과 음양과의 관계는 부모와의 그것보다 더하다."[160] 또한 천지사방의 만물은 과연 어떻게 생겨나는 것인가 하는 질문에 "음양이 서로 비추고 서로 해치고 서로 다스리며, 사계절이 서로 교대하여 서로를 생기게 하고 없어지게 하니, 거기서 정욕, 좋아함, 싫어함, 취사의 관념이 일어나 늘 암수가

(惟天陰騭下民)의 경우이다. 양에는 3가지 함의가 있다. 하나는 햇빛 아래 나부끼는 깃발을 나타내니 『시경』에서 '용을 그린 깃발이 나부끼네'(龍旗陽陽)라고 한 경우이다. 두 번째는 태양의 호칭이고, 세 번째는 다시 이 뜻이 인신되어 따뜻함, 정면, 바깥, 남쪽 등의 뜻이 된다. 음양 두 글자가 연용되어 쓴 경우는 『시경』의 「大雅·公劉」편에서 유일하게 보이는데 '산 위에서 해 그림자를 재어 양지와 그늘을 살피도다'(旣景乃岡, 相其陰陽)라고 한 경우이다."

158) 제42장, "道生一, 一生二, 二生三, 三生萬物. 萬物負陰而抱陽, 沖氣以爲和."

159) 임채우, 「노자 음양론 문제 – 역전과의 비교를 중심으로」, 『동양철학』 제41집(2014), 297~301쪽. 저자는 『老子』 제42장에 쓰인 一·二·三의 숫자가 의미하는 것을 정확히 규명할 필요가 있다고 하면서 河上公主와 王弼主를 비교 인용한다. 왜냐하면 『老子』에서 음양이라는 단어가 쓰인 곳이 이곳 하나밖에 없고 이 한 단락을 가지고 전국시대에 주요한 영향을 미친 음양사상과 우주발생론 및 우주변화론을 연관시키는 것은 지나친 확대일 수 있기 때문이다. 河上公은 "도에서 음양이 생기고 음양에서 천지인삼재가 나왔다"(道使所生者一也, 一生陰與陽也. 陰陽生和, 淸濁三氣, 分爲天地人也.) 즉 숫자 二가 음양을 의미한다고 해석하였으나 王弼主에서는 이를 전혀 음양사상과 연결시키지 않았다. 오히려 노자와 주역의 음양론에 대해 논하면서 그 둘 사이에는 분명한 차이가 존재한다고 쓴다. "주역에서는 음양의 대등한 조화를 말하는 동시에 또한 양 중심의 扶陽抑陰論을 주장한 반면에, 노자는 양보다는 음을 강조하는 尊陰論이다."

160) "陰陽於人, 不翅於父母."

분합하게 되었다"[161]라고 답하는 대목도 있다.

『장자』의 「천하」에는 "『역』은 음양을 말하는 것"이라는 표현이 있는데,[162] 요명춘은 이 구절의 중요성을 강조하며 이 말이 당시 『주역』의 본질에 대한 일반적인 견해였을 것이라고 했다.[163] 진고응은 『논어』, 『맹자』, 『중용』 같은 유가의 경전들은 음양설을 논하지 않았다고 하면서, 특히 공자의 『논어』는 인간사가 주 관심사였기에 음양으로 천도를 해석한 것은 찾아볼 수가 없다고 말한다. 주백곤도 이 점을 인정하여 "음양 관념으로 『주역』을 해석한 것은 춘추시기 음양설과 전국 전기 노자학설의 영향을 받은 것이다" 라고 하였다.[164]

도가와 음양가가 음양학설을 통해 만물의 생장과 변화의 과정을 설명한 것은 『주역』의 서법에 적용되었고, 이것은 『역전』을 통해 『주역』의 중요 원리 중의 하나로 해석되었다. 사마천은 『사기』에서 "『역』은 천지와 음양 그리고 사시와 오행을 밝히고 있기 때문에 변화를 설명하는 데 그 뛰어남이 있다"라고 말한다.[165] 음양은 우주와 일 년 사계절의 변화를 설명하는 핵심적인 개념이다. 음양을 통해 변화를 설명하고, 그것은 천도에 근거한다. 이러한 생각이 가장 잘 드러난 곳이 『주역』의 부호화 원칙이다.

취상과 분류를 결합한 것이 '촉류방통觸類旁通'이라고 할 수 있는데, 괘상을 종류로 구분하여 사물의 동이를 관찰하는 것이다. 취상분류를 귀납하는

---

161) 「則陽」, "陰陽相照, 相蓋相治. 四時相代, 相生相殺, 欲惡去就. 於是橋起, 雌雄片合."
162) 『莊子』 「天下」. 본문에 해당 문장의 전체는 다음과 같다. "『詩』는 인간의 志를 말하고 『書』는 事를 말하고 『禮』는 인간의 行을 말하고 『樂』은 인간의 和를 말하고 『易』은 陰陽을 말하고 『春秋』는 名分을 말한다."(『詩』以道志, 『書』以道事, 『禮』以道行 『樂』以道和, 『易』以道陰陽, 『春秋』以道名分.)
163) 廖名春, 『주역철학사』, 1994, 95쪽.
164) 朱伯崑, 『역학철학사 1』, 104쪽. 이에 대해 요명춘은 다른 의견이다. 즉 '역은 음양을 말한다'는 생각은 바로 유가의 견해와 다를 바 없다는 것이다. (요명춘 저, 『주역철학사』, 96쪽.)
165) 『史記』, 「太史公自序」, "易, 著天地陰陽四時五行, 故長於變."

데서 자연히 '비유'와 '추류推類'의 연역 과정이 개입되는데, 「계사상」은 이를 "이끌어 펴며 류類에 따라 확장한다"[166]라고 하였다. 중국의 과학연구 전통에서 대상을 부호화하고 취상비유하는 것은 보편적 방법이었다. 예를 들어 『황제내경黃帝內經・소문素問』에서는 "오장五藏의 상象은 유추할 수 있다"(五藏之象, 可以類推)라고 하였다.

『역전』은 숫자화 원칙으로 세 가지 기본 명제를 제시한다. 첫 번째는 "하늘을 셋으로, 땅을 둘로 하여 수에 의지한다"[167]이고, 두 번째는 "그 수를 극진히 하여 마침내 천하의 상을 정한다"[168]이며, 세 번째는 "지나간 것을 세는 것은 순順이고, 올 것을 아는 것은 역逆이니, 그러므로 역易은 역수逆數이다"[169]이다. 이 세 개의 명제는 '기수倚數'・'극수極數'・'역수逆數'라는 세 가지 개념을 포함하고 있다. 성중영成中英은 "역의 수는 결코 현대 수리기초 중의 수가 아니다. 논리경험주의의 수 관념 혹은 직각주의의 수 본체의 관념은 물론 아니고, 당연히 고대 희랍의 피타고라스가 말한 기하의 수도 아니다. 수는 바로 상의 관계와 변화이다"[170]라고 하였는데 매우 적확한 지적이라고 할 수 있다.

주지하듯이 『역전』에서의 수에 관한 논술은 서법을 해석하는 것을 목적으로 한 것이었다. 하지만 일단 서법에서 벗어나서 그것을 괘상부호의 변화 법칙으로 이해하면 그 방법론적 의의를 쉽게 발견할 수 있다. 왜냐하면 괘상부호 시스템은 우주현상에 대한 모사이기 때문이다. 따라서 괘상부호와의 관계 및 그 변화를 나타내는 '수' 또한 우주 간의 관계와 변화를

---

166) "引而伸之, 觸類而長之."
167) 「說卦」, 제1장, "參天兩地而倚數."
168) 「繫辭上」, 제10장, "極其數, 遂定天下之象."
169) 「說卦」, 제3장, "數往者順, 知來者逆, 是故易逆數也."
170) 成中英, 「易的象・數・義理一體同源」, 『周易與現代自然科學』(中國社會科學出版社, 1990), 61~86쪽.

이루는 일종의 모사라고 말할 수 있을 것이다.

『역전』의 기수, 극수, 역수 개념은 수를 이용하여 현상을 모사하고, 수로써 현상의 규율을 확정하며, 수로부터 미지의 것을 예측하는 수학방법의 프로그램 같은 것으로, 점서라는 신비주의적 목적의 『주역』을 과학연구방법으로 전환시킨 것이라고 할 수도 있다. 숫자화 원칙은 부호화 원칙에 비해 더 높은 추상화를 요구한다. 이로부터 숫자화 원칙은 과학의 '수량화' 원칙에 도달하게 되는 것이다.[171]

---

171) 董光璧, 『易學科學史綱』, 158쪽.

제4장 『주역』과 시스템이론

제1절 현대 자연과학

　과학은 물질세계를 관찰하여 그것이 포함된 자연계의 원리를 파악하고 그 도리를 통하여 인간계의 가치를 높이는 학문이다. 그 중 자연과학이라 명명한 것은 물리학, 화학, 생물학, 지구과학 등을 연구하는 기초과학과 공학, 농학, 의학 등을 연구하는 응용과학으로 나누어 볼 수 있다. 그 사고의 뿌리에 수학과 물리학의 원리가 있다. 물리학은 자연계를 구성하는 물질과 에너지의 본질을 탐구하여 그 법칙을 밝히는 학문이다. 17세기 아이작 뉴턴은 우주의 동역학적인 관계를 규명하고 질량을 가진 모든 물체들 사이에 일어나는 운동법칙을 기본적 수학 관계식으로 나타내어 근대 자연과학의 발전을 주도했다. 『자연철학의 수학적 원리』(1687)에는 이와 같은 문제에 대한 실험과 검증 그리고 수학적 증명이 실려 있다. 그의 유명한 세 가지 역학법칙은 거시물리학으로도 불린다. '관성의 법칙', '작용–반작용의 법칙', '만유인력의 법칙'이 그것으로, 지동설과 행성의 운행, 증기기관의 발명과 열역학, 전기에너지와 자기현상의 발견, 통계역학 등이 그 역학 발전의 중요 성과였다. 그러나 19세기 말부터 물리학자들은 미시세계에 관심을 가지고 거시물리학이 설명하지 못한 자연현상들을 관찰하기 시작했다. 그것은 미시물리학으로 불리며 현대 자연과학으로 전개되었다.[1]

『주역』과 시스템이론의 관계를 논술하기 전에 이와 관련이 있는 현대 자연과학 이론 두 가지를 먼저 검토하고자 한다.

첫 번째로 살펴볼 것은 베노아 만델브로(Benoit Mandelbrot)의 '프랙탈이론'이다. 만델브로는 고대로부터 인간의 삶과 떼어 낼 수 없는 것으로 '거칠다'(roughness)라는 단어를 사용한다. 이것은 '불규칙적인 것'(irregularity)과 유사한 뜻인데 - 사실 만델브로는 'irregularity' 보다 'roughness'란 단어의 사용을 더 선호한다. -, 전체 우주에 나타난 복잡성(complexity)을 설명하기 위한 개념이다. '프랙탈'(fractals)은 만델브로가 라틴어사전에서 'fractus'라는 단어를 보고 생각해 낸 것이다. 그것은 '분리된, 규칙이 없는 조각'이란 뜻으로 영어의 'fracture and fraction'과 동의어이다.[2] 무질서하고 불규칙적인 수학적 구조나 통계분포를 설명하기 위한 개념인데, 여기서 말하는 불규칙한 통계분포는 '면화의 가격'이나 '주가등락표' 등과 같은 것에서 보이는 예측 불가능한 숫자나 현상을 말한다. 라틴어 'fractus'가 어원인 '프랙탈'(fractal)은 말 그대로 불규칙적으로 떨어져 나와 흩어져 있는 조각들을 의미한다. 뉴턴의 근대과학에 의하면 우주는 질서와 규칙에 의해 계산될 수 있고, 따라서 예측이 가능하다. 그러나 실제 자연계는 비선형적이고 복잡한 현상들이 더 많다. '유클리드 기하학'과는 다른 원소의 모형을 그리고 있는 '프랙탈 기하학'은

---

1) 蔡恒息, 金日坤 譯, 『易으로 본 현대과학 - 八卦·太極圖와 컴퓨터』(서울: 여강출판사, 1992), 66~67쪽 참조. 이 글에서 말하는 현대자연과학은 1900년 독일의 플랑크가 양자론을 제창한 것을 필두로 1913년 원자구조의 가설 발표, 1905, 1915년 아인슈타인의 특수상대성이론과 일반상대성이론, 1939년 버틀란피의 일반시스템이론, 1948년 워너의 사이버네틱스, 샤논의 정보이론 등을 망라한다.

2) Benoit Mandelbrot, "Fractals and the art of roughness", *TED*(2010).

이러한 카오스(혼돈)의 개념과 비선형동역학을 이해하는 데 주효하다. 만델브로는 '거칠기의 규칙'이라는 표현을 사용하여 사물의 상과 확률의 수에 나타난 규칙과 안정성을 논증하고 있다.

프랙탈은 자기유사성(self-similarity)을 특징으로 하고 무한대의 구조로 비선형 운동을 반복한다. 만델브로는 우주의 '특이한 모습들'(oddities)과 '불규칙성'(irregularities)을 언급하고, 그 '혼란스러워'(chaotic) 보이는 모습의 이면에는 '숨겨진 질서'가 있다고 말한다. 인간의 눈에 세계는 유기적으로 반복되고 소용돌이치는 형상의 모임과 같은 형태로 보인다. 만델브로는 컬리플라워나 고사리 잎의 모양, 눈꽃의 형상, 번개가 치는 모습, 인간의 뇌나 허파의 형상, 미시물리학에서의 원자구조의 모델과 태양계의 모습 등을 프랙탈구조로 예시한다.

> 금융이나 경제에 대한 프랙탈적 접근은 두 가지 특징을 갖는다. 첫 번째는 불변성의 중요성에 대한 믿음인데, 그것은 안정성을 확인하고 경제학에서 불변성원칙을 축적할 수 있다는 심오한 믿음이다. 두 번째 특징은 확률이론이 생각보다 더 변통성이 있다는 것과 몇 가지 특징적인 '무작위의 상태'를 보다 기꺼이 대면하는 인식이다.[3]

일면 무한정 불규칙해 보이는 자연의 현상이나 과정들은 '동형의 대칭구조'(symmetry)를 '반복'(recursion)적으로 만들어 나간다. 그것이 불규칙해 보이는 것은 단지 그것을 측정하는 인간의 '자'(scale)가 상대적이기 때문이다.[4] 리아스식 해안을 측정할 때 정밀한 자를 사용하면 그 길이가 무한정 늘어날 수 있다는 사실이 이를 증명한다. 만델브로는 '축척'(scaling)에 대한 관점이 '혼돈이론'과 양자론의 중요 계산법 중의 하나인 '환치계산법'(renormalization)

---

3) Mandelbrot, Benoit, *Fractals and Scaling in Finance*(Springer, 1997), p.28.
4) Horvitz, Leslie Alan, *Eureka!: Scientific breakthroughs that changed the world*(J. Wiley, 2002), pp.211~226.

에도 중요하게 사용될 수 있다는 점을 강조한다. 다양한 축척법칙은 지질학과 생물학의 '상대성장'(allometry)의 측정에도 유용하게 사용될 여지를 남긴다.

자연은 그 규칙과 질서를 드러내어 인간의 눈과 이성으로 조망 가능한 모습을 보이는 동시에 예측 불가능한 상황이 벌어지는 혼돈의 영역도 함께 보여 준다. 자연과학은 수학적인 기술로 그것을 드러내어 정확하게 설명하고자 하지만 그것만으로는 이 세계의 모습을 모두 설명할 수 없다. 질서, 예측가능성은 거대 우주에 대한 한쪽 측면만을 보여 줄 뿐이다. 무질서와 예측 불가능한 부분에 주의를 기울이고 함께 포용할 때 전체에 대한 이해가 가능하고 혼돈 속의 질서가 보인다.

두 번째로 살펴볼 것은 물리학 영역에서의 일리야 프리고진(Ilya Prigogine)5)의 산일구조이론이다. 산일구조론은 혼돈과 무질서를 통한 질서의 개념을 설명하는 것이다. 우리의 현대가 있게 만들어 준 것은 과학과 기술의 발전임을 부정할 수 없고, 그러한 성공의 근저에는 분자와 원자 등에 관한 미시적인 연구의 성과가 있었음에 분명하다. 그는 "자연과의 대화는 인간을 자연에 더욱 가깝게 접근시킨 것이 아니라 자연으로부터 고립시켰다"라고 하면서, 이제 우리는 인간과 자연과의 상호작용과 더불어 인간과 인간 간의 상호작용에도 관심을 가져야 한다고 말한다.

> 우리의 우주는 복수적이고 복잡한 성질을 가지고 있다. 구조들은 사라질 수도 있고 생길 수도 있다. 우리가 아는 한도 내에서 어떤 과정들은 결정론적인 방정식들로 잘 기술될 수 있으나 다른 것들은 확률적 과정들을 포함하고 있다.…… 자연적인 것은 무질서와 비가역성의 필수적인 요소들을 포함한다. 이것은 물질이 기계적 세계관에서 기술하고 있는 바와 같이 피동적인 것이 아니라 자발적인 활동과 관련된

---

5) 일리야 프리고진은 벨기에의 물리학자이며 화학자이다. 비가역과정의 열역학을 체계화하고 산일구조의 개념을 제출하여 1977년 노벨화학상을 받았다. '요동을 통한 질서창출'을 연구하였고 비평형개방계의 물리학을 추구하였다.

것이라는 새로운 견해로 이르게 한다. 이러한 변화는 매우 심오한 것이며……. 우리는 정말로 인간과 자연의 새로운 대화에 관하여 이야기할 수 있게 된다.[6]

현대과학의 미시적 발달과 환원주의, 결정론, 합리성으로부터 운명, 자유, 생명과 자발성 등의 개념으로의 진행을 설명하는 개념으로 프리고진이 소개하는 것이 산일구조이론이다.

평형에서 멀리 떨어진 상태에서는 새로운 형태의 구조가 자발적으로 형성될 수 있다는 것을 알게 되었다. 평형에서 멀리 떨어진 조건 하에서는 무질서와 열적인 혼돈으로부터 질서로 변환된다는 것이다. 물질의 새로운 동역학적 상태, 주어진 계와 그 주변 환경과의 상호작용을 초래하는 상태가 생겨나게 된다. 우리는 이러한 구조를 그 형성과정에서의 무산과정의 건설적인 역할을 강조하기 위하여 산일구조 (dissipative structure)라고 불러왔다.[7]

하나의 산일구조를 설명하기 위해 프리고진은 '비선형, 불안정성, 요동' 과 같은 용어들을 사용한다. 산일구조이론은 평형상태와 멀리 떨어져 있는 구조 사이의 개방시스템을 말하고, 그것들은 일정한 제어 조건 아래에서 시스템 내부의 많은 비선형적 상호작용 즉 등락운동을 통해 안정되고 질서정연한 구조를 형성한다. 실제로 우리 주변은 '비선형적 현상'들로 가득 차 있는데, 기상현상, 난류현상, 생명현상 등이 모두 비선형적 혼돈의 현상을 대표한다.[8] 프리고진은 기존의 과학적 전통에서 두 가지의 문제점을

---

6) 일리야 프리고진 · 이사벨 스텐저스, 신국조 역, 『혼돈으로부터의 질서』(서울: 고려원미디어, 1993), 48~49쪽.
7) 일리야 프리고진 · 이사벨 스텐저스, 신국조 역, 『혼돈으로부터의 질서』, 52쪽.
8) 김용정, 『과학과 철학』(서울: 주 범양사 출판부, 1996), 69쪽, "폰 노이만(J. von Neumann)은 불확정성이 자연의 본질이라고 말한 바 있거니와…… 확률적으로 분포된 위성공간에는 하나의 궤적이 있을 수 없고 비행기구름과 같이 폭을 가진 띠가 존재한다. 물론 양자역학의 확률론이 결정론을 완전히 벗어나지 못하지만 입자의 위치와 운동량의 불확정성은

지적하는데, 그 첫 번째는 '질서와 무질서의 관계'이고 두 번째는 고전물리학이 주장하는 '가역성과 정적인 구조'의 문제이다. 그리하여 그는 과학과 철학의 관점들을 시스템의 전체성과 복잡성, 시간의 비가역성 및 구조의 불안정성 등을 통해 설명하고 있다.

초자연적인 어떤 것에 대한 두려움으로 인해 인간은 하나의 원자를 찾아 나섰고 세계를 단순화하였다. 그러나 우리의 우주는 복합적이다. 우주의 구조는 사라질 수도 생겨날 수도 있으며, 결정론적 방정식으로 정의될 수 있는 것만으로 채워져 있지 않다. 자연은 무질서와 비가역적인 요소를 포함한다. 다시 말하면, 자연은 그것이 형성되는 조건들과 서로 지대한 영향을 주고받으며 그 과정의 무질서는 열적인 혼돈으로부터 질서를 향해 변환된다. 여기서 자연의 비가역성은 질서의 근원이 된다. 열역학 제2법칙으로도 불리는, 무질서의 혼돈으로 나아가는 엔트로피의 증대 속에서 새로운 질서가 자연적으로 만들어지는 것이다. 동양의 카오스 상태는 혼란 속에 일정한 법칙이 있고 무형이면서 유형인 자연이다. 그곳에 인위적인 질서, 즉 우주질서를 부여함으로써 인간의 고통이 시작되었다. 서양에서는 혼돈을 다스리고 조직하려 하였지만, 동양의 전통은 이것을 창조와 생성의 근원으로 삼아 함께 즐기고 그 전일한 상태를 있는 그대로 인정하려 하였다.[9]

산일구조이론이나 프랙탈이론이 『주역』의 시스템관과 연관되는 지점은 바로 무한 반복되는 순환관(환도관)과 자기유사의 형상이론이며, 무질서해

인과율의 연쇄에서 벗어나 있음을 의미한다."
9) 신정원, 「장자인식론의 미학적 사유」, 『인문과학』 제65집(2017), 162~163쪽. 渾沌에 대하여 「應帝王」에 등장하는 儵과 忽, 渾沌의 이야기를 인용하여 다음과 같이 말한다. "서양에서의 혼돈(chaos)은 질서가 없고 이성이 존재하지 않는 어둡고 부정적인 것으로 인식되어서 인간이 정복하고 다스려야 할 대상으로 여겨졌다면, 동양에서는 혼돈이 사라지는 순간 오히려 '天眞'도 사라지게 되므로 이를 경계하였다."

보이는 복잡한 요소들 사이의 관계와 그 모순이 통일된 질서를 이루어 내는 과정이다. 프리고진은 니덤의 말을 빌려 중국의 철학에 나타난 우주적 조화를 소개하는데, 그것은 우주의 '자발적인 조화'를 말하며 그러한 조화는 과정들 간의 평형과 불협화음에서 연유하고 상호 영향을 주고 있다고 한다.

중국의 지배적인 철학적 개념에 의하면, 우주는 자발적인 조화를 이루고 있으며 여러 가지 현상들의 규칙성은 어떠한 외부 권력에 의한 것도 아니라고 니덤은 말하고 있다. 오히려 자연, 사회 그리고 천국에서의 이러한 조화는 과정들 간의 평형으로부터 연유한 것이다. 안정되고 상호의존적인 이들은 일종의 불협화음 속에서 서로 공명하고 있다. 10)

니덤은 중국의 사상가들이 조화를 '자연스럽게 생기며 유기적인' 세계질 서의 기본적 원리로 본다고 하면서, 우주의 상을 통한 동격화 사고가 중국의 유기체적 세계관과 상관적 사고의 배경이 된다고 설명한다.

황제의 주거인 동시에 우주의 사원이기도 한 명당에서 계절에 알맞은 색조의 의관을 정제한 황제가 법도에 맞는 방향을 향하여 계절에 맞는 연주를 하며 우주적인 패턴에서 하늘과 땅이 일체임을 보이는 모든 의식적 행위를 수행하였다. 혹은 과학적인 사항에 관하여 말한다면, 어쩌다가 달이 특정한 시각에 적도상의 특정한 수宿에 위치해 있었다고 하더라도, 그것은 비유적으로도 어떤 자가 그렇게 명령한 것이 아니며 또한 분리 가능한 원인에 의존하여 수학적으로 표현될 수 있는 규칙성에 따른 것도 아니다. 그것은 그렇게 하는 일이 보편적인 유기체의 패턴의 일부분이었기 때문이며, 그 밖에 어떤 이유에 의한 것도 아니다.11)

---

10) 일리야 프리고진·이사벨 스텐저스, 신국조 역, 『혼돈으로부터의 질서』, 93쪽.
11) 조셉 니덤, 이석호 외 역, 『중국의 과학과 문명 II』, 397~398쪽.

뉴턴 이후 힘과 입자에 의해 규정되고 통제된 우주의 물질은 질서정연한 기계론적 세계관을 형성하였다. 그러나 미시세계는 고전물리학의 방법으로는 측정 불가능한 양상을 포함하고 있다. 원자와 분자의 운동은 입자의 위치와 속도를 정확하게 규정해야 그 운동방정식을 적용할 수 있는데, 미시세계에서는 빛의 입자가 충돌하여 측정 대상의 위치를 변경시킨다. 그 체계는 돌발적이고 비선형적이다. 따라서 우리의 인식은 이제 이 세계는 예측이 가능하지 않은 혼돈의 측면이 있다는 사실을 인정하기에 이르렀다. 일기예보를 예로 들면 기상학자들은 과학적 진보의 도움으로 정확한 날씨 예측이 가능할 것을 기대하였다. 첨단의 기상관측용 기구는 다양한 기층의 습도와 기온을 관측하고 주요 매개변수를 기록한다. 그러나 실제로 현실에서 기상예보의 실적은 만족스럽지 못하다. 단기적인 관측에서는 어느 정도의 발전이 있었다고 하더라도 장기적인 예보는 기대치에 미치지 못하고 있다.

> 미세한 기압변화 자체만으로도 날씨는 완전히 다른 상태로 흘러가게 된다.……
> 이런 상황에서 날씨와 같이 위력적인 체계에 뚜렷하게 영향을 미치는 데에는 나비 한 마리가 날갯짓하는 것만으로도 충분할 것이다. 그러한 나비의 날갯짓은 어떤 지점에서는 파괴적인 힘을 가진 허리케인을 발생시킬 수도 있고, 또 다른 지점에서는 상쾌한 산들바람을 불러일으킬 수도 있을 것이다.[12]

이러한 예를 통해 보면 자연계의 현상과 흐름은 어떤 물리학적 법칙만으로 완벽하게 설명할 수 있지 않다는 것을 알게 된다. 일면 안정되고 질서정연해 보이는 자연이 실제로는 불확실한 혼돈의 실체를 가지고 인간의 예측을 힘들게 한다는 사실은 명백해 보인다. 이 딜레마를 헤쳐 나가는 방법은,

---

12) 요아힘 부블라트, 염영록 역, 『카오스와 코스모스』(서울: 생각의 나무, 2003), 56쪽.

혼돈에 주의를 기울이면서 질서와 혼돈의 경계와 그 체계가 보이는 특징을 연구하여 양측의 상호작용을 이해하는 것이다.

혼돈현상은 현대과학 연구의 핵심 대상 가운데 하나이다. 혼돈은 형태와 구조에서 분명한 특징을 가지고 있는데, 혼돈한 세계 속에서 어떤 범위 안의 무질서는 다른 범위 내의 질서와 공존한다. 운동의 팽창 방향은 부단히 생산되는 다양성 및 선택과 연결되고, 수축 방향은 도리어 예견성과 연결된다. 혼돈현상은 비록 새롭게 발견된 현상이지만 자연계에서는 규칙적 현상보다 더 보편적으로 존재한다.

혼돈은 일종의 잡란雜亂한 혼란현상, 무규칙적 운동이지만, 이러한 운동이 우연성과 완전히 일치하는 것은 아니다. 혼돈운동은 비록 인과론과 같은 결정론으로 해석할 수는 없지만, 그것은 결정성 방정方程의 무규칙 운동에서 기원한 것이다. 혼돈상태는 일종의 비선형 운동에서 묘사되는 운동이다. 예를 들어 열역학 제2법칙에서의 엔트로피 증가 같은 것이 혼돈상태이다. 혼돈상태로 들어갈 때, 그것의 성질은 초기 조건에 매우 민감할 수밖에 없다. 혼돈현상은 시스템 내부의 어떤 제어로부터 변화하게 되고 일종의 무규칙운동을 일으키게 되는데, 이것이 일종의 무주기적 질서 현상이다.

제2절 『주역』과 시스템 관점

유장림은 자신의 책을 "시스템사유는 중국전통사유방식의 줄기이다"라는 말로써 시작하면서 그 기본 특징으로 정체성整體性(전체성), 구조성, 입체성, 동태성, 종합성을 들고 또 그 방법으로는 정체법整體法, 구조법, 요소법,

공능법을 들고 있다. 시스템이론, 시스템체계, 시스템사유, 체계사유로 다양하게 표현되는[13] 시스템 관점은 그 설명에 있어 조금씩 차이점이 있지만 말하려고 하는 주요 입장에서는 동일하다.

유장림은 오행설과 팔괘설의 공통점과 차이점을 설명하는 자리에서 다음과 같이 말하고 있다.

초기 오행학설이 세계 만물을 목화토금수의 다섯 가지 재료가 복잡하게 섞여서 이루어진 것으로 본 것과 마찬가지로, 초기 팔괘학설은 만사만물이 여덟 가지 자연물의 유도체가 아닌 것이 하나도 없다고 생각하였다. 다른 점은 오재설五材說은 세계의 기본 구성 재료를 설명하려는 것이었으나 팔괘설은 세계의 기원과 변화 발전을 해석하는 데 역점을 둔다는 것이다. 그러나 주의할 것은, 오행학설과 팔괘학설은 그 시작에서부터 허다한 학자들이 생각하거나 희망하는 것과 같이 다섯 가지 재료나 여덟 가지 자연물을 고대 희랍 및 고대인도 철학자들이 말한 5종 내지 8종의 물질원소로 간주하지는 않았다는 것이다.[14]

유장림은 오행과 팔괘에 대해 위와 같이 언급한 뒤, 그 두 가지는 대체로 유사한 방식으로 이해되었으며 궁극적으로 오재설과 팔괘설 이전에 이미 '지수화풍地水火風'이 우주만물의 본원으로 생각되었을 것이라고 말한다.[15]

동양의 철학자들도 서양과 마찬가지로 세계의 본원을 추적하였는데, 그들이 물질을 대하는 태도는 서양의 철학자들과는 달랐다. 그들은 세계를

---

13) 劉長林, 『中國系統思維』, 14쪽.
14) 劉長林, 『中國系統思維』, 79쪽.
15) 劉長林, 『中國系統思維』, 79쪽, "쇠(金)는 대부분이 자연계의 원시 상태의 물질이 아니라 인공적인 제련을 거친 후에 생겨나는 것이다. 물질 성분에서 보면 여덟 가지 자연물 중에 하늘과 바람(天與風), 땅과 산(地與山), 물과 못(水與澤), 우레와 불(雷與火)은 합쳐질 수 있는 것이기 때문에 그것들은 모두 물질 원소로 역할 하는 것은 아니다. 이를 바탕으로 어떤 논저들에서는 오재설과 팔괘설 이전에 '지수화풍'을 세계 본원으로 하는 사상 관점이 존재했을 것이라고 생각한다."

구성하는 물질을 '향내적向内的'으로 찾기보다는, 물질세계 밖으로 드러내는 동태적 품성과 행위의 기능을 연구하고 관찰하였다. 그것이 바로 『역전』에서 말하는 '상'이다. 오행 및 팔괘 학설이 형성되었다는 것은 그것이 생기기 이전에 어떤 자연물로 구성되었다고 생각하는 것인데, 그것은 곧 상징을 통한 사유이다. 상징은 그것이 대표하는 자연물과 동일하다는 것은 아니기 때문에, 이러한 관념의 출현은 인식의 발전을 의미한다. 64괘 구성의 기초가 되는 8경괘는 말 그대로 8개의 자연물을 대표할 뿐 아니라 동시에 8개의 자연물로부터 변화하여 일정한 독립성을 갖게 된 여덟 가지 동태적 속성, 즉 여덟 개의 상을 대표한다.

오행이나 팔괘 이론에 나타난 형상사유는 시스템관을 잘 나타내 준다. 오행과 팔괘는 세계를 구성하는 기초 물질로서 자연물을 대표하는데, 그것들은 단지 그 형체나 형질의 측면에서 착안된 것이 아니라 그 기능의 동태 속성에서 기인한 것이고, 이러한 속성에서 보편성의 의미가 찾아진 것이다. 서양에서 분류된 물질 원소는 다양한 사물을 분해하고 그 물질의 존재를 인정해서 그것을 쪼개어 나온 원자로 귀결시켰다면, 중국 고대에서 분류한 오행과 팔괘는 5가지나 8가지 물질의 기능과 속성을 근거로 삼아 만물의 동태의 상을 종합한 뒤 다시 5가지나 8가지 유형으로 귀속하여 세계에 대한 전체적 상으로 삼았다. 이것은 서양의 방법 즉 분해하고 그 구성 원소를 분석하는 방법으로는 이해할 수가 없는 것이다. 동양의 분류 방식은 수평적 양식이라고 할 수 있는데, 요약하면 동태의 상 즉 기능 특성 및 사물 간의 행위 동태와 관련하여 분류한 것이다.

유장림은 중국의 분류 원칙을 다음과 같이 논술한다. ① 상응하면 동류이다.(相應則同類) ② 기능과 행위 방식이 서로 같으면 같은 류로 귀속한다.(功能和行爲方式相同則歸爲一類) ③ 동태 속성이 서로 같으면 같은 류로 귀속한다.(動態屬性相同則歸爲一類) ④ 정태 속성이 서로 같거나 순수형식상 외재적 연관을 가지면 구분하여 같은 류로 귀속한다.(靜態屬性相同或因有純粹形式上的外在關係, 而畫歸一類)[16] 이것은 중국 형상사유의 특징을 잘 설명하고 있는데, 특히 『역전』에서 그 전형을 찾아볼 수 있다. 여기서 말하는 형상사유는 대상 사물을 그 사유의 재료로 삼지만 단편적 감성인식에 그치는 것이 아니라 그 대상을 가공, 비교, 선택, 개괄하고 조합하여 재창조하는 것이다.

형상사유는 상관적 사유와 연계하여 이해될 수 있는바, 니덤은 음양과 오행설을 고찰하여 중국의 주요 사유의 원칙을 설명한다. 오행에 대해서는 그 배열을 4가지의 주요 순서로 분류하고 있다. 첫 번째는 우주발생론의 순서로, 수·화·목·금·토의 배열이다. 두 번째는 상호상생의 순서로, 목·화·토·금·수이다. 세 번째는 상호정복의 순서로, 목·금·화·수·토이다. 네 번째는 현대의 순서로, 금·목·수·화·토이다. 그 배열의 근거로 드는 것 중 하나로 나침반의 방위점이 있는데, 즉 태양이 동쪽에서 떠서 낮에는 남쪽에 머물다가 서쪽으로 기울고 밤에 북쪽에 있다는 사실이다. 동남서북은 오행으로 각각 목화금수로 오행상생의 순서와 닮았다는 것이다.[17] 이러한 분류에 중요 근거가 되는 것이 상징적 상관관계이다. 그것은 특히 계절과 방위, 색과 맛 등의 관계에서 두드러지는데, 니덤의 다음과 같은 설명이 흥미롭다.

화火를 여름과 남쪽에 연결 짓는 것처럼 필연적인 것은 없었다. 이것은 오랜 옛날부터 행해졌을 것이다. 수확의 계절인 '추秋'라는 한자에 화火가 들어 있으므로, '남南'이라는 자에도 화火가 들어 있을 것으로 생각된다. 미味에는…… 원시화학을 강하게 표시하고 있다. 색色은…… 중국 문명의 요람지는 황하 상류 유역의 황토黃土지대였으므로, 이 색깔을 중앙을 상징하는 것으로 생각한 것은 지극히 당연하다. 서쪽의

---

16) 劉長林, 『中國系統思維』, 83~85쪽.
17) 조셉 니덤, 이석호 외 역, 『중국의 과학과 문명 Ⅱ』, 355~356쪽.

백색은 티베트 산맥의 만년설을 말한다. 동의 녹색(또는 청색)은 비옥한 평원 또는 끝없는 바다일 것이다. 마지막으로 남의 적색은 섬서陝西와 산서山西의 정남에 있는 사천四川의 붉은 흙에서 유래했을 것이다.[18]

니덤은 중국철학의 상관적 사유를 언급하면서 그것은 '자연조작'의 뜻을 잘 이해한 유기체적 세계관과 관련 있다고 설명한다. 유기체적 세계관은 우주적인 힘이 정극正極과 부극否極으로 작용하는『역전』의 육효, 음양, 건곤의 개념들과 관련될 수 있다. 중국의 상관적 사유는 인체를 우주 즉 전체에 대응시킨다. 그리고 인체를 국가에 대응한다. 그것은 세계 즉 우주가 살아있는 생명체라는 의식에 기인한다. 예를 들어『역경』에서 하늘은 머리에, 땅은 배에 비유된다. 그에 의하면 유기체 각 구성부분들은 서로 독립되어 따로 존재하는 것이 아니라 서로 공유되고 함께 기능하는 것이며, 의식되지 않는 채로 자연스럽게 협력한다. 그 유기체의 자기규제는 사이버네틱한 제어[19]라고도 해석될 수 있는데, 그것은 강제된 것이 아니며 모든 사물은 이에 따라 영원히 협력하게 된다.

1. 시스템이론 : 층차구조 · 기능 · 역동성 · 동형구조

시스템이론 혹은 체계이론은 정보이론, 사이버네틱스 등과 함께 삼론三論이라 불리며, 중국 현대 지식인들이 미래의 전망을 위해 다양한 시도를 하는 과정에서 호감을 보인 분야였다.[20] 그 이론들에 나타난 전체관점은

---

18) 조셉 니덤, 이석호 외 역,『중국의 과학과 문명 Ⅱ』, 365쪽.
19) '사이버네틱'(cybernetic)이라는 용어는 80년대 중국인들에게 '三論'－시스템이론 · 정보이론 · 사이버네틱스－ 중 하나로 각광을 받은 것에서 착안하였다. 시스템이론과 함께 사이버네틱 이론은 분석보다는 종합을, 개체보다는 유기적 연관성을, 물질보다는 정보를 강조하는 사유 내지는 방법론이다.
20) 김관도 · 유청봉 저, 김수중 외 역,『중국 문화의 시스템론적 해석』, 238쪽, "중국 사람들이 시스템이론, 사이버네틱스, 정보이론 등을 '三論'이라고 묶어서 말하는 것은 세 가지가

카타스트로피 이론, 사회체계이론 등으로 구체화되는데, 근본 내용에서는 유사하다. 그것은 바로 총체적인 시각으로 어떤 사물이나 사건, 현상을 바라보는 태도이다.

시스템이론은 개체보다는 전체의 유기적 관계를, 분석보다는 종합과 통섭을, 물질보다는 정보를 강조하는 사유방식이며 방법론이다. 시스템적 사유는 세계를 원자론적으로 개체화하고 분리해서 이해하기보다는 그 전체가 유기적으로 연관되어 있다는 시각으로 보는 것이다. 이러한 관점은 서구의 철학발전 단계에서 나타난 개별 대상의 실체를 분석하고 실험, 관찰하는 방식과 구별된다. 오히려 각 개체의 관계에 의미를 두고 그 전체에 나타나는 상호 모순과 갈등, 그를 통한 통일적 연계성을 중요시한 동양적 사고방식에 더 가깝다.

1970년대 말 중국의 개혁과 개방과 함께 '왜 중국 전통과학은 근대과학으로 발전하지 못했는가?'라는 의문이 제기되기 시작하였다. 이때 시스템사유는 그들 자신의 상대적인 낙후성과 과거에 대한 재평가를 시도하는 과정에서 새로운 방법론으로 소개되었다. 김관도는 『중국 문화의 시스템론적 해석』에서 서구 사회의 과학적 발전의 원인 중 하나로 '구조적 자연관'이라는 표현을 쓰고, 그것을 중국의 경우와 비교하고 있다. '구조적 자연관'은 데카르트의 『방법서설』에서 유클리드 기하학의 '구조적 방법론'을 활용한 것으로서 "오류의 입증과 결과의 예견이 가능하다"는 특징을 가지며, 나아가 '실험을 통한 결론의 도출, 이론을 통한 재해석, 다른 결론에 대한 예견'으로 이어진다.[21]

상호 밀접한 관계를 가지고 있기 때문이다. 시스템이론에 의하면 사물은 서로 유기적으로 연관되어 있으며 상호 간에 에너지, 물질, 정보의 교류가 이루어지고 있다. 상위 시스템은 몇 개의 하위 시스템들로 구성된다. 시스템 사이에 긴밀한 관계가 있다는 말은 물질이나 에너지의 교류가 있거나 정보의 통신이 이루어진다는 말이다."
21) 김관도·유청봉 저, 김수중 외 역, 『중국 문화의 시스템론적 해석』, 29~32쪽.

김관도가 시스템이론에 대해 언급하는 주요 특징은 다음과 같다. 첫째, 사물의 각 요소들 간의 상호관계나 상호작용에 나타나는 모순과 통일을 종합적 전체로 바라보는 시스템 관점이다. 둘째, 전체로서의 시스템이 서로 다른 층차적 구조로 조성되어 '부분의 질서'로 유지되고 있다는 '층차관점'이다. 층차적 구조는 상대적으로 구분되고 변증적 관계를 형성한다. 셋째, 시스템의 구조를 '과정의 질서'라고 말할 수 있는데 그것은 기능적 관점에 의한다. "시스템의 기능이란 어떤 시스템과 외부 환경 사이에 물질에너지정보가 수입(입력)되고 변환(출력)되는 관계이다."[22] 시스템의 구조와 기능 간에 존재하는 변증적 관계에서, 구조는 바로 기능의 기초이며 기능은 또한 구조의 표현이다. 그리고 그 기능과 구조는 어떠한 조건 아래에서 서로 전화될 수 있다. 넷째는 역동적 관점으로, 시스템이 무질서에서 질서로 변해 가는 것이나 낮은 질서에서 높은 질서 혹은 질서에서 무질서로 이동하는 역동적 변천을 연구하는 것이다. 다섯째로, 시스템 간의 공유된 구조를 연구하는 동형구조同形構造의 관점이다.

2. 정체관념

정체整體관념은 시스템사유의 핵심이다. 시스템은 일단 집합으로 정체를 이루지만, 그 특성은 부분 특성의 총합으로 간단하게 귀납되지 않는다. 『역전』의 천지인 삼재지도는 정체관 가운데 가장 중요한 관념이다. 이것은 인간을 천지와 고립시켜 봐서는 안 된다는 것을 제시하고 있기 때문이다. 천지인 삼재는 그들 서로간의 영향과 상호작용을 통하여 하나의 전체가

---

22) 김관도·유청봉 저, 김수중 외 역, 『중국 문화의 시스템론적 해석』. 저자가 시스템이론의 주요 특징으로 언급한 다섯 가지는 240~248쪽을 참조하였다. 본문에 인용된 문장은 242쪽에서 가져왔다.

되었다. 인간은 "천지의 기운이 얽히고 섞임에 만물이 화하여"[23] 생겨났기 때문이다. 「서괘」는 "천지가 있은 다음에 만물이 생긴다. 천지의 사이를 가득 채우고 있는 것은 오직 만물이다"[24]라고 하였다. 우주만물은 하나의 정체를 구성하는데, 만물과 천지를 연계하여 하나로 본 것이다. 팔괘와 64괘는 우주 가운데 존재하는 사물의 관계를 반영하는 데 이용되며, 그것은 단순한 하나의 수학도구 혹은 인식도구에 그치는 것이 아니다.

정체관념의 두 번째 표현은 시간과 공간의 통일이다. 팔괘는 시간을 표시하는 동시에 공간을 표시한다. 예를 들어 진괘震卦는 동쪽을 표시하고 봄을 대표하며 만물의 싹이 트는 것(萌動)을 나타낸다. 중국 고대의 시공 개념은 명확하게 구분되지 않는다. 시간은 주로 사시로 표현되나, 그것은 지구에서의 일월의 공간적 위치 변화에 따라 표시된다. 예를 들어 「계사상」의 "해와 달이 운행하니 한 번 춥고 한 번 덥다"[25]와 같은 표현이 그것이다. 일월의 운행은 공간변화이고, 일한일서一寒一署는 시간상의 변화로서 1년 중의 동하冬夏 교체를 의미한다. 하지만 이들 양자는 한 사물의 두 방면으로서 같은 일에 속한다. 상수역학가들이 말한 간지干支의 주기도 이와 같다.

인간은 대상을 인식하고 그것을 개념화할 때 대상의 '상'을 통하여 철학적 사유를 발전시킨다. '팔괘취상설'과 '건곤부모육자설' 등은 『역전』이 자연의 상을 관찰하여 인간, 가정과 사회 그리고 세계를 추상화하고 개념화하는 과정을 보여 준다. '상'이란 자연의 원래 대상이 될 수도 있고, 현실적 객관이 될 수도 있으며, 그것을 인식하려는 주체와, 또한 그 주체가 대상을 상징화하고 관념화한 모형이나 기호체계가 될 수도 있다.[26]

---

23) "天地絪縕, 萬物化醇."
24) "有天地, 然後萬物生焉. 盈天地之間唯萬物."
25) "日月運行, 一寒一署."
26) 정병석, 「『주역』象 모형을 통해 본 세계와 인간: 「설괘전」의 팔괘취상설과 건곤부모육자설의 관점을 중심으로」, 『대한철학회논문집』 제108집(2008), 225쪽. 저자는 '모형'이라는

『역전』의 상에 대한 이해는 인식을 통한 객관 사물의 외재적 표현 그이상이다. 『주역』의 작자는 대상 우주를 하나의 통일적인 체계로 인식하였다. 천지인 삼재가 그 체계를 구성하는 주요 내용이다. 그 상관적 체계는 동일한 내재구조를 가지는데, 그러한 이유로 성인은 그 통일적이고 전체적인 대상을 간략화하여 팔괘를 짓고 인간과 세계의 보편적 이치를 설명할수 있었다. 그는 단순히 자연세계의 외형을 본뜨는 데 그치지 않고 팔괘와 64괘를 만들고 배열하여 자연대상의 내재적인 구조를 상징하고자 하였다. 즉, 외재적으로 드러나 인식의 대상이 된 사물의 형상과 현상을 단순히받아들이는 데 그치지 않고, 그들의 동태적 상과 대상 사물의 행위와기능에 관심을 가지고 나아가 인간사의 길흉회린과 관련지었던 것이다.

팔괘의 상에서 64괘의 상이 만들어진 것은 성인이 자연계를 두루 관찰하고 철학적으로 사고한 고도의 모방의 결과이다. 괘상의 체계는 변화하는자연계를 동태적이고 기능적으로 파악하여 얻어진 것이다. 괘효로서의상을 통하면 "비록 세계가 부단히 변화하고 유전流轉하여 파악하기 어려워도 괘효의 이치만 이해하게 된다면 자연사물의 운동의 변화규칙을 파악할수 있게 된다."[27]

따라서 상은 자연의 도에 대한 성인의 추상적인 요약으로서 인문지도로넘어가는 자연의 도를 상징하며, 자연의 도와 인문의 도를 연결하는 매개체이다. 상은 자연의 도를 요약한 것이며, 인문의 도가 발명, 발견, 창조를하는 계기이다. 그래서 상은 자연의 도와 인문의 도를 모두 가지고 둘을통일하게 된다.

개념을 통하여 주역의 취상설과 세계관을 설명한다. 즉 『易傳』이 가지고 있는 세계와
인간에 대한 철학적 사유를 독특한 象모형을 통하여 분석'하는데, 특히 팔괘가 하나의
모형으로 기능하게 되는 과정을 살핀다.
27) 정병석, 『『주역』 象 모형을 통해 본 세계와 인간: 「설괘전」의 팔괘취상설과 건곤부모육자
설의 관점을 중심으로」, 233쪽.

『역전』을 통해 천지만물, 인류사회 및 문화와 문명의 형성 및 발전은 태극에서 64괘까지 이르는 배열조합의 조리 있고 가지런한 순서에 기인한다는 것을 알 수 있다. "역에 태극이 있으니, 태극이 양의를 낳고 양의가 사상을 낳고 사상이 팔괘를 낳는다"[28]에 나타난 태극·양의·사상·팔괘의 과정이 이를 설명한다. 「서괘」의 "천지가 있은 뒤에 만물이 있고, 만물이 있은 뒤에 남녀가 있고, 남녀가 있은 뒤에 부부가 있고, 부부가 있은 뒤에 부자가 있고, 부자가 있은 뒤에 군신이 있고, 군신이 있은 뒤에 상하가 있고, 상하가 있은 뒤에 예의를 둘 곳이 있다"[29]는 천지와 만물을 근원으로 남녀가 생기고 부부, 부자, 군신, 상하 등의 예의관계가 생기게 되는 사회 발생과 발전의 과정을 담았다.

예괘豫卦 「단전」에서는 "천지가 순함으로 움직이기 때문에 일월이 틀리지 않고 사시가 어그러지지 않으며, 성인이 순함으로 움직이기 때문에 형벌이 맑아지고 백성들이 승복한다"[30]라고 하였다. 사람은 천지의 덕과 사시의 합을 따라 그 질서에 순응하여야 하는데, 그것은 8괘와 64괘의 배열과 순서에 연관되며, 그 조리는 상·하·좌·우와 질서 있고 긴밀하게 연결되는 하나의 고리에 있다. 그리고 우주자연과 인간, 사회의 단계는 64괘의 시스템에 의해 다층의 구조로 유기적으로 연결되어 명확한 개체를 이룬다. 「계사상전」의 첫머리에 언급된 "하늘은 높고 땅은 낮으니 건곤이 정해진다. 낮은 것과 높은 것이 배열되니 귀천이 자리한다. 동과 정에 일정함이 있으니 강유가 결정된다. 사물은 종류끼리 모이고 사물은 무리로써 구분되니 길흉이 생겨난다"[31]는 '역'이 천지와 함께 표준이 되어 자연계의 높낮이가

---

28) "易有太極, 是生兩儀, 兩儀生四象, 四象生八卦."
29) "有天地然後有萬物, 有萬物然後有男女, 有男女然後有夫婦, 有夫婦然後有父子, 有父子然後有君臣, 有君臣然後有上下, 有上下然後禮義有所錯."
30) "天地以順動, 故日月不過, 而四時不忒, 聖人以順動, 則刑罰淸而民服."
31) "天尊地卑, 乾坤定矣. 卑高以陳, 貴賤位矣. 動靜有常, 剛柔斷矣. 方以類聚, 物以群分, 吉凶生矣."

정해짐과 인간사회의 귀천이 자리함이 그에 따르고, 사물의 동정으로 강유가 결정되어 사물의 류類가 모이고 구분된다는 것을 설명한다.

자연계에 하늘과 땅이 차이가 있으니 사물도 차등이 있고, 사회의 등급이 각각의 위치가 있기에 각기 그 소속과 업무에 따라 종사하게 되는 것이다. 한편 천지인의 자연계와 인간의 사회 및 '역' 64괘는 정적으로 닫혀 있는 체계가 아니다. 그것은 개방되어 쉼 없이 움직이고 변화하며 나날이 새로운 것을 낳고 있다. 「계사하」의 "해가 가면 달이 오고 달이 가면 해가 와서, 해와 달이 서로 밀어내어 밝음이 생긴다. 추위가 가면 더위가 오고 더위가 가면 추위가 와서, 추위와 더위가 서로 밀어내어 한 해가 이루어진다. 가는 것은 굽히는 것이고 오는 것은 펴는 것이니, 굽히고 폄이 서로 감응하여 이로움이 생긴다"[32]라는 말이 이를 설명한다. 해와 달이 오가며 서로 밀어내어 밝음과 어둠, 추위와 더위가 교차하고 한 해가 이루어진다. 천지가 변하고 일월이 변하고 사시가 변하는 것은 천지, 일월, 사시의 변화에 반영되고, 사람의 미래를 예시하는 흉길의 괘상 역시 변화한다.

팔괘는 원래 천·지·뢰·풍·수·화·산·택 같은 자연계를 취상하여 그것을 건·곤·진·손·감·리·간·태라는 명칭으로 삼았으며, 그 각각의 기능적 동태를 파악하여 여덟 가지의 성질을 상징하였다. 이는 나아가 인간사나 사회현상의 관계와 실천적 규범의 모든 구조를 설명하는 체계가 되었다. 서로 다르고 혹은 대립하는 성질의 상징들이 자연계의 분류를 대표하면서, 가정의 구성과 사회의 성립의 시원을 말해 주고 나아가 그 통일의 구조를 설명해 주는 체계로 발전해 간 것이다.

우주는 건·곤이라는 천지의 정위로써 그 대립과 변화 통일의 기초를

---

32) "日往則月來, 月往則日來, 日月相推而明生焉. 寒往則暑來, 暑往則寒來, 寒暑相推而歲成焉. 往者屈也, 來者信也, 屈信相感而利生焉."

설명하였고, 인간에 와서는 부·모라는 기본 인자를 통하여 나머지 여섯 괘의 발생과 변화 통일을 말하였다. 이것이 우주만물 그리고 인간사회의 기원과 생성 발전을 설명하는 기제가 되었는, 거기에는 건·곤, 음·양의 감응과 생생 작용이 전제되었다.

문화의 구조 및 기능의 각도에서 볼 때 천문과 인문과 지리는 하나의 유기적인 개체이며, 각각의 차이는 있지만 서로의 기능은 상호 유기적이다. 상에 대한 태도는 『역전』에만 속한 것이 아니라 중국 고대철학의 과학과 예술창작 등에 모두 나타난다. 그것이 중국 고대과학의 객관세계 인식과 미학사상의 근본적인 차원과 방향 및 방법을 규정했기 때문이다. 그리고 시스템 관점의 핵심에 정체관념이 있다.

『역전』의 정체관은 의학사상에서 가장 잘 드러난다. 서양이 인체의 구조를 원자론적 입장에서 부분의 단위로 환원시켜 다루었다면, 동양의 의학은 전일적 생명체로 보아 그 자체를 다루었기 때문이다. 중의학의 기초이론은 "병을 치료함에는 반드시 근본을 구해야 하니, 근본은 음양에 있다"(治病, 必求於本, 本於陰陽)이다. 『역전』의 음양·강유의 사상과 이를 통해 세상을 관찰한 것은 의학에서 음양을 기초로 인체를 진료한 방법에 닿아 있다. 그것은 추상으로부터 구체에 이르고 전체로부터 부분에 이르는 사유와 통한다.

『내경』의 작자는 천지자연, 인체의 표리상하, 생리와 병리 등을 모두 형상과 음양의 상응을 통해 체현된 것으로 생각했다. 중의학은 음양이 상응하고 부합한다는 생각을 근거로 장상경락학臟象經絡學을 구축하였고, 이를 통해 인체구조를 관찰하는 방법과 연구하는 주요 방식이 결정되었다. 그것은 사물의 행위와 기능의 동태를 표시하는 형상을 본위로 하고 형체의 기관과 물질의 구성을 보조로 삼는 방식이다.

장상이라는 것은 인체의 내장기관의 형태와 구조인데, 그것이 외부로 드러나는 현상과 증후를 살펴 그 상관관계를 보는 것을 "밖으로 응함을 보아서 그 내장의 변화를 안다"고 하였다.[33] 또한 "사람은 천지의 기로 생하고 사시의 법으로 형성된다"[34]고도 하였으니, 그래서 "형체와 신이 서로 하나"[35]라는 것이다. 사람은 하나의 유기체로서 안에서 밖까지, 위에서 아래까지 모두가 하나의 음양과 호응하는 관계로 부합하는 상象이다. 이것이 중의학에서 인체를 인식하는 기본 특징이다.

의학의 정체관이 반영된 것으로 간괘艮卦(☶)의 괘사인 "등에 그치면 몸을 보지 못하며 뜰에 나가서도 사람을 보지 못한다"[36]가 있다. "등에 그친다"에서의 '등'은 인체에서 유일하게 움직이지 않는 곳이며, 그치고 사람이 스스로 볼 수 없는 곳이다. 이러한 조건을 모두 갖추고 있는 곳이 등이기 때문에 간괘는 등을 그 상으로 삼았다.

유장림은 이 구절이 아주 잘 짜인 대구와 같다고 말한다.[37] 간艮(☶)은 그침(止)이다.[38] 간이 파생된 의미는 주의와 보살핌(顧及; 걱정함)이다. 이 구절의 의미는, 인체의 등 부분에만 주의하고 몸의 전체를 보살피지 못하면 마치 어떤 집의 뜰에 가더라도 주인을 만나지 못하는 것과 같다는 것이다. 온 몸은 전체이고 등은 그 한 부분을 차지한다. 주인은 한 가정의 영혼을 의미하고, 뜰에 나가는 목적은 주인을 만나는 것이며, 주인을 만나기 위해

---

33) 『素問』, 「六節臟象論」, "臟象何如, 視其外應, 以知其內臟, 則知所病矣."
34) 『素問』, 「寶命全形論」, "人以天地之氣生, 四時之法成."
35) 『素問』, 「上古天眞論」, "形神合一."
36) "艮其背, 不獲其身, 行其庭, 不見其人."
37) 劉長林, 『中國系統思維』, 57쪽, "卦辭很像一句對仗工整的格言."
38) 艮(그칠 간)은 '머무르다', '한정하다'의 뜻이고, 山을 상징한다. 하나의 양효 아래에 두 개의 음효가 있어서(☶) 위가 이어진 모습이다. '간상련'이라고 외운다. 한 陽이 두 陰 위에 처하여 더 나아가지 못하고 그치는 상이다. 중후하게 그쳐 있는 山으로 대표한다. 산이 막히면 갈 수 없으므로 '그치다'(止)의 성질을 갖는다. 인사상으로는 少男이며, 집을 지키는 개, 작은 길, 작은 돌 등이 이에 속한다. 오행상으로는 陽土로서 높은 언덕 등을 뜻한다. 후천팔괘로는 새벽을 여는 '동북방'이다.

반드시 취해야 할 수단은 뜰에 들어가는 것이다. 따라서 뜰에 나가서도 주인을 만나지 못한다는 것은 부분만 살피고 전체는 보지 못함을 비유한 것이니, 전체를 사물의 본질과 주지主旨로 여기는 사상인 것이다. 또한 '등'을 그친 부분으로 볼 때, 그 정지된 부분만 파악하고 동적인 부분을 파악하지 못하면 사물의 전체와 본질을 다 드러낼 수 없다는 뜻이다.

간괘의 효사를 보면, 초효에 "그 발에 그친다. 허물이 없다. 끝까지 굳게 지키면 이롭다",39) 2효에 "장딴지에 그쳐서 구제하지 못하고 따르니 마음이 유쾌하지 못하다",40) 3효에 "허리에 그쳐서 등뼈를 갈라놓으니 위태로움이 마음을 태운다",41) 4효에 "몸(가슴과 배)에 그침이니 허물이 없다",42) 5효에 "입(얼굴)에 그쳐서 말에 순서가 있다. 후회가 없을 것이다",43) 상효에 "이마에 그침이니 길하다"44)라고 하였다. 여섯 효사는 모두 하나의 전체로서 인체를 말하고 있는데, 여기 언급된 인체기관들은 운동을 하는 기능에 지극히 중요한 부분이기 때문에 반드시 위생적으로 잘 돌보아야 하는 것이고, 밑에서부터 위에 이르기까지 신체를 보호하여 건강해야 길하다는 것이다. 이는 바로 전체를 알고 보살펴야 질병으로부터 저항하는 능력을 갖게 된다는 인식이다.

무망괘无妄卦(䷘) 구오의 효사는 "무망의 병이니, 약을 쓰지 않아도 기쁜 일이 있을 것이다"45)이다. 일반적으로 엄중한 병이 아닐 때는 주의만 기울이고 약을 먹지 않아도 저절로 건강이 회복될 수 있다는 말이다. 신체가

---

39) "艮其趾. 無咎. 利永貞."
40) "艮其腓, 不拯其隨, 其心不快."
41) "艮其限, 列其夤. 厲薰心."
42) "艮其身(指胸腹), 無咎."
43) "艮其輔(臉), 言有序. 悔亡."
44) "敦艮, 吉."
45) "无妄之疾, 勿藥有喜."

가지고 있는 자연치유의 기능은 특수한 조절능력으로, 이것은 『역경』이 시스템 성질에 대한 소박한 인식을 의학의 전체관념을 통해 드러내고 있는 사례이다.

『역경』의 전체관념은 괘상과 64괘의 배열에도 선명하게 드러난다. 「서괘」에 "천지가 있은 다음에 만물이 생한다. 천지의 사이를 가득 채우고 있는 것은 오직 만물이다"[46]라고 하였다. 『역경』은 천지를 대표하는 건과 곤으로부터 시작하여 만사만물을 상징하는 나머지 62개를 그 뒤에 두어 우주 전체를 파악하고자 하는 분명한 의도를 드러내고 있다. 64개 개별적인 괘의 괘상 모두는 전체적 구조이므로, 반드시 전체에서 이해해야만 비로소 그 실질을 파악할 수 있다.

「계사상」에 "『역』은 넓고 크니, 먼 것에서 말하면 막을 수 없고, 가까운 것에서 말하면 고요하면서도 바르며, 천지간에서 말하면 (모든 것이) 갖추어져 있다"[47]라고 하였다. 작자가 말한 넓고(廣) 크고(大) 멀고(遠) 갖추어짐(備)은 사실상 64괘가 만사만물을 개괄한다는 것에 대한 긍정이며, 동시에 『역경』이 전체로부터 세계를 인식한다는 것을 찬양한 것이다. 따라서 전체인식을 통해 사물의 본질을 파악할 수 있고 천하의 일에 대해 만족할 만한 해석을 할 수 있다는 것이다.

팔괘의 인식과 응용에도 『역경』의 전체 관점이 분명하게 드러난다. 팔괘는 각각 하늘(天), 땅(地), 우레(雷), 바람(風), 물(水), 불(火), 산(山), 못(澤)을 대표하는데, 그 여덟 가지 자연물이 우주 전체를 구성하기 때문이다. 한편 팔괘를 인체에 대입하면 "건은 머리이고 곤은 배이다. 진은 발이고 손은 다리이다. 감은 귀이고 리는 눈이다. 간은 손이고 태는 입이다"[48]라고

---

46) "有天地, 然後萬物生焉. 盈天地之間者唯萬物."
47) "夫易廣矣大矣, 以言乎遠則不禦, 以言乎邇則靜而正, 以言乎天地之間則備矣."
48) 「說卦」, "乾爲首, 坤爲腹. 震爲足. 巽爲股. 坎爲耳. 離爲目. 艮爲手. 兌爲口."

한다. 머리(首), 배(腹), 발(足), 다리(股), 귀(耳), 눈(目), 손(手), 입(口)은 신체의 전체를 구성한다. 또 그것을 가족관계에 적용해서 "건(☰)은 하늘이므로 부父라 칭하고, 곤(☷)은 땅이므로 모母라 칭하고, 진(☳)은 첫 번째로 구하여 남男을 얻었으므로 장남長男이라 이르고, 손(☴)은 첫 번째로 구하여 여女를 얻었으므로 장녀長女라 이르고, 감(☵)은 두 번째로 구하여 남을 얻었으므로 중남中男이라 이르고, 리(☲)는 두 번째로 구하여 여를 얻었으므로 중녀中女라 이르고, 간(☶)은 세 번째로 구하여 남을 얻었으므로 소남少男이라 이르고, 태(☱)는 세 번째로 구하여 여를 얻었으므로 소녀少女라 이른다"[49]라고 말하기도 한다. 이처럼 『역전』이 이해한 팔괘는 바로 전체사유의 양식으로, 이 양식을 통해 세계와 만물을 전체의 관점에서 관찰하고 파악하며 대상을 하나의 시스템으로 연구하고 있다.

3. 관계와 구조

시스템의 정체공능은 시스템의 특정한 구조 및 각 구성원소 사이의 상호작용과 상호의뢰에서 기원한다. 『주역』은 천지인이라는 대 시스템을 경괘·별괘, 양효·음효 등의 기본부호로 설명하는데, 서로 다른 층차의 구조를 갖는 엄밀한 부호 시스템을 조성하고 있다. 음효와 양효는 가장

---

49) 「說卦傳」, "乾天也, 故稱乎父, 坤地也, 故稱乎母, 震一索而得男, 故謂之長男, 巽一索而得女, 故謂之長女, 坎再索而得男, 故謂之中男, 離再索而得女, 故謂之中女, 艮三索而得男, 故謂之少男, 兌三索而得女, 故謂之少女." 이 구절은 이른바 '乾坤父母生六子說'이다. 乾(☰)은 純陽卦로 아버지가 되고 坤(☷)은 純陰卦로 어머니가 된다. 나머지 여섯 괘에서 아들과 딸의 구분은 '소수가 전체를 결정한다'는 원칙과 '효는 아래에서 위로 그린다'는 원칙에 따라 쉽게 판단할 수 있다. '소수가 전체를 결정한다'와 관련하여 「繫辭下」는 "양괘는 음이 많고 음괘는 양이 많다. 무엇 때문인가? 양괘는 홀수이고 음괘는 짝수이기 때문이다. 그 덕행은 어떠한가? 양괘는 군주가 하나이고 백성이 둘이니 군주의 도이고, 음괘는 군주가 둘이고 백성이 하나이니 소인의 도이다"(陽卦多陰, 陰卦多陽. 其故何也? 陽卦奇, 陰卦耦(偶). 其德行何也? 陽一君而二民, 君子之道也, 陰二君而一民, 小人之道也)라고 한다.

기본적인 구성단위로서, 음효와 양효로 구성되는 사상과 팔괘가 하나의 자子 시스템을 이루고, 팔괘를 중첩하여 구성되는 64괘는 대 시스템을 이룬다.

각 괘는 모두 음양으로 구분되고, 64괘의 6효는 또 천지인 삼도로 구분된다. 효와 효, 괘와 괘 사이의 연계는 착錯, 종綜, 승承, 승乘, 비比, 응應 등의 방식을 통하여 서로 융합되고 서로 연계되며, 서로 전환한다. 하나의 별괘는 전변한 후에 나머지 63괘 중의 어떤 한 괘와 연계되고, 거기로부터 하나의 통일적인 시스템을 구성하게 되어 8괘, 64괘, 384효의 맥락시스템이 이루어진다. 시스템 속의 특정한 한 괘는 현성괘顯性卦이고, 나머지 63괘는 모두 그 괘의 은성괘隱性卦이다. 어떤 한 괘의 속성은 그것을 구성하고 있는 원소(爻)의 성질에서 확정될 뿐만 아니라 각 효의 괘위卦位와 구조관계 및 다른 괘와의 종합적인 연계로부터 정해진다.

이러한 시스템의 하나의 중요한 특징은 간단하면서도 복잡하다는 것이다. 사물 사이의 연계는 상대적으로 간단하므로 사상 및 8괘의 자子 시스템을 이용할 수 있다. 그러나 복잡한 상황에서는 변괘變卦 혹은 64괘가 이용된다. 우리는 그 예를 앞의 절에서 서술한 '상' 관련 논술에서 찾아볼 수 있다.

1) 전체와 부분

시스템사유는 전체론(holism)에 근거하는데, 일반적으로는 전체가 그것을 구성하는 부분들의 합보다 크다는 것으로 이해된다. 그런데 여기서 부분과 전체의 관계는 단순히 하나가 다른 것을 더 능가한다는 수준이 아니다. 전체 혹은 체계는 그것을 구성하는 부분들의 단순한 기계적인 집합이 아니기 때문이다. 시스템사유는 부분과 전체 사이의 유기적 관계에서 그 다양한 인과적 정보의 흐름을 미시적이면서도 거시적인 관점에서 관찰하려는 것이다. 전체는 서로 관계하는 요소들의 집합이며, 그 요소들은 상호 제약하고 모순을 일으키면서 통일적인 전체로 나아간다는 것에 시스템사유의 요지가 있다.

서양철학이 실재의 객관 형태에서 그 형이상학을 착수하려 했다면 동양철학은 외재 대상을 실재 형태의 단위로 분리하여 객관화하기보다는, 그것을 작용의 측면에서 혼합하여 바라본 '주관적 경계 형식'의 형이상학이다.[50] 동양철학의 '주관적 경계 형식'은 부분과 다른 부분, 그리고 부분과 전체의 유기적 관계에서 나온다. 예를 들어, 우리의 "발이 땅을 디딜 때, 발은 그의 넓이만큼만 딛는다. 그렇지만 딛지 않는 주변의 땅이 있기 때문에 발은 비로소 믿고서 디딜 수 있는 범위를 잘 넓혀 갈" 수 있는 것이다.[51]

우리가 전체를 부분의 총합이거나 혹은 그 단순한 합계 이상이라고 말할 수 없는 이유는, 설령 전체가 부분들로 이루어져 있다고 하더라도 그 각각의 층위에서 어떠한 단위들이 통용되고 있는지 밝히기 위해서는 각각에 대한 올바른 통찰이 필요하기 때문이다. 따라서 우리는 전체와 부분이라는 단순한 패러다임을 벗어나야 한다.

2) 체계와 질서

니클라스 루만은 그의 사회체계이론에서 전체와 부분이라는 전통적인

---

50) 신정원, 「장자인식론의 미학적 사유」, 『인문과학』 제65집, 145쪽. '경지철학'은 모종삼을 필두로 '境界形態', '境界式' 등으로도 표현된바, "중국철학은 그러한 객관존재에서 시작하기보다는 '주관적 심경방면'에서 논의를 시작하며 그래서 경계형태에 속한다." 불교에서 '境'과 '界'는 각각 외재적 대상(境)과 원인과 결과를 통한 범위(界)를 말하는바, '경계'는 주관방면의 심경을 말하는 것이고 "주관상의 심경수양이 어느 정도에 이르면 그가 보았던 모든 것은 상승하여 곧 어느 정도에 도달하는데 이것이 바로 경계이다."
51) 유병래, 「장자에서의 渾沌과 造物者의 벗—21세기 과학기술(자)의 渾沌夢」, 『동서사상연구소 추계학술대회자료집』(2017), 22쪽. 『장자』 「외물」편과 「서무귀」의 인용글이다.

구분을 체계와 환경 사이의 구분으로 대체한다. 왜냐하면 그러한 요소 및 그 요소들 간의 다양성으로 인하여 체계의 내부는 복잡성을 전제로 하기 때문이다. 그래서 루만은 단순히 체제가 환경과 어떤 관계를 이루는지에 관해 묻는 것이 아니라, 거꾸로 환경과의 배타적 차이로부터 체계 개념을 도출해 낸다.

> 체계란 질서의 선택을 거쳐 작동하는 조직된 복합성이다. 체계는 사물들로 구성되는 것이 아니라 연산, 즉 체계들이 자신의 작동을 성립시키기 위해 투입하는 궁극적 요소들로 구성된다. 그 연산이 체계를 생산하며 증식하기 때문이다. 그것에 따라서 생물체계는 삶을 영위하고 심리체계는 의식을 실행하며 사회체계들은 커뮤니케이션을 작동한다. 이 모든 유형의 연산은 체계와 환경 사이의 차이와 자기생산에 근거하여 작동한다. 체계는 자신이 연산하는 것을 행할 뿐이며, 우리의 관찰은 외부에서 강요된 무엇이 아니라 우리가 원하는 방향으로의 관찰에 대한 재귀기술이다.[52]

'사회체계이론'이 시도하는 것은, 전체를 그것을 구성하고 있는 부분으로 환원시키려거나 전체를 객체화시켜 분해하려는 바깥으로부터의 연구 방식을 탈피하고 있다. 오히려 그것은 부분과 전체의 관계를 통해서 동시에 그 모순과 통일까지 포섭하여 바라보는 것이다. 여기서 루만이 말한 체계는 부분과 전체 이상을 의미한다. 그것은 부분과 전체와의 관계에서 한 걸음 더 나아가 있다. 체계는 다양한 요소들 간의 관계에 의해서 만들어지는 것이 아니라, 내부와 외부 사이의 안정화와 불안정화를 통해서 생산된다. 예를 들면, '나'라는 존재는 내가 아닌 것이 존재함으로써 가능하고, 우리가 가족이라고 했을 때는 가족 아닌 것이 있기 때문에 그렇게 규정할 수 있는 것이며, 국가라는 것도 내가 소속한 국가가 아닌 다른 국가가 있을

---

52) 니클라스 루만 저, 박여성 역, 『사회체계이론 1』(파주: 한길사, 2007), 23쪽.

때 존재하는 것이다. 우리가 선택한 하나의 규정은 그 외의 다른 규정과 상관적으로 존재한다. 루만이 말한 '환경'은 우리가 통상 생각하는 생태적 자연환경을 의미하는 것이 아니라 체계의 외부로서의 환경이다.

루만은 환경을 체계에 대한 상대적 개념이라고 말하며, 따라서 환경이 체계보다 더 복잡할 수밖에 없다고 전제한다. 이 체계이론의 핵심개념은 바로 '체계와 환경'이며, 우리가 초점을 맞추어야 할 것은 체계 자체가 아니라 체계와 환경 사이의 관계이다.

> 환경은 체계의 '유지', 에너지와 정보의 조달에 대해서만 중요한 것이 아니다. 재귀준거 체계이론에서는 오히려 환경이 체계의 동일성을 위한 전제조건이다. 왜냐하면 동일성은 차이를 통해서만 성립하기 때문이다.[53]

체계와 환경 이 두 가지는 서로 관련되었을 때 상대적으로 그 존재의 이유를 가진다. 체계와 환경의 관계로 보았을 때 그 출발점은 두 가지 사이의 동일성이 아니라 차이점에 있고, 이 차이점으로 인해 비로소 동일성이 확인될 수 있다. 이 세상에 현시되는 모든 것들은 어느 한 체계에 속하거나 동시에 다른 체계들의 환경에 속한다.

3) 괘의 시스템에 나타난 구조적 전체와 관계의 중요성

『역경』에서는 팔괘와 64괘를 통해 전체 우주과정에 나타나는 동태상과 복잡다변한 내용을 대표적으로 표현한다. 양효(—)와 음효(--)라는 매우 간단한 두 개의 부호로 조직하여 거대한 작용을 발휘할 수 있는 것은, 바로 『역경』의 저자가 사물 일체가 가지고 있는 특정한 관계와 구조의

---

53) 니클라스 루만 저, 박여성 역, 『사회체계이론 1』, 328쪽.

원리를 충분히 이용하였기 때문이다. 그 구조에 있어서는 일정한 수(3·6)의 음양효의 교착과 종합을 통하여 각종의 다른 사물을 표시하는 것이다. 64별괘에서는 초효에서부터 상효에 이르기까지의 여섯 효 상호간의 관계에 대한 분석이 중요하다.[54]

하괘가 간(艮)이고 상괘는 태(兌)인 함괘(咸卦)(䷞) 괘사에서는 "형통하니 바르게 함이 이롭다. 여자를 취하면(장가가면) 길하다"[55]라고 한다. 「단전」에 "함은 감응하는 것이다. 유약함(柔)이 위에 있고 강함(剛)이 아래에 있어, 두 기가 감응하여 서로 함께한다. 그치고 기뻐하며 남자가 여자에게 낮추니, 이 때문에 '형통하니 바르게 함이 이롭고' 여자를 취하는 것(장가감)이 길하다"[56] 하였다. 양이 아래에 처해 있고 음이 위에 처해 있으니, 양기가 침강(沉降)되고 음기는 상등(上騰)하여 음양 두 기가 교감하는 것을 표시한다. 즉 자연계의 정상적인 생화운동을 표현하여 '형리정(亨利貞)'이라 하였다.

박괘(剝卦)(䷖)의 괘사는 "가는 곳이 있으면 이롭지 않다"[57]이다. 「단전」에 "'박'은 깎아내는 것이니, 유가 강을 변화시키는 것이다. '가는 곳이 있으면 이롭지 않다'는 것은 소인이 자라기 때문이다. 따르고 그치는 것은 상을 보고서 하는 것이다. 군자가 소식과 영허를 숭상하는 것이 천도를 행하는 것이다"[58]라고 하였다. '박(剝)'은 탈락한다는 뜻이다. 다섯 음효가 아래에 있으니 음효가 절대적으로 우세하고 하나의 양효가 위에 있어 매우 위태롭기 때문에 "유가 강을 변화시킨다"(柔變剛)고 하였다. 그 의미는 음유가 승리하여 양강을 대체하게 된다는 것이다. 박괘는 하괘가 곤이고 상괘가 간이며 곤은 따르는 것이고 간은 그치는 것이므로, 군자는 이 형세를 보고(觀象也)

---

54) 여섯 효 상호 간의 관계에 대해서는 제2장 「6효의 시스템」에서 설명되었다.
55) "亨, 利貞. 取女吉."
56) "咸, 感也. 柔上而剛下, 二氣感應以相與, 止而說. 男下女, 是以亨, 利貞, 取女吉也."
57) "不利有攸往."
58) "剝, 剝也. 柔變剛也. '不利有攸往', 小人長也. 順而上之, 觀象也. 君子尙消息盈虛, 天行也."

그쳐야 할 때 그친다. 그래서 "따르고 그친다"(順而止)라고 하였다. 음유의 왕성함이 다하여 쇠퇴하고 또 양강의 쇠퇴함이 다하여 흥하기를 기다려서 그에 상응하는 행동을 하는 것은 바로 "천도에 따라 행하는"(天行也) 것이다.

이상과 같은 분석에서 알 수 있는 것은, 팔괘와 64괘의 구성요소 즉 음양 두 효는 서로 분해할 수 없는 것이고, 모든 괘상은 하나의 전체라는 것이다. 그 속성은 구성원소에 의해 결정될 뿐만 아니라 여러 원소의 구조관계로부터, 특히 그것이 포함하는 각 부분의 종합적 연관관계로부터 결정되는데, 이것이 말하는 바가 바로 체계성의 기본원칙이다.

8경괘와 64별괘의 기초는 바로 관계와 구조이다. 『주역』이 강구하는 여러 구조관계 가운데 그 전체적인 측면에서 가장 기본이 되는 것은 음양의 대립 통일이다. 비록 『역경』의 괘효사에서는 음양의 철학적 개념이 출현하지 않았지만, 음양의 대립과 통일에 관한 초기 관념은 『역경』 속에 이미 있었다고 말할 수 있다.

손괘(損卦䷨) 육삼 효사의 "세 사람이 가면 한 사람을 덜어내고, 한 사람이 가면 그 벗을 얻는다"[59]를 철학적 이치로 생각해 보면, 사물은 그 결성에 맞게 존재해야 하고 항상 대립 통일의 방식으로 운동한다는 의미를 함축하고 있다. 『역경』의 이러한 사상은 효와 괘의 안배 가운데 한층 더 교묘하게 관철되어 있다. 그것은 음효(--)와 양효(—)가 대표하는 사물이나 그 관계에서 표현되며, 서로 인접하는 두 괘 등의 모순관계에 나타난다.

여섯 효가 순서대로 중첩되어 이루어진 육효는 상괘와 하괘의 각 세 효가 각각 육효의 두 체계가 되어 안정적 구조관계를 이룬다. 『역전』은 육효의 구조에서 그 위치에 중요한 의미를 부여하고 있다. 「계사하」에서는 다음과 같이 말한다.

---

59) "三人行則損一人, 一人行則得其友."

그 초효는 알기 어렵고 상효는 알기 쉬우니, 본말이기 때문이다. 초효의 말씀이 세워지면 마침내 마침(상효)을 이룬다. 사물을 뒤섞으며 덕을 가리며 옳음과 그름을 분별하는 것과 같은 것은 중효中爻(2·3·4·5효)가 아니면 갖추어지지 않는다.……
2효와 4효는 공이 같으나 자리가 달라서 그 좋고 나쁜 점이 다르다. 2효는 영예로움이 많지만, 4효는 두려움이 많으니 가깝기 때문이다. '유柔'의 도는 멀리 있는 것이 이롭지 않지만 그 요지에 허물이 없는 것은 유로서 중中(2의 자리)에 있기 때문이다. 3효와 5효는 공은 같으나 자리가 다르니, 3효에 흉함이 많고 5효에 공이 많은 것은 귀천의 차등 때문이다.[60]

초효와 상효는 각각 사물의 시작과 마침이다. 초효 때는 사물이 어떻게 발전할 것인지를 알기 어렵지만 상효에 도달하면 이미 그 결과가 나타나므로, 그 둘로써 전체 국면을 제대로 판단할 수 있다. 그러나 그 발전과정을 전면적이고 세밀하게 이해하려면 강유(음양)가 복잡하게 뒤섞이는 성질과 옳고 그름, 진짜와 가짜를 분명하게 구별해야 하는데, 그것은 2·3·4·5효에 의지해야 알 수 있다. 가운데 효들은 사물의 진행 정도에서 특수한 의미를 지닌다. 제2효와 제4효는 아래에서 위로 올라가는 효의 순서에서 짝수의 자리이고 음의 자리인데, 그 공능은 같으나 괘 체계의 전체에서 차지하는 위치가 달라서 그 작용 또한 다르다.

『역전』에 의하면, '중'은 지나침도 없고 모자람도 없어서 항상 허물이 없고, 또한 "'유'의 도는 멀리 있는 것이 이롭지 않다"[61]라고 하였다. 별괘 가운데 하괘는 가깝고 상괘는 먼데, 그래서 하괘의 중위에 자리하고 있는 제2효는 영예로움이 많지만 제4효는 상괘에 있어 멀고 또 괘 전체의 존위인 제5효와의 거리가 너무 가까워 두려움이 많다. 제3효와 제5효는 홀수 자리이

---

60) 「繫辭下」, "其初難知, 其上易知, 本末也. 初辭擬之, 卒成之終. 若夫雜物撰德, 辨是與非, 則非其中爻不備.……二與四, 同功而異位, 其善不同. 二多譽, 四多懼, 近也. 柔之爲道不利遠者, 其要無咎, 其用柔中也. 三與五同功血異位, 三多凶, 五多功, 貴賤之等也."
61) "柔之爲道不利遠者."

고 양의 자리로서 강건하지만, 제3효는 하괘의 치우친 자리에 있고 비천한 자리에 속해 있으므로 흉한 허물을 자주 만나게 되고, 제5효는 상괘의 중위에 있어서 육효 중의 지극히 존귀한 자리이므로 공적을 쌓을 일이 많다.

이상과 같은 분석은 효의 자리를 가지고 말한 것이다. 그것은 우리에게 관계의 중요성에 관한 의미를 시사한다. 괘의 시스템에서 보면 그 구성요소들은 전체 속에서 각각의 위치와 구조관계가 파악된 후에 그 속성이 드러난다. 유장림은 팔괘와 육효의 구조에 나타난 공통적인 특징으로 '동태성과 순환성' 및 '다층구조'를 들고, 시간과 공간의 상호작용에서는 시간이 주가 되면서 전체 우주과정을 함축한다고 설명한다.[62]

팔괘와 육효는 정태적이지 않다. 초효에서 상효로 이동하면서 사물의 시작에서부터 마무리까지의 과정을 나타내고, 마지막에 이르면 다시 새로운 순환의 운동을 반복한다. 64별괘에서 상괘와 하괘는 독립된 구조로, 각각은 세 개의 효로 구성된 하나의 자계통子系統를 이룬다. 또한 6효는 1·3·5효의 양위와 2·4·6효의 음위가 서로 인접하는 쌍끼리 음양의 모순대립 구조를 이룬다. 6효의 전개는 일정한 공간 규모에서의 시간의 발전 단계를 나타내고, 그것이 나타내는 변화의 과정은 만물의 운동규율을 개괄한다. 여덟 개의 방위를 대표하는 팔괘 시스템은 '중심에서 네 곳으로 방사되는 모호방식模糊方式'[63]으로써 공간 전체를 파악하려고 시도한 것인데, 동시에 네 계절과 순서대로 배합되어 일 년의 주기를 표시한다.

여기서 『역전』이 강조하는 것은 시간의 과정을 천지만물의 운동변화의 주요 관건으로 보는 것이다. 시간의 서열은 바로 천도의 가는 바로서,

---

62) 劉長林, 『中國系統思維』, 63~65쪽.
63) 劉長林, 『中國系統思維』, 64쪽, "這是以一种由中心向四處放射的模糊方式."

해와 달의 소식과 영허를 통해 인간의 일이 그에 응하여 때에 맞게 행해져야 함을 말하고 있다. 우주는 혼연한 통일인 태극에서 시작하여 양의인 천지를 낳고, 그 음효와 양효로써 모든 구조형식을 표현하였다. 그 역정은 팔괘와 육효의 구조에 응축되어 있다. 양의의 교감은 사상을 낳는데, 이른바 4음효와 4양효가 두 효의 구조를 통하여 노양(⚌)·소음(⚍)·소양(⚎)·노음(⚏)으로 표시된다. 소양은 봄(春)을 상징하고 노양은 여름(夏)을 상징하며 소음은 가을(秋)을 상징하고 노음은 겨울(冬)을 상징하여, 그 사시의 운행으로 말미암아 하늘(天)·땅(地)·우레(雷)·바람(風)·물(水)·불(火)·산(山)·못(澤)의 여덟 가지 자연물이 모두 갖추어진다. 그리고 이것이 괘상에 반영되어 세 효의 구조로 표시된 것이 ☰(乾)·☷(坤)·☳(震)·☴(巽)·☵(坎)·☲(離)·☶(艮)·☱(兌)이다. 팔괘는 바로 이와 같이 생산된 것이다. 또한 복잡한 사물을 나타내고 예측하기 위하여 팔괘를 두 개씩 중첩하여 육효 구조의 형식으로 64괘를 구성하였으니, 비로소 길흉을 예보하고 큰 사업을 성취할 수 있게 된다. 이로써 팔괘와 육효 구조가 논리적으로 천지만물 발생발전의 역사를 보존하고 있음을 알 수 있으니, 이것은 우주의 진행 과정에 대한 개괄이며 총결이다.

4. 평형과 안정

1) 모순을 통한 상대적 평형

시스템의 또 다른 중요 방면은 그것의 내재적 항동恒動의 특성이다. 그것의 형식은 죽어 있는 구조가 아니라 기본 과정의 변역과 안정·평형을 표시한다.

여기에서 언급하는 평형은 열역학이나 산일구조(dissipative structure) 이론에서의 '평형태平衡態'의 개념처럼 고립된 시스템 속에서 엔트로피가 최대치에 도달한 것을 가리키는 것이 아니다. 그것은 시스템 내부 및 시스템과 주위 환경의 모순이 일시적인 균형과 대치 상태에 있는 것을 가리킨다. 어떤 시스템이나 일종의 관계구조에 있어 그것들은 모두 반드시 내포되어 있는 모순세력의 상대적 평형을 전제로 하고, 또한 모든 시스템은 자신의 평형과 안정의 기제와 능력을 유지한다. 모순과 대립을 통한 시스템 평형의 유지는 사물의 정상적인 발전의 중요 조건 가운데 하나이다. 중국 고대 사상가들은 이러한 도리에 대해 상당히 깊은 인식을 가지고 있었기에 이미 원고시대에서부터 장기적이고 연속적인 연구를 행하였고, 그 결과 시스템의 평형과 안정을 유지하는 방법을 찾아 낼 수 있었다. 이와 같은 이론적 의도는 『역경』에 분명하게 나타나 있다.

『역경』은 비괘比卦, 림괘臨卦, 태괘兌卦에서 국가관계와 각종의 사회모순을 처리함에 있어서는 마땅히 조화와 친선의 원칙을 준수해야 한다고 주장한다. 예를 들어 비괘比卦(䷇) 초육에서는 "진실함(孚)을 가지고 친해야 허물이 없다",[64] "진실함을 가지는 것이 질그릇에 가득 차듯이 하면 끝내는 다른 길함이 있을 것이다"[65]라고 하였다. '부孚'는 마음속에 믿음을 갖는 것이다. 속마음이 진실 되면 남의 마음을 얻는 일에 막힘이 없을 것이다. 육이는 "친함이 안으로부터이니 바름을 지켜야 길하다"[66]이고, 육사는 "밖으로 친함이니 허물이 없다"[67]이다. 육이는 안으로 친함이 있고 육사는 밖으로 친함이 있다. 두 효는 모두 음효이면서 유의 자리에 있다. 따라서 둘 다 "올바름을 지키면 길하다"(貞吉)라고 하였다. 국내외의 각종 관계 모두에 대해 힘써 친화와 친선을 도모하고 안정과 단결해야 함을 주장한 것이다.

---

64) "有孚, 比之, 無咎."
65) "有孚盈缶, 終來, 有它吉."
66) "比之自內, 貞吉."
67) "外比之, 無咎."

림괘(臨卦)(䷒) 초구는 "감응(咸)하여 임하니 바름을 지켜야 길하다"[68]이고, 구이는 "감응하여 길하니 이롭지 않음이 없다",[69] 상육은 "두터이 임하니 길하여 허물이 없다"[70]이다. 초구는 덕으로써 육사와 감응하고 육사는 또한 초구가 임하는 것을 원한다. 서로 감응하고 임하니 길함이 당연하다. 구이는 강효로 중에 처하고 육오와 서로 감응하니 이에 이롭지 않음이 없다고 하였다. 상육은 상체인 곤(坤)의 끝에서 그 두텁고 돈후한 상을 갖고 있기에 "두터이 임한다"고 하였다. 겸손과 온화, 감화, 돈후한 정책으로 백성을 다스려야 민심을 기쁘게 하여 진실하게 복종하게 된다는 것을 설명한 것이다.

또 태괘(兌卦)(䷹) 초구는 "조화하여 기뻐하니 길하다"[71]이다. '태(兌)'는 기뻐함(悅)의 뜻이다. 초구는 양효로 가장 아래에 처해 있어 응함과 결속으로부터 자유로우니 기뻐하는 것이다. 행동이나 마음에 응함과 매여 있음이 없어 치우치거나 사사로움이 없이 조화롭다. 이는 평온과 화해의 방식으로 문제를 해결했을 때 모순되는 쌍방이 서로 협조와 통일에 도달하여 모두 크게 기뻐하게 된다는 것을 강조한 것이다. 태괘「단전」에 "강이 중에 있고 유가 밖에 있어서 기뻐하되 '바르게 하여 이롭기' 때문에 하늘을 따르고 사람에 응하는 것이다. 기뻐함으로써 백성에게 솔선하면 백성들은 수고로움을 잊는다. 기뻐함으로써 험난함을 무릅쓰면 백성들은 죽음을 잊는다. 기뻐함이 크니 백성들이 권면된다"[72] 하였다. 태괘는 하나의 음이 두 개의 양 위에 있는 상이다. 양은 음을 얻어 기쁘고 음은 양을 얻어

---

68) "咸臨, 貞吉."
69) "咸臨, 吉, 無不利."
70) "敦臨, 吉, 無咎."
71) "和兌, 吉."
72) "剛中而柔外, 說以'利貞', 是以順乎天而應乎人. 說以先民, 民忘其芳. 說以犯難, 民忘其死. 說之大, 民勸矣哉."

기쁜 것이다. 2효와 5효가 모두 양효이기 때문에 "강이 중에 있다"(剛中)고
하였고, 3효와 상효는 모두 음효라서 "유가 밖에 있다"(柔外)고 하였다. 강중하
니 그 마음의 진실한 상으로 바르게 하여 이로울 수 있고, 유가 밖에
있으니 남을 대하기를 부드럽게 한다. 강중과 유외는 서로 반드시 필요한
조건이다. 바르고 기뻐함 또한 반드시 함께하는 조건이다. 이를 통해 『역전』
의 작자가 지적하려는 것은, 정당한 방법으로 민중을 기쁘게 하는 것이
천도와 인도에 순응함이라는 것이다. 이른바 민중을 기쁘게 하는 것은
바로 관계를 조정하고 사회 시스템을 화해와 일치시키는 것이다.

익괘(益卦䷩) 「단전」에 "익은 위를 덜어 아래에 더해 주니 백성의 기뻐함이
끝이 없다. 위에서 아래로 내려오니 그 도가 광대하다"[73]라고 하였다.
익괘는 손괘(損卦䷨)의 반대로, 손의 태하간상을 뒤집은 진하손상의 상이다.
"위를 덜어 아래에 더한다"는 것은 손의 상체가 건(乾☰)에서 덜어 내어
손(巽☴)이 된 것이기 때문이다. 위에서 덜어 내었다는 것은 백성에 이익을
준 것을 의미하고, 때문에 그 기뻐함이 끝이 없는 것이다. 『역전』의 작자는
통치자가 직접 민정을 살펴서 세금을 줄이고 하층민의 의견을 청취할
것을 호소하고 있다. 그는 이러한 지점에 도달해야 민중이 스스로 "자기의
수고로움을 잊고"(忘其勞) "자신의 죽음마저 잊은 채"(忘其死) 국가를 위해 힘을
낼 것이라고 생각하는 것이다. 이것은 국태민안(國泰民安)의 광휘로운 큰
도이다. 『역전』의 주장은 바로 전국시대의 "남는 것은 덜어 내고 모자란
것은 채워 주는"(有餘者損之, 不足者補之) 도로써 시스템의 평형을 찾는 사상이
정치영역에 표현된 것이다.

비괘(否卦䷋) 구오는 "막힘을 두려워하는 것(休否)이 대인의 길함이다. 망할
까! 망할까! 취약한 풀(苞)과 나뭇가지(桑)에 매여 있듯이 한다"[74]이다. 고형은

---

73) "益, 損上益下, 民說無疆. 自上下下, 其道大光."

"휴休는 출怵과 같으니, 두려워함이다"[75]라고 하였다. 따라서 이 효사의 의미는, 만약 통치자가 아직 닥치지 않은 재난에 대해 경계심을 가지고 신중하게 일을 처리한다면 사회가 장차 안전하고 편안할 수 있다는 뜻이다. 운명을 견고하지 못한 풀뿌리와 나뭇가지(苞桑)에 매어 두었으니 자연히 위험한 것이다. 이 위태로운 말을 하는 목적은 사람들을 일깨우는 데 있는데, 항상 불안전감을 가져서 도리어 안전해지고자 함이다. 바로 「계사 하」의 "그러므로 그 말이 위태로운 것은, 위태롭게 여기는 자를 평안하게 하고 쉽게 여기는 자를 기울어지게 한다"[76]라는 말과 같다.

『역전』은 또한 유가의 중용 관점에 따라 위에서 말한 『역경』의 사상을 새롭게 발전시키고 있다. 「문언」에 "항亢이란 말은 나아감만 알고 물러날 줄을 모르며, 보존함만 알고 망할 줄을 모르며, 얻음만 알고 잃을 줄을 모르는 것이다. 오직 성인인가? 진퇴와 존망의 이치를 알아 정도를 잃지 않는 자는 오직 성인뿐일 것이다"[77]라고 하였다.

임충군林忠軍는 '창락漲落'이라는 표현을 써서, "시스템이 안정된 상태에 있을 때에는 이런 창락이 극복되어 빨리 사라지고, 시스템이 평행에서 멀리 떨어져 임계치 부근에 있을 때에는 창락이 더 커져서 거대한 창락을 형성함으로써 시스템을 불안정 상태에서 새로운 질서상태로 이끈다"[78]라고 말한다. 자연계에는 천지와 일월, 사계와 밤낮이 있고 인간사회에는 남녀와 노소, 길흉과 화복이 있으니, 대소, 원근, 내외, 출입, 진퇴, 왕래, 상하, 득상, 존망, 생사, 손익 등 대립하는 현상들의 교체가 보편적으로

---

74) "休否, 大人吉. 其亡! 其亡! 系於苞桑."
75) 『周易大傳今注』(濟南: 齊魯書社, 1979), 第195頁, "休猶怵也, 恐懼也."
76) "是故其辭危, 危者使平, 易者使傾."
77) "亢之爲言也, 知進而不知退, 知存而不知亡, 知得而不知喪. 其唯聖人乎? 知進退存亡而不失其正者, 其唯聖人乎!"
78) 林忠軍, 『易學心知』(北京: 華夏出版社, 1995), 231쪽.

존재한다. 이는 현상의 창락이다. 『주역』은 사물의 내부에서 음양, 강유, 동정의 세력이 상호작용하는(밀고 마찰하는 등) 현상을 두고 "강유가 서로 미루어 변화를 낳는다"(剛柔相推而生變化)라고 하였다. 64괘에 반영된 것은 "둘씩 짝을 지어, 뒤집어지거나 그렇지 않으면 변한다"(二二相耦, 非覆卽變)는 괘상 배열의 규칙이다. 「서괘전」은 '상반상성相反相成, 물극필반物極必反'의 변증인식으로 자연계와 인류사회의 발전을 해석했다.

『역전』의 작자는 진퇴·존망·득실 등과 같은 각종 대립의 양 극단을 결합하여 이른바 '올바른'(正) 도리를 행할 것을 주장하고, '정正'하면 다시 중中을, 즉 일단만을 고집하지 않고 지나침도 모자람도 없는 상태를 유지할 것을 강조하였으며, 이와 같음이 있어야 비로소 불패의 땅에 설 수 있다고 여겼다.

2) 개방시스템

64괘는 하나의 개방적인 시스템을 구성한다. 『주역』에 반영된 64괘의 세계는 천지합덕으로 생성되고 발육된 만물의 조화로운 통일체이다. 「서괘전」은 64괘의 순서를 분석하여 자연과 사회의 구성을 인식하였다.

> 천지가 있은 뒤에 만물이 있고, 만물이 있은 뒤에 남녀가 있고, 남녀가 있은 뒤에 부부가 있고, 부부가 있은 뒤에 부자가 있고, 부자가 있은 뒤에 군신이 있고, 군신이 있은 뒤에 상하가 있고, 상하가 있은 뒤에 예의를 둘 곳이 있다.[79]

이러한 언급은 인류 역사의 발전과정이라고 말할 수 있다. 인류는 '천지·만물·남녀·부부·부자·군신·예의'의 변천 계통을 겪으면서 매우 높은

---

79) 「序卦」, 有天地然後有萬物, 有萬物然後有男女, 有男女然後有夫婦, 有夫婦然後有父子, 有父子然後有君臣, 有君臣然後有上下, 有上下然後禮義有所錯.

단계의 질서 상태에 도달하였다. 『주역』은 그 변천 과정의 법칙을 간단히 요약하여 "궁窮하면 변變하고, 변하면 통通하고, 통하면 오래간다"[80])라고 하였다. 이 말은 엔트로피변화의 법칙에서 새로운 질서가 만들어지는 과정과 유사하다.

『주역』의 64괘와 384효는 길흉회린으로 판정된다. 하나의 괘는 여섯의 지위를 가진다. 그 중 초효, 3효, 5효의 지위는 양의 지위를 얻어 귀하고, 2효, 4효, 상효의 지위는 음의 지위를 얻어 천하다. 강유의 구별은 이효와 오효에 있다. 만약 효가 득중이고 당위를 얻었으며(즉 양효가 양의 자리에 있고 음효가 음의 자리에 있으며) 응함이 있으면(즉 초효와 사효, 이효와 오효, 삼효와 상효가 상응하면) '길吉'이다. 그와 반대이면 '불길不吉'이다. '길'이면 엔트로피는 적고 '불길'이면 엔트로피는 커진다. 림괘臨卦(䷒)의 구이효는 "감응하여 임하니 길하여 이롭지 않음이 없다"[81])이다. 구이는 양효로 중을 얻었고 구오와 응하니 '길'하다. 따라서 엔트로피가 낮고 질서정연하다. 한편 사괘師卦(䷆)의 육삼효는 "군대의 일에, 혹 시체가 수레에 가득할지도 모르니 흉하다[82])이다. 유효柔爻가 양위에 있어 부중하고 부정하며 또 하괘 감坎의 지극한 자리를 얻었으나 응하지 못하고 승비乘比(음효가 양효 즉 구이효 위에 있음)의 상이므로 흉한 것이다. 태괘泰卦(䷊)는 곤상건하坤上乾下로 천지가 교감한다. 천지가 서로 교류하여 왕래하니 질서정연하고 엔트로피가 낮다. 반대로 비괘否卦(䷋)는 건상곤하乾上坤下로 위와 아래가 움직이지 않아 내외 괘가 서로 교감하지 않는다. 이것은 질서가 없음을 말하고 엔트로피가 크다는 것을 뜻한다.

엔트로피의 변환 방정식을 통해 64괘가 반응하는 시스템은 사회 내부의

---

80) 「繫辭下」, 제2장, "窮則變, 變則通, 通則久."
81) "咸臨, 吉, 无不利."
82) "師或輿尸, 凶."

많은 모순변수들이 해결되거나 격화되는 양상을 보여 준다.『주역』은 음양 간의 상호작용을 통해 분류되는데, 구체적으로는 강유의 상호작용과 상호 마찰 그리고 팔괘가 서로 뒤흔드는(相盪) 작용을 하는 형식이다.

팔괘 및 64괘의 형성은 성인이 "천하의 상을 관찰하고 땅의 법도를 내려다보아 만물의 모양을 살피고 천지의 마땅함으로 팔괘를 지어" 인사에 통하려 했던 결과이다. 이러한 '관상제기'의 사상은 실질적으로 자연현상 및 규율에 대한 관찰과 도구의 생산 발명을 통해 인류사회를 발전시키고 질서와 안정을 가져오게 하였다.

『주역』 속의 하늘 개념에는 자연지천 외에 상제지천의 의미도 있다. 「계사전」에 "하늘이 돕는 자는 하늘에 순응하는 자이고 사람이 돕는 자는 진실로 믿는 자이다. 믿음을 실천하고 하늘의 뜻에 순응할 것을 생각하며 또한 어진 이를 숭상하니 이 때문에 하늘이 도우니 길하여 이롭지 않음이 없다"[83]라고 하였다. 이러한 인격화된 하늘의 출현은 천하백성이 하늘을 따르고 믿고 지혜로울 수 있도록 계몽하여 고도로 질서 있는 사회를 건립하려는 데 그 목적이 있다. 그래서 "관상제기"하고 주재하는 하늘은 사회에 엔트로피가 낮아지도록 기여하였으며, 자신의 엔트로피 생성을 상쇄함으로써 시스템은 혼돈과 무질서에서 새로운 유질서의 상태로 발전할 수 있게 되었다. 이것도 『주역』이 생각한 "궁하면 변하고, 변하면 통하고, 통하면 오래간다"는 사회변화의 질서이다.

『역전』에서 '궁窮'은 곤괘困卦(☱☵)에서와 같이 음양과 강유에 의한 괘효위의 전도가 만들어 낸 재난이다. 「서괘전」에서는 "올라가고 그치지 않으면 반드시 곤궁해지기 때문에 곤괘로 받았다"[84] 하였다. 곤괘 앞의 승괘升卦(☷☴)

---

83) "天之所助者, 順也, 人之所助者, 信也. 履信思乎順, 又以尙賢也, 是以自天祐之, 吉, 无不利也."
84) "升而不已必困, 故受之以困."

는 전진하여 올라가는 것인데, 그것이 그치지 않으면 힘이 다하여 곤궁함에 빠지게 되는 것이다. '궁'은 또한 서로 감응하거나 서로 생하지 않아서 불가피하게 원래 상태를 변화시켜야 하는 혁괘革卦(☰)의 상황과도 같다. 이처럼 '궁'은 비평형상태로부터 새로운 질서상태로의 전환을 불러오는 임계점이다. 『주역』의 서법은 소음소양을 점으로 하지 않고 노음노양을 점으로 한다. 노음노양은 음양의 평형상태에서 멀어져서 대립면으로의 전환을 일으키기 직전 시점에 머물러 있기 때문이다.

제5장 맺는 말

　지금까지 『주역』의 과학적 함의를 팔괘와 64괘에 나타난 부호·문자 시스템의 일체화 구조에서 찾고, 나아가 천지인 삼재의 6효 구조와 태극·음양·오행 등 기본 개념에 나타난 형상사유와 상관적 사유들을 특히 환도관을 중심으로 살펴보았다. 비록 역학의 전통은 『주역』을 과학으로 설명하지 않았지만 현대 학자들은 역학을 통해 새로운 과학을 설명하고자 하였다. 그것은 『주역』과 현대과학을 연결하여 연구하고, 『주역』에서 현대과학의 원천을 발굴하여 미래를 바라보는 것이다. 이 책은 현대 과학역학파의 노선을 따르고 있는데, 이는 상수파의 발전이라고 할 수 있다.

　『역경』의 자연관계에 관한 과학적 논술을 거론하고 『주역』과 현대자연과학을 연계시킨 것은 『주역』의 시스템이론에 나타난 정체관을 깊이 있게 논증하기 위해서였다. 여기서 말하는 시스템이론은 체계이론, 정보이론, 사이버네틱스 혹은 카타스트로피 이론, 사회체계이론 등으로 불리는데, 그 각각의 명칭은 다르지만 이 책에서 『주역』과 비교 고찰한 내용은 일관된다. 그것은 개체보다는 전체의 관계를 유기적으로 바라보고 분석보다는 통섭, 물질보다는 정보의 교류를 강조함으로써 총체적 시각으로 사물이나 사건을 바라보는 학문방법이다.

『주역』에는 수학과 물리학을 위시하여 천문기상학, 지리학, 생물학 등의 다양한 과학적 사유의 뿌리가 있다. 『주역』의 과학적 사유는 원시사회의 예측 불가능한 자연과 사회현상에 대한 두려움으로부터 잉태되었다. 낮과 밤, 사시사철의 자연변화를 포함하여 일식과 같은 기이한 천문현상, 지진과 같은 자연재해, 맹수나 전쟁, 기아와 같은 인간사회의 다양한 위험 요소는 미래 예측의 절실함을 증명한다. 인간은 『주역』의 64개 부호체계를 통해 자연의 현상을 추상적으로 개념화하였고 점을 치는 방법으로 그 객관세계의 법칙을 계산하였다. 이것이 점서로 시작한 『주역』이 과학적이고 이성적인 철학서로 발전해 간 과정이다.

철학과 자연과학은 공통점을 갖는다. 그것은 자연을 인식하고 탐색하여 인간사회의 일들을 설명하고 연구하는 것이다. 이 책에서는 "천도를 미루어 인사를 밝힌다"(推天道以明人事)라는 명제로 『주역』과 자연과학을 관련시켰다. 『주역』은 천지의 도를 통해 만물을 설명하고 인간의 일을 말한다. 이와 같은 이유로 『주역』에는 천문기상이나 산천조수와 같은 다양한 자연의 지식이 내포되어 있는 것이다. 이것은 『주역』의 법자연사상과 자연 연구방법 그리고 관상제기의 내용 등을 통해 고찰되었다.

한편 『주역』의 서법은 자연현상을 관찰하여 그것을 귀납하는 기초로서 발전되었다. 수학은 자연관찰과 귀납의 유력한 수단으로서 추상·논리·변증의 특징을 갖는다. 「계사상」의 "수를 지극히 하여 미래를 아는 것을 점이라 하고(極數知來之謂占), 변화에 통달하는 것을 일이라 하며(通變之謂事), 음하고 양하여 헤아릴 수 없는 것을 신이라 한다"(陰陽不測之謂神)는 『주역』에 나타난 수학적 요소를 말하고 있다. 앞에서 말한 법자연·천연탐측기의 내용과 수학을 같이 설명하자면, 바로 자연계의 광범위한 현상을 관찰하여 수학적으로 계산하고 그 결과를 귀납하는 방법을 말하고 있는 것이다. 포희씨가 "우러러 하늘의 상을 관찰하고 굽어 땅의 법을 관찰하며"(仰則觀象於天, 俯則觀法於

地 "가까이는 자신에게서 취하고 멀리는 사물에게서 취하여"(近取諸身, 遠取諸物) 팔괘를 지은 의의가 여기에 있다.

『주역』의 태극·음양·팔괘 그리고 오행과 같은 기본개념들에 나타난 시스템원칙의 주요 특징은 환도관, 정체관, 형상사유, 상관적 사유 등으로 이해된다. 『주역』의 정체관은 천지인 삼재지도와 괘·효의 구조와 관계를 통해 연구되었는데, 천지인 삼재지도는 음양(立天之道曰陰曰陽), 강유(立地之道曰柔曰剛), 인의(立人之道曰仁曰義)로 나뉘어 『역전』 중의 내용을 위주로 고찰되었다. 천지인 삼재지도의 천인관계에 대하여 이 책은 그 근원을 천인감응 사상에서 찾고, 일다관계에 있어서의 구화기동求和棄同 추구에 의미를 두었다.

정체整體는 서로 관계하는 요소가 스스로의 질서를 생성하고 변화해 가며 그 집합을 유지한다. 그것은 단순한 전체가 아니라, 서로 제약하고 정보를 교환하는 통일적 구조인 시스템으로 설명된다. 따라서 정체관은 시스템이론의 특징인 층차구조·기능·역동성·동형구조 등을 통해 심화 연구될 수 있는데, 그것은 형상에 대한 이해나 상호유기적 체계 등으로 고찰되었다. 『주역』의 괘상과 64괘의 배역을 연구하여 그것을 사회의 발생 및 발전과정과 함께 설명하였고, 또 괘의 시스템에 나타난 구조적 전체와 그 관계를 통해 체계와 질서의 의미를 살펴보았다. 마지막으로 모순을 통한 상대적 평형과 개방체계로써 시스템이론의 평형과 안정을 설명할 수 있었다.

『역경』은 비록 점서이지만 천하의 사무를 성취하여 만물의 규율을 연구한 책이다. 『주역』의 작자는 자연과 사회의 발전에 나타난 변동의 법칙에 숙달하였기에, 풍부한 철리를 포함하고 있는 시괘蓍卦의 형식을 이용하여 인간의 행도行道를 지도하고 이끌어 주었다. 『역전』은 사람의 인식 변화와 연관하여 이를 더욱 다듬어서 철학적 명제를 제시하였다. "낳고 낳음을 역이라 이른다"(生生之謂易), "한 번 음하고 한 번 양하는 것을 도라고 한다"(一陰一

陽之謂道), "음하고 양하여 헤아릴 수 없는 것을 신이라 한다"(陰陽不測之謂神), "강과 유가 서로 미루어 변화를 낳는다"(剛柔相推而生變化), "궁하면 변하고, 변하면 통하고, 통하면 오래간다"(窮則變, 變則通, 通則久) 같은『역전』속의 명제들은 모두『주역』세계관의 기본 내용과 규범을 조성하였다. 여기에 나타난 사상이야말로 바로『주역』이 현대 자연과학의 이론과 연결될 수 있는 지점이다. 이 책에서는 프랙탈이론이나 산일구조이론 그리고 엔트로피의 법칙 등을 비교 제시한 바 있다.

서양과학이 구체적인 사물의 분석을 강조하였다면 중국철학이 강조하는 것은 전체적 관계였는데, 양자는 모두 한 가지 방면에 치우쳐 있다. 동서양 문화의 분별은 불가피하기 때문이다. 그러나 서양과학의 분석적 방법과 중국과학의 전체관점을 결합하게 된다면 발전적 전개가 가능해진다. 여기서 현대 자연과학의 주요 이론 등이 그 결합의 연결고리가 될 수 있다.

자연과학이나 동양철학의 공통된 방침은 우주자연의 현상과 관련된 법칙과 섭리를 연구하여 인간사회 속에서 윤리와 도덕이 그 순리를 따르고 조화를 이루는 도를 찾는 것이다.『주역』과 현대과학을 함께 연구하는 것은 과거와 현재, 동양과 서양, 철학과 과학, 정신과 물질, 나아가 문화와 역사 그리고 종교가 교류하는 지점을 찾아보는 작업이 된다.

최근의 역학은『주역』의 많은 개념들이 현대과학에 의해 이해될 수 있을 뿐 아니라 서양의 과학이 설명하지 못하는 새로운 지식을 제공해 줄 수 있다는 점에 착안한다.『주역』상징체계의 대수와 기하학적 분석이나 새로운 해석법, 다층적 차원의 구조나 상징체계의 공간 등에 대한 해석이 그 실례이다.『주역』을 통하면 상징의 기하학적 구조로부터 공간의 다양한 차원을 이해할 수 있는 흥미로운 관점을 제공받는다. 효를 계속 추가하여 괘를 형성하는『주역』의 체계는 곧 공간의 차원이 증가하는 것을 나타낸다.

그것은 시·공 차원이 변화해 가는 놀라운 특징을 구현한다.

물질과 정신을 분리하고 더 이상 나누어질 수 없는 원자라는 단일한 입자로 물질의 세계를 기술하였던 것이 근대 자연과학을 이끌었다면, 이번에는 정신과 물질의 분리보다는 관계를 통해 전체를 바라보는 유기적 관점에서 현대과학 형식의 미래를 기대하는 시점에 이르렀다. 그것이 고대『주역』에 나타난 상관적 유기체적 사유의 정체관에서 나왔다는 것이 이 책에서 고찰한 내용이다.『주역』괘·효의 구조와 기본개념에는 인간사회의 계층과 좌표가 나타나고 자연 상징물의 추상화된 체계가 형성되어 있다. 그 속에서 모든 것들은 자기의 위치를 갖고 그 관계망에 의해 결합하고 상호작용한다.『주역』은 중국 근대과학의 발전에 긍정적인 기여를 하지 못했을지 모르지만, 우리는 그것에서 또한 현대과학의 미래를 찾을 수 있다는 역사적 의미를 깨닫게 되는 것이다. 그리고 자연을 관찰하여 인간의 문제를 설명하려 한 철학적 주체사고의 원형이『주역』에서 찾아진다는 것이 그 가치의 준거이다.

참고문헌

1. 원전류

『管子』.

『國語』.

『老子』.

『論語通釋』(焦循).

『論語』.

『大學』.

『孟子』.

『史記』.

『三字經』.

『尙書孔氏傳』(孔安國).

『尙書』.

『說文解字』.

『性自命出』(郭店楚簡).

『成之聞之』(郭店楚簡).

『荀子』.

『詩經』.

『新唐書』.

『新語』.

『呂氏春秋』.

『易學啓蒙』.

『莊子』.

『周禮』.

『朱文公文集』.

『周易』.

『周易』(帛書).

『周易大傳今注』.

『周易本義』.

『周易略例』.

『周易傳義大全』.

『周易正義』(孔穎達).

『周易注』(鄭玄).

『周易集解』(李鼎祖).

『朱子語類』.

『中庸章句』.

『春秋繁露』.

『春秋左傳』.

『漢書』.

『皇極經世』.

『黃帝內徑』.

『淮南子』.

2. 단행본류

권일찬, 『주역의 세계화와 21세기』, 내일을 여는 지식, 파주: 한국학술정보, 2012.

김관도 · 유청봉, 김수중 외 역, 『중국 문화의 시스템론적 해석』, 서울: 도서출판 천지, 1994.

김경방 · 여소강, 안유경 역, 『주역전해 상 · 하』, 서울: 심산출판사, 2013.

김용정, 『과학과 철학』, 서울: ㈜범양사 출판부, 1996.

김재범, 『주역사회학』, 서울: 예문서원, 2001.

니클라스 루만, 박여성 역, 『사회체계이론 1』, 파주: 한길사, 2007.

르네 데카르트, 원석영 역, 『성찰 1』, 파주: 나남, 2012,

牟宗三, 정인재, 정병석 역, 『중국철학특강』, 서울: 형설출판사, 1995.

方勵之, 신하령 역, 『철학은 물리학의 도구이다』, 서울: 서광사, 1992.

북경대학교 철학과연구실, 유영희 역, 『중국철학사 II』, 서울: 간디서원, 2005.

徐復觀, 권덕주 외 역, 『중국예술정신』, 서울: 동문선문예신서, 1990.

邵雍, 윤상철 역, 『皇極經世』, 서울: 대유학당, 2002.

스튜어트 홀, 전효관 외 역,『모더니티의 미래』, 서울: 현실문화연구, 2000.

_____, 전효관 외 역,『현대성과 현대문화』, 서울: 현실문화연구, 2001.

신성수,『주역통해 : 주역원리의 현대적 이해』, 서울: 대학서림, 2005.

아르놀트 하우저, 백낙청 역,『문학과 예술의 사회사』, 파주: 창비, 2016.

I. 벌린, 정병훈 역,『계몽시대의 철학』, 서울: 서광사, 1992.

안창식, Yan Johnson F,『DNA와 주역』, 서울: 몸과 마음, 2002.

楊力, 김충렬 외 역,『주역과 중국의학』, 서울: 법인문화사, 1995.

앤드류 밀너, 이승력 역,『우리시대 문화이론』, 서울: 한뜻, 1996.

에른스트 카시러, 박완규 역,『계몽주의 철학』, 서울: 민음사, 1995.

王弼, 임채우 역,『왕필의 노자주』, 파주: 한길사, 2005.

___, 임채우 역,『주역 왕필주』, 서울: 도서출판 길, 2013.

廖名春·康學偉·梁韋弦, 심경호 역,『주역철학사』, 서울: 예문서원, 1994.

요하네스 힐쉬베르거, 강성위 역,『서양철학사』, 대구: 이문출판사, 2013.

요하임 부블라트, 염영록 역,『카오스와 코스모스』, 서울: 생각의 나무, 2003.

요한 호이징하, 김윤수 역,『호모 루덴스』, 서울: 까치, 1993.

유호균, 임채우 역,『주역과 술수역학』, 서울: 동과서, 2014.

원정근 외,『전통사상과 생명』, 경기대학교 소성학술연구원, 서울: 국학자료원, 2003.

이중톈, 곽수경 역,『이중톈 미학강의』, 파주: 김영사, 2009.

이창일,『소강절의 철학』, 서울: 심산, 2007.

李澤厚, 권호 역,『華夏美學』, 서울: 동문선, 1990.

일리야 프리고진·이사벨 스텐저스, 신국조 역,『혼돈으로부터의 질서』, 서울: 고려원미디어, 1993.

임마누엘 칸트, 최재희 역,『순수이성비판』, 서울: 박영사, 1989,

_____, 이재준 역,『아름다움과 숭고함의 감정에 관한 고찰』, 서울: 책세상문고, 2007.

_____, 백종현 역,『순수이성비판』, 파주: 아카넷, 2008.

_____, 백종현 역,『판단력비판』, 파주: 아카넷, 2009.

_____, 백종현 역,『이성의 한계 안에서의 종교』, 파주: 아카넷, 2015.

_____, 이한구 역,『칸트의 역사철학』, 서울: 서광사, 2017.

莊子, 안동림 역,『장자(莊子)』, 서울: 현암사, 1992.

장파, 유중하 외 역,『동양과 서양, 그리고 미학』, 파주: 푸른숲, 2015.

장톈룽, 한수희 역,『나비효과 수수께끼, 프랙탈·카오스와 친해지기』, 파주: 꾸벅, 2017.

장병석,『점에서 철학으로 : 점서역의 해체와 주역의 철학적 해석의 길』, 서울: 동과서, 2014.

정진일, 『도가철학개론』, 서울: 서광사, 1977.

제레미 리프킨, 김명자, 김건 역, 『엔트로피』, 서울: 두산동아, 1998.

J. 코퍼, 최인숙 역, 『계몽철학 그 이론적 토대』, 서울: 서광사, 1995.

조셉 니덤, 이석호 외 역, 『중국의 과학과 문명 II~III』, 서울: 을유문화사, 1986.

존 헨더슨, 문중양 역, 『중국의 우주론과 청대의 과학혁명』, 서울: 소명출판, 2004.

朱伯崑, 김학권 외 역, 『역학철학사 I~IV』, 서울: 소명출판, 2012.

_____, 김학권 역, 『주역산책』, 서울: 예문서원, 2011.

중국철학연구회, 『논쟁으로 보는 중국철학』, 서울: 예문서원, 1994.

陳鼓應, 최진석 역, 『老莊新論』, 고양: 소나무, 2013.

陳來, 안재호 역, 『송명성리학』, 서울: 예문서원, 2011.

陳澧, 이연승 역, 『한대사상사전-漢儒通義』, 서울: 물, 2013.

蔡恒息, 金日坤 역, 『易으로 본 현대과학-八卦·太極圖와 컴퓨터』, 서울: 여강출판사, 1992.

청중잉·니콜라스 버닌, 정인재 외 역, 『현대중국철학』, 서울: 서광사, 2005.

馮友蘭, 박성규 역, 『중국철학사-상』, 서울: 까치, 2011.

_____, 박성규 역, 『중국철학사-하』, 서울: 까치, 2012.

한국주역학회, 『주역과 과학사상』, 서울: 한국주역학회, 1993.

_____, 『주역과 현대적 조명』, 서울: 범양사 출판부, 1992.

한스 게오르크 가다머, 이길우 외 역, 『진리와 방법』, 서울: 문학동네, 2012.

홍승표, 『주역과 탈현대문명』, 서울: 문사철, 2014.

顧文炳, 『陰陽新論』, 瀋陽 : 遼寧敎育出版社, 1993.

高亨, 『周易大傳今注』, 濟南: 齊魯書社, 1987.

歐陽維誠, 『周易的數學原理』, 湖北: 湖北敎育出版社, 1994.

屈萬里, 『先秦漢魏易例述評』, 臺北: 學生書局, 1969.

董光璧, 『易學科學史綱』, 武漢出版社, 1993.

潘雨廷, 『周易表解』, 上海社會科學院出版社, 1993.

廖名春, 『周易經傳與易學史新論』, 濟南: 齊魯書社, 2001.

尙秉和, 『易學群書平議』, 北京師大出版社, 1988.

徐道一, 『周易科學觀』, 北京: 地震出版社, 1992.

_____, 『周易與當代自然科學』, 廣東: 廣東敎育出版社, 1995.

楊慶中, 『整体的哲學』, 四川人民出版社, 1987.

_____, 『二十世紀中國易學史』, 北京: 北京人民出版社, 2000.

溫振宇, 『新易學』, 北京: 華夏出版社, 1994.

劉長林, 『中國系統思維』, 北京: 中國社會科學出版社, 1990.

呂紹綱, 『周易闡微』, 吉林大學出版社, 1990.

李鏡池, 『周易探源』, 北京: 中華書局, 1978

李廉, 『周易的思維與邏輯』, 安徽: 安徽人民出版社, 1994.

李申, 『周易之河說解』, 北京: 知識出版社, 1992.

林忠軍, 『易學心知』, 北京: 華夏出版社, 1995.

張其成, 『易道主干』, 北京: 中國書會社, 1999.

鄭吉雄, 『易圖象與易詮釋』, 臺北: 臺灣大學出版中心, 2004.

_____, 『觀念字解讀與思想史探索』, 台灣學生書局, 2009.

L. 貝塔蘭菲(Karl Ludwig von Bertalanffy), 秋同·袁嘉新 譯, 『一般系統論』, 北京: 社會科學文獻
    出版社, 1987,

Cassirer, Ernst, *The Philosophy of Symbolic Forms*, Vol. 2, Yale University Press, 1965.

Cua, Antonio(editor), *Encyclopedia of Chinese Philosophy*, Routledge, 2012.

Culin, Stewart, *Chess and Playing-Cards*, University of Pennsylvania, 1895.

Horvitz, Leslie Alan, *Eureka! : Scientific breakthroughs that changed the world*, J. Wiley, 2002.

Shaughnessy, Edward L., *I Ching the Classic of Changes*, Ballantine Books, New York, 1997.

_____, *Unearthing the Changes*, Columbia University Press, New York, 2014.

Smith, Richard J., *Fathoming the Cosmos and Ordering the world—The Yijing and Its Evolution
    in China*, University of Virginia Press, 2008.

Wing-Tsit Chan, *A Source Book in Chinese Philosophy*, Princeton, New Jersey Princeton University
    Press, 1973.

3. 논문류

곽신환, 「周易의 自然과 人間에 관한 연구」, 성균관대학교 박사학위논문, 1987.

_____, 「周易』의 자연관-자연에 대한 '敬'」, 『퇴계학보』, 1992.

_____, 「中和論과 유교의 생명사상」, 『국학자료원』, 2003.

權鋒女, 「『주역』의 生命美學에 관한 研究-'大和'의 美를 중심으로」, 성균관대학교 박사학위논
    문, 2008.

권일찬, 「주역점의 원리와 과학성」, 『한국정신과학학회 학술대회 논문집』 제12집, 2000.

김대수, 「동양철학의 인식과 실재」, 『철학논총』 제78집, 2014.

김동주 외, 「『황제내경』과 『주역』의 중심사상 연구」, 『대한한의학원전학회지』 제3집, 1989.

김연재, 「『주역』의 예술적 생명정신-陰・陽의 미학적 범주 및 그 미적 범주화」, 『유교사상문화연구』 제25집, 2006.

_____, 「『주역』의 생태역학과 그 생명의식」, 『아태연구』 제18집, 2011.

_____, 「역학의 매체와 그 해석의 알레고리-太極圖, 先天圖 및 河洛圖를 중심으로」, 『유교사상문화연구』 제46집, 2011.

김영식, 「조셉 니덤(1900-1995)과 中國思想史」, 『한국과학사학회지』 제17집, 1995.

김윤주, 「『주역』 生生思想의 書畫美學的 硏究」, 성균관대학교 박사학위논문, 2016.

김일권, 「주역과 천문의 결합, 괘기상수론 고찰」, 『도교문화연구』 제43집, 2015.

김종미, 「孔・孟의 天人合一과 審美意識」, 『중국문학』 제24집, 1995.

金珍根, 「새로운 周易觀 定立을 위한 硏究」, 『동서철학연구』, 1992.

김태용, 「조셉 니덤의 '중국과학사상'이해에 대한 小考」, 『한국철학논집』 제24집, 2008.

김학권, 「『주역』에서의 生生과 太和」, 『유교사상문화연구』 제20집, 2004.

문재곤, 「한대역학연구-괘기역학의 전개를 중심으로」, 『동양철학연구』 제11집, 1990.

박상환, 「라이프니츠의 유기체철학과 중국철학-과학사적 분석을 중심으로(1)」, 『유학사상연구』 제20집, 2004.

방인, 「『주역』의 기호학: 퍼스의 관점에서 본 『주역』의 기호학적 성격」, 『철학연구』 제15집, 2010.

백유상, 「『황제내경』과 『주역』의 음양론 비교-「계사전」을 중심으로」, 『대한한의학원전학회지』 제26집, 2013.

서도일, 「『주역』與科學的一些基本槪念的比較硏究」, 『동양사회사상』 제7집, 2003.

신명종, 「『주역』점서법과 현대적 함의에 관한 연구」, 성균관대학교 박사학위논문, 2016.

신영대, 「『주역』의 應用易學 연구 : 象數易의 術數文化現象을 중심으로」, 부산대학교 박사학위논문, 2012.

신정원, 「장자인식론의 미학적 사유-장자와 칸트의 대상인식을 중심으로」, 『인문과학』 제65집, 2017.

안명순, 「주역점의 기원과 점법에 관한 연구」, 원광대학교 박사학위논문, 2016.

안주현, 「선진시대의 『주역』학에 관한 연구」, 동국대학교 석사학위논문, 2017.

유병래, 「장자에서의 '渾沌'과 造物者의 벗-21세기 과학기술(자)의 渾沌夢」, 동서사상연구소, 추계학술대회자료, 2017.

유흔우, 「焦循 『易』철학에 관한 연구」, 동국대학교 박사학위논문, 1996.

_____, 「焦循의 王弼易學論」, 『주역연구』 제5집, 2000.

_____, 「郭店楚簡 『性自命出』의 心性論 연구」, 『한중인문학연구』 제54집, 2017.

_____, 「선진유학의 수학적 방법론」, 동서사상연구소 추계학술대회자료집, 2017.

윤무학, 「荀子에서의 자연과 인간의 통일-선행 유가·묵가와의 비교를 중심으로」, 『동양철학연구』 제33집, 2002.

윤사순, 「유학의 '천인합일' 사상에 대한 현대적 해석」, 『유교문화연구』 제18집, 2011.

원용준, 「『주역』에서의 '中'의 원의와 그 변화에 대한 재고찰」, 『한국철학논집』 제48집, 2016.

원정근, 「왜 노장의 생명사유인가」, 『국학자료원』, 2003.

이경민, 「복잡계의 구조에서 본 『주역』의 예측·판단의 문제」, 공주대학교 석사학위논문, 2014.

이권, 「노장과 주역의 天人合一觀 비교연구」, 연세대학교 박사학위논문, 1999.

이남복, 「루만 체계이론 연구:그 가능성과 한계」, 『국제문화연구』 제14집, 1997.

_____, 「니클라스 루만의 체계이론:복합성 개념을 중심으로」, 『사회과학논총』 제26집, 2004.

이상호, 「『주역』에서의 時中의 문제」, 『東洋哲學研究』 제39집, 2004.

李世鉉, 「儒家 天人合一論의 특징」, 『東洋哲學研究』 제22집, 2000.

李保東, 「『주역』'天人合一' 思想對儒道兩家的影響」, 『인문과학연구』 제5집, 1998.

이현중, 「중국 상고시대의 역법과 역학을 통해 본 천인합일-『서경』과 『주역』을 중심으로」, 『인문학연구』 제103집, 2016.

이창일, 「주술과 『주역』: 점서역과 의리역의 통합적 이해의 역사」, 『서강인문논총』 제23집, 2008.

임채우, 「王弼 易 哲學 研究-以簡御繁사상을 중심으로」, 연세대학교 박사학위논문, 1995.

_____, 「老莊의 세계이해방식-整體와 部分」, 『道教文化研究』 제13집, 1999.

_____, 「易經의 修辭法-象徵을 중심으로」, 『溫知論叢』 제6집, 2000.

_____, 「노자 음양론 문제-역전과의 비교를 중심으로」, 『동양철학』 제41집, 2014.

_____, 「『주역』 음양관계론의 정합성 문제」, 『한국동서철학연구』 제72집, 2014.

장동준·신미수·김혜숙, 「『주역』의 물리적 이해와 응용」, 『한국정신과학학회』 제24집, 2006.

장회익, 「온생명 사상과 전통 가치」, 『국학자료원』, 2003.

진성수, 「『주역』 해석방법론에 관한 연구-왕부지의 學易, 占易 合一을 중심으로」, 『한문고전연구』 제16집, 2008.

정병석, 「『주역』과 역상」, 『유교사상문화연구』 제32집, 2008.

_____, 「『주역』 象 모형을 통해 본 세계와 인간 : 「설괘전」의 팔괘취상설과 건곤부모육자설의 관점을 중심으로」, 『대한철학회논문집』 제108집, 2008.

정영수, 「『주역』에 나타난 귀신 개념 : 변화를 중심으로-周易中的鬼神概念」, 전남대학교 석사학위논문, 2003.

정해왕, 「소옹과 『관물외편』」, 『대동철학』 제18집, 2002.

조민환, 「유가예술사상에 있어서 천인합일에 관한 연구:맹자, 중용, 주역의 천인합덕론을 중심으로」, 성균관대학교 석사학위논문, 1985.

조희영, 「소강절 易數論은 어떻게 구성되었나」, 『철학논총』 제3권, 2015.

천병돈, 「점의 철학적 의미-유가철학을 중심으로」, 『인문학연구』, 제6집, 2002.

천승민·유흔우, 「백서『주역』『易傳』의 괘기설에 관한 연구」, 『孔子學』 제32집, 2017.

최영진, 「『주역』 十翼에 있어서의 神의 개념-'陰陽不測之謂神'을 중심으로」, 『주역연구』 제2집, 1997.

＿＿＿, 「周易과 현대과학」, 『한국연구학술재단』, 2005.

최영찬, 「순자의 자연관과 인간이해」, 『철학연구』, 제122집, 2012.

최인숙, 「쿠자누스와 칸트」, 『칸트연구』 제4집, 1999.

홍순목, 「『주역』의 사유원리와 윤리사상」, 『정신문화연구』 제29집, 2006.

홍승표, 「『주역』과 탈현대 문명 건설의 원칙」, 『사회사상과 문화』 제25집, 2012.

황승현, 「『주역』의 생명사상 연구」, 성균관대학교 유학대학원 석사학위논문, 2009.

황인선, 「『주역』의 생명적 시간관에 관한 연구」, 충남대학교 박사학위논문, 2009.

江國樑, 「科學易與易科學-紀念業師黃壽祺教授逝世十五周年」, 2015; http://www.xyiz.com.tw/xyiz_s.htm

金吾倫, 「天人合一與生成變易-中國傳統文化的精髓和硬核」, 『東洋社會思想』 16, 2007.

唐明邦, 「易學傳統中的象數思維模式」, 『周易與現代自然科學』, 中國社會科學出版社, 1990.

潘雨廷, 「科學易」, 『周易縱橫錄』, 湖北人民出版社, 1989.

＿＿＿, 「易學象數與現代數學」, 『周易與現代自然科學』, 1990.

徐道一, 「『周易』與科學的一些基本概念的比較研究」, 『社會思想과文化』, Vol. 7, 2003.

成中英, 「易的象·數·義理一體同源」, 『周易與現代自然科學』, 中國社會科學出版社, 1990.

元永浩, 「直覺的辯證思維與天人合一的思想境界-對《周易》辯 證法本質問題的研究」, 『社會思想과文化』, Vol. 47, 2004.

余敦康, 「周易的思想精髓與價值思想」, 陳鼓應 主編, 『道家文化研究』 第一輯, 上海古籍出版社, 1992.

魏培泉, 「從道路名詞看先秦的道」, 『觀念字解讀與思想史探索』(抽印本; 臺灣學生書局, 2009.

Barnhart, Michael G., "Ideas of Nature in an Asian Context", *Philosophy East and West* Vol. 47 No. 3, 1997.

Bowie, Andrew, "German Idealism and the arts", *Karl Ameriks*, The Cambridge Companion to German Idealism, 2000.

Carl Gustav Jung, "Forward to Iching", https://www.iging.com/intro/foreword.htm

Kurtz, Joachim, "Domesticating a Philosophical Fiction-Chinese Translations of Immanuel Kant's 'Things in Themselves'", 『개념과 소통』 Vol, 7. 2011.

Lu, Zhao, "Stalk Divination : A Newly Discovered Alternative to the I Ching", Oxford University Press, 2017

Mandelbrot, Benoit, "Fractals and the art of roughness", TED, 2010.

Morgan, Daniel Patrick, "Remarks on the Mathematics and Philosophy of Space-time in Early Imperial China", HAL archives-ouvertes. fr. 2017.

Mandelbrot, Benoit, "Fractals and Scaling in Finance", Springer, 1997.

Ryan, James A. "Leibniz' Binary system and Shao Yong's Yijing", *Philosophy East and West*, Vol.46, 1996.

Shin, Janet, "Origin of divination and its philosophy", *The Korea Times*; http://www.koreatimes.co.kr/www/culture/2018/04/148_228840.html.

Wilhelm, Hellmut, "Heaven, Earth, and Man in the Book of Changes", Univ. of Washington Press, 1977.

Wyatt, Don J., "Shao Yong's Numerological-Cosmological System", Springer, 2010.

예문서원의 책들

원전총서

박세당의 노자 (新註道德經) 박세당 지음, 김학목 옮김, 312쪽, 13,000원
율곡 이이의 노자 (醇言) 이이 지음, 김학목 옮김, 152쪽, 8,000원
홍석주의 노자 (訂老) 홍석주 지음, 김학목 옮김, 320쪽, 14,000원
북계자의 (北溪字義) 陳淳 지음, 김충열 감수, 김영민 옮김, 295쪽, 12,000원
주자가례 (朱子家禮) 朱熹 지음, 임민혁 옮김, 496쪽, 20,000원
서경잡기 (西京雜記) 劉歆 지음, 葛洪 엮음, 김장환 옮김, 416쪽, 18,000원
열선전 (列仙傳) 劉向 지음, 김장환 옮김, 392쪽, 15,000원
열녀전 (列女傳) 劉向 지음, 이숙인 옮김, 447쪽, 16,000원
선가귀감 (禪家龜鑑) 청허휴정 지음, 박재양 · 배규범 옮김, 584쪽, 23,000원
공자성적도 (孔子聖蹟圖) 김기주 · 황지원 · 이기훈 역주, 254쪽, 10,000원
천지서상지 (天地瑞祥志) 김용천 · 최현화 역주, 384쪽, 20,000원
참동고 (參同攷) 徐命膺 지음, 이봉호 역주, 384쪽, 23,000원
박세당의 장자, 남화경주해산보 내편 (南華經註解刪補 內篇) 박세당 지음, 전현미 역주, 560쪽, 39,000원
초원담노 (椒園談老) 이충익 지음, 김윤경 옮김, 248쪽, 20,000원
여암 신경준의 장자 (文章準則 莊子選) 申景濬 지음, 김남형 역주, 232쪽, 20,000원

퇴계원전총서

고경중마방古鏡重磨方 — 퇴계 선생의 마음공부 이황 편저, 박상주 역해, 204쪽, 12,000원
활인심방活人心方 — 퇴계 선생의 마음으로 하는 몸공부 이황 편저, 이윤희 역해, 308쪽, 16,000원
이자수어李子粹語 퇴계 이황 지음, 성호 이익 · 순암 안정복 엮음, 이광호 옮김, 512쪽, 30,000원

연구총서

논쟁으로 보는 중국철학 중국철학연구회 지음, 352쪽, 8,000원
논쟁으로 보는 한국철학 한국철학사상연구회 지음, 326쪽, 10,000원
중국철학과 인식의 문제 (中國古代哲學問題發展史) 方立天 지음, 이기훈 옮김, 208쪽, 6,000원
중국철학과 인성의 문제 (中國古代哲學問題發展史) 方立天 지음, 박경환 옮김, 191쪽, 6,800원
역사 속의 중국철학 중국철학회 지음, 448쪽, 15,000원
공자의 철학 (孔孟荀哲學) 蔡仁厚 지음, 천병돈 옮김, 240쪽, 8,500원
맹자의 철학 (孔孟荀哲學) 蔡仁厚 지음, 천병돈 옮김, 224쪽, 8,000원
순자의 철학 (孔孟荀哲學) 蔡仁厚 지음, 천병돈 옮김, 272쪽, 10,000원
유학은 어떻게 현실과 만났는가 — 선진 유학과 한대 경학 박원재 지음, 218쪽, 7,500원
역사 속에 살아있는 중국 사상 (中國歷史に生きる思想) 시게자와 도시로 지음, 이혜경 옮김, 272쪽, 10,000원
덕치, 인치, 법치 — 노자, 공자, 한비자의 정치 사상 신동준 지음, 488쪽, 20,000원
리의 철학 (中國哲學範疇精髓叢書 — 理) 張立文 주편, 안유경 옮김, 524쪽, 25,000원
기의 철학 (中國哲學範疇精髓叢書 — 氣) 張立文 주편, 김교빈 외 옮김, 572쪽, 27,000원
동양 천문사상, 하늘의 역사 김일권 지음, 480쪽, 24,000원
동양 천문사상, 인간의 역사 김일권 지음, 544쪽, 27,000원
공부론 임수무 외 지음, 544쪽, 27,000원
유학사상과 생태학 (Confucianism and Ecology) Mary Evelyn Tucker · John Berthrong 엮음, 오정선 옮김, 448쪽, 27,000원
공자曰, 공자는 이렇게 말했다 안재호 지음, 232쪽, 12,000원
중국중세철학사 (Geschichte der Mittelalterischen Chinesischen Philosophie) Alfred Forke 지음, 최해숙 옮김, 568쪽, 40,000원
북송 초기의 삼교회통론 김경수 지음, 352쪽, 26,000원
죽간 · 목간 · 백서, 중국 고대 간백자료의 세계 1 이승률 지음, 576쪽, 40,000원
중국근대철학사 (Geschichte der Neueren Chinesischen Philosophie) Alfred Forke 지음, 최해숙 옮김, 936쪽, 65,000원
리학 심학 논쟁, 연원과 전개 그리고 득실을 논하다 황갑연 지음, 416쪽, 32,000원
진래 교수의 유학과 현대사회 陳來 지음, 강진석 옮김, 440쪽, 35,000원
상서학사 — 『상서』에 관한 2천여 년의 해석사 劉起釪 지음, 이은호 옮김, 912쪽, 70,000원
장립문 교수의 화합철학론 장립문 지음 / 홍원식 · 임해순 옮김, 704쪽, 60,000원

강의총서

김충열 교수의 노자강의 김충열 지음, 434쪽, 20,000원
김충열 교수의 중용대학강의 김충열 지음, 448쪽, 23,000원
모종삼 교수의 중국철학강의 牟宗三 지음, 김병채 외 옮김, 320쪽, 19,000원
송석구 교수의 율곡철학 강의 송석구 지음, 312쪽, 29,000원
송석구 교수의 불교와 유교 강의 송석구 지음, 440쪽, 39,000원

역학총서

주역철학사 (周易研究史) 廖名春·康學偉·梁韋弦 지음, 심경호 옮김, 944쪽, 45,000원
주역과 성인, 문화상징으로 읽다 정병석 지음, 440쪽, 40,000원
송재국 교수의 주역 풀이 송재국 지음, 380쪽, 10,000원
송재국 교수의 역학담론 — 하늘의 빛 正易, 땅의 소리 周易 송재국 지음, 536쪽, 32,000원
소강절의 선천역학 高懷民 지음, 곽신환 옮김, 368쪽, 23,000원
다산 정약용의『주역사전』, 기호학으로 읽다 방인 지음, 704쪽, 50,000원
주역과 성인, 문화상징으로 읽다 정병석 지음, 440쪽, 40,000원

한국철학총서

조선 유학의 학파들 한국사상사연구회 편저, 688쪽, 24,000원
조선유학의 개념들 한국사상사연구회 지음, 648쪽, 26,000원
유교개혁사상과 이병헌 금장태 지음, 336쪽, 17,000원
쉽게 읽는 퇴계의 성학십도 최재목 지음, 152쪽, 7,000원
홍대용의 실학과 18세기 북학사상 김문용 지음, 288쪽, 12,000원
남명 조식의 학문과 선비정신 김충열 지음, 512쪽, 26,000원
명재 윤증의 학문연원과 가학 충남대학교 유학연구소 편, 320쪽, 17,000원
조선유학의 주역사상 금장태 지음, 320쪽, 16,000원
심경부주와 조선유학 홍원식 외 지음, 328쪽, 20,000원
퇴계가 우리에게 이윤희 지음, 368쪽, 18,000원
조선의 유학자들, 켄타우로스를 상상하며 理와 氣를 논하다 이향준 지음, 400쪽, 25,000원
퇴계 이황의 철학 윤사순 지음, 320쪽, 24,000원
조선유학과 소강절 철학 곽신환 지음, 416쪽, 32,000원
되짚어 본 한국사상사 최영성 지음, 632쪽, 47,000원
한국 성리학 속의 심학 김세정 지음, 400쪽, 32,000원
동도관의 변화로 본 한국 근대철학 홍원식 지음, 320쪽, 27,000원
선비, 인을 품고 의를 걷다 한국국학진흥원 연구부 엮음, 352쪽, 27,000원
실학은 實學인가 서영이 지음, 264쪽, 25,000원
선사시대 고인돌의 성좌에 새겨진 한국의 고대철학 윤병렬 지음, 600쪽, 53,000원

성리총서

송명성리학 (宋明理學) 陳來 지음, 안재호 옮김, 590쪽, 17,000원
주희의 철학 (朱熹哲學硏究) 陳來 지음, 이종란 외 옮김, 544쪽, 22,000원
양명 철학 (有無之境—王陽明哲學的精神) 陳來 지음, 전병욱 옮김, 752쪽, 30,000원
정명도의 철학 (程明道思想硏究) 張德麟 지음, 박상리·이경남·정성희 옮김, 272쪽, 15,000원
송명유학사상사 (宋明時代儒學思想の硏究) 구스모토 마사쓰구(楠本正繼) 지음, 김병화·이혜경 옮김, 602쪽, 30,000원
북송도학사 (道學の形成) 쓰치다 겐지로(土田健次郎) 지음, 성현창 옮김, 640쪽, 32,000원
성리학의 개념들 (理學範疇系統) 蒙培元 지음, 홍원식·황지원·이기훈·이상호 옮김, 880쪽, 45,000원
역사 속의 성리학 (Neo-Confucianism in History) Peter K. Bol 지음, 김영민 옮김, 488쪽, 28,000원
주자어류선집 (朱子語類抄) 미우라 구니오(三浦國雄) 지음, 이승연 옮김, 504쪽, 30,000원

불교(카르마)총서

유식무경, 유식 불교에서의 인식과 존재 한자경 지음, 208쪽, 7,000원
박성배 교수의 불교철학강의: 깨침과 깨달음 박성배 지음, 윤원철 옮김, 313쪽, 9,800원
불교 철학의 전개, 인도에서 한국까지 한자경 지음, 252쪽, 9,000원
인물로 보는 한국의 불교사상 한국불교원전연구회 지음, 388쪽, 20,000원
은정희 교수의 대승기신론 강의 은정희 지음, 184쪽, 10,000원
비구니와 한국 문학 이향순 지음, 320쪽, 16,000원
불교철학과 현대윤리의 만남 한자경 지음, 304쪽, 18,000원
유식삼십송과 유식불교 김명우 지음, 280쪽, 17,000원
유식불교,『유식이십론』을 읽다 효도 가즈오 지음, 김명우·이상우 옮김, 288쪽, 18,000원
불교인식론 S. R. Bhatt & Anu Mehrotra 지음, 권서용·원철·유리 옮김, 288쪽, 22,000원
불교에서의 죽음 이후, 중음세계와 육도윤회 허암 지음, 232쪽, 17,000원
선사상사 강의 오가와 다카시(小川隆) 지음, 이승연 옮김, 232쪽, 20,000원

동양문화산책

주역산책 (易學漫步) 朱伯崑 외 지음, 김학권 옮김, 260쪽, 7,800원
동양을 위하여, 동양을 넘어서 홍원식 외 지음, 264쪽, 8,000원
서원, 한국사상의 숨결을 찾아서 안동대학교 안동문화연구소 지음, 344쪽, 10,000원
안동 풍수 기행, 와혈의 땅과 인물 이완규 지음, 256쪽, 7,500원
안동 풍수 기행, 돌혈의 땅과 인물 이완규 지음, 328쪽, 9,500원
영양 주실마을 안동대학교 안동문화연구소 지음, 332쪽, 9,800원
예천 금당실·맛질 마을 — 정감록이 꼽은 길지 안동대학교 안동문화연구소 지음, 284쪽, 10,000원
터를 안고 仁을 펴다 — 퇴계가 굽어보는 하계마을 안동대학교 안동문화연구소 지음, 360쪽, 13,000원
안동 가일 마을 — 풍산들가에 의연히 서다 안동대학교 안동문화연구소 지음, 344쪽, 13,000원
중국 속에 일떠서는 한민족 — 한겨레신문 차한필 기자의 중국 동포사회 리포트 차한필 지음, 336쪽, 15,000원
신간도견문록 박진관 글·사진, 504쪽, 20,000원
선양과 세습 사라 알란 지음, 오만종 옮김, 318쪽, 17,000원
문경 산북의 마을들 — 서중리, 대상리, 대하리, 김룡리 안동대학교 안동문화연구소 지음, 376쪽, 18,000원
안동 원촌마을 — 선비들의 이상향 안동대학교 안동문화연구소 지음, 288쪽, 16,000원
안동 부포마을 — 물 위로 되살려 낸 천년의 영화 안동대학교 안동문화연구소 지음, 440쪽, 23,000원
독립운동의 큰 울림, 안동 전통마을 김희곤 지음, 384쪽, 26,000원
학봉 김성일, 충군애민의 삶을 살다 한국국학진흥원 기획, 김미영 지음, 144쪽, 12,000원

일본사상총서

일본도덕사상사 (日本道德思想史) 이에나가 사부로 지음, 세키네 히데유키·윤종갑 옮김, 328쪽, 13,000원
천황의 나라 일본 — 일본의 역사와 천황제 (天皇制と民衆) 고토 야스시 지음, 이남희 옮김, 312쪽, 13,000원
주자학과 근세일본사회 (近世日本社會と宋學) 와타나베 히로시 지음, 박홍규 옮김, 304쪽, 16,000원

노장총서

不二 사상으로 읽는 노자 — 서양철학자의 노자 읽기 이찬훈 지음, 304쪽, 12,000원
김항배 교수의 노자철학 이해 김항배 지음, 280쪽, 15,000원
서양, 도교를 만나다 J. J. Clarke 지음, 조현숙 옮김, 472쪽, 36,000원
중국 도교사 — 신선을 꿈꾼 사람들의 이야기 牟鍾鑒 지음, 이봉호 옮김, 352쪽, 28,000원
노장철학과 현대사상 정세근 지음, 384쪽, 36,000원
도가철학과 위진현학 정세근 지음, 464쪽, 43,000원

남명학연구총서

남명사상의 재조명 남명학연구원 엮음, 384쪽, 22,000원
남명학파 연구의 신지평 남명학연구원 엮음, 448쪽, 26,000원
덕계 오건과 수우당 최영경 남명학연구원 엮음, 400쪽, 24,000원
내암 정인홍 남명학연구원 엮음, 448쪽, 27,000원
한강 정구 남명학연구원 엮음, 560쪽, 32,000원
동강 김우옹 남명학연구원 엮음, 360쪽, 26,000원
망우당 곽재우 남명학연구원 엮음, 440쪽, 33,000원
부사 성여신 남명학연구원 엮음, 352쪽, 28,000원
약포 정탁 남명학연구원 엮음, 320쪽, 28,000원
죽유 오운 남명학연구원 엮음, 680쪽, 35,000원

예문동양사상연구원총서

한국의 사상가 10人 — 원효 예문동양사상연구원/고영섭 편저, 572쪽, 23,000원
한국의 사상가 10人 — 의천 예문동양사상연구원/이병욱 편저, 464쪽, 20,000원
한국의 사상가 10人 — 지눌 예문동양사상연구원/이덕진 편저, 644쪽, 26,000원
한국의 사상가 10人 — 퇴계 이황 예문동양사상연구원/윤사순 편저, 464쪽, 20,000원
한국의 사상가 10人 — 남명 조식 예문동양사상연구원/오이환 편저, 576쪽, 23,000원
한국의 사상가 10人 — 율곡 이이 예문동양사상연구원/황의동 편저, 600쪽, 25,000원
한국의 사상가 10人 — 하곡 정제두 예문동양사상연구원/김교빈 편저, 432쪽, 22,000원
한국의 사상가 10人 — 다산 정약용 예문동양사상연구원/박홍식 편저, 572쪽, 29,000원
한국의 사상가 10人 — 혜강 최한기 예문동양사상연구원/김용헌 편저, 520쪽, 26,000원
한국의 사상가 10人 — 수운 최제우 예문동양사상연구원/오문환 편저, 464쪽, 23,000원

경북의 종가문화

사당을 세운 뜻은, 고령 점필재 김종직 종가 정경주 지음, 203쪽, 15,000원
지금도 「어부가」가 귓전에 들려오는 듯, 안동 농암 이현보 종가 김서령 지음, 225쪽, 17,000원
종가의 멋과 맛이 넘쳐 나는 곳, 봉화 충재 권벌 종가 한필원 지음, 193쪽, 15,000원
한 점 부끄럼 없는 삶을 살다, 경주 회재 이언적 종가 이수환 지음, 178쪽, 14,000원
영남의 큰집, 안동 퇴계 이황 종가 정우락 지음, 227쪽, 17,000원
마르지 않는 효제의 샘물, 상주 소재 노수신 종가 이종호 지음, 303쪽, 22,000원
의리와 충절의 400년, 안동 학봉 김성일 종가 이해영 지음, 199쪽, 15,000원
충효당 높은 마루, 안동 서애 류성룡 종가 이세동 지음, 210쪽, 16,000원
낙중 지역 강안학을 열다, 성주 한강 정구 종가 김학수 지음, 180쪽, 14,000원
모원당 회화나무, 구미 여헌 장현광 종가 이종문 지음, 195쪽, 15,000원
보물은 오직 청백뿐, 안동 보백당 김계행 종가 최은주 지음, 160쪽, 15,000원
은둔과 화순의 선비들, 영주 송설헌 장말손 종가 정순우 지음, 176쪽, 16,000원
처마 끝 소나무에 갈무리한 세월, 경주 송재 손소 종가 황위주 지음, 256쪽, 23,000원
양대 문형과 직신의 가문, 문경 허백정 홍귀달 종가 홍원식 지음, 184쪽, 17,000원
어질고도 청빈한 마음이 이어진 집, 예천 약포 정탁 종가 김낙진 지음, 208쪽, 19,000원
임란의병의 힘, 영천 호수 정세아 종가 우인수 지음, 192쪽, 17,000원
영남을 넘어, 상주 우복 정경세 종가 정우락 지음, 264쪽, 23,000원
선비의 삶, 영덕 갈암 이현일 종가 장윤수 지음, 224쪽, 20,000원
청빈과 지조로 지켜 온 300년 세월, 안동 대산 이상정 종가 김순석 지음, 192쪽, 18,000원
독서종자 높은 뜻, 성주 응와 이원조 종가 이세동 지음, 216쪽, 20,000원
오천칠군자의 향기 서린, 안동 후조당 김부필 종가 김용만 지음, 256쪽, 24,000원
마음이 머무는 자리, 성주 동강 김우옹 종가 정병호 지음, 184쪽, 18,000원
문무의 길, 영덕 청신재 박의장 종가 우인수 지음, 216쪽, 20,000원
형제애의 본보기, 상주 창석 이준 종가 서정화 지음, 176쪽, 17,000원
경주 남쪽의 대종가, 경주 잠와 최진립 종가 손숙경 지음, 208쪽, 20,000원
변화하는 시대정신의 구현, 의성 자암 이민환 종가 이시활 지음, 248쪽, 23,000원
무로 빛고 문으로 다듬은 충효와 예학의 명가, 김천 정양공 이숙기 종가 김학수 지음, 184쪽, 18,000원
청백정신과 팔련오계로 빛나는, 안동 허백당 김양진 종가 배영동 지음, 272쪽, 27,000원
학문과 충절이 어우러진, 영천 지산 조호익 종가 박학래 지음, 216쪽, 21,000원
영남 남인의 정치 중심 돌밭, 칠곡 귀암 이원정 종가 박인호 지음, 208쪽, 21,000원
거문고에 새긴 외금내고, 청도 탁영 김일손 종가 강정화 지음, 240쪽, 24,000원
대를 이은 문장과 절의, 울진 해월 황여일 종가 오용원 지음, 200쪽, 20,000원
처사의 삶, 안동 경당 장흥효 종가 장윤수 지음, 240쪽, 24,000원
대의와 지족의 표상, 영양 옥천 조덕린 종가 백순철 지음, 152쪽, 15,000원
군자불기의 임청각, 안동 고성이씨 종가 이종서 지음, 216쪽, 22,000원
소학세가, 현풍 한훤당 김굉필 종가 김훈식 지음, 216쪽, 22,000원
송백의 지조와 지란의 문향으로 일군 명가, 구미 구암 김취문 종가 김학수 지음, 216쪽, 22,000원
백과사전의 산실, 예천 초간 권문해 종가 권경열 지음, 216쪽, 22,000원
전통을 계승하고 세상을 비추다, 성주 완석정 이언영 종가 이영춘 지음, 208쪽, 22,000원
영남학의 맥을 잇다, 안동 정재 류치명 종가 오용원 지음, 224쪽, 22,000원
사천 가에 핀 충효 쌍절, 청송 불훤재 신현 종가 백운용 지음, 216쪽, 22,000원
옛 부림의 땅에서 천년을 이어오다, 군위 경재 홍로 종가 홍원식 지음, 200쪽, 20,000원
16세기 문향 의성을 일군, 의성 회당 신원록 종가 신해진 지음, 296쪽, 30,000원
도학의 길을 걷다, 안동 유일재 김언기 종가 김미영 지음, 216쪽, 22,000원
실천으로 꽃핀 실사구시의 가풍, 고령 죽유 오운 종가 박원재 지음, 208쪽, 21,000원
민족고전 「춘향전」의 원류, 봉화 계서 성이성 종가 설성경 지음, 176쪽, 18,000원

기타

다산 정약용의 편지글 이용형 지음, 312쪽, 20,000원
유교와 칸트 李明輝 지음, 김기주·이기훈 옮김, 288쪽, 20,000원
유가 전통과 과학 김영식 지음, 320쪽, 24,000원
조선수학사 — 주자학적 전개와 그 종언 가와하라 히데키 지음, 안대옥 옮김, 536쪽, 48,000원